MARTINI BUCERI AUSPICIIS OPERA ORDINIS THEOLOGORUM
EVANGELICORUM ARGENTINENSIS EDITA

MARTINI BUCERI OPERA LATINA

VOLUME III

MARTIN BUCER ET MATTHEW PARKER
FLORILEGIUM PATRISTICUM

Edition critique

PUBLIÉ PAR

PIERRE FRAENKEL

E.J. BRILL
LEIDEN • NEW YORK • KØBENHAVN • KÖLN
1988

Publié avec l'aide du Fonds national suisse
de la recherche scientifique

LIBRARY OF CONGRESS
Library of Congress Cataloging-in-Publication Data

Florilegium patristicum / Martin Bucer et Matthew Parker: édition
critique publiée par Pierre Fraenkel.
    p.   cm. — (Martini Buceri Opera omnia. Series II, Opera
Latina; v. 3) (Studies in medieval and Reformation thought, ISSN
0585-6914; v. 41)
    Text in Latin; introd. and notes in French.
    Bibliography: p.
    Includes indexes.
    ISBN 9004082905
    1. Theology—Quotations, maxims, etc.—Early works to 1800.
2. Fathers of the church—Quotations—Early works to 1800.
I. Bucer, Martin, 1491–1551. II. Parker, Matthew, 1504–1575.
III. Fraenkel, Pierre, 1923–   . IV. Series. V. Series: Bucer,
Martin, 1491–1551. Selections. 1982; v. 3.
BR75.B6442 1982 vol. 3
[BR350.B93]
230'.4 s—dc19
[270]   88-4288
                                 CIP

ISSN 0585-6914
ISBN 90 04 08290 5

MARTINI BUCERI
OPERA LATINA

STUDIES
IN MEDIEVAL AND
REFORMATION THOUGHT

EDITED BY

HEIKO A. OBERMAN, Tucson, Arizona

IN COOPERATION WITH

THOMAS A. BRADY, Jr., Eugene, Oregon
E. JANE DEMPSEY DOUGLASS, Princeton, New Jersey
PIERRE FRAENKEL, Geneva
GUILLAUME H.M. POSTHUMUS MEYJES, Leiden
DAVID C. STEINMETZ, Durham, North Carolina
ANTON G. WEILER, Nijmegen

VOLUME XLI

MARTINI BUCERI OPERA OMNIA
SERIES II
OPERA LATINA
VOLUME III

TABLE DES MATIÈRES

FLORILÈGE PATRISTIQUE DE MARTIN BUCER
ET MATTHEW PARKER

...titer salutamus, in ijsdem verē ~~honorandis~~ mysterijs
bone precatur sacerdos populo. Et bonē precatur populus
sacerdoti. Nam cū spiritū tuo, nihil aliud est, q̄
hoc. Ea quē sunt Eucharistiē, communia sunt omnia,
nequ. n. ille solus gratias agit, sed etiā omnis populus.
prius. n. accepta illorū voce, deinde congregatis illis,
vt digne & iuste hoc fiat, incipit Eucharistiam.
Et quid miraris si cum sacerdote populus loquitur,
vbi sane & cū illis cherubin, e supernis potestatibus communiter ~~omnes~~ sacros illos hymnos
personant.

Ecritures de Lenglin et de Bucer

Bucer, Toxites, Parker et son secrétaire (?)

INTRODUCTION

1. LE MANUSCRIT

i) *Description du volume*

Les textes que nous présentons dans ce volume se trouvent pour la plupart dans le manuscrit N° 418 de Corpus Christi College, Cambridge. Le volume a été sommairement décrit par James: *Catalogue,* t. 2, p. 310. La reliure, en partie moderne, est à dos de veau, les plats conservant l'ancienne couverture de vélin. Au f. 1r. se trouve une ancienne cote: «Mis: 10». Les feuillets ont 20,5 cm de haut et 15 cm de large; seuls ceux de la *Formula vivendi* (v. ci-après) sont légèrement plus larges: 15,5 cm à peine. Les quatre ff. insérés après le f. 552 (552bis–552^{9ies}) sont coupés un peu en biais et sont seuls à être d'une tout autre qualité de papier que le reste, et sans filigrane visible.

Cette insertion à part, le corps du ms. est composé de 6ff. n. ch. (contenant le premier registre) + 584 pp. ch. à l'encre et de l'écriture de Lenglin (de 1 à 584) + 48 pp. ch. irrégulièrement et seulement au recto, au crayon rouge (de 585 à [636]). Les cahiers que nous avons pu contrôler sont de huit: la reliure refaite et très serrée, ne nous a pas permis de découvrir où se placent un ou plusieurs cahiers plus ou moins épais.

L'unité de l'ensemble paraît garantie par l'emploi de papier de qualité uniforme et montrant quelques variations minimes d'un seul et même filigrane d'Alsace[1]. Seul le second registre est écrit sur un papier d'autre facture, mais également de provenance alsacienne, alors même que l'écriture, qui est celle d'autres pièces tardives, nous prouve qu'il a été écrit en Angleterre[2]. Quant à la *Formula,* elle aussi a pour support un papier au filigrane «principal».

L'ensemble du livre paraît ainsi avoir été conçu d'avance, même s'il n'a été réalisé que petit à petit: ce qui semble exclure un assemblage a posteriori de cahiers volants. Cette hypothèse ne se fonde pas seulement sur l'évidence des filigranes: elle est soutenue aussi bien par l'unité de l'écriture (celle de Lenglin) au début de la plupart des *Loci,* et par l'existence de certaines têtes de chapitres qui ne sont suivies d'aucun texte, mais qui

---

[1] Briquet: *Filigranes,* N° 5048, avec renvoi à Heitz: *Les filigranes,* N° 243. En fait, le bandeau varie, étant orné de deux, trois ou quatre cercles (qui en représentent les cabochons).

[2] Heitz: *Op. cit.,* N° 245. Cf. Briquet: *Op. cit.,* N°s 2210s.

étaient de toute évidence destinées à en recevoir. Même l'insertion malhabile des quatre feuillets «552» supplémentaires, nous paraît favoriser l'hypothèse d'un ensemble conçu d'avance.

Contenu

Pp. [1*]–[12*] premier registre; Pp. 1–584 corps de l'ouvrage; Pp. 585–624 second registre; Pp. 625 [mendose «623»]–627 bl.; P. [628] notice sur Iodocus Hoffmann; Pp. 629–635 [mendose «627»–«633»] *Formula vivendi;* P. [636] conclusion de Parker.

Précisons que le premier registre est disposé sur deux colonnes, le reste du texte de notre ouvrage étant (sauf cas d'exception que nous signalons dans les notes) écrit en une seule colonne.

ii) *Passages rubriqués*

En plus de la pagination des dernières parties du recueil, faite au crayon rouge, peut-être par Parker, amateur de tels crayons à en croire ses notes dans ses livres, voici la liste des passages écrits à l'encre rouge, principalement par Bucer:

P. 7* au-dessus du registre, *l.* 3–4: «ex ... conficitur».

P. 101 *l.* 1 «Poenitentia».

P. 102 *l.* 3–4 les chiffres «1», «2» et «3».

P. 103 *l.* 1 le titre courant «Poenitentia».

P. 168 *l.* 4–3 d'en bas: «vide Epiphanium ... 236».

P. 169 *l.* 5 le biffage de «contendit».

l. 6 le mot «asserit».

l. 7–11: «Magnas ... Cypriani».

P. 202 les trois dernières lignes et leur sous-titre «De hereticis ... autoris» à l'exception du premier mot du texte: «Similia».

P. 478 medio, la référence: «Augustinus lib. 2 contra Donatistas, cap. 7» (mais pas le rajout de Bucer «De baptismo»).

P. 514 toute la manchette contenant les listes des livres canoniques.

Pp. 629ss. dans la *Formula vivendi* l'ancienne numérotation en marge et les traits qui soulignent certains mots aux alinéas 4, début 12 et début 15 (mais pas les numéros marginaux 11 et 12 ajoutés à l'ancien alinéa 10).

iii) *Les écritures*

Nous avons pu identifier les scribes suivants, dont nous indiquons l'écriture par des sigles insérés dans le texte au-dessus de la ligne:

(a) Matthew Parker, dont l'écriture cependant n'est pas toujours facile à distinguer de celle de son secrétaire (p): voir par exemple les pp. 58s du ms., où l'écriture de la p. 58 semble être celle de Parker, suivie à la p. 59

par celle de son secrétaire, alors que la distinction paraît moins claire aux pp. 74s.

(b) Martin Bucer.

(c) Jean Lenglin[3].

(d) Corneille Faber[4].

(e) Scribe anglais à l'écriture gothique (ms. p. 172) peut-être identique à celui de l'université que l'on retrouve au ms. 102 de Corpus Christi College[5].

(f) Michel Toxites[6].

(g) Christophe Soell[7].

(h) Scribe anonyme 1[8].

(i) Conrad Hubert[9].

(k) Martin Brem, scribe de la *Formula vivendi*[10].

(l) Scribe anonyme 2[11].

(m) Scribe anonyme 3[12].

(n) Scribe anonyme 4[13].

(o) Scribe anonyme 5[14].

(p) Scribe gothique anglais de Parker, dont l'écriture est parfois malaisée à distinguer de celle de l'archevêque lui-même[15].

(q) Scribe du second registre[16].

---

[3] V. sa biographie dans Ficker et Winckelmann: *Handschriftenproben*, 2, N° 67 et un échantillon de son écriture au N° 67A.

[4] *Ibidem*, N°ˢ 68 et 68D.

[5] James: *Catalogue*, p. 196, N° 3: lettre du vice-chancelier concernant la dispute proposée entre Bucer et Young sur la justification.

[6] Ficker et Winckelmann: *Op. cit.*, N° 81 (biographie) et 81A (écriture). Notre ms. p. 541.

[7] *Ibidem*, N°ˢ 68 (vie) et 68B et C (écriture), ainsi que Corpus Christi College ms. 119 (James: *Op. cit.*, p. 283 N° 116 l'appelle «Bol»). Notre ms. p. 23.

[8] Notre ms. pp. 50, 115.

[9] Ficker et Winckelmann: *Op. cit.*, N° 67 (vie) et 67C (écriture). C'est Hubert, également, qui a écrit la *Refutatio locorum Eccii*, d'après un cours professé par Bucer, et que nous avons publié au t. I des *Buceri Opera Latina*. Notre ms. pp. 51, 55.

[10] A son sujet v. Wendel: *Un document inédit*, pp. 225s. On retrouve son écriture aussi parmi les scribes du ms. C du *De regno Christi* (v. Wendel dans l'introduction, pp. LIVs); c'est aussi lui qui a recopié le testament de Bucer: Corpus Christi College, ms. 119, N° 24.

[11] Notre ms. pp. 93, 151. Ecriture à l'italienne, assez proche à la fois de celle de Soell et de celle de Brem: peut-être identique à cette dernière.

[12] Ecriture caractérisée par de longs «s», plus fortement inclinés que les autres lettres: ms. pp. 67, 69, 102, 163, 168, 322, 410, 481.

[13] Ecriture aux «g» caractéristiques: ms. pp. 159s.

[14] Notre ms. [] p. 201 et texte p. 202.

[15] P. ex. ms. pp. 39s, 59, 83, 246.

[16] Il semblerait que l'on retrouve son écriture aux pp. 148s.

(r) Scribe du ms. B du *De regno Christi,* peut-être identique au second famulus de Bucer, «Wilhelmus»[17].

(s) Scribe à la semi-gothique ronde[18].

(t) Scribe à la semi-gothique longue sans doute anglais[19].

(u) Scribe anonyme 6, peut-être identique au scribe II du *De regno Christi*[20].

(v) Scribe anonyme 7[21].

Il va sans dire que sauf pour les personnages les plus connus ((a)–(k)), et dont les écritures sont facilement répérables ailleurs, nos «identifications» restent très provisoires. En cas de doute, nous avons préféré distinguer, plutôt que d'attribuer des «mains» différentes à une seule personne.

2. LE GENRE LITTÉRAIRE

Alors même que l'ordinateur se substitue déjà au fichier traditionnel, la fiche mobile en carton, de format standardisé, n'a pas encore atteint un grand âge. En témoignent les catalogues manuscrits de nombreuses bibliothèques, ainsi que les notes personnelles d'historiens et érudits célèbres que l'on peut consulter dans certaines bibliothèques publiques. Ces notes sont le plus souvent inscrites dans des ensembles disparates de cahiers, de feuilles de tous formats, voire sur le dos de vieilles enveloppes... Notre livre n'est rien d'autre qu'un ancêtre quelque peu lointain des fichiers modernes récents et peut-être bientôt dépassés.

Des «zibaldoni», renfermant des matériaux patristiques ou contemporains, nous connaissons quelques autres exemples à l'époque de Bucer. Ainsi Thomas Cranmer possédait deux livres de ce genre: l'un, comme le nôtre, contenait surtout des extraits de théologiens anciens; l'autre était composé principalement de textes contemporains[22]. Quant à Bucer lui-même, il nous paraît plus que probable qu'il ait possédé lui aussi un second recueil du même genre, dont on peut supposer qu'il contenait moins de matières canoniques et plus de théologie. Cette supposition expliquerait, du moins en partie, l'orientation toute pratique du nôtre, même si le génie et le programme particulier de Bucer confèrent aux questions de la prati-

---

[17] Ms. p. 478. Cf. l'introduction de F. Wendel in *BOL* 15, p. LIV, n. 221 mais aussi p. LV n. 223. Je dois à l'obligeance de M. Jean Rott, d'avoir pu comparer cette écriture avec celle d'une reproduction du ms. B.

[18] Ms. pp. 287s, 515s.

[19] Ms. p. 414.

[20] Ms. C de Pembroke College. Pour son écriture se reporter au début du second livre: notre ms. p. 567.

[21] Ms. p. 573. Son écriture ressemble par certains traits à celle de l'anonyme 3 (m), sauf pour l'inclinaison des «s».

[22] Brooks: *Cranmer,* en particulier pp. 21–36; v. aussi p. 121 et introd. p. viii.

que ecclésiastique un poids qu'elles n'avaient pas toujours chez d'autres théologiens de l'époque.

De cet autre recueil, nous possédons une trace dans une lettre de Zanchi à Conrad Hubert, datée de Heidelberg le 1er mars 1568: il y est question d'un «index in patres» de Bucer qui, avec des textes dirigés contre l'*Antididagma* (de Gropper), était alors entre les mains de Zanchi, et dont il promit d'envoyer des extraits à Hubert[23].

On peut se demander par quelles voies cette pièce était arrivée à Heidelberg. A supposer que Bucer l'ait emportée en Angleterre avec les papiers qui y sont restés, on peut penser qu'on l'a «rapatriée» à l'époque où Conrad Hubert, espérant publier toutes les œuvres de son maître, y faisait effectuer des enquêtes[24]. Ou bien Emmanuel Tremellius y était-il pour quelque chose[25]? Rappelons qu'il publia des ouvrages de Bucer dès son arrivée à Heidelberg, notamment les *Ephésiens* d'après des notes de cours prises en partie par lui-même à Cambridge.

Pour revenir à notre *Florilège,* notons que Matthew Parker l'a utilisé et complété. De plus, certains des livres d'où l'archevêque a tiré des textes se trouvent encore dans sa bibliothèque, actuellement à Corpus Christi College. Il arrive souvent que ces textes soient marqués dans ces livres soit à la plume, soit au crayon. Ainsi, notre recueil pourrait avoir été destiné – au moins en partie – non seulement à conserver des informations qui seraient autrement introuvables, mais aussi à réunir, sous une forme concentrée et maniable, ce que la bibliothèque de l'usager contient sous forme dispersée. Ce n'est pas pour rien que Zanchi qualifie l'autre compilation d'«index».

Il convient cependant de rappeler aussi le terme de *loci* par lequel Matthew Parker qualifie notre recueil. On retrouvera de tels *loci* dans les titres courants du manuscrit (v. *infra* au § 7 de notre introduction) et, bien entendu, dans les deux registres. Mais de quel type de «lieu» s'agit-il? Certes, ce n'est pas le *locus* dans le sens de la notion clé, point de départ d'un développement rhétorique, logique, voire théologique. Encore moins trouvera-t-on une progression dans l'ordre dans lequel sont disposées les

---

[23] Archives St Thomas, N° 162, Epistolae XVI saeculi, T. 9, f. 611 (cf. Adam: *Inventaire,* col. 239). Erastus lui dit qu'aux Pays-Bas, l'on prépare un livre dirigé contre ceux de Heidelberg. Selon ce que donne à entendre le contexte de cette lettre, il s'agirait d'un traité sur la question eucharistique. Ce traité aurait recours aux Pères, qui soutiennent pourtant aussi bien le point de vue des protestants: «Meminerimus, cum venerint sororii [?], ut trademus quae desiderabantur ex illo indice Buceri in patres, et quae polliciti estis de aliis scriptis in Antididagma». Zanchi reste à la disposition de Hubert et de ses amis. Nous remercions les éditeurs de la correspondance de Bèze, d'avoir attiré notre attention sur ce passage.

[24] Rott: *Le sort,* pp. 346s.

[25] Becker: *Tremellius,* pp. 34s et n. 75.

matières. Cet ordre est, si l'on ose dire, plus «bucérien» que systématique: il donne l'impression qu'un sujet en appelle un autre, sans transition abrupte, par association d'idées plutôt qu'en vertu d'un système ou d'un schéma rhétorique. Ainsi voisinent, à la suite de questions liturgiques (pp. 145ss du ms.) la dévotion aux saints, puis les reliques, le jeûne et le célibat.

Néanmoins, il est frappant de voir que dans un ensemble de cette nature, et dont le contenu, il faut le dire et le redire, est d'un genre plus canonique que théologique, on retrouve aussi des traces de certaines conventions de la théologie médiévale. Ainsi, l'arrangement des matières dans une partie du livre (pp. 43–173) suit d'assez près l'ordre dans lequel sont traités les sacrements au quatrième livre des *Sentences* du Lombard: baptême (p. 43); confirmation (p. 45); eucharistie (p. 49); pénitence (p. 101). Certes l'extrême-onction est omise ici ou peut-être remplacée par l'exorcisme (p. 127); mais nous retrouvons ensuite le ministère (p. 131) et le mariage (p. 161). Il est peut être moins surprenant de retrouver plus loin les divers ministères (p. 217) traités dans un ordre hiérarchique ascendant, sur lequel nous avons déjà attiré l'attention ailleurs[26].

De tels arrangements confirment l'impression que notre ouvrage répond à un projet d'ensemble, conçu d'avance et tout d'abord assez bien exécuté, avant que toutes sortes de rajouts viennent en troubler l'ordonnance. Nous avons vu plus haut que l'uniformité des papiers suggère la même hypothèse. Deux autres éléments matériels viennent encore l'étayer. D'une part les plus anciennes parties des textes et des renvois, celles qui suivent les titres courants, sont presque toutes de la main de Lenglin. D'autre part, le premier registre – sous sa forme primitive, non encore interpolée – est également de lui. Ces deux indications pourront d'ailleurs entrer en ligne de compte pour la datation de certaines pièces.

3. ORIGINE ET DATATION DES PIÈCES

a. *Bucer*

Dès 1531, année où il publia l'*Apologie* de la *Tétrapolitaine*[27], Bucer montre une certaine familiarité avec les Pères de l'Eglise et avec l'histoire du christianisme ancien. Cependant, notre recueil doit être daté au plus tôt de la fin de années 1530. Certes, il contient de nombreusess références à Eusèbe et à la *Tripartite* prise dans l'édition de Beatus Rhenanus, parue en 1523 et que Bucer avait reçue de l'imprimeur Froben l'année suivante. D'autres œuvres paraissent également citées d'après des éditions ancien-

---

[26] *Zwischen Altkatholizismus.*
[27] *BDS* 3, 190–192.

nes, et même bien plus anciennes parfois, comme celle de Grégoire le
Grand ou les *principes* de Jérôme et de Cyprien. Néanmoins, une première
date – ou plutôt série de dates – nous est fournie par l'emploi d'un
Augustin de 1535; d'un Cyprien de 1537; et surtout des Conciles de
Crabbe, publiés en 1538 et mis à contribution – sans doute très vite[28] –
par Bucer.

L'usage que Bucer semble avoir fait de la troisième version des *Opera*
de Tertullien, que Beatus Rhenanus procura en 1539, nous oriente vers ces
mêmes années. Il en va de même d'un fait que nous avons relevé à la fin
de la section précédente, à savoir que les pièces les plus anciennes sont
écrites par Lenglin. En effet, Ficker et Winckelmann datent de la fin des
années 1530 et du début des années 1540 le gros de ses activités de
secrétaire[29].

Nous sommes ici proches des dates où notre strasbourgeois, ayant
terminé son *Commentaire des Romains* – où la discussion des exégèses
patristiques occupe une place fixe dans chaque section – et révisé ses
commentaires des *Quatre Evangiles,* ayant en outre fait la paix avec
Wittenberg, tourne son attention vers Rome et Cologne[30].

On peut en outre supposer que certaines pièces aient d'abord été insérées
dans tel ou tel ouvrage de notre auteur – directement ou par l'intermé-
diaire de quelque autre recueil – avant d'être recopiées dans le *Florilège.*
Bien entendu, seules des suppositions sont permises ici[31].

Voilà pour les *termini post quos,* auxquels il convient d'ajouter des échos
de l'*Enchiridion* de Gropper, que Bucer étudia dès l'été 1540 à Hague-
nau[32], ce qui n'exclut nullement, bien entendu, que l'une ou l'autre pièce
ait été insérée dans notre *Florilège* bien plus tard. On y trouve en effet, à
la fois, certains textes qui laissent transparaître la sympathie initiale de
Bucer à l'égard de Gropper, mais aussi d'autres, qui pourraient bien
traduire l'hostilité que Bucer aura plus tard à l'égard de ce même Gropper.

Rares sont les pièces à l'intérieur de la collection, qui se laissent dater
avec quelque précision:

---

[28] Cf. la rapidité avec laquelle Luther sut l'exploiter dans son *Von den Konziliis:* v.
l'introduction dans *WA* 50, 502–506. – L'influence de cette édition est attestée par le
conservatisme avec lequel Parker, à son tour, s'y tient, alors même qu'il disposait également
de la réédition de 1551. Nous avons parfois attiré l'attention sur ce fait dans nos notes.

[29] *Handschriftenproben,* 2, 67.

[30] Nous nous sommes expliqués sur le sens théologique de ces étiquettes ecclésiastiques
dans *Die Augustana,* pp. 92s, 100.

[31] Pour des parallèles entre le «Commentaire de s. Matthieu» de 1536 et le *Florilège,* v.
notre essai *Zwischen Altkatholizismus,* en part. pp. 598–600 et les renvois *ibid.* Ajoutons le
renvoi à la *Von der Waren Seelsorge,* que nous faisons ici même: *infra* Ch. 22, n. 160.

[32] Augustijn: *Godsdienstgesprekken,* pp. 43ss.

(i) tel le renvoi au texte grec des *Histoires de l'Eglise* parues en 1544, et dont l'acquisition par Bucer pourrait expliquer le don fait de l'édition de Beatus Rhenanus à Garnier en 1547 – deux ans avant la parution de la nouvelle traduction latine, elle aussi mise à contribution, sans doute bientôt après sa parution[33].

(ii) un renvoi – un seul – au *Tertullien* de Rhenanus d'après l'édition parisienne de 1545[34].

(iii) l'extrait d'un manuscrit prêté en 1547 par Rhenanus à Hédion.

(iv) et enfin, une pièce écrite par Brem et qui doit être de l'époque de Cambridge.

b. *Parker*

Quant aux rajouts de Parker (et du scribe anglais que nous supposons être son secrétaire), on peut penser qu'ils sont antérieurs à son élévation au siège primatial en 1559 ou peut-être même à 1558. En effet, Parker doit assumer diverses tâches ecclésiastiques dès l'accession d'Elisabeth. C'est à ces années que fait peut-être allusion la petite notice en fin de volume (ms. p. 636). On peut en revanche supposer que le règne de Marie, au cours duquel Parker fut spolié de ses prébendes, était favorable aux travaux historiques dont témoigne notre *Florilège*. Selon une notice autobiographique, Parker aurait alors joui d'un «dulcissimum otium literarium»[35]. A ce que nous venons de dire il y a cependant une exception frappante: le travail préparatoire de la *Table of Kindred and Affinity,* qui doit se situer peu avant la publication de cette *Table* en 1560 (v. *infra* § 4b).

4. EMPLOIS DU FLORILÈGE

a. *Bucer*

«En choisissant l'Angleterre comme lieu de refuge, Bucer avait pensé y trouver non une retraite paisible, mais un terrain nouveau, et qu'il croyait bien connaître, où il pût exercer ses talents d'organisateur...»[36]. Aussi prit-il soin de faire venir en Angleterre ses livres et ses papiers[37], et parmi eux, bien entendu, notre recueil. Effectivement il put en faire bon usage en Angleterre. Le sujet du *De regno Christi* et la manière dont Bucer l'a traité illustrent de façon presque parfaite l'emploi de nos matériaux dans

---

[33] Romane-Musculus: *Catalogue,* N° 6. La préface au roi de France est datée de juillet.

[34] V. p. 92 du ms.

[35] Strype: *Life,* appendice doc. IX, p. 14 et cf. aussi texte p. 33 sur les travaux de Parker à cette époque. On connaît également le peu d'enthousiasme que Parker montra pour la charge primatiale à laquelle il fut appelé: *Ibid.*, pp. 35–39 et doc. IX p. 15.

[36] Wendel, dans l'introduction au *De regno Christi, BOL* 15, p. XIII.

[37] Rott: *Le sort,* pp. 348s.

un de ses ouvrages. Les nombreuses indications que le regretté François Wendel en a fournies dans l'édition de ce traité[38], nous dispensent d'en donner le détail ici.

En revanche, nous pouvons essayer de remonter en arrière et regarder l'usage que Bucer a pu faire de son recueil dans la situation délicate dans laquelle l'avait placé l'*Intérim* de 1548. Ici, nous pouvons constater que le mémoire des ministres pour le Conseil de Strasbourg de juin–juillet 1548 – lequel commence par *Die Gnad, Trost und Stercke* – fait usage de notre recueil dans sa critique de l'*Intérim*. Ainsi, à propos de l'invocation des saints, le mémoire rappelle que les plus anciennes oraisons pour les fêtes des saints ne font que rendre grâce à Dieu pour ses dons faits aux saints; d'autres, plus tardives, le prient de nous aider en raison des prières des saints et de leurs mérites: aucune cependant ne s'adresse aux saints eux-mêmes. Or notre recueil contient un ensemble d'oraisons, dont le contenu et l'arrangement répondent parfaitement à cette vision des choses[39]. De même, le mémoire parle de ce que les Pères entendaient lorsqu'ils appe-laient l'eucharistie une offrande: la commémoration du sacrifice du Christ, la louange de Dieu, l'intercession, et l'offrande d'aumônes: ici encore, on perçoit un écho des textes réunis dans notre dossier[40].

Il vaut la peine de noter qu'il n'en va pas de même pour les avis que Bucer avait rédigés durant son séjour à Augsbourg, au printemps, lors de la diète même. Ainsi, le problème de l'offrande eucharistique est traité dans un mémoire du 4 avril, destiné aux électeurs Palatin et du Brandebourg, à l'aide d'un ensemble de citations augustiniennes, qui laissent supposer que Bucer disposait alors d'une édition des *Opera* plutôt que de notre *Florilège*[41]. On pourrait multiplier de tels exemples.

Faisons encore un pas en arrière, pour nous placer au lendemain de la tentative de réforme à Cologne. Dans le *De concilio et legitime iudicandis controversiis religionis,* nous retrouvons de nombreux éléments qui figu-rent également au *Florilège*. Ne mentionnons qu'en passant le dossier sur la papauté tiré des lettres de saint Grégoire le Grand, et qui n'a rien de spécifiquement bucérien[42]. Cependant, nous trouvons ici aussi le renvoi précis aux passages du *Contra Faustum* de saint Augustin concernant l'offrande eucharistique, à laquelle les avis d'Augsbourg substituent un

---

[38] *BOL* 15. V. en part. les indications de l'index historique, p. 330.

[39] *BDS* 17, 524. Cf. *Florilège,* pp. 485ss du ms., au début de notre ch. 23.

[40] *BDS* 17, 522s. Cf. *Florilège,* pp. 66ss et 96 du ms., nos chs. 5 et 6.

[41] *BDS* 17, 382s. Il est particulièrement frappant que l'on cite *Contra Faustum,* liv. 20, ch. 18, alors que c'est le ch. 21 du même livre qui est exploité dans le *Florilège;* cf. n. 43.

[42] *De concilio,* sign. g,r–g3,r. *Florilège,* ms. pp. 314ss. Cf. Mélanchthon: *Tractatus de potestate papae,* in *BSLK* pp. 475ss; et v. Fraenkel: *Zwischen Altkatholizismus,* en part. p. 601.

autre passage[43]. De même, la théorie conciliaire exposée ici, se lit comme un résumé des matériaux réunis dans le *Florilège*[44].

La scène change pourtant – elle s'obscurcit surtout –, dès que nous essayons de remonter au-delà de l'affaire de Cologne, aux colloques interconfessionnels de 1540–41 et à leurs suites immédiates. Ainsi, nous trouvons des éléments communs entre le *Florilège* et par exemple le *De vera ecclesiarum ... compositione* de 1542. Mais ces éléments communs se trouvent être entourés d'autres qui ne le sont pas, alors même qu'ils se rapportent au même sujet[45]. Que faut-il dès lors penser? Que nous avons à faire à de simples coïncidences, ou à une utilisation partielle de notre recueil, ou encore – possibilité que nous avons évoquée plus haut –, à des matériaux que le *Florilège* reprendra plus tard? A moins que Bucer ait incorporé simultanément les mêmes matériaux aux deux endroits. Autant de questions que nous devons laisser sans réponses.

Ce que nous venons de dire de la patristique à proprement parler, s'applique tout aussi bien à la canonistique, domaine qui lui est depuis toujours étroitement associé et qu'il est souvent difficile d'en distinguer. Indépendamment de nous, Monsieur Robert Stupperich a proposé pour l'emploi du droit canon par Bucer des dates très proches des nôtres: quelques références dès 1520, bien plus à partir de 1530, et un emploi important et constant de sources et d'arguments canoniques depuis 1537[46]. Il est à peine nécessaire d'ajouter que la canonistique pose elle aussi la question de savoir dans quels écrits Bucer emploie notre *Florilège* et lesquels lui servent plutôt de source. Les éléments réunis dans l'article que nous venons de citer, nous posent à leur tour cette question à laquelle la réponse est souvent malaisée à trouver. Ajoutons encore, que nous pensons, comme l'auteur cité, que l'emploi que les réformateurs ont pu faire du droit canon, n'avait nul besoin d'être préparé par une réinterprétation humaniste, qui aurait privilégié les sources authentiques et anciennes du *Décret* de Gratien, ou limité la valeur de cette compilation à celle de ses parties composantes; il a toujours été un principe du droit canonique que l'autorité des canons n'était autre que celle qui leur était inhérente:

---

[43] *De concilio*, sign. [c4] v; cf. *Florilège*, ms. pp. 66s et 145s.

[44] *De concilio*, sign. k2,r–l,r; cf. Fraenkel: *art. cit.*, pp. 607ss.

[45] P. ex. concile de Milève, can. 9, ordonnant que l'on tienne des synodes provinciaux réguliers: *De vera*, f. 25r entouré de renvois au *Canon apostolique*, 37 [!] et Nicée can. 5 (auquel renvoie la marge des *Concilia* de Crabbe, où cependant ce canon porte les N°ˢ 36 et 38). – *Florilège*, ms. p. 409. Même contexte, mais ici Milève est entouré de Latran IV, Tolède, Orange, Carthage, etc.

[46] *Martin Bucers Gebrauch*, en part. pp. 243–246 (dates); p. 248 (*Von Kirchenguetern* et d'autres écrits env. 1539).

leur incorporation dans des collections comme le *Décret* n'y ajoutait rien[47].

b. *Parker*

Il est dans la nature des choses que les échos du *Florilège* soient plus difficiles à trouver dans les textes rares et brefs que nous a laissés Matthew Parker. A cela il y a une exception de taille, mais qui, néanmoins, n'est qu'une exception partielle. C'est l'important ajout que l'archevêque a fait à la section sur le mariage (notre ch. 12). Exception importante, du fait de la quantité de matériaux rassemblés pour prouver que les lois du *Lévitique* concernant les degrés prohibés, sont applicables aux chrétiens. Exception partielle, dans la mesure où ces textes ne paraissent pas en tant que tels dans un ouvrage de Parker. Ils représentent plutôt une préparation personnelle, le tracé du chemin que Parker a dû parcourir pour se persuader – et sans doute pour en persuader d'autres – que ces lois restent en vigueur. C'est bien ce que la *Table of Kindred and Affinity* présuppose, concrétise et sous-entend. Quant aux *Advertisments* de 1566, mis à part leur insistance sur le port du surplis, leur contenu n'est guère de nature à nous renseigner sur l'usage que l'on a pu faire de notre recueil[48].

Pourtant, les renvois aux tomaisons et paginations de ses propres éditions des Pères montrent que Parker a «travaillé» le recueil de Bucer. Il ne s'est pas contenté d'y ajouter le fruit de ses propres lectures. On serait, dès lors, tenté de chercher des traces de ces matériaux dans certaines lettres de Parker, qui sont des avis de théologie ou de droit canon plutôt que des messages personnels. Mais ici la prudence s'impose: si, par exemple, le mémoire contre les images, soumis à la reine en automne 1559, contient la référence obligée à la lettre de Grégoire le Grand à Serenus, à laquelle Parker a ajouté dans le *Florilège* la référence au *Décret,* les renvois à saint Epiphane[49] ne sont pas les mêmes dans la lettre et le *Florilège;* et surtout, le renvoi de Bucer au *De moribus ecclesiae* de saint Augustin, que Parker avait complété par un extrait du texte, n'est pas utilisé.

On ne saurait donc écarter l'hypothèse que Parker ait, à la longue, préféré l'emploi direct de certaines sources sans qu'intervienne notre «index». Peut-être a-t-il aussi, à l'instar de Bucer lui-même, été obligé, par

---

[47] *Art. cit.,* p. 242 (question d'une «Umdeutung» érasmienne). Cf. p. ex. Laemmer: *Kirchenrecht,* p. 31.

[48] Gee et Hardy: *Documents,* N° 81, pp. 467–475. V. en part. p. 471 et cf. notre ms. p. 573.

[49] Parker: *Correspondence,* N° 67, pp. 89s. Cf. *Florilège,* ch. 25, n. 7–12. Il n'en va pas autrement de la lettre sur la papauté, les conciles et l'égalité des évêques, adressée peu après aux évêques «Marians» destitués: *Correspondence,* N° 77, pp. 109ss et cf. Strype: *Life,* pp. 67ss.

les circonstances, à se passer du *Florilège* à certains moments de sa car-
rière.

5. BUCER, PARKER ET LA TRADITION DE L'EGLISE

La compilation entreprise par le réformateur et complétée par l'archevêque, est impressionnante. Elle renforce ainsi l'image d'un 16ᵉ siècle théologique pour lequel le témoignage des Pères était d'une valeur que l'on peut
à peine surestimer. Si l'on admet l'existence de l'autre «index» plus dogmatique ou exégétique, la quantité et la qualité des matériaux dont dispo-
saient nos deux théologiens à Strasbourg, Cambridge et Lambeth, ne
devraient guère être inférieures à celles que maniaient en d'autres lieux,
des hommes comme Oecolampade, Mélanchthon ou Eck.

Il ne peut être question ici d'évaluer l'importance réelle de ces textes et
renvois dans l'œuvre de l'un et de l'autre de ces théologiens. Tout au plus
osons-nous attirer l'attention sur quelques éléments qui pourraient – ce
terme est à souligner – se révéler comme typiques de leurs idées et de leurs
actions.

Ainsi, les ordonnances strasbourgeoises prévoient que parmi d'autres
livres, les paroisses doivent acquérir et tenir à la disposition des pasteurs
une *Historia ecclesiastica*[50]. Certes, plusieurs autres ordonnances des
vingt années qui précèdent l'*Intérim* mentionnent des bibliothèques, et
certaines précisent que l'on doit y conserver ou ajouter les écrits des Pères.
C'est le cas en particulier des ordonnances que Bugenhagen rédigea en
1528 pour la ville de Brunswick, ainsi que des textes qui s'inspirent de ces
ordonnances. Mais il s'agit toujours de «allerley nüttige böke der hilligen
olden doctoren»[51] qui serviront à mieux comprendre et exposer l'Ecriture sainte: outils donc d'exégèse et de dogmatique. Parfois même on
nomme Jérôme, Augustin ou Chrysostome, mais jamais Eusèbe, ni d'autres historiens: l'idée toute pratique – canonique dirions-nous – que l'histoire de l'Eglise ancienne serve de modèle à la conduite d'une paroisse,
semble être particulière à Strasbourg[52].

---

[50] *Kirchenordnung, 1534, BDS* 5, 40. Il s'agit vraisemblablement d'un livre qui réunit
Eusèbe-Rufin et la *Tripartite,* comme c'est le cas dans l'édition de Beatus Rhenanus. La
présence d'un tel ouvrage est d'autant plus surprenante que la liste n'indique en outre que
des commentaires bibliques contemporains (ceux de Luther, Pelikan et Oecolampade).

[51] Richter: *Kirchenordnungen,* 1, 113 (Brunswick, 1528: p. ex. Augustin, Ambroise,
Jérôme); repris en 1529 par Hambourg; en 1531 par Lübeck, *ibid.,* pp. 128, 146. Soest, 1532,
pp. 167s précise que les «doctores» seront achetés en plusieurs langues (c.à.d. des originaux
grecs en plus des versions latines). Clèves, 1533, p. 215: Jérôme, Augustin, Chrysostome, en
tant que guides de l'exégèse littérale. Brême, 1534, p. 243 (notre cit.).

[52] Saxe, 1533, p. 228 ne parle que de Bibles, Postilles, *CA* et *Apologie, Loci.* D'autres
ordonnances l'imitent en ceci. Parfois on se contente pour les villages de prescrire une Bible
allemande et latine (Nassau, 1536, p. 279; Brunswick, 1543, t. 2, p. 61).

Ceci nous amène à attirer l'attention sur un autre élément distinctif de notre milieu et de notre recueil. Il s'agit de la manière dont Bucer se sert du célèbre «canon» de Vincent de Lérins. Ce que suggère sa place en tête de notre recueil, Bucer lui-même le confirme dans le *De concilio*[53]: On nous accuse, dit-il, de mépriser les traditions anciennes et on se targue chez nos adversaires, de les observer en cinq matières: les rituels, la prééminence des clercs, le célibat, l'adoration des saints et les cérémonies funèbres. «Sed nullum illi proferent signum, nullum ecclesiae ritum veterem, catholicum quidem, hoc est, observatum a sanctis in ecclesia semper et ubique, atque habitum ad salutem necessarium ...»: version très bucérienne de la formule «ab omnibus» certes, mais aussi d'orientation très originale vers les pratiques ecclésiastiques.

Passons à Matthew Parker. Ce qui frappera certainement le lecteur de notre *Florilège,* c'est le rôle plus important que jouent les auteurs médiévaux chez cet homme de la génération d'après la Réforme. Lecteurs attentifs de Grégoire le Grand, Bucer et Parker le sont au même titre. Mais là où Bucer se félicite de la découverte de documents d'époque carolingienne par Beatus Rhenanus, Parker relit les scolastiques et fait grand cas d'un saint Antonin de Florence, auteur savant et réformateur certes, mais surtout compilateur à la fois historique, scolastique et humaniste, ce qui peut-être n'est pas sans analogie avec les hommes d'une génération qui, au sein des églises de la Réforme même, préparaient la voie à la scolastique nouvelle.

Reprenons ce que nous avons dit plus haut. Notre recueil et sa composition ne peuvent répondre par eux-mêmes à la question «what Fathers?» posée jadis par S.L. Greenslade[54]. En effet, rien ne nous permet d'affirmer que tous les auteurs lus par nos deux réformateurs, ou même tous ceux qui leur paraissaient importants, aient nécessairement trouvé leur place ici. Néanmoins, la liste des sources exploitées devrait permettre aux historiens de se faire au moins une idée de ce que l'on lisait et appréciait dans un tel milieu. Nos matériaux ne permettront pas non plus de répondre, sans autre, à la question que nous nous étions posés jadis par rapport à Mélanchthon: quelle était la fonction ou le rôle – nous parlerions plus volontiers, ici, de fonctions et de rôles au pluriel – auxquels devaient se prêter les «testimonia Patrum»[55]? Nous avons déjà fait remarquer ail-

---

[53] Fol. r,r.

[54] *The Reformers,* p. 5. On peut cependant suivre Greenslade lorsqu'il fait remarquer que le nombre d'auteurs qu'on lisait (nous dirions plutôt que l'on exploitait à fond) était restreint. Si nous éliminions de notre recueil cinq auteurs latins (Tertullien, Cyprien, Augustin, Jérôme et Grégoire le Grand), quatre grecs (Eusèbe, Basile, Epiphane et Chrysostome) et trois compilations (la *Tripartite,* le *Décret* et les *Conciles*), il ne resterait que bien peu de chose.

[55] *Testimonia Patrum,* en part, pp. 7s, 251s, 361s.

leurs les limitations qu'impose au chercheur ce qui n'est après tout qu'un ensemble de données, prêtes à l'usage certes, mais sans plus[56]. Néanmoins, les matériaux que nous publions ici pourraient bien (de par leur choix même) confirmer ce que nous avons dit plus haut de Bucer et de sa vision du canon de saint Vincent.

Avant de terminer cette section, nous voudrions attirer l'attention du lecteur sur un phénomène que nous avons remarqué çà et là au hasard de la consultation de bibliothèques. Une proportion considérable des textes relevés dans notre recueil et parfois marqués par Parker dans les exemplaires de sa bibliothèque personnelle a également attiré l'attention d'autres théologiens qui suivaient peu ou prou une orientation théologique comparable. Ainsi, l'on trouvera dans nos notes des renvois non seulement à des livres utilisés par Parker et qui se trouvent dans son collège de Cambridge. Les passages qui ont attiré son attention – et surtout celle de Bucer – ont souvent eu le même attrait pour Calvin et Vermigli[57], dont les livres se trouvent à Genève, et pour Thomas Cranmer dont une partie de la bibliothèque patristique est réunie à la British Library[58].

Il va sans dire qu'en donnant quelques indications glanées au hasard, nous n'avons ni pu, ni voulu faire plus que stimuler l'intérêt des chercheurs. Il ne reste pas moins frappant qu'un certain ensemble de thèmes et de textes patristiques – souvent de nature disciplinaire et canonique, – redisons-le encore – semble être commun à tout un groupe de théologiens.

6. La Formula vivendi

Corps étranger dans un florilège patristique, elle en est aussi la seule partie déjà éditée. Nous la reprenons ici en adoptant pour la transcription les règles de notre édition. Faute de pouvoir reproduire in extenso l'introduction de François Wendel[59], nous voudrions y renvoyer expressément nos lecteurs. Répétons ici seulement que la Formula doit être datée de la fin de l'été 1550 et qu'elle est écrite de la main de Martin Brem, le principal des deux famuli de Bucer. Aux nombreux détails que contient le travail de François Wendel, ajoutons que la Formula, inscrite à la fin d'un recueil dont l'usage devait être fréquent, pourrait bien, mutatis mutandis, être un indice de la manière dont la maison de Bucer (et celles d'autres hommes

---

[56] Zwischen Altkatholizismus, p. 598.

[57] V. Ganoczy: La bibliothèque, pp. 336s pour la liste des livres ayant appartenu à Calvin et Vermigli.

[58] V. Jayne et Johnson: Lumley, pp. 2ss, 336 (Cranmer), et pp. 297–312 (bibliothèques détentrices actuelles).

[59] Un document inédit, pp. 223–231.

du même milieu) était organisée, même avant le séjour de Cambridge. En effet, elle appartient elle aussi, à un genre littéraire – et de ce fait sans doute à un genre de réalité quotidienne – assez commun. Aussi son contenu et son arrangement, sont-ils ceux d'autres écrits humanistes qui traitent des règles de la bienséance: comme eux, la *Formula* dispose sa matière selon l'horaire d'une journée type; on commence par souligner la nécessité de se lever de très bonne heure; comme eux aussi, elle accorde beaucoup d'attention à la manière de se tenir à table et de saluer ses supérieurs[60]...

7. Notre édition

i) *Le Florilège*

Nous avons modifié le texte du ms. de plusieurs manières. L'usage des lettres majuscules et des «v» et «u» ainsi que des «i» et «j» a été uniformisé et modernisé selon les normes des *Buceri Opera*. Selon ces mêmes normes les «e» cédillés sont transcrits par «ae». En revanche, l'emploi d'un «e» simple à la place de l'«ae» antique, fréquent chez certains contributeurs de notre recueil, a été respecté.

Les notes marginales du ms. ont été traitées de deux manières, selon leur nature. Celles qui contiennent des renvois ou des amorces de renvois, ainsi que celles (plus rares) qui sont des commentaires hors-texte, sont incorporées aux notes: elle y sont précédées par le signe ▯ (= marginale) et écrites en caractères italiques, se terminant par un point final suivi, au besoin, d'un trait qui sépare la marginale de la note explicative moderne. En revanche, les notes marginales qui représentent plutôt des rajouts au texte, ont été insérées aux endroits voulus et placées entre parenthèses coudées (⟨ ⟩).

La modification de la mise en page a entraîné celle de l'emplacement et de la fréquence des titres courants. Dans le ms., ces derniers sont autant de têtes de chapitres ou de sous-titres mis en place avec beaucoup d'irrégularité. Nous avons découpé l'ensemble de l'ouvrage en vingt-neuf chapitres – artificiels certes, mais dont les titres et les découpages nous ont été suggérés par l'arrangement des matières autant que par les titres courants.

Ce faisant nous avons conservé tous les titres courants, en les transformant en sous-titres et en les insérant aux endroits qui correspondent à leur première apparition dans le ms. En revanche, nous avons ignoré la répétition irrégulière de ces titres courants sur les pages suivantes de la même section de notre manuscrit. Plus rarement, nous avons introduit des sous-titres de notre cru, mais bien entendu, ils sont en français comme nos têtes de chapitres, et de ce fait facilement repérables.

---

[60] Bömer: *Anstand,* en part. pp. 330, 362–372, 344–347.

ii) *Les annexes*

Dans les annexes, nous avons réuni quelques travaux patristiques de Bucer qui ne font pas partie du *Florilège* lui-même. Il s'agit, pour l'essentiel, de notes et de passages soulignés dans les éditions des Pères que le réformateur a eues entre les mains. La partie la plus importante et la plus significative en est sans doute le recueil factice composé de différentes versions de la liturgie grecque; mais les autres textes témoignent également, à leur façon, des principaux intérêts de notre Strasbourgeois – ne serait-ce déjà que le fait qu'il jugea bon de les avoir à sa disposition à Cambridge.

On trouvera des introductions plus détaillées en tête de chaque pièce. De plus, il va sans dire que pour éditer les notes de Bucer, nous avons suivi les mêmes règles d'édition que dans le corps du *Florilège*.

8. Remerciements

Nous remercions très chaleureusement Mme Dorothée Demmer, qui avait établi une première transcription provisoire de la presque totalité de notre ms., dont elle nous a transmis le dactylogramme. Il est impossible de comptabiliser en heures et en journées, oui même en semaines et mois, le travail et l'effort qui nous ont été ainsi épargnés, pour ne pas parler des problèmes de lecture qu'elle a si souvent résolus avec bonheur.

M. Jean Rott nous a non seulement aidé à trouver les réponses à de nombreuses questions de détail, mais encore nous a-t-il permis d'identifier la plupart des scribes de notre recueil. Lui et les autres collègues de l'équipe de Strasbourg ont, une fois de plus, donné généreusement de leur temps, de leur science et de leur énergie pour faire avancer notre travail. C'est lui enfin, qui a guidé nos premiers pas dans les collections bucériennes de Cambridge et qui nous a procuré la plupart des photocopies, notamment celles du ms. principal et des pages annotées des ouvrages de St. John's College.

A Cambridge même, nos remerciements vont tout d'abord aux «Master and Fellows» de Corpus Christi College, qui nous ont généreusement accordé la permission d'éditer les textes qu'ils détiennent. Nous remercions également les bibliothécaires du même collège ainsi que ceux de St. John's College et de l'Université.

Ce n'est pourtant pas à Cambridge que ce travail a été commencé, mais à Londres, où l'éditeur a eu le privilège de jouir de l'hospitalité et de l'aide de l'Institut Warburg et de la British Academy. C'est à la British Library et à Dr. Williams's Library qu'il a pu faire ses toutes premières recherches sur les sources patristiques de Bucer. Parmi tous ceux qui ont contribué au bon départ de ce travail, mentionnons en particulier l'ancien et le nouveau directeur – alors bibliothécaire – de l'Institut Warburg, Sir Ernst Gombrich et le Dr. J.B. Trapp.

Nous remercions également notre collègue Martin Greschat de Munster à qui nous devons la connaissance des *Autores historiae ecclesiasticae* de 1523, et M. Peter Haggenmacher de Genève, qui a souvent suppléé à notre ignorance de l'histoire du droit.

Un travail comme celui-ci ne saurait être fait sans le concours de nombreux collègues aidant l'éditeur, en lui fournissant un détail historique ou en le mettant sur une piste de recherche. Que M. Geoffrey Elton (Cambridge), le Père F. Halkin (Bruxelles) et M. Konrad Repgen (Cologne), trouvent ici l'expression de notre reconnaissance.

Avant même que l'éditeur du *Florilège* ait lui-même travaillé sur des textes de Bucer, notre Institut a hébergé assistants et doctorants, dont les travaux portaient sur les écrits et la pensée du réformateur strasbourgeois. A MM. Hazlett, Hobbs et Roussel ont succédé Mme Irena Backus, MM. Pierre Lardet, R. Bodenmann, M. Grandjean et M. Engammare. Tous ont, d'une manière ou d'une autre, à côté de leurs propres travaux, aidé l'auteur de ces lignes à faire le sien – et, qui plus est, à l'améliorer. Durant toute cette période, Mme Monique Droin notre bibliothécaire, et M^elles Pham Phuong-Thu et Carole Lehmann nos secrétaires, ont mis leurs grandes compétences et leur énergie au service des travaux d'édition de notre Institut. Envers eux tous, non seulement l'éditeur du *Florilège,* mais aussi tous les lecteurs et usagers, contractent une dette de reconnaissance.

Après avoir évoqué ces collaborateurs de près, nous voudrions terminer en remerciant très chaleureusement ceux de loin: les patrons des série et sous-série qui ont bien voulu accueillir cette édition: nos collègues Heiko Oberman et Marc Lienhard.

Institut d'histoire de la Réformation,
Genève.
Printemps 1987

PIERRE FRAENKEL

TABLEAU DES SIGLES

employés dans le texte et les notes.

N.B.: Les guillemets doubles « » indiquent une citation, les guillemets simples ' ' une paraphrase.

⌑ : Référence ou commentaire donné en marge du texte.

⟨ ⟩ : Rajout inscrit en marge du texte.

Ap.: Source immédiate d'un passage.

Adv.: Adversaires de Bucer employant des matériaux identiques ou analogues.

Sigles indiquant la manière dont la source est utilisée:
(*a*):   abrégé.
(*e*):   extrait.
(*i*):   idée.
(*p*):   paraphrase.
(*r*):   renvoi.
(*t*):   reprise d'un texte cité.

CCC: Corpus Christi College, Cambridge.

Abréviations des noms des livres bibliques:
Celles du ms. ont été maintenues telles quelles.
Celles fournies par l'éditeur suivent le système de la Vg. éd. par Dom R. Weber.

PREMIER REGISTRE

[1*] *ªHic liber locorum communium collectus a Martino Bucero et sua manu ut plurimum scriptus.*

ᵇVincentius¹ Lirinensis episcopus adversus prophanas novationes²:

«In ipsa item catholica ecclesia magnopere curandum est, ut id teneamus, quod ubique, quod semper, quod ab omnibus creditum est. Hoc est etenim vere proprieque³ catholicum quod ipsa vis nominis ratioque declarat, quae omnia vere universaliter comprehendit. Sed hoc ita demum fit, si sequamur universitatem, antiquitatem, consensionem.» [2*bl.]

[Premier registre]⁴:

---

¹ [] *ªCharacter manus domini Martini Buceri.*

² *Commonitorium,* 1, ch. 2, *MPL* 50, 640. – Ap.: Sichard: *Antidotum,* p. 203 (*e*). Le titre donné par Bucer fait en partie écho à celui de Sichard; (cf. aussi *MPL* 50, 637); la leçon *fit, ibid.* – Adv.: Witzel: *Typus, 1541,* f. 4v (là *e* parallèle en exergue)?

³ Corrigé de *propter.*

⁴ Un second registre se trouve à la fin du volume.

⁵ Le mot est placé devant *patrum.* Une accolade l'applique à la série de mots allant de *canonum* à *conciliorum.*

---

^{6} Cf. le second registre, n. 4.
^{7} Ces deux indications sont réunies par une accolade.

Conciliis praesidentes, 461.
Ad concilia qui vocandi, 481.
Concilium particulare, 412.
Concilia provincialia, 415.
Concilia nationalia, 393, 395, 401, 409.
Concilia indicere est imperatoris, 341, 429, 463.
Conciliis praesident imperatores, 463.
Conciliorum praesides, 461.
Christianorum priscorum vita et disciplina, 16.
Concilia quando et quoties celebranda, 4[09].
Communio missae, 71.
*b*Communicandum semper ad missam, ibidem.
*c*Communio laicorum, 76.
*b*Conventus sacri cottidie bene esset, 71 et 761, ⟨523⟩.
*c*Cultus sanctorum, 145.
Castitatis votorum remissio, 161.
Contra coelibatum, 167.
Clericorum provisio, 239.
Cleri non alligentur negotiis saecularibus, 245.
Clericorum vita, 248.
*b*Canonicae horae, 499.

[5*] *c*D

Disciplina ecclesiae, 12.
Pro defunctis oratio, 92.
Damasi papae epistola notha, 325.
Diaconi, 258.
Disciplina plebis, 20.
Docendi munus in ecclesia, 131.
Divortium, 173.
Decretum de terminatione episcoporum, 297.
Divisio metropolium ecclesiarum, 308.
*b*Delectus ciborum, [519].
*c*Defensor, 355.
Decretales mendosae, 369.
*b*Pro defunctis supplicationes, 493.

*c*E

Ecclesiae apostolicae, 1.
Ecclesiae unitas, 4.
Ecclesiae disciplina, 12.

---

[8] Un mot biffé: *aut*?

F

Forum competens ecclesiasticum, 333.

G

Generalia concilia, 429.

H

Haeresis, 201.
Imperatorum leges et poenae in haereses, 207.
Imperatores connixerunt ad haereses, 207.
Haeretici quomodo iudicandi sunt, 211.
Horae canonicae, 135.
Hymni ecclesiastici a populo decantati, 138.
Humanae constitutiones, 381.
*b*Horae canonicae, 499.
[7*] *9*Concludendi formulae:
Ex quo perspicuum est...
Ex quo, id ante oculos est...
Ex quo conficitur*10*.

I

Ignatii autoritas, 571.
*c*Imperatoris potestas iure*11* contempta, 351.
Iudicari ubi debeant episcopi, vel forum ecclesiasticum, 333.
Imperatores ferant leges, et puniant haereticos, 207.
Imperatores connixerunt ad haereses, 207.
Imperatores cogant episcopos ad concilia, 341, 463.
Imperatores iudicant de episcopis et papa, 341.
Imperatorum est indicere concilia, 429, 463, 465.
Imperatores praesident in conciliis, 461, 463.
*s*Imperatores proprios habebant sacerdotes, 270.
*c*Iudicium haereticorum, 211.
Iudicia et potestas episcoporum, 286.
Impuri non admittantur ad coenam Domini, 61.

---

9 Ce passage occupe tout le haut de la page. Le registre sur deux colonnes reprend à la lettre I. Le titre est suivi d'un symbole illisible. Les seconde et troisième formules sont écrites à l'encre rouge.

10 Ces trois formules correspondent de manière approximative aux types de péroraison que propose Erasme dans son *Ecclesiastes,* liv. 2 (*LB* 5, 950 EF), en modifiant les théories rhétoriques antiques: rappel de l'argument; survol de l'ensemble (totam causam simul oculis obiicit); réunion d'éléments épars faibles, pour en tirer un argument plus fort.

11 Suivit d'un second *iure* biffé.

Ieiunium, 155.
Iustificatio, 177.
Immunitas clericorum, 264.

L

Laicis licet in ecclesia docere et canere, 134, 138, 135.
Lectores, 254.
Laicorum communio, 76.
Laicis quando docere liceat, 134.
Legenda quae sint in ecclesia, 141.
Linguarum utilitas, 378.
*b*Lumina in templis[12], 511.

*c*M

Metropolitani potestas, 305.
Moderatio temporis paenitentiae, 119.
Merces bonorum operum, 187.
Ministri ecclesiae unde educandi, 221.
Missae ritus *b*tempus *c*et ordo, 85, *b*et 535.
*c*Ministerii sacri necessitas, 217.
Monachi abolendi, 192, 193.
*b*Monachi vestitus non notabilis, [373].
*c*Missae sacrificium, 66.
Missae communio, 71.
⟨ *b*Missae tempus, ibidem 71.⟩
*c*Missa privata, 78.
Missae et eucharistiae usus, 81.
⟨ *b*Missae tempus, 91, 83.⟩
De cura pro mortuis, ⟨493⟩.
Mulieres in templo ne canant, 576[13].

*c*N

Nationalia concilia, 393, 395, 401, 402.

[8*] O

Occidentales ecclesiae alii commendatae sunt, episcopo Romano suspecto
    de haeresi, 324.
Obedientia principibus praestanda, ut etiam iniquae proscriptioni sancti

---

[12] *die* biffé.
[13] Rajouté en dehors de l'ordre alphabétique. Un X indique la place qui lui revient.

pareant, 348.

Ordo missae, 85.

*b*Oratio pro defunctis, 92, et 493.

*c*Opera bona, 183.

Bonorum operum merces, 187.

*b*Quadragesima, 159 [!].

P

Pascere gregem domini: *Pastores* novi testamenti, *quos dat Dominus secundum cor suum, pascent* gregem domini רעם והשכיל: Irmiah 3, [15].

*c*Papam et episcopos plebis iudicio subiici, 361, 363.

Pontifex Romanus, 315.

Patriarcharum potestas, 310.

Potestas Romani pontificis in concilia et episcopos, 324.

Papae Damasi epistola notha, 325.

Praesidentes conciliis, 461.

Potestas imperatoris iure contempta, 351.

Potestas ecclesiastica, per quos exercenda, 223.

Potestas cleri, 261.

Potestas et iudicia episcoporum, 286.

Principum est indicere concilia, 429, 463, 465.

Principum benignitas in ecclesias, 30.

Principibus obedientia praestanda, ut etiam iniquae proscriptioni pareant sancti, 348[14].

Praecatio pro defunctis, 92.

Presbyterorum munus, 269.

Provisio clericorum, 239.

Papatus quam late pateat, 329.

Papae et episcoporum iudicium, 363.

[9*] Plebis et cleri iudicio recipiendi excommunicati, 109.

Plebis ius in deligendis et reiiciendis episcopis suis, 357[15].

Plebis et cleri consensu episcopi magna statuant, 280.

Poenitentes clementer recipiendi, 117.

Poenitentiae agendae necessitas, 105.

Plebis disciplina, 20.

Privata missa, 78.

Poenitentium reconciliatio, 115.

Poenitentiae tempus moderandum, 119.

Provocatio ad concilium, 471.

---

[14] En tête de la p. [9*], mais un signe indique la place qui lui revient.

[15] Précédé d'un *37* barré.

---

¹⁶ Ms. par erreur: *476*.
¹⁷ Suivi de *remittebant et*, barré.

---

[18] Précédé d'un *81* barré.

CHAPITRE PREMIER

L'ÉGLISE, LA FOI, LA DISCIPLINE

[1] *ᶜApostolicae ecclesiae:*

In quibus praesederunt apostoli. Ita Hierosolymitana ideo sibi metropoleos dignitatem adserebat[1], contra Caesariensem Palaestinae, quod esset ecclesia apostolica.

[2s bl.; 4] *Unitas ecclesiae:*

De unitate ecclesiae pulcherrimus locus Cypriani, De simplicitate praelatorum[2], pagina ᵃ162, ᵇpost ᶜ249, tractatus 3. Huc pertinet epistola Dionysii ad Novatum, quam habes apud Eusebium, libro 6 Ecclesiasticae historiae, capite 34[3]; et infra pagina 201. [5] ᵇQui de ecclesia censeri debeant: Qui non in petra Christo fundatus[4], qui aliquo flagitiorum, quae regno Dei excludunt, occupatus, non est de ecclesia, etiam si sacramentis participet. Libro 2, Contra literas Petiliani[5], capite 108.

[6 bl.; 7] *Quid fides. Certitudo fidei:*

ᵈBernardus, De consideratione, libro 5[6], folio 280, facie 2: Deus, «et qui cum eo sunt beati spiritus, tribus modis, veluti viis totidem, nostra sunt consideratione vestigandi: opinione, fide, et intellectu. Quorum intellectus rationi innititur, fides auctoritati, opinio sola verisimilitudine se tuetur. Habent illa duo certam veritatem, sed fides clausam et involutam; intelligentia nudam et manifestam. Ceterum opinio, certi nil habens, verum per verisimilia quaerit potius quam apprehendit. Omnino in his cavenda confusio, ne aut incertum opinionis fides figat, aut quod firmum fixumque est fidei, opinio revocet in quaestionem. Et hoc sciendum, quia opinio, si

---

[1] ⬚ *Tripartita, libro 5, capite 37.* – Para. 2, *CSEL* 71, 279; *MPL* 69, 1017.

[2] C.-à-d. *De unitate ecclesiae, CCL* 3, 249–268; *MPL* 4, 509–536. – Le renvoi de Parker (?) et le mot *post* sont rajoutés au-dessus de la ligne; le second renvoi est souligné. Le premier est: Ap.: *Opera,1520* ou *Opera,1530* et indique la page où le traité commence; le second, sans doute plus ancien, est: Ap.: *Opera,1537*, et vise les chs. 6s, *CCL* 3, 253s; *MPL* 4, 503ss.

[3] Ap.: Beatus Rhenanus: *Autores*, ch. cité, p. 158. Eds. modernes, ch. 45; *GCS* 9:2, 626; *MPG* 20, 633. – La p. 201 est celle de notre *Florilège*.

[4] *Fundatus, regno Dei, ex* répétés (suscrits) par (*a*). Cf. Mt. 16,18.

[5] S. Augustin, *loc. cit.,* para. 247, *CSEL* 52, 159; *MPL* 43, 345 (*p*!).

[6] Ch. 3, paras. 5s; *MPL* 182, 790s. – Ap.: *Opera,1508* (*r*, leçons de l'*e* et usage de ⬚ : cf. n. 8).

habet assertionem, temeraria est; fides si habet[7] haesitationem, infirma
est; item intellectus, si signata fidei tentet irrumpere, reputatur effractor,
scrutator maiestatis. Multi suam opinionem intellectum putaverunt et
erraverunt. Et quidem opinio potest putari intellectus; intellectus opinio
non potest. Unde hoc accidit? Profecto quia haec falli et fallere potest, ille
non potest. Aut, si falli potuit, intellectus non fuit, sed opinio. Verus
nempe intellectus certam habet non modo veritatem, sed notitiam veritatis. Intellectus est rei. Possumus singula hic ita diffinire: fides[8] est
voluntaria quaedam et certa praelibatio necdum propalatae veritatis.
Intellectus est rei cuiuscunque invisibilis certa et manifesta notitia. Opinio
est quasi pro vero habere aliquid, quod falsum esse nescias. Ergo[9], ut
dixi, fides ambiguum non habet, aut si habet, fides non est sed opinio.
Quid igitur distat ab intellectu? Nempe quod etsi non habet incertum, non
magis quam intellectus, habet tamen involutum, quod non intellectus.
Denique quod intellexisti, non est de eo quod ultra quaeras; aut, si est, non
intellexisti. Nil autem malumus scire, quam quae fide iam scimus. Nil
supererit ad beatitudinem, cum, quae iam certa sunt nobis, erunt aeque
et nuda».

[8] *Necessitas communicandi cum ecclesia:*

Hanc multis probat Cyprianus, Epistola 6, libri 1[10]: In baptismate[11]
rogabatur: «credis remissionem peccatorum, et vitam aeternam per sanctam ecclesiam?»

[9–11 bl.; 12] *Disciplina ecclesiae:*

Exemplum[12] Theodosii maioris indictam ab Ambrosio poenitentiam
agentis tota sui submissione. Item Theodosii iunioris[13], qui a monacho
fungente potestate ecclesiae excommunicatus, cum eum audire noluisset,
'noluit cibum sumere, nisi ab eo ipso absolutus esset, qui eum ligaverat';
quanquam episcopus respondisset monachum ligandi potestatem non
habuisse. Agnoverat enim se monachi preces indigne reiecisse, eoque
Christi ab ipso sententiam, quamvis non ordinario ministerio, suscepit. De
disciplina ab episcopis magna authoritate et vigore retinenda, vide locum

---

[7] De *habet* à *est,* souligné.

[8] *Fides, intellectus, opinio,* soulignés. Ces trois mots répétés en ⬚ dans l'éd. utilisée (cf. *supra* n. 6).

[9] Toute cette phrase soulignée.

[10] *Ep.* 69 (1ère partie), *CSEL* 3:2, 749–760; *Ep.* 76, *MPL* 3, 1183–1194 (pour numérotation cf. *MPL* 4, 427). Ap.: Erasme: *Opera Cypriani,* (r).

[11] ⬚ *Ibidem.* – Para. 7, *CSEL* 3:2, 756; *MPL* 3, 1191.

[12] ⬚ *Tripartita, libro 9, capite 30.* – En part. paras. 8–29, *CSEL* 71, 541–546; *MPL* 69, 1145ss.

[13] ⬚ *Tripartita, libro 10, capite 27.* – Para. 3, *CSEL* 71, 620; *MPL* 69, 1183 (*ip*).

pulchrum apud Cyprianum[14], libro 1, epistola 3, paginis 13, 14, 15. [a]Disciplina gubernaculum in tempestate in Cipriano: vide epistolam cleri Romani ad Ciprianum papam[15], libro 2, epistola 7.

[13–15 bl.; 16] [c]*Quae disciplina et vita olim christianorum:*

Lege caput 29, libri 6 Tripartitae historiae[16]: Ibi vide, ut eam disciplinam Iulianus voluerit imitari sacerdotes idolorum. Illic legis[17] omnes quamlibet praestantes potestate viros intra templum tamen privatos esse, et ibi solum sacerdotem esse iudicem.

[17–19 bl.; 20] *Disciplina plebis:*

Nemo in aliena ecclesia communicet, sine literis sui episcopi: capite 7, Carthaginensis 1[18]; capite 3, Antiocheni[19]. Ut omnes communicent, qui missis adsunt: capite 2, Antiocheni 1[20]; capite 13, Concilii Toletani 1[21]. Recens enixa laborans menstruis ingredi ecclesiam et communicare sacris mysteriis potest; laudatur tamen, si abstineat, sed a congressu viri abstinere debet: Distinctione 5, canone 2, et 3[22].

[21s bl.; 23] [b]*Eleemosynae ratio:*

In sermone Chrysostomi in dictum Apostoli *Oportet haereses esse*[23] [1 Cor. 11,19]: 'Post doctrinam, preces[24] et communionem sacramenti, convivia apponebantur pauperibus a divitibus in ecclesia'. Ἀγάπαι dicebantur. [g]Chrysostomus, Homilia 67 in capita Math. 20 et 21[25]: «Sed ut apertissime inhumanitatem eorum videas, unius divitis nec valde locupletis

---

[14] *Ep.* 58, paras. 4–7, *CSEL* 3:2, 671–675; *Ep.* 12, *MPL* 3, 801–807. – Ap.: Erasme: *Opera Cypriani,1537* (r).

[15] *Ep.* 30, *CSEL* 3:2, 549s; *Ep.* 31, para. 2, *MPL* 4, 316. – Ap.: Erasme: *Opera Cypriani* (r).

[16] *CSEL* 71, 345–348; *MPL* 69, 1048–1050.

[17] *Loc. cit.,* paras. 14s, p. 348; col. 1050. Il s'agit de la lettre de l'empereur à Arsace, concernant les prêtres et les temples païens. (Les termes *Illic legis* précédés des mêmes, barrés).

[18] *CCL* 149, 7; Mansi: *Collectio,* 3, 147.

[19] Mansi: *Collectio,* 2, 1322 (Denis le Petit); 1330 (Ps. Isidore); cf. *Decreti,*2a pars, causa 7, qu. 1, can. 24, *Friedberg,* 1, 577.

[20] Mansi: *Collectio,* 2, 1321 (Denis le Petit); 1329 (Ps. Isidore).

[21] Mansi: *Collectio,* 3, 1000; cf. aussi *Decreti,*3a pars, De cons., dist. 2, can. 20, *Friedberg,* 1, 1320.

[22] *Decreti,*1a pars, plutôt can. 1 et 2, *Friedberg,* 1, 7s.; d'après l'introduction de Gratien *ibid.* (rp) qui est sans doute comptée comme can. 1.

[23] *MPG* 51, 257. (p). Dans le même contexte seulement ὥστε... καὶ... τὴν ἀγάπην αὐτοῖς ἐπισφίγεσθαι. – Le commentaire de Bucer plutôt d'après Tertullien: Ap.: Beatus Rhenanus: *Opera Tertulliani, 1539,* notes sur *Ad Martyres,* pp. 533s (avec renvois); cf. aussi *Apologeticus,* ch. 39, para. 16, *CCL* 1, 152; *MPL* 1, 538 (cf. var. 58).

[24] Précédé par *ele* biffé. – Plus loin le *a* est corrigé de *ab*.

[25] *Op. cit.,* para. 3, *MPG* 58, 630. – Ap.: Erasme: *Opera,1530,* 3, 375 (e).

haec ecclesia fructus colligens, cogita tecum quot[26] viduis, quot virginibus quotidie succurrat. Iam enim numerus eorum in catalogo adscriptus
ad tria millia pervenit; et praeterea multis, qui carceres habitant, auxilia-
tur, multis in hospitali laborantibus, multis advenis, multis leprosis; omnibus qui altari assistunt, cibaria et indumenta praebet, multis etiam qui
quotidie ad petendum accedunt; nec tamen ecclesiae opes diminutae sunt».

---

[26] Précédé de *quod* barré.

CHAPITRE II

PRIMAUTÉ ET BIENS DE L'ÉGLISE

[24] *^cRomana ecclesia principalis*[1]:

In hac diversis novitatibus vexabatur per nonnullos regula traditionis ecclesiasticae, pro quibus scribebat Irenaeus: Eusebius, libro 5, capite 20[2].

Ne schisma sit inter eam et alias ecclesias: Tripartita, libro 5, capite 27[3]. «Petri cathedra, ecclesia principalis», unde unitas sacerdotalis orta est: Cyprianus, libro 1, epistola 3[4]. Exemplum forsan intelligit, quod in ea primum extitit, ut unus constitueretur supra omnes episcopus. Libro 4, epistola 8[5], vocat Cyprianus Rhomanam fidem «ecclesiae catholicae matricem et radicem». *^bDe praestantia ecclesiae Romanae vide multa et magna in epistola Hieronymi ad Damasum: «Quoniam vetusto», folio 59 D, tomo 3[6].

[25] *^cEcclesiae Romanae principatus unde sit:*

Dionysius episcopus Corinthiorum Rhomanae ecclesiae hunc morem fuisse a principio, «fratres omnes variis iuvare beneficiis, multisque ecclesiis, quae sunt per diversa terrarum loca, cuncta quibus indigent destinare, singulorum quoque necessitates in omnibus consolari, sed et per metalla fratribus relegatis, quae usus poscit, praebere». Soter huic «institutioni a patribus demissae et semper integre custoditae», adiecit, ut «non tantum sanctis, quae usus corporalis poscit, impertiret, verumetiam advenientes fratres clementissimo et mitissimo solaretur alloquio, et tanquam pium se

---

[1] Suivi de *quae regnum invasit,* biffé.

[2] *Hist. eccl., GCS* 9:1, 480–484; *MPG* 20, 484s.

[3] Sans doute une erreur pour ch. 21 (Ap.: Beatus Rhenanus: *Autores,* ch. 22), para. 11, *CSEL* 71, 250; *MPL* 69, 1002: Message du concile d'Ephèse à l'empereur Constance: «Quomodo enim pax esse credenda est apud eos, qui pacis iura subvertunt? Contentio enim et seditio per haec inter reliquas civitates et ecclesiam Romanam potius orietur».

[4] *Ep.* 58, para. 14, *CSEL* 3:2, 683; *Ep.* 55, para. 14, *MPL* 3, 844s et 847s. Pour le monépiscopat v. aussi para. 5, p. 672; cols. 828s. – Ap.: Erasme: *Opera Cypriani* (r) et *Furbereitung zum Concilio, 1533, BDS* 5, 325 (r combiné avec ceux de nos n. 5 et 6).

[5] *Ep.* 48, para. 3, *CSEL* 3:2, 607; *Ep.* 45, para. 3, *MPL* 3, 733 (cf. 4, 350). Cf. n. 4 et 6.

[6] *Ep.* 15, paras. 1s, *CSEL* 54, 62ss; *MPL* 22, 355s. – Ap.: *Opera,1516,* (r [f. 59v,D]). Cf. n. 4 et 5.

ac religiosum patrem singulis exhiberet»: Eusebius, libro 4, capite 23[7].
Haec ergo benignitas in omnes effecit, ut huic ecclesiae omnes largirentur.
Haec quoque paterna cura permovit ecclesias, ut isti se libenter permitte-
rent.

[26–29 bl.; 30] *Benignitas principum in ecclesias Christi:*

Constantinus Imperator 1, cuiquam civitati prospexit de publico unde
ministri, virgines, et viduae alerentur, et vasa atque alia instrumenta
pararentur: Tripartita, libro 1, capite 7, et libro 7, capite 3, et libro 6, capite
7[8].

[31–34 bl.; 35] *Bona ecclesiae:*

Quae in ministerio[9] non ab ecclesia, sed vel ex successione, vel alicuius liberalitate clericis adveniunt, ea suis relinquere possunt. Reliqua
ecclesiis relinqui oportet.

Bona ecclesiarum[10], ut aliorum, imperatorum et rectorum arbitrio
attribuuntur. Hi[11] neminem quicquam volunt ecclesiae nomine possi-
dere, qui nomen christianum usurpat praeter ecclesiae catholicae communionem. «Noli ergo dicere[12], quid mihi est regi? Quid tibi ergo et posses-
sioni? Per iura regum possidentur possessiones. Dixisti, quid mihi et regi?
Noli ergo dicere possessiones tuas, quia ipsa iura renunciasti humana,
quibus possessiones possidentur». Haec Augustinus loquitur de possessio-
nibus ecclesiarum, quas imperatores Donatistis auferebant et catholicis
concedebant. Huc facit etiam caput 22, libri De correctione Donatistarum[13].

[36] *b*Bona ecclesiae: Non ferendum, ut opes dicatae Christo hic sumentur
ab iis, qui nomen Dei inhonorant, et blasphemare faciunt, quod faciunt
omnes prave viventes: Chrysostomus, De dignitate sacerdotali, libro 3,
capite 15[14].

---

[7] *Hist. eccl., loc. cit.,* para. 10, version de Rufin, *GCS* 9:1, 377 et 379 (cf. *MPG* 20, 388).
– Ap.: Beatus Rhenanus: *Autores.* p. 92: leçon *loca;* en revanche *verumetiam* (pour *verum et*)
et *clementissimo* (pour *clementi satis*) doivent être dus à notre copiste.

[8] *Op. cit.,* liv. 1, ch. 7, para. 1 (ou plutôt ch. 9, para. 7? v. *infra*); liv. 7, ch. 3, paras. 19s;
liv. 6, ch. 7, paras. 1–3; *CSEL* 71, 21 (ou 26), 387s, 317s.; *MPL* 69, 890 (ou 892), 1069, 1034s.
– NB.: ap.: Beatus Rhenanus: *Autores,* liv. 1, ch. 9, para. 7 se trouve au feuillet qui suit celui
du ch. 7.

[9] Ce «chapeau» résume *Decreti,* 2a pars, causa 12 (p. ex. qu. 1, can. 26, et qu. 3, prima
pars, *Friedberg* 1, 686, 713) à laquelle renvoie la *glose ordinaire* au canon cité à la n. suiv.

[10] ⃞ *Distinctione VIII.* – Can. 1, *Friedberg,* 1, 13. V. *infra* n. 12.

[11] ⃞ *Causa 23, quaestione 7, canone 1 et 2.* – *Decreti,* 2a pars, *loc. cit., Friedberg,* 1, 950s.

[12] Augustin, *loc. cit.* à la n. 10.

[13] *Ep.* 185, ch. 9, para. 36, *CSEL* 57, 32; *MPL* 33, 809, qui forme le troisième canon de
la qu. citée *supra* n. 11. – Ap.: Amerbach: *Libri Augustini,* pars 8 (*r*).

[14] *MPG* 48, 653.

[37] ^aBeneficia plura obtinere an liceat. In Extravagantibus communibus, De praebendis et dignitatibus, capite «Execrabilis», versu «Que alias absque»[15].

---

[15] *Op. cit.,* liv. 3, tit. 2, ch. 4, *Friedberg,* 2, 1259. Le texte reprend celui des *Extravagantes Ioannis XXII,* tit. 3, ch. 1, *Friedberg,* 2, 1207ss. L'alinéa visé, col. 1208 (que ceux qui, sans dispense, n'auraient pu obtenir plusieurs bénéfices n'en retiennent qu'un seul).

CHAPITRE III

LES RITES

[38 bl.; 39] *ᵇOrdinatio episcoporum et sacerdotum:*

Non ungebantur olim. Vide in sermone Chrysostomi in 1 Epistolam ad Timotheum in ἠϑικῷ¹.

*ᵖ«*Si quis XXX etatis sue annum non impleverit, nullo modo presbiter ordinetur, etsiamsi valde sit dignus*»*: Bonifacius². Iniungitur presbiteris parochialibus, ut plebem pabulo verbi Dei pascant, et 'hilariter visitent egrotos': ex constitutione provinciali Stephani Cantuariensis archiepiscopi, *«*Presbiterorum etc.*»*³.

[40]᾽Εκ⁴.

Ὅσοι ἄν πεισϑῶσι καὶ πιστεύωσιν ἀληϑῆ ταῦτα τὰ ὑφ᾽ ἡμῶν διδασκόμενα καὶ λεγόμενα εἶναι, καὶ βιοῦν οὕτως δύνασϑαι ὑπισχνῶνται, εὐχεσϑαί τε καὶ αἰτεῖν νηστεύοντας παρὰ τοῦ Θεοῦ τῶν προημαρτημένων ἄφεσιν διδάσκονται, ἡμῶν συνευχομένων καὶ συννηστευόντων αὐτοῖς. Ἔπειτα ἄγονται ὑφ᾽ ἡμῶν ἔνϑα ὕδωρ ἐστί· καὶ τρόπον ἀναγεννήσεως, ὅν καὶ ἡμεῖς αὐτοὶ ἀνεγεννήϑημεν, ἀναγεννῶνται. Ἐπ᾽ ᾽ὀνόματος γὰρ τοῦ πατρὸς τῶν ὅλων καὶ δεσπότου Θεοῦ καὶ σωτῆρος ἡμῶν Ἰησοῦ Χριστοῦ καὶ πνεύματος ἁγίου᾽ [cf. Mt. 28, 19] τὸ ἐν ὕδατι τότε λουτρὸν ποιοῦται. Καὶ γὰρ ὁ Χριστὸς εἶπεν ῾Ἂν μὴ ἀναγεννηϑῆτε, οὐ μὴ εἰσελϑῆτε εἰς τὴν βασιλείαν τῶν οὐρανῶν᾽ [cf. Io. 3, 3].῞Οτι δὲ καὶ ἀδύνατον εἰς τὰς μήτρας τῶν τεκουσῶν τοὺς ἄπαξ γεννηϑέντας ἐμβῆναι [cf. Io. 3, 4] φανερὸν πᾶσίν ἐστι, καὶ διὰ Ἡσαΐου τοῦ προφήτου, ὡς προεγράψαμεν, εἴρηται, τίνα τρόπον φεύξονται τὰς ἁμαρτίας οἱ ἁμαρτήσαν[41]τες καὶ μετανοοῦντες. Ἐλέχϑη δὲ οὕτως, "Λούσασϑε, καϑαροὶ γένεσϑε, ἀφέλετε τὰς πονη-

---

¹ *Homilia*, 16, sur 1 Tim. 5, 21ss, para. 1, *MPG*, 62, 587, où il n'est question que d'examen et d'imposition des mains. – Adv.: Gropper: *Enchiridion, De sacr. ordinis*, f. 98v (*«*unctio ... a tempore apostolorum celebrata*»*)?

² *Decreti*,1a pars, dist. 78, can. 1, *Friedberg* 1, 275 (attribué au pape Boniface [1ᵉʳ?]).

³ Concile d'Oxford, 1222, can. 10. Mansi: *Collectio*, 22, 1154 (can. 9). Powicke: *Councils and Synods*, II, vol. 1, p. 110. – Manque ap.: Crabbe: *Concilia,1538,* mais se trouve ap.: Crabbe: *Concilia,1551*, 2, f. 1005r, b. – Sans doute cité ici ap.: Lyndewoode: *Provinciale, De off. archipresbyteri*, can. ult. éd. 1505, f. 33r; éd. 1678, p. 63.

⁴ Le mot est suivi d'un espace laissé libre, mais où le nom de l'auteur et de l'œuvre n'ont pas été mis. Il s'agit de Justin Martyr: *Apologia prima*, ch. 61, paras. 2–13, Goodspeed: *Apologeten*, 70s; *MPG* 6, 420s. Cette citation qui s'étend sur trois pages a des réclames en fin de page, que nous n'avons pas reproduites. Nous n'avons pas pu identifier l'écriture avec certitude: peut-être Hubert. – Cf. *Infra*, n. 38 et ms. p. 52ss.

ρίας ἀπὸ τῶν ψυχῶν ἡμῶν" [Is. 1, 16] καὶ τὰ ἑξῆς. Καὶ λόγον δὲ εἰς τοῦτο
παρὰ τῶν ἀποστόλων ἐμάθομεν τοιοῦτον. Ἐπειδὴ τὴν πρώτην ἡμῶν
γένεσιν ἀγνοοῦντες, κατὰ μῖξιν τῶν γονέων πρὸς ἀλλήλους καὶ ἐν ἔθεσι
φαύλοις καὶ πονηραῖς ἀνατροφαῖς γεγόναμεν, ὅπως μὴ ἀνάγκης τέκνα
μηδὲ ἀγνοίας μένωμεν, ἀλλὰ προαιρέσεως καὶ ἐπιστήμης, ἀφέσεώς τε
ἁμαρτιῶν, ὑπὲρ ὧν προημάρτομεν τύχωμεν, ἐν τῷ ὕδατι. Ἐπονομάζεται
τῷ ἑλομένῳ ἀναγεννηθῆναι καὶ μετανοήσαντι ἐπὶ τοῖς ἡμαρτημένοις τὸ
τοῦ πατρὸς τῶν ὅλων καὶ δεσπότου Θεοῦ ὄνομα· τὸ αὐτὸ τοῦτο μόνον
ἐπιλέγοντες τοῦτον λουσόμενον ἄγοντες ἐπὶ τὸ λουτρόν. Ὄνομα γὰρ τῷ
ἀρρήτῳ Θεῷ οὐδεὶς ἔχει εἰπεῖν⁵. Καλεῖται δὲ τοῦτο τὸ λουτρὸν φωτι-
σμός, ὡς φωτιζομέ[42]νων τὴν διάνοιαν τῶν ταῦτα μανθανόντων. Καὶ ἐπ'
ὀνόματος δὲ Ἰησοῦ Χριστοῦ, τοῦ σταυρωθέντος ἐπὶ Ποντίου Πιλάτου,
καὶ ἐπ' ὀνόματος πνεύματος ἁγίου, ὃ διὰ τῶν προφητῶν προεκήρυξε τὰ
κατὰ τὸν Ἰησοῦν πάντα, ὁ φωτιζόμενος λούεται.

[43] ᶜBaptismatis ritus et ratio:

Interrogabantur baptizandi: 'Credis remissionem peccatorum et vitam
aeternam per sanctam ecclesiam?', Cyprianus, libro 1, epistola 6, pagina
42; idem, libro 1, epistola 12, pagina 62⁶. ᵇAlii respondent pro infantibus: 'In latrone complevit Omnipotentis benignitas, quod ex sacramento
defuit, quia non superbia vel contemptu, sed necessitate defuit': Augustinus, De baptismo contra Donatistas, libro 4, capite ultimo⁷. Cypriani
tempore erat sollemnis interrogatio ad baptizandum: 'Credis in vitam
aeternam et remissionem peccatorum per sanctam ecclesiam?' Epistola 12,
libro 1⁸.
ᵃDe exorcismis et exufflationibus: Augustinus, De ecclesiasticis dogmatibus, dogmate 31⁹; vide postea, folio 127¹⁰. De immersione trina vel
singula in Concilio Toletano quarto, capite 5, tomo 2 Conciliorum, folio
101¹¹.

---

⁵ Précédé d'un mot barré.
⁶ *Ep.* 68, para. 7, *CSEL* 3:2, 756; *Ep.* 76, para. 7. *MPL* 3, 1191, Et l'Epître du concile de
Carthage para. 2: *Ep.* 70, para. 2, *CSEL* 3:2, 768; *MPL* 3, 1078. – Ap.: Erasme: *Opera,1537,*
(rr). – Cf. n. 8.
⁷ Plutôt ch. 24, *CSEL* 51, 260; *MPL* 43, 175, (*p*).
⁸ V. *supra*, n. 6. – Ap.: Witzel: *Typus,1540*, p. XIII, (là *r* et *ap*).
⁹ Ps.-Augustin (Gennadius de Marseille): *Loc. cit., MPL* 58, 988.
¹⁰ C.-à-d. de notre ms., où Parker a fait un renvoi correspondant à ce passage.
¹¹ Ch. 6, Mansi: *Collectio*, 10, 618ss. Cf. Hefele-Leclercq: *Hist.*, 3:1, 268. – Ap.: Crabbe:
Concilia, (*r:* notre can. numéroté 5; au f. 101r se trouve la table des canons).

[44 bl.; 45] *bChrisma:*

*k*Cyprianus, libro 1, epistola 12[12]: «Ungi quoque necesse est eum qui baptizatus sit, ut accepto chrismate, id est unctione, esse unctus Dei et habere in se Christi gratiam possit. Porro autem eucharistia, et unde bap'tizati unguntur oleum, in altari sanctificatur. Sanctificare autem non potuit olei creaturam, qui nec altare habuit, nec ecclesiam».

*a*De exorcizando loquitur Cipriani[13], Leutius a Thabeste, in Augustino, Contra Donatistas de baptismo, libro 6, capite 38[14]. Sic capite 44[15], loquitur de exorcismo in impositione manuum Vincentius a Tibari.

[46–48 bl.; 49] *bSacrificium missae:*

cEucharistia:

Quos ad proelium exhortamur, «protectione sanguinis et corporis Christi muniamus; et cum ad hoc fiat eucharistia, ut possit accipientibus esse tutela, quos tutos esse contra adversarium volumus, munimento divinae saturitatis armemus»: Cyprianus, libro 1, epistola 2[16]. Ibidem[17]: «Idoneus esse non potest ad martyrium, qui ab ecclesia non armatur ad proelium, et mens deficit quam non recepta eucharistia erigit et accendit». ⟨ *b*«Ac si quis hoc fecisset, non offerretur pro eo, nec sacrificium pro dormitione eius celebraretur»: libro 1, epistola 9[18]. Neque enim ad altare Dei meretur nominari in sacerdotum prece⟩. *c*Idem, libro 3, epistola 14[19]: «Offertur nomen eorum». 'Communicant cum lapsis: offerunt et eucharistiam tradunt'. Idem, libro 1, epistola 6, pagina 41[20]: «Quando Dominus corpus suum panem vocat, de multorum granorum adunatione congestum, populum nostrum, quem portabat, indicat adunatum; et quando sanguinem suum vinum appellat de botris atque acinis plurimis expressum atque in unum coactum, gregem item nostrum significat commixtione adunatae multitudinis copulatum. Si Novatianus huic pani Dominico adunatus est» etc.

---

[12] *Ep.* 70, para. 2, *CSEL* 3:2, 768; *MPL* 3, 1078 (à la suite du passage sur l'interrogation; v. *supra* n. 6). – (*e*). – Ap.: Witzel: *Typus,1540,* p. XII (là *rap*).

[13] La sentence citée d'après Augustin à la note suivante se trouve dans Cyprien: *Sententiae episcoporum,* 31, *CSEL* 3:1, 448; *MPL* 3, 1135.

[14] *CSEL* 51, 335. *MPL* 43, 220s.

[15] *CSEL* 51, 338s; *MPL* 43, 223.

[16] *Ep.* 57, para. 2, *CSEL* 3:2, 652; *Ep.* 54, para. 2, *MPL* 3, 883. – La leçon *divinae* (au lieu de *Dominicae*) ne se trouve ni dans les éditions modernes, ni dans celles d'Erasme.

[17] Para. 4, *CSEL* 3:2, 653; *MPL* 3, 885.

[18] *Ep.* 1, para. 2, *CSEL* 3:2, 466; *Ep.* 66, para. 2, *MPL* 4, 411. Le texte reprend après la référence, sans solution de continuité.

[19] [] *bOfferre.* – *Ep.* 15, paras. 2s, *CSEL* 3:2, 519; *Ep.* 9, paras. 2s, *MPL* 4, 258s. – «*Nomen eorum»* est souligné par Bucer.

[20] *Ep.* 58, para. 5, *CSEL* 3:2, 754; *Ep.* 76, para. 6, *MPL* 3, 1189. – Ap.: Erasme: *Opera Cypriani,1537.*

[50] Eucharistiae paulum datum puero deferendum ad patrem suum aegrotum, nec potentem mori non accepta gratia: Eusebius, Ecclesiastica historia, libro 6, capite 34[21]. Presbyter enim propter morbum ipse ad aegrotum venire non potuit.

[b]Origenes, Contra Celsum, libro 8[22]: [h]«Quocirca Celsus, ut Dei ignarus, gratias daemonibus reddat; nos vero Conditori rerum morem gerentes, pro eius in nos collatis benefitiis, ubi et gratias diximus, oblatis panibus vescimur; qui utique ex oratione et praecibus sanctius quoddam corpus conflantur, quod sane sanctiores hos reddit, qui mente integriore hoc ipso utantur». «Panis[23] praeterea eucharistiae ille, bona gratia nuncupatus, argumento est nobis quemadmodum gratias Deo agamus».

[51] [b]*Nomina missae*[24]:

Epiphanius, contra Aerium, libro 3, tomo 1[25]: οἰκονομία τῆς λατρείας. Dionysius in Ecclesiastica hierarchia[26]: ἡ σύναξις, ἡ κοινωνία, ἱερουργία, εὐχαριστία. Ambrosius ad Marcellinam[27]: «missam facere». Augustinus[28]: «celebrationem corporis et sanguinis Domini». Cyrillus[29]: θυσία ἀναίματος. Chrysostomus[30]: φρικτὰ μυστήρια. [i]Ruperti abbatis Tuitensis, De divinis officiis, capite 20, libro 2[31]: «Hoc autem sacrosanctum altaris mysterium idcirco missa dicitur, quia ad placationem et solutionem inimicitiarum, quae erant inter Deum et homines, sola valens et idonea missio est». [a]Rabanus Maurus[32] dictam missam putat a dimittendis[33] cathecumenis. Scholastici varie tradunt, ut in Dictionario

---

[21] Ch. 44, *GCS* 9:2, 624–626; *MPG* 20, 629–633. – Ap.: Beatus Rhenanus: *Autores.* (r et p en partie d'après [] de Beatus Rhenanus).

[22] Ch. 33, *GCS* 3, 249; *MPG* 11, 1565. – Ap.: Merlin: *Opera Origenis*, t. 4, f. CIII r,a. – (e). – Le premier mot de la citation est barré puis récrit.

[23] *Ibid.*, ch. 57, *GCS* 3, 274; *MPG* 11, 1604. – Ap.: Merlin: *Op. cit.*, f. CVII r,b; (e).

[24] [] *Nomina missae.*

[25] [] *Haeresis 75. – Panarion, loc. cit.*, ch. 3, para. 3, *GCS* 37, 334; *MPG* 42, 505. – Le dossier ici réuni aux n. 25–31, ap. et adv.: Witzel: *Typus,1541*, p. 27 (i et certains rr).

[26] Tous ces termes réunis au ch. 3, *MPG* 3, 425; *Dionysiaca,*2, 1164s, 1169. – Cf. n. 25.

[27] *Ep.* 20, para. 4, *MPL* 16, 1037. – Cf. n. 25.

[28] P. ex. *De doctrina christiana*, liv. 3, ch. 9, para. 13, *CCL* 32, 86; *MPL* 34, 71. – Cf. n. 25.

[29] C.-à-d. Cyrille d'Alexandrie. P. ex. *Ep.* 17 (3ᵉ épître synodale à Nestorius), *MPG* 77, 113. – Cf. n. 25.

[30] P. ex. *Hom.* 2, *De proditione Iudae*, *MPG* 49, 392; *Hom.* 18 sur 2Cor. (8,16), *MPG* 61, 527. – Cf. n. 25; mais peut-être ici ap.: Beatus: *Opera Tertulliani,1539*, pp. 249s (i et r).

[31] [] [a]*Vide infra, 80* [c.-à-d. de notre ms.] – Ici *loc. cit. CCM* 7, 50; *MPL* 170, 46 (e) et Eph. 4, 12. – Cf. n. 25.

[32] *De clericorum institutione*, liv. 1, ch. 32, *MPL* 107, 321s.

[33] Suivi de *in* biffé.

theologico[34]: Alii derivant a voce מסת, missath[35], quod significat voluntarium sive spontaneum tributum et munus. Quidam allegant Levitici caput 6 [v. 7.12][36] et Malachiae primum [v. 11], sed ibi non est «missa» sed «mincha» quod oblationem farinaceam significat, et in Psalmo 141 [v. 2][37] orationem vespertinam significat; sed vide infra, 80.

[52] 'Ex Iustino Martyre, dominus Ioannes Silesius[38] misit ex Graeco exemplari versum: «Nos vero, postquam eum aqua perfudimus, qui, nostris persuasionibus adductus, his, quae de nobis audivit, assensus est, ad eum locum, quo fratres convenerunt, adducentes, cum pro nobis ipsis tum pro eo, qui illustratus sit, ac reliquis ubicumque terrarum agant omnibus, magna animorum consensione in commune Deum precamur, ut veritatem cognitam habentes, digni habeamur, quos officium faciendo et legibus divinis in primis studendo aeternum servet; finemque precandi facientes,

---

[34] Altenstaig: *Op. cit.*, 1er art. s.v. *missa*, qui fait état des interprétations suivantes: Biel, suivant Hugues de Saint-Victor: 'ipsa hostia sacra, quia a Deo transmissa est'; 'transmissio votorum et supplicationum'. S. Thomas d'Aquin et d'autres: 'emissio cathecumenorum'; dimissio fidelium [«ite missa est»]; d'autres auteurs que cite S. Bonaventure lient le terme à la transsubstantiation, le Christ étant «quasi de novo missus».

[35] P. ex. Zwingli: *Canonis missae epicheiresis*, *CR* 89, 567, et Emser: *Canonis missae defensio*, *CC* 28, 48 qui y répond. De même Fisher: *Contra Captivitatem Babylonicam*, ch. 6, in *Opera*, 204. Tous se réfèrent à Reuchlin: *De rudimentis*, v. *CC, loc. cit.*, n. 85. – La forme מסת (plutôt que מסה qu'expliquent les sources contemporaines) est celle de Dt. 16, 10 auquel se réfère Reuchlin, qui dans son explication combine מס (corvée) et מסה (remboursement adéquat d'une dette). Vg. Dt. 16, 10: «oblatio spontanea». L'information de Parker vient plutôt de Muenster: *Dictionarium*, s.v. מססם qui interprète מס par: «tributum, census, vectigal» et מסה par: «oblatio, munus, pensum . . .», alors que Reuchlin: *Op. cit.*, p. 289, s.v. מס en dérive effectivement la forme מיסת «id est oblatio, quae fit superiori Domino propter debitum munus personale . . .» Reuchlin compare le terme «missa» à «pasha»[!], l'un étant un emprunt à l'hébreu comme l'autre l'est au grec.

[36] מס: *Vg*... vv. 9 et 14. – Les deux textes sont discutés par Eck: *De sacrificio*, liv. 1, ch. 2; Mal. 1, 11 aussi chez Fisher: *loc. cit.*

[37] *Vg.* Ps. 140, 2.

[38] Le nom n'est indiqué que par *D.Jo.S.* A la dernière lettre une autre (?) main a ajouté *al* ou *ol*. Il doit s'agir du silésien Jean Lange ou Langius, éditeur et traducteur de textes anciens (v. *Nouvelle biogr. générale*, 29, 389; *ADB* 17, 638s.). Serait-ce lui qui aurait fourni le texte grec recopié ici, supra à la note 4? – Sur Lange et son activité de traducteur, ainsi que sur les sources de sa biographie, v. *Catalogus translationum*, 2, 71–73. Alors que Lange ne figure pas parmi les correspondants de Bucer, les lettres de Mélanchthon nous le montrent, en 1541, à Ratisbonne, où il avait accompagné l'évêque de Breslau, Balthasar de Promnitz, dont il était le chancelier: v. *Melanchthons Briefwechsel*, 3, Nos 2684 (1er mai) et 2717 (mai ou juin). Il se pourrait que les rapports de Lange et de Bucer datent de cette époque. – Notre traduction ne ressemble pas à cette autre, plus tardive, que Lange publia dans son édition des *Opera* en 1565 (t. 1, pp. 178s). Cette dernière était basée sur le texte grec publié à Paris en 1551, et elle fut achevée lorsque parurent en 1554 et 1555 les traductions de Dom Joachim Perion et de Sigismond Gelen (v. *Opera*, ép. dédic., p. 25). – *Apologia prima*, chs. 65, para. 1 à 67, para. 6, *MPG* 6, 428s; Goodspeed: *Apologeten*, 74ss. – Ma collègue Irena Backus (que je remercie ici très chaleureusement) me fait remarquer qu'il y a quelques détails par lesquels notre traduction ressemble à celle que Lange publia: ce qui rend un peu plus vraisemblable l'hypothèse selon laquelle nous aurions affaire ici à un premier essai de traduction de cet auteur.

osculo nos invicem salutamus. Deinde fratrum antistiti panis, aquae poculum, ac vinum aqua dilutum proponitur; quibus acceptis cum laude et gloria universorum Patrem, invocato Filii et Spiritus sancti nomine, afficit; tum gratias, quod his digni ab eo simus habiti, diu multumque comiter agit. Quas preces posteaquam absolvit, et ex animo gratias agere desiit, approbans ac vota repetens, universus qui adest populus «amen» dicit, quae vox hebraica confirmantis est, in latinamque linguam transfusa «ita sit» significat. Ubi [53] vero antistes comiter gratias egit, et universus populus quae sunt ab eo dicta acclamans «amen» approbavit; tum, qui apud nos diaconi vocantur, panis, vini et aquae, quibus gratias egit antistes, partem unicuique eorum, qui adsunt, quique praesentes sunt, dant ac distribuunt; et ad eos, qui absunt, ex eo loco ferunt.

Hic vero cibus apud nos «eucharistia» dicitur, cuius partem accipere nulli alii quam ei, qui vera quae docentur a nobis etiam crediderit, licet, quique remittendorum peccatorum, veterisque hominis innovandi causa tinctus fuerit, et vitam non aliter quam Christus docuit, instituerit. Neque enim haec ut communem panem, communeque poculum accipimus, sed quemadmodum verbo Dei incorporatus Iesus Christus [cf. Io. 1, 14], Servator noster et carnem et sanguinem causa nostrae salutis habuit[39], sic *b*eum cibum *i*quo gratias egimus ⟨ *b*per orationem ex verbo ab ipso tradito sumptam, ex quo cibo[40]⟩ *i*sanguis ac carnes nostrae ⟨ *b*secundum mutationem⟩ *i*nutriuntur, esse illius incarnati ac incorporati Iesu[41] carnem[42] et sanguinem edocti sumus. Sic enim apostoli in his quae reliquerunt commentariis, quae nostris dicuntur Evangelia, prodiderunt sibi Iesum praecepisse; *et cum panem ac[54]cepisset gratiasque egisset, dixisse: Hoc facite in mei recordationem, hoc est corpus meum. Sed et poculum, cum similiter accepisset, et gratias egisset, dixisse: Hic est sanguis meus* [Lc. 22, 19s.; 1Cor. 11, 23ss.[43]], seque horum solos participes fecisse. Quod etiam in Mithrae mysteriis uti fieret, pravi daemones imitati praeceperunt. Nam quod panis et aquae poculum, dum quispiam eius initiatur sacris cum certis quibusdam verbis proponatur, vel ipsi scitis, vel scire certe potestis. Quibus peractis horum nobis in reliquum memoriam inter nos refricamus, et locupletis his, quorum sunt tenues fortunae, opitulantur, simulque perpetuo viventes hisque[44] offerimus omnibus, eum qui omnium author

---

[39] Corrigé par Bucer de *i*per eum, qui verbo eius constat orationem, cibum, barré. Au-dessus de la ligne après *qui* [corrigé de *quae*] un signe + renvoie à la [], où il est répété, mais sans qu'une correction intervienne ici.

[40] Corrigé par Bucer de *i*cuiusque sumpti mutatione, barré.

[41] *Et* biffé.

[42] *Etiam* biffé.

[43] Cf. N.T. Erasme.

[44] [] *b*Quid offere. – Les deux mots suivants sont soulignés.

est, per filium eius Iesum Christum et Spiritum sanctum laudibus affici-
mus.

Die vero, qui Solis dicitur, omnibus unum in locum, qui vel in urbibus
vel in agris agunt coeuntibus, apostolorum monumenta, vel prophetarum
scripta, quoad per tempus licet, recitantur. Mox, ubi loquendi finem lector
fecit, ibi antistes hortatur auditores, et verbis admonet, uti res tam prae-
clare gestas, quas de libris prophetarum et apostolorum audierint, imitari
in animum inducant. Deinde communiter surgimus omnes, et preces
adhibemus, quibus [55] absolutis panis profertur, vinum item et aqua; ac
tum antistes Deum precatus, gratias, quantum licet gratus, et beneficiorum
divinorum memor, agit, populo acclamante, ac quod fit voce Hebraica
«amen», quae particula confirmantis est, approbante, sicque horum, super
quibus gratias habuerunt, distributio fit ad hunc sane modum, ut partem
quisque suam praesens accipiat, et his, qui absunt, per diaconos[45] mitta-
tur. Copiosi vero homines, ac reliqui, sponte quod videtur dant; et quod
ad hunc modum colligitur, apud antistitem deponitur, qui pupillis, viduis,
aliisque, qui vel morbo debilitati, vel alia quavis de causa egenti, opem
affert; neque hos negligit, qui in vinculis sunt aut advenae domo absunt.
Denique omnium, quacunque de causa inopes sint, procurationem suscipit».

[P]In capitulis synodorum Graecarum sub Honorio, capite 48, tomo 2,
folio 116[46]: «Non liceat in Quadragesima natales martyrum celebrare,
sed tantum sabbato et dominica pro commemoratione eorum oblationes
offerri».

[a]Augustinus, tomo 10, sermone 215[47]: «Oblationes, que in altario
consecrentur offerte» loquitur laicis.

[P]In Concilio Matisconensi 2°, tomo 2, folio 90, canone 4[48], decernitur
«ut omnibus dominicis diebus altaris oblatio ab omnibus viris et mulieribus offeratur, tam panis quam vini, ut per has inmolationes et peccatorum
suorum fastibus careant, et cum Abel vel ceteris iustis offerentibus prome-
reantur esse consortes».

---

[45] Souligné.

[46] Ap.: Crabbe: *Concilia, loc. cit.,* f. cxvi,r; (*e*). En fait, il s'agit du *Capitulaire* de Martin
de Braga, *MPL* 84 (*«Concilium Bracarense 2»*), 581; Mansi: *Collectio,* 9, 855. Cf. aussi
*Decreti,*2a pars, causa 33, qu. 4, can. 9, *Friedberg,* 1, 1249.

[47] Ap.: Erasme: *Opera Augustini, loc. cit.,* aussi indiqué comme le 1er sermon pour le 10[e]
dimanche après la Trinité. Maintenant *Sermo spurius* N° 265 (para. 2), *MPL* 39, 2238. – En
fait Césaire d'Arles: *Sermo* 13, *CCL* 103, 65.

[48] Mansi: *Collectio,* 9, 951. Ap.: Crabbe: *Concilia, loc. cit.,* f. xc,v; (*e*). – La leçon *iustis* se
retrouve chez Mansi, alors que le texte de Crabbe a *iuste*.

[56] *Materia eucharistiae et de admixtione aquae in calice:*

Aquam admiscendam calici dicunt institutum ab Alexandro Romano pontifice, qui vixit sub Adriano imperatore: vide in lectione 3, in die Inventionis crucis, in Breviario Romano[49]. Hoc autem si verum est, haec admixtio inventum hominis est, et ad substantiam sacramenti pertinere non potest, nec catholicum est, quia non observatum semper et . . . Ex epistola autem divi Cypriani 3, libri 2[50], videtur admixtio ista antiquior.

[57] *Communicationis eucharistiae necessitas:*

Episcopis[51] gravi peccato vertitur, si quem sinant sua culpa discedere «sine communicatione», hoc est, absolutione, id est, pace a presbyteris data et eucharistia. *Communionem et unctionem adhibendam aegrotis in more fuisse olim, vide sermonem Augustino adscriptum, tomo 10, De nomine christiano, 1; est numero 215[52].

*Conceditur penitentibus quibusdam, ut «corpus et sanguinem Domini suscipere mereantur» in rescriptis Nicolai papae, titulo 17, De penitentia, videlicet in Magnis Conciliis tomo 2, folio 43, facie 2[53], in Toletano 4°, capite 56[54]. In Concilio Toletano 4, canone 6[55], de duplici sumptione, ubi taxatur negligentia sacerdotum qui[!] «feria sexta passionis Domini», quod «passio dominica non praedicatur». Sed iam suppletur quod superiore et canone 7: melio[ra] de utroque sacramento[56] – quo privatur qui frangit ieiunium in Parasceve ante preces peractas, «praeter parvulos, senes, et languidos». Canone 10[57] constituitur 'ne Alleluya cantetur in Quadragesima'. Canone 17, quando et quo ordine eucharistia danda; canone 18, qualitates[58] consecrandi in sacerdotem.

---

[49] Le 3 mai. Il ne s'agit pas de leçons de l'invention de la croix, mais de celle (N° 9 du Bréviaire post-tridentin) lue le même jour, pour commémorer le pape Alexandre 1er, Eventius et Théodule martyrs, et Juvénal confesseur.

[50] *Ep.* 63, para. 2, *CSEL* 3:2, 702; *MPL* 4, 386. – Ap.: Erasme: *Opera Cypriani.*

[51] [] *Cyprianus, libro 1, epistola 2.* – *Ep.* 57, paras. 1 et 4, *CSEL* 3:2, 651, 654; *Ep.* 54, *MPL* 3, 881, 886. – Ap.: Erasme: *Opera Cypriani.*

[52] *Loc. cit., (supra* n. 47), para. 3, *CCL* 103, 66; *MPL* 39, 2238.

[53] *Decreti,*2a pars, causa 12, qu. 2, can. 17, *Friedberg,* 1, 692. Ici aussi ap.: Crabbe: *Concilia,* 2, plutôt f. CXLIIII v. L'erreur ne s'explique pas seulement par l'emploi de chiffres romains, mais aussi par le fait que certaines foliotations toutes proches omettent le «C». – Les pénitents sont réadmis à la communion dès la quatrième année de leur pénitence de sept ans.

[54] Ce renvoi doit être une erreur que Parker a omis de biffer, lorsqu'il a noté le canon suivant (au can. 56, il est question des juifs) à moins que ce ne soit une erreur pour 46, où il est question d'une pénitence de trois ans seulement, pour les clercs violateurs de sépultures. Cf. n. préc.

[55] Ap.: Crabbe: *Concilia,* 2, f. cii,v; N° 7 chez Mansi: *Collectio,* 10, 620.

[56] *Loc. cit.,* ap.: Crabbe: *Concilia,* can. 5 et 7, Mansi, can. 6 et 8. L'allusion au «superior» concerne le problème de la simple ou triple immersion lors du baptême, qui sont toutes deux déclarées licites, selon Grégoire le Grand. Le reste est tiré du can. 7/8. (*p* et *e*).

[57] Ap.: Crabbe: *Concilia,* 2, ff. cii,v – ciii,v; Mansi: *Collectio,* 10, 621–625 (can. 11, 18, 19).

[58] Ms. *qualitatis.*

[58] ªEucharistia necessaria parvulis⁵⁹ sub utraque specie: tradit Ciprianus in usu fuisse in sua ecclesia, Libro de lapsis⁶⁰. Quod allegat et confirmat Augustinus: Epistola 23⁶¹. Et ipse scribit Libro de peccatorum meritis et remissione, libro 1, capitis 19 et 20⁶², esse necessarium, et ait hoc ex antiqua et apostolica traditione fluxisse. Item libro quinto Hipognosticon⁶³ apertissime hoc affirmat, ubi etiam videtur non agnoscere purgatorium, tertium⁶⁴ scilicet locum. Item Innocentius papa primus, epistola sua ad patres congregatos in Concilio Milevitano⁶⁵ scribit de eucharistia danda infantibus. ⟨Vide epistolam Concilii Milevitani⁶⁶ contra libere voluntatis viros, scilicet Pelagianos, quae hanc praecedit⟩. Sed videtur potius de baptismo loqui, quamvis citat: *nisi manducaveritis carnem filii hominis,* etc. [Io, 6, 54]⁶⁷; ⟨immo et de eucharistia, ut ait Augustinus: Contra duas epistolas Pelagianorum, libro 2, capite 4⁶⁸⟩. Item Augustinus, epistola sua ad Vitalem, 107⁶⁹ et libro 3 De Trinitate, capite 10, tomo 3⁷⁰. Vide Bede Historiam, libro 4, capite 14⁷¹, ubi Petrus et Paulus in visione admonent puerum communicare utraque specie. ⟨Petrus⁷² 'apparuit tonsus', Paulus «habebat barbam prolixam»⟩. Ubi tamen Augustinus, libro 4, capite 22, De baptismo contra Donatistas⁷³, scribit, 'in necessitate non solum passionem, sed fidem et conversionem cordis supplere id, quod ex baptismo deest'.

---

⁵⁹ Les mots *necessaria parvulis* soulignés.
⁶⁰ Ch. 25. *CCL* 3, 235; *MPL* 4, 500.
⁶¹ ☐ *Tomo 2. – Ep.* 98, para. 4, *CSEL* 44, 525; *MPL* 33, 361. – Ap.: Erasme: *Augustini Opera,* (r).
⁶² ☐ *Tomo 7* (en particulier ch. 20, paras. 26s). – *CSEL* 60, 25s; *MPL* 44, 123s. – Ap.: Erasme: *Augustini Opera,* (r). – S. Augustin s'y fonde sur la parole du Christ (Io. 6, 54), plutôt que sur la tradition apostolique.
⁶³ ☐ *Tomo 7. –* Ps.–Augustin: *op. cit.,* liv. 5, ch. 5, para. 10. *MPL* 45, 1653. – Ap.: Erasme: *Augustini opera,* (r). – Ps.–Augustin n'y parle que du salut ou de la condamnation des enfants, sans envisager de troisième solution.
⁶⁴ Ce mot a peut-être été biffé. Cf. n. préc.
⁶⁵ ☐ *Tomo 1°, folio 280. –* ☐ *Ordine epistolarum 26.* – Ces deux ☐ respectivement dans les marges de gauche et de droite. – *Ep.* 30, para. 5, *MPL* 20, 592. Aussi parmi les ép. de S. Augustin, *Ep.* 182, *CSEL* 44, 720; *MPL* 33, 785. – Ap.: Crabbe: *Concilia,* (rr).
⁶⁶ *Ep.* 27, para. 2 (allusion aux enfants), *MPL* 20, 570. Aussi *Ep.* 176, parmi celles de S. Augustin, *CSEL* 44, 666; *MPL* 33, 763. Le texte inséré en marge déborde sur la p. 59. – Ap.: Crabbe: *Concilia,* (r).
⁶⁷ Cité dans l'épître d'Innocent (v. n. 65), dans le contexte du baptême des enfants.
⁶⁸ Para. 7, *CSEL* 60, 467; *MPL* 44, 576, qui cite le texte du pape Innocent faisant état de Io. 6, 54.
⁶⁹ *Ep.* 217, ch. 5, para. 16, *CSEL* 57, 415; *MPL* 33, 984s. où Io. 6, 54 est lié à Mc. 16, 16.
⁷⁰ Para. 21, *CCL* 50, 149; *MPL* 42, 881.
⁷¹ *MPL* 95, 194.
⁷² *Ibid.,* col. 195. Se trouve sur la page 59 du ms.
⁷³ ☐ *Tomo 7. – Op. cit.,* para. 29, *CSEL* 51, 257; *MPL* 43, 173. – Ap.: Erasme: *Augustini Opera,* (r).

Megilhardus, De fide ad dominum Guntherum monachum, circa annum 1100 ut in fine Evangelistarii Marci Marulli[74], scribit: «si parvuli sint vel hebetes, respondeant pro illis qui eos offerunt iuxta morem baptizandi; et sic manus impositione et charismate communitos eucharistie mysteriis admittendos annuo». Ibi dicitur quod panis[75] . . . Vide Stanislaum Hosium, pagina 372[76].

[59] ᴾThomas de Aquino, 3 parte, questione 80, articulo 12[77], scribit quod in quibusdam ecclesiis suo tempore cepit sacramentum dari sub altera specie.

De consecratione, distinctione 2, canone «Quia passus», 2a[78]: Dubitandum non est «unumquemque fidelium corporis et sanguinis[79] dominici tunc esse participem, quando in baptismate membrum efficitur Christi, nec alienari ab illius panis calicisque consortio, etiamsi antequam panem illum comedat, calicemque bibat, de hoc seculo migraverit in unitate corporis Christi constitutus. Sacramenti quippe illius participatione ac beneficio non privabitur, quando in se hoc, quod illud sacramentum significat, invenitur». Augustinus[80].

---

[74] *Op. cit.*, éd. Caspari: *Anecdota* 1, texte N° 8, ch. 3, p. 272. – Ap.: Marulic: *Evangelistarium*, appendice, f. [tt,VII],r: (*e*). – Meginhard est en fait un auteur du 9ᵉ siècle.

[75] Suivi de *deficit, in carnem, de suo quodam defectu, et transmutatione, in naturam carnis absumitur*, barré. Sans doute est-ce par mégarde que le début de la phrase n'a pas été biffé. – Ce passage pourrait refléter Marulic: *op. cit.*, liv. 2, ch. 17, p. 173: «Nos interim non ideo credimus panem et vinum in substantiam tui corporis et sanguinis transmutari, quia et uxor Loth versa sit in statuam salis . . . [etc.], nam simul cum accidentibus ista mutata sunt; sed quia nihil verius esse novimus his, quae te docente discere contingit».

[76] Si l'on lit «372», il peut s'agir de *Verae doctrinae propugnatio*, Cologne 1558, où, dans le *Liber quintus*, de *Catholica ecclesia*, Hosius s'adresse à une critique de Brenz, que la communion sous une seule espèce contredit les paroles de l'Institution de la cène: «Asotica ecclesia dicit: *Nolite ex eo omnes bibere*». Hosius répond: «Imo et vestra hoc dicit vere asotica ecclesia Brentii: *Nolite ex calice omnes bibere* [cf. Mt. 26, 28]: arcetis enim parvulos, contra manifestum Christi verbum, dicentis: *Sinite parvulos venire ad me* . . . [Mt. 19, 14]». Quant au calice, on ne l'administre plus depuis les temps apostoliques . . . – Si l'on lit 37², c.-à-d. 37v, la référence pourrait être au même ouvrage, dans l'éd. Anvers (Steels), 1559 (CCC Library, SP 48), où l'on trouve dans le *Liber primus, de haeresibus nostri temporis*, un passage à propos de la diversité des opinions sur la communion sous une seule ou sous les deux espèces d'après Caspar Querhammer, bourgmestre de Halle (v. Klaiber: *Kontroverstheologen*, p. 241). – La réf. pourrait aussi se rapporter aux *Opera,1566*, où, au f. 37v, Hosius cite les opinions des pères, S. Augustin, S. Ambroise et S. Bernard, sur le rôle de la foi des enfants et de leurs parrains. – Dans les *Opera Anvers 1571*, le même sujet (*Confessio catholica*, ch. 35, *De suscipientibus baptismum*) est traité en cet endroit.

[77] *Summa theologica, loc. cit., sed contra*, Leonina, 12, 244 a; Il n'y est question que de l'usage en général, pas d'une date. Peut-être Parker pense-t-il au dossier historique de Cajetan dans son commentaire à cet article, qu. 3, *op. cit.*, p. 253 b.

[78] *Decreti*,3a pars, dist. 2, can. 36, *Friedberg*, 1, 1326s. Cf. n. 80.

[79] Ms. *corpus et sanguinem*.

[80] Cf. *supra* n. 78: le canon cité porte la rubrique *Item Augustinus*, mais n'est pas constitué par une citation d'un texte d'Augustin, v. *Friedberg, loc. cit.*, 455.

CHAPITRE IV

LA DISCIPLINE EUCHARISTIQUE

[60 bl.; 61] *ᶜImpuri non admittendi ad coenam:*

Iohannes Chrysostomus, Homelia 84 in Matth. caput 26¹: «Adeat nullus crudelis, nullus immisericors, nullus impurus quovis modo. Haec tam ad vos, qui communicatis, quam ad vos² qui ministratis dicta esse volo. Oportet enim etiam eadem ad vos dicere, ut magno studio et diligenti cura dona haec distribuatis. Non parva vobis imminet poena, si quem aliqua improbitate teneri scientes ei huius mensae participationem permittatis. *Sanguis enim eius ex manibus requiritur vestris* [Ez. 3, 18 et par.]. Si dux igitur quispiam, si consul ipse, si qui diademate ornatur, id indigne adeat, cohibe ac coerce: maiorem tu illo habes potestatem. Ita, si limpidissimus aquae fons, ut intactum gregi servares, tibi commissus esset, cum petulcos sues ac sordidissimos venire aspiceres, non patereris in fluenta illos insilire, nec fontem ab his perturbari. Nunc vero, cum non aquae sed sanguinis et spiritus sacratissimus fons commissus tibi sit, si peccatis inquinatissimos videbis accedere [62]homines, non indignaberis, non³ contristeris? Et quam veniam illius⁴ contemptus consequeris? Idcirco Deus vos tanto voluit honore decorare, ut haec diligentissime discernatis. Haec est dignitas vestra, haec stabilitas, haec corona, non quia tunicam induti candidissimam per ecclesiam ambulatis. Sed unde, inquies, ego illum atque illum qualis cognoscere possum? Non de ignotis sed de notis haec disputo». Distinctione VI⁵ Gregorius: 'Pollutus in somnis ex praecedenti crapula ab imolatione mysterii abstinere debet humiliter, cum a perceptione mysterii prohiberi non debeat'. Ergo plus puritatis requiritur ab exhibente quam sumente mysterium. «Exhibere mysterium» ᵃet «implere mysterium», ᶜest «imolare mysterium»: capite 1, paragrapho «sed ᵃest ᶜin»⁶.

---

¹ *MPG* 58, 744s. – Ap.: Erasme: *Opera Chrysostomi*, (*er*: en fait *Hom.* 83 qui se termine à la page [t. 4, p. 450] où commence la 84ᵉ).

² *Vos qui ministratis*, souligné. ³ *Neque* chez Erasme. ⁴ *Huius* chez Erasme.

⁵ [] *Distinctione 6, canone 1.* – *Decreti*, 1a pars, *loc. cit.* (para. 3 des éd. modernes), Friedberg, 1, 10 (*p*). – Cf. la n. suiv. – La conclusion est tirée de la glose ad. v. *reatum*, (*i*).

⁶ *Loc. cit.* à la n. préc. Les anciennes éditions, comme l'édition glosée de Bâle 1512, subdivisent le texte autrement que les éditions modernes: ici à *Quod tamen aliter* et à *Sed est in*, ainsi qu'à *Qua in re*. – Friedberg: *loc. cit.*, col. 9. – NB.: les adjonctions de Parker sont placées au-dessus de la ligne.

CHAPITRE V

LA MESSE

[63s bl.; 65] [a]Inter sex causas assignatas, cur canon misse, id est secretum (scilicet omnia que sequuntur praefationem usque ad orationem dominicam), secreto dicitur, una causa asseritur: «quia hoc ad solum sacerdotem pertinet». – Lynwoode: De officio archidiaconi[1], capite «Ut archidiaconi verba canonis» et «ne verba canonis sepius audita discantur a laicis, et locis incongruis recitentur; et «ne verba tanti mysterii quotidiano usu vilescant». Ibidem dicitur quod missa proprie dicitur eucharistie consecratio. – Alia autem «omnia, que vel sacerdos dicit vel chorus canit, gratiarum actiones sunt, vel certe obsecrationes». De consecratione, distinctione 2, «Utrum»[2] in fine.

«Et quemadmodum spiritualis lex non pauciores quam duodecim esse vult mysticum pascha commedentes» etc.: Basilius magnus in Sermone exercitationis ad pietatem[3], sermone 4, pagina 425.

[66] [c]*Sacrificium missae:*

Augustinus, Contra Faustum, libro 20, capite 21[4]: «Longe quippe minoris peccati est, ebrium derideri a martyribus quam vel ieiunum sacrificare martyribus. Sacrificare martyribus dixi, non dixi sacrificare Deo in memoriis martyrum, quod frequentissime facimus, illo dumtaxat ritu, quo sibi sacrificari novi testamenti manifestatione praecepit; quod pertinet ad illum cultum, quae latria dicitur, et uni Deo debetur. Sed quid agam, et tantae caecitati istorum haereticorum quando demonstrabo, quam vim habeat quod in Psalmis [49, 23] canitur: *Sacrificium laudis glorificabit me, et illic via est, ubi ostendam illi salutare meum?* Huius sacrificii caro et

---

[1] *Provinciale, loc. cit.,* f. XXVI r,b: «Ut archidiaconus ... provideat, ut canon missae emendatur, et quod sacerdotes rite noverint verba canonis proferre ...». – Glose *a* au mot *canon,* f. XXVI v,a (*ep* des cinquième, sixième et quatrième des six raisons données). – Dans l'exemplaire de Parker (Corpus Christi College, Cambridge), le texte est marqué par une ligne en marge, et la manchette imprimée «Sex de causis canon in misse secreto dicitur» est marqué d'une main ms.

[2] *Decreti,*3a pars, dist. 2, can. 72, *Friedberg,* 1, 1343 (*ep*).

[3] *Sermo asceticus,* 1, ch. 3, *MPG* 31, 873. – Ap.: *Opera,* trad. Cornarius, *loc. cit.,* (*re*).

[4] *CSEL* 25, 564; *MPL* 42, 385. – Ap.: Amerbach: *Libri Augustini,* pars 4 (*e:* leçons, q.v. *CSEL*). – Les mots *sacramentum memoriae* à la fin de la citation, soulignés.

sanguis ante adventum Christi per victimas similitudinum promittebatur; in passione Christi per ipsam veritatem reddebatur; post ascensum Christi per sacramentum memoriae celebratur. ⟨ ᵇOfferre Christum in caena est eum celebrare⟩. ᶜMissa dicitur sacrificium recordationis: De consecratione, distinctione 2, capite «Semel»⁵ et aliquot sequentibus. ᵃ⟨«Semel immolatus est in semetipso Christus et quotidie tamen immolatus in sacramento»⁶. Glosa ibidem⁷: «id est eius immolatio repraesentatur et fit memoria passionis»⟩. Concilium Florentinum dogmatisat animas 'relevari in purgatorio a penis suis per vivorum suffragia, missarum sacrificia, orationes, et eleemosinas', etc.: Libro conciliorum 2°, folio 809⁸.

[67] ᶜEx Concilio Toletano: Concilium praecationes in sacro missas vocat, et earum compositionem concedit quibuslibet sanctis: De consecratione, distinctione 1, canone «De hymnis»⁹.

ᵇDivus Cyprianus, Sermone de eleemosyna¹⁰: «Locuples et dives ᵐdominicum celebrare te credis, quae corbonam omnino non respicis, quae in dominicum sine sacrificio venis, quae partem de sacrificio, quod pauper obtulit, sumis». ᵇSacrificium est oblatio elemosinae. In sacramento 'imolatur Christus omni die'. Epistola Augustini 23¹¹: ᵃ«omni die populis immolatur». ᵇSacrificium offerre pertinet ad cultum Deo proprium, ut Augustinus, libro 20 Contra Faustum, capite 21¹². Locum habes hunc infra 145 et 146 adscriptum. Nota igitur hinc sacrificare et offerre nihil posse esse aliud quam Deo gratias agere ut authori rerum, scilicet orare per sacrificium Christi peccatorum veniam¹³, et salutarem usum rerum.

[68] ᵏOblationes missae:

ᵇSecreta in Dominica 5 post Trinitatem¹⁴: ᵏ«Propiciare Domine supplicationibus nostris, et has oblationes famulorum famularumque tuarum benignus assume ut quod singuli obtulerunt ob honorem nominis tui, cunctis proficiat as salutem». – Alia ᵇsecreta Dominicae 6 post Trinita-

---

⁵ Decreti,3a pars, dist. 2, can. 51–53, Friedberg, 1, 1332s.
⁶ Decreti,3a pars, dist. 2, can. 52, loc. cit., col. 1333.
⁷ Glose à immolatur: Decretum cum glossis, ad loc.
⁸ Définition du 6 juillet 1439; Mansi: Collectio, 31, 1031. – Ap.: Crabbe: Concilia, loc. cit., r (pe).
⁹ Decreti,3a pars, dist. 1, can. 54, Friedberg, 1, 1309.
¹⁰ Ch. 15, CSEL 3: 1, 384; MPL 4, 636. La leçon corbonam ap. Erasme: Opera Cypriani,1530, p. 185; 1535, p. 280; 1537, p. 280.
¹¹ Ep. 98, para. 9, CSEL 34, 531; MPL 33, 364, (r et e). – Ap.: Erasme: Opera Augustini.
¹² CSEL 25, 562s; MPL 142, 384s. V. infra ch. 10, n. 1.
¹³ Suivi de deux mots biffés, peut-être: mente grata?
¹⁴ Missale pré-tridentin (er). Cf. Missale Romanum, 5ᵉ dimanche après la Pentecôte.

tem[15]: [k]«Propiciare quaesumus Domine supplicationibus nostris, et has populi tui oblationes benignus assume, et, ut nullius sit irritum votum, nullius vacua postulatio, praesta quaesumus, ut quod fideliter petimus efficaciter consequamur». – Alia Dominica 7 post Trinitatis[16]: «Deus, qui legalium differentiam hostiarum unius sacrificii perfectione sanxisti, accipe sacrificium a devotis tibi famulis, et pari benedictione sicut munera Abel sanctifica, ut quod singuli obtulerunt ad maiestatis tuae honorem, cunctis proficiat ad salutem». – Alia Dominica 9 post Trinitatis[17]: «Concede nobis Domine quaesumus haec digne frequentare mysteria, quia quoties huius hostiae commemoratio celebratur, opus nostrae redemptionis exercetur».

[69] [b]*Oblationes ad missam:*

Recitatio nominum offerentium fieri debent [!] post oblatorum factam a sacerdote commendationem, non ante: Canone Inocentii primi, in Opere Conciliorum, tomo 1, folio 267 a[18]. Sic habet hic canon. [m]«De nominibus vero recitandis antequam praeces sacerdos faciat atque eorum oblationes, quorum nomina recitanda sunt, sua oratione commendet, quam superfluum sit et ipse per tuam prudentiam recognoscis, ut cuius hostiam necdum Deo offeras, eius ante nomen insinues, quamvis illi incognitum sit nihil. Prius ergo oblationes sunt commendandae, ac tum eorum nomina, quorum sunt oblationes, edicenda, ut inter sacra mysteria nominentur; non inter alia quae ante praemittimus, ut ipsis mysteriis viam futuris precibus aperiamus». [b]Habetur De consecratione, capite De nominibus[19]. – De panibus offeri a fidelibus solitis ad altare aliisque rebus, vide testimonium sancti Hieronymi: Ad Damasum factum, tomo 2, folio 197. [a]Hic numerus falso notatus. Invenitur tomo 4, pagina 322[20].

[70 bl.; 71] [c]*Communio missae:*

⟨ [b]Tempus communicandi; quoties coena habetur.⟩ [c]Chrysostomus in Epistolam Pauli ad Ephesios, Homelia 3, capite 1[21]: «Multam video

---

[15] *Op. cit., loc. cit.,* (er). Cf. *Missale Romanum,* 6[e] dimanche après la Pentecôte (avec d'autres leçons).

[16] *Op. cit., loc. cit.,* (er). Cf. *Missale Romanum,* 7[e] dimanche après la Pentecôte.

[17] *Op. cit., loc. cit.,* (er). Cf. *Missale Romanum,* 9[e] dimanche après la Pentecôte.

[18] *Ep.* 25, ch. 2, para. 5, *MPL* 20, 553s. – Ap.: Crabbe: *Concilia, loc. cit.,* (r). Le renvoi est suivi par un passage biffé: [b]*Ibi habes:* «*Quam superfluum sit ipse recognoscis, ut cuius hostiam, nec dum Deo offeras eius ante* [biffé indépendamment de l'ensemble] *nomen insinues*».

[19] *Decreti,*3a pars, dist. 1, can. 73, *Friedberg,* 1, 1314. – Après *nominibus* suit un mot barré.

[20] Ps. – Jérôme: *Ep.* 43, para. 1, *MPL* 30, 292. – Ap.: Erasme: *Hieronymi Opera,1516,* vol. 2, f. 197. La correction d'après l'éd. de 1537, t. 4, p. 322.

[21] Para. 4, *MPG* 62, 29. – Ap.: Erasme: *Chrysostomi Opera* (e: traduction Musculus, incorporée dans les éd. bâloises dès 1536; v. Romane-Musculus: *Catalogue,* p. 261). – Ap.: Witzel: *Typus,1540,* XXVIII (là ra).

huius rei inaequalitatem. In aliis quidem temporibus saepenumero neque
cum mundi estis acceditis; in Paschate vero, etiam si quid temerarium
vobis sit commissum, nihilominus acceditis. O consuetudinem, o prae-
sumptionem! Frustra habetur quotidiana oblatio, frustra stamus ad altare:
nemo est, qui simul participet. Ista non ideo dico, ut simpliciter quomodo-
cumque communicetis, sed ut dignos vos ipsos constituatis. Non[22] es
oblatione aut communione dignus, igitur neque praecatione».

Chrysostomus in Epistolam Pauli ad Ephesios, Sermone 3, capite 1[23]:
«Non dicebat ad illum: 'Quare recubuisti?' [. . .] Aiebat: 'Quid ingressus
es?' Ista videlicet et nunc ad omnes nos dicit, qui impudenter hic et
improbe adstamus. Quisquis enim mysteriorum consors non est, impudens
et improbus adstat. Propterea qui in peccatis sunt, primum eiiciuntur.
Quemadmodum enim ad mensam accumbente [72] hero, non licet his, qui
offenderunt illum, inter ministros adesse, sed e medio abiguntur; ita et hoc
loco dum offertur oblatio, dum Christus atque agnus ille dominicus imolatur. Quando audis: 'Precemur[24] pariter omnes', dum vides sublata vela,
tum cogita coelum ipsum sursum reserari, angelosque descendere. Quemadmodum igitur nemini eorum, qui iniciati non sunt, adesse licet, ita
neque iniciatis, si sordidi fuerint. Obsecro, si quis ad convivium vocatus,
et manus quidem laverit et accubuerit, paratusque ac dispositus ad
mensam fuerit, et tamen nihil ciborum gustaverit, non inferet contumeliam convivatori a quo fuerat vocatus? An non satius fuerit eum, qui talis
est prorsus non comparuisse? Ita tu quoque advenisti, hymnum[25] caeci-
nisti, cum omnibus reliquis ex eorum te numero esse, qui digni sunt, hoc
ipso confessus es, quod non abscessisti. Quomodo cum manseris de mensa
ista non participas? Indignus sum, inquis: indignus es igitur et ea communione, quae in precibus est. Non enim eorum dumtaxat gratia, quae
proponuntur sed et propter concentum illum nunquam non descendit
Spiritus».

[73] [b]Missam tantum communicationis caussa celebrandam esse, et
vesperi ieiuniorum diebus: Ambrosius, in Psalmum 118, Sermone 8[26],
⟨ [a]versu «Deprecabor», folio 474[27]⟩, [b]folio 399, facie 1. – Reprehensio

---

[22] Toute la phrase soulignée. Elle l'est aussi dans l'exemplaire de l'édition 1547 ayant
appartenu à Thomas Cranmer et à présent à la British Library.

[23] Para. 5 *MPG* 62, 29s. – Ap.: Erasme: *Chrysostomi Opera*, (*e:* trad. Musculus, avec
omissions et variations minimes). L'omission au début de la citation s'explique peut-être par
le fait que *«recubuisti»* est suivi, deux lignes plus loin, par *«accubuisti»*. Notre texte reprend
après ce dernier terme. – Cf. aussi n. 21.

[24] [] [b]*Nota: communis oratio.* – Les mots *pariter omnes,* soulignés.

[25] [] [b]*Nota: Communis hymnus.*

[26] [] [a]*In versu «Media nocte surgebam», etc.* – Verset 62. – *Expositio Psalmi* 118, ch. 8, para.
48, *CSEL* 62, 180; *MPL* 15, 1384s. Cf. aussi la n. suiv.

[27] Cf. n. préc. – Ap.: Erasme: *Ambrosii Opera, 1527*, t. 4, *Sermo* 8, le verset *Media nocte*
se trouve p(!). 474. – Ap.: Erasme: *Ambrosii Opera,1538*, le verset *Deprecabor* (ou

contra raro²⁸ et impure communicantes: totum ἠθικὸν vide Homelia 4²⁹ in priorem ad Timoth. – ᵃ«Cum ecclesia primitiva quotidie et generaliter, et post tantum diebus dominicis, post tantum in tribus solemnitatibus communicaret corpori et sanguini Domini, nunc ecclesia per osculum pacis, quo designatur unitas ecclesiastica, communicat in missa spiritualiter, etsi non sacramentaliter»: Ludolphus, 2a parte, capite 77°³⁰.

In Concilio Toletano quarto, canone 17 (vide canonem 7)³¹: «Nonnulli sacerdotes post dictam orationem dominicam statim communicant et postea benedictionem in populo dant; quod deinceps interdicimus; sed post orationem dominicam benedictio in populum sequatur, et tunc demum corporis et sanguinis Domini sacramentum sumatur, eo videlicet ordine, ut sacerdotes et levite ante altare communicent, in choro clerus, extra chorum populus».

«Supplices te rogamus³², omnipotens Deus: iube hec perferri per manus sancti angeli tui in sublime altare tuum, in conspectu divine maiestatis tue, ut quotquot ex hac altaris participatione sacrosanctum Filii tui corpus et sanguinem sumpserimus, omni benedictione» etc.

Laica communio non est panis tantum, sicut quidam errant, sed est communio corporis et sanguinis inter laicos; quod probatur ex Concilio Toletano, supra³³, et ex Aurelianensi 3, canone 2³⁴. [74] 33, quaestione 2 canone «Admonere»³⁵; Stephanus 5³⁶ papa, interdicit cuidam Astulpho, 'qui propria manu uxorem iugulavit', ne 'participet communionem corporis et sanguinis Domini omnibus diebus vite sue', nisi tantum in articulo mortis. Ibidem iniungitur varia et multiplex penitentia; et suadet eum, ut religionem ingrediatur, ubi in Glosa dicitur verbi «monaste-

---

Deprecabar, Vg. Deprecatus sum, v. 58) se trouve à la p(!). 474. Nous n'avons pu identifier l'éd. où ce passage particulier se trouverait au f. ou à la p. 399.

²⁸ Les mots *contra raro* sont répétés au-dessus de la ligne par (a).

²⁹ [] ᵃ*Homelia 5.* – C.-à-d. de Jean Chrysostome. – L'indication en marge est la bonne: *Hom. 5* sur 1Tim. 1, para. 3, *MPG* 62, 529s.

³⁰ Ludolphe de Saxe: *Vita Iesu Christi 1516, loc. cit.*, para. 4, éd. Rigollot: t. 4, p. 214 (*e* un peu *a*).

³¹ Mansi: *Collectio*, 10, 624 (ici canon 18); Can. 17 ap.: Crabbe: *Concilia*, 2, f. ciii,r. Le can. 7 (ap.: Crabbe) ou 8 (ap.: Mansi) prive de la communion ceux qui n'ont pas jeûné le vendredi saint: «nec . . . sacramentum corporis et sanguinis Domini percipiat».

³² *Missale Romanum*, Canon.

³³ Cf. n. 31.

³⁴ Mansi: *Collectio*, 9, 12 où la *laica communio* est l'exclusion du clergé. – Peut-être: ap.: Apologie de la *CA*, art. 22, *BSLK*, pp. 329s (Tolède 4 et Orléans sur la *laica communio*).

³⁵ [] ᵃ*Hic Stephanus 5 consedit anno Domini 896.* – Renvoi à *Decreti*,2a pars, causa 33, qu. 2, can. 8, *Friedberg*, 1, 1152ss, où ce texte est faussement attribué à un pape Etienne. Parker le confond sans doute avec le pape Etienne VI(ou VII), dont la date d'accession est donnée comme 897 par Antonin: *Historiae*, liv. 1, tit. 16, ch. 1, para. 14. Cependant les dates varient beaucoup à l'époque: cf. Eck: *De primatu*, liv. 2, f. XXXVI r. (Etienne V, 890; Etienne VI, 901) et Barnes: *Vitae*, p. ex. à propos de Boniface VI.

³⁶ Corrigé de *Leo*.

rium»[37] quod eius professio debet omnia peccata, et penitentiam, votum, et iuramentum et omnia. Sed qua prerogativa evasit hic homicida gravissimam[38] ultionem Dei praecepto stabilitam: *Qui gladio percutit*, etc. [Mt. 26, 52; Apc. 13, 10]? An quia clericus fuerit, vel quia religiosus potuerit esse; ⟨vel quia causa matrimonialis ad episcopum spectat, eodem canone, 5° argumento[39]⟩. Ibidem habetur[40], 'Si forte ignoscat misericordia Dei'. Glosa exponens[41]: 'Non dubitative exponendum sed assertive'. – Forte qui homicida 'confugit ad ecclesiam, ex cuius privilegio' «talis amodo nec vitam nec membrum perdat»: Causa 17, quaestione 4, «Reum», in Glosa[42]. Sic Innocentius 3us, De immunitate ecclesiarum constituit 143[43] in suis Decretis[44]. De consecratione, distinctione [2, canone] «Cum frangitur» (in libro Sententiarum Prosperi[45] quamquam non ibi habetur): «Cum frangitur hostia, dum sanguis de calice in ora fidelium funditur, quid aliud quam dominici corporis in cruce immolatio, eiusque sanguinis de latere effusio designatur?». – Tomo 10 Augustini, Sermone 215[46]: «Quoties aliqua infirmitas supervenit, corpus et sanguinem Christi ille qui egrotat accipiat, et inde corpus suum ungat, ut illud quod scriptum est impleatur in eo *Infirmatur aliquis inter vos*, etc. ⟨Iac. 5, [v. 14]⟩.

*P*In ecclesiis maioribus licet non celebrantibus, scilicet ministrantibus, sacerdoti donare utramque speciem; «et sic solet observari dum papa celebrat, nam postquam papa per calamum partem sanguinis hauserit, residuum tradit diacono haurendium», ut Innocentius in capite ex parte

---

[37] *Decretum cum glossis, loc. cit.* (cf. *Friedberg*, 1, 1153).

[38] Ms.: *gravissimis* [!].

[39] *Loc. cit.*, glose *g* ad verbum *litigare*.

[40] Cité d'après *Decretum cum glossis (Friedberg: bonitas* au lieu de *misericordia*).

[41] *Decretum cum glossis*, glose *b* ad verbum *forte*: «Non ponitur dubitative, imo nota est assertionis».

[42] *Decreti*,2a pars, *loc. cit.*, can. 9 (*Friedberg*, 1, 817). – ap.: *Decretum cum glossis, loc. cit.*, glose *e* (*pe*).

[43] *Registre*, liv. 3, *Ep.* 5, *MPL* 214, 375s. – Ap.: *Opera,1552*, où cette lettre a la même forme et adresse que dans les *Decretales* (liv. 3, tit. 49, ch. 6, *Friedberg*, 2, 655s), mais porte le N° indiqué ici (*r*).

[44] [] *Vide commentum domini* [?]. – On pourrait aussi résoudre l'abréviation de cette marginale par *Commentum Decreti*. – L'édition des *Opera* employée par Parker (v. n. préc.) – et dans laquelle il a souligné la phrase «rectores ecclesiarum sibi obtinere debent membra et vitam» – comporte en manchette un renvoi au *Décret*, tel qu'il est cité *supra* n. 42; le même renvoi se trouve aussi dans les *Decretales* glosées (glose *e*). Le renvoi fait par Parker semble se référer au résumé de Huguccio qui fait état du principe qui intéresse Parker, plutôt qu'au commentaire du texte qui expose des exceptions, également mentionnées dans le résumé. V. *Friedberg: loc. cit.*

[45] *Decreti*,3a pars, dist. 2, can. 37, *Friedberg*, 1, 1327. L'indication de la source chez Prosper est celle de la rubrique. Parker a pu en vérifier l'inexactitude dans son exemplaire *Opera, Lyon (Gryphe), 1539* (CCC Library).

[46] Ps.-Augustin: *Appendix Sermonum*, N° 265, *MPL* 39, 2238. – Ap.: Erasme: *Opera Augustini, (1543?), loc. cit.* (*er*).

Extra De celebratione missarum[47]. Ponit exemplum de Cisterciensibus: «Fratres, inquit, communicant in conventu; sacerdos, qui tenet calicem cum sanguine, videns quod quantitas sanguinis non sufficiat omnibus fratribus, ponit ibi modicum de vino». Item: Sacerdos celebrans solus sanguinem purum suscipit (licet Cistercienses «cum vino»). Hec Lynwood[48], De summa Trinitate, capite «Altissimus», versu «Solis celebrantibus», et infra. [75] [a]Antoninus in Chronica parte secunda, titulo 16, capitulo 5, paragrapho 1[49], scribit quod Normanni noctem totam illam, que bellum praecessit, 'vacabant confessioni peccatorum', et «mane dominico corpori et sanguini communicaverunt». Eadem parte, titulo 17, capitulo 9, paragrapho 29[50], narrat, quod «in sacrificio altaris vinum visibiliter conversum est in sanguinem, et panis in carnem». – [p]In Concilio Constantiense, sessione 13, folio 515[51]: 'Consuetudo ad evitandum aliqua pericula et scandala rationabiliter introducta, quod licet in primitiva ecclesia eiusmodi sacramentum reciperetur a fidelibus sub utraque specie, postea a conficientibus sub utraque, et a laicis tantummodo sub specie panis suscipitur, firmissime tenendum integrum corpus Christi et sanguinem tam sub specie panis quam sub specie vini veraciter contineri'. In Pontificali[52], ubi episcopus consecratur, distribuitur illi utraque species, etiam non conficienti. – [a]In Concilio Basiliensi, sessione 30a[53], «decernit sancta synodus, quod fideles laici sive clerici communicantes et non conficientes non astringuntur ex precepto Domini ad suscipiendum sub utraque specie, panis scilicet et vini, sacrum eucharistiae sacramentum».

[76] [c]Communio laicorum:

«Peracta consecratione omnes communicent, qui noluerint ecclesiasticis carere liminibus. Sic enim et apostoli statuerunt et sancta Romana tenet ecclesia»: De consecratione, distinctione 2, canone «Peracta»[54]. – De

---

[47] Decretales Greg. IX, liv. 3, tit. 41, ch. 5, Friedberg, 2, 636. – Référence et interprétation ap.: Lyndewoode: loc. cit., infra.

[48] Lyndewoode: Provinciale, loc. cit., f. vi,r,b, gloses l et k (ep, abrégés). «Ponit exemplum . . .» se réfère à Hostiensis, «eodem titulo, capite Cum Marthe» [c.-à-d. Commentaria aux Decretales, liv. 3, tit. 41, ch. 6, para. 17, vol. 2, f. 163v, b], que Lyndewoode cite ici. – Dans l'exemplaire de Lyndewoode, qui a appartenu à Parker, ce passage porte en marge – de la main de ce dernier –: «Non soli sacerdotes ministrantes sumunt sanguinem in specie vini».

[49] Historiae, loc. cit., (pe). Il s'agit de la veille de la bataille de Hastings.

[50] Historiae, loc. cit., (e); parmi des «Novitates». Celle-ci se produisit à Rozay-en-Brie.

[51] Mansi: Collectio, 27, 727. – Ap.: Crabbe: Concilia, 2, f. 515r, (eps).

[52] V. la rubrique après l'échange de la pax entre l'évêque nouvellement consacré et les assistants: «Deinde . . . consecrator . . . communicet consecratum . . . prius de corpore, . . . tum de residuo sanguine in calice dimisso . . .»

[53] Mansi: Collectio, 29, 158.

[54] Decreti,3a pars, dist. 2, can. 10, Friedberg, 1, 1317.

consecratione, distinctione 2, ex concilio Martini, «Si quis»⁵⁵. Qui missis adest nec communicat excommunicetur: ibidem distinctione 1, canone «Omnes»⁵⁶. – De consecratione, distinctione 2, canone «Saeculares»⁵⁷: 'Qui non communicat in Pascha, Pentecoste, et natali Domini, non habeatur christianus'. De eadem re: ibidem⁵⁸, canone «Hi qui», et duobus praecedentibus: «Si non», «Etsi», Ut omnes communicent, qui missis adsunt: capite 2, Antiocheni 1, capite 13 concilii Toletani primi⁵⁹.

Nemo in aliena ecclesia communicet sine literis sui episcopi: canone 7 Carthaginensis 1; canone 3 Antiocheni⁶⁰. – ᵇCaecilius Cyprianus, Epistola 6, libro 4⁶¹: «Virtute robusta parare se debent milites Christi, consyderantes idcirco se cottidie calicem sanguinis Christi bibere ut possint et ipsi ⟨propter Christum⟩ sanguinem fundere».

[77] ᵖRitus Grecorum in missa: Vide concilium Florentinum, Libro conciliorum 2, folio 810⁶². Greci post consecrationem, scilicet cum verbis Domini: *Accipite,* etc., *hoc est corpus meum* [Mt. 26, 26], quibus confici creditur sacramentum, orationem [?] addunt: «Fac quidem panem hunc preciosum corpus Christi tui» (ut in Missa Chrysostomi, Litera H 2⁶³). ⟨Queritur quare sic faciunt. Respondetur, quod quomodo Latini dicunt post consecrationem: «Iube hec perferri» etc.⁶⁴, sic Greci orant: «Fac», etc.: folio Conciliorum 807b⁶⁵⟩. – Expende an consimilis sit mos orandi pro mortuis, ut quietam pacem habeant, et salutem; cum testentur ante eos esse in certissima pace; ut Ambrosius orat pro Theodosio, ⟨orat et pro

---

⁵⁵ *Loc. cit.,* can. 18, col. 1320 (contre ceux qui *pro luxuria* s'abstiennent de communier, bien que présents à l'église): Tiré ici des *Decretales* ps.-isidoriennes (éd. Hinschius, p. 433), où le texte, qui provient du Concile d'Antioche, figure parmi les *Capitula Martini episcopi Bracarensis.*

⁵⁶ *Loc. cit.,* dist. 1, can. 62, *Friedberg,* 1, 1311.

⁵⁷ *Loc. cit.,* dist. 2, can. 19, *Friedberg,* 1, 1320 (*p*). – Cf. Witzel: *Typus,1540,* p. XXV qui renvoie dans le même sens au can. 21, *ibid.* (concile d'Elvire).

⁵⁸ Can. 20, 15, 16, *loc. cit.,* cols. 1319s. La référence au can.: *Si non* est corrigée de *Si quis* [c.-à-d. can. 18].

⁵⁹ Mansi: *Collectio,* 1, 1309s et 1321; 2, 1000.

⁶⁰ Mansi: *Collectio,* 3, 156; 2, 1309s et 1322. Ce dernier texte, aussi in *Decreti,*2a pars, causa 7, qu. 1, can. 24, *Friedberg,* 1, 577.

⁶¹ *Ep.* 58, para. 1, *CSEL* 3:2, 657; *Ep.* 56, *MPL* 4, 350. – Ap.: Erasme: *Opera Cypriani,* (*re*). – Peut-être ap.: Witzel: *Typus,1540,* p. XXVII (là *rp,* mais dans le contexte du sacrifice quotidien).

⁶² Crabbe: *Concilia, loc. cit.,* où se trouve un texte similaire à celui qui est cité (*infra* n. 65) du f. 807.

⁶³ Καὶ ποίησον μὲν ἄρτον τοῦτον τίμιον σῶμα τοῦ Χριστοῦ σοῦ: Brightman: *Liturgies,* p. 387. – Ap.: *Divina Missa sancti Ioannis Chrysostomi, 1528,* f. Hii,r (*er*). Pour cette édition, v. notre supplément ch. 4.

⁶⁴ Can. du *Missale,* para. «Supplices»: «Iube hec perferri per manus sancti angeli tui in sublime altare tuum».

⁶⁵ Crabbe: *loc. cit.,* (*pre*). Cf. *supra,* n. 62. Mansi: *Collectio,* 31, 1003–1006.

Valentiano[!] etc.⟩⁶⁶, ut Deus det illi locum in regno Christi. Iam antea praedicavit se scire quod sit eam adeptus, et esse in quiete etc., et ut Augustinus orat, libro Confessionum 9, capite 13⁶⁷: 'Credo quod iam feceris' etc.

Gregorius ad questiones Augustini, Anglorum episcopi, questione 7a, dicit quod turpiter coniuncti in matrimonio non sunt tamen pro hac re privandi et corporis et sanguinis Domini communionem [!]. In fine Operum Gregorii⁶⁸. Et capite 10 ibidem, quod menstruate bene agunt, si abstineant a sacramento dominici corporis et sanguinis, et iterum in eodem⁶⁹. – In concilio Toletano 3°, canone 2⁷⁰, synodus constituit, ut clare pronuncietur symbolum ante orationem dominicam, et antequam «ad Christi corpus et sanguinem praelibandum pectora populorum fide purificata accedant». – Augustinus: Contra Donatistas, post collationem, capite 20, tomo 7, pagina 608⁷¹, dicit quod mali cum bonis accipiunt «corpus et sanguinem Domini, sed cum magna distinctione».

[78] ᶜMissa privata:

Contra hanc, De consecratione, distinctione 1, canone «Necesse» et « ᵇEt hoc ᶜattendendum», ᵇibidem⁷². ᶜMissae sive preces componuntur. Ex concilio Toletano, De consecratione, distinctione 1, canone «De hymnis»⁷³: Concilium precationes in sacro «missas» vocat et eorum compositionem concedit quibuslibet sanctis.

ᵇQuid missa privata: Vide epistolam 3, libri octavi, Registri Gregorii⁷⁴: Missa scilicet, ad quam non omnis populus publice sed privatim pauci aliquot solebant⁷⁵ ⟨convenire⟩, ut loco missae concessae sunt fieri solis monachis, et[?] vetitum populum admitti. – Missae non celebratae

---

⁶⁶ De obitu Theodosii, 2 et 32 (certitude du salut); 36 (prière), CSEL 73, 371, 388, 389; MPL 16, 1385, 1396, 1397. – De obitu Valentiniani, 51 (certitude du salut), 52–56 (prière), CSEL 73, 354–7; MPL 16, 1374–6, (ip).

⁶⁷ Dans la prière pour Monique, loc. cit., para. 36, CSEL 33, 224; MPL 32, 778, (ep).

⁶⁸ Selon l'ancienne subdivision de l'épître: Liv. 11, Ep. 56a, MGHEp 2, 336; Liv. 11, Ep. 64, MPL 77, 1190. – Ap.: Rembolt: Gregorii Opera (r cette épître est la dernière du Registre qui termine le volume).

⁶⁹ Loc. cit., MGHEp 2, 339; MPL 77, 1195.

⁷⁰ Mansi: Collectio, 9, 993.

⁷¹ Op. cit., ch. 20 [para. 27], CSEL 53, 126; MPL 43, 669. – Ap.: Erasme: Opera Augustini, t. 7, col. [et non pas p.!] 608, (pe).

⁷² Decreti,3a pars, dist. 1, can. 51 et 52, Friedberg, 1, 1307s. L'incipit du can. 52 tel que Lenglin l'a d'abord écrit représente une ancienne leçon (v. loc. cit., n. 595). L'éd. de Beatus Rhenanus: «Et hoc attendendum».

⁷³ Ibid., can. 54, cols. 1308s.

⁷⁴ Liv. 9, Ep. 165, MGHEp 2, 164; Liv. 10, Ep. 2, MPL 77, 1068. – Ap.: Rembolt: Gregorii Opera, (r).

⁷⁵ Suivi d'un hoc biffé.

sine communicantibus: argumenta Cypriani, De lapsis[76]; Hieroniymi
[!?], Ad Lucinum[77] et Ad Pamachium in Apologia pro libro Adversus
Iovinianum[78]. Utrobique enim memorat, ut Romae fideles cottidie com-
municarunt. – [79] Missae publicae [a]abbatibus et[79] [b]monachis interdi-
ctae per Calixtum; ergo privatae, quae cum ipsorum tantum communione
peragebantur: 16, quaestione 1, «Interdicimus»[80]. – «Offerre pro illis, et
eucharistiam dare»: Libro 3, epistola 16, Cyprianus; idem epistola 14,
ibidem[81].

Missae publicae componuntur cum matutinalibus et quadragesimali-
bus, in quibus scilicet non omnis populus, ut dominicis et festis diebus, sed
tantum aliqui communicabant: vide caput concilii 4, alterius seriei folio
339, facie 2[82]. – «Unum altare et unum sacerdotium»: Cyprianus, epistola 8, libro 1[83]. – In oratorio[84], fundatore exigente, missas facere licet
et concursu fidelium exigente. Populo itaque concurrenti missae exhiberi
debent: vide epistolam divi Gregorii «Bene»: 12, libri decimi[85].

[80] [a]⟨Supra, 51⟩. Misse nomen nusquam in grecis authoribus habetur,
quamvis Epiphanius Scholasticus, interpres Historie Ecclesiastice Tripartite, libro 3, capite XI[86], dicit quod «inter se convenientes missas celebra-
bant»; et libro 7, capite 31[87]: «missarum celebrare solemnia». Tamen
utrobique grece est ἐκκλησιάζειν, quod est congregationem vel collectam
facere. Sic libro 4, capite 13[88] reddit συνάγειν «missas facere», et libro

---

[76] En part. chs. 9, 15, 25s; CCL 3, 225, 229, 234s; MPL 4, 473, 478s, 484ss.

[77] Ep. 71, para. 6, CSEL 55, 6; MPL 22, 672.

[78] Ep. 48, para. 15, CSEL 54, 377; MPL 22, 506.

[79] Abbatibus et est inscrit au-dessus de la ligne.

[80] Decreti,2a pars, causa 16, qu. 1, can. 10, Friedberg, 1, 763.

[81] Ep. 17, para. 2, CSEL 3:2, 522; Ep. 11, para. 2, MPL 4, 257, (e); Ep. 16, 3 et Ep. 9, 3
dans éds. citées p. 519 et col. 253 resp., (p). – Ap.: Erasme: Opera Cypriani, (r).

[82] C.-à-d. du concile de Vaison («Concilium Vasense» ou «Vasionense»). Il s'agit du can.
2 du premier concile (A.D. 350), Mansi: Collectio, 3, 175. Ap.: Crabbe: Concilia, plutôt t. 1,
loc. cit., (r: ici comme can. 4, les deux premiers conciles de Vaison étant ici télescopés).

[83] Ep. 43, para. 5, CSEL 3:2, 594; Ep. 40, para. 5, MPL 4, 336 (e). – Ap.: Erasme: Opera
Cypriani, (r).

[84] Suivi de privato [?] biffé.

[85] Liv. 9, Ep. 71, MGHEp 2, 90; Liv. 12, Ep. 11, MPL 77, 1226 (p). – Ap.: Rembolt:
Gregorii Opera, (r). – L'incipit «Bene» est celui de l'Ep. 13 du liv. 10.

[86] Para. 3, CSEL 71, 153; MPL 69, 956. Traduit de Sozomène: Hist. eccl., liv. 2, ch. 32,
para. 3, GCS 50, 97; MPG 67, 1028. Cf. la n. suiv. – Peut-être ap.: Witzel: Typus,1541, p. 24
(là r général à la Tripartita et i du problème).

[87] Para. 2, éds. citées, p. 431; col. 1095. Traduit de Sozomène: liv. 6, ch. 15, para. 3, éds.
citées, p. 256; col. 1326. Les traductions que Parker propose ici et au passage précédent sont
assez proches de celles de Musculus, qui utilise «ecclesiam (ecclesias) colligere»: v.
Ecclesiasticae historiae autores, 1549, pp. 583, 651.

[88] Para. 8, CSEL 71, 169; MPL 69, 963. Cf. Socrate: Hist. eccl., liv. 2, ch. 13, MPG 67,
209.

6, capite 23[89], συνήγοντο, «missas facientes». Eodem ipso capite trans-
fert συναγομένους «celebrare collectas» suas; et ibidem συναγώγας
ποιεῖν, id est «solemnia celebrabat». Sic libro 7, capite 32[90], «in qua
propter loci reverentiam collecte sepius celebrantur», grece συνεχεῖς τε ἐν
αὐτῷ συνάξεις ἐπιτελοῦνται. In quibus locis nec est vox ἱερουργία, id est,
sacra actio seu sacrificium, nec λειτουργία, id est officium vel ministerium;
et vides Epiphanium uti interdum vocabulo misse, voce collectarum, ubi
grecus textus habet nunc ἐκκλησιάζειν, nunc συνάγειν, nunc synagogas
ποιεῖν, nunc συνάξεις ἐπιτελεῖν. Consimilis ratio in interprete epistole 7[e]
Ignatii qui grece scripsit[91], et in Dionisio[92] et similibus. Et quod
quidam misse vocabulum esse putant syriacum et significare munus voluntarium ex Deuteronomii 16 [v. 10][93]. Sed si hec vox esset aut syriacum
aut hebraicum aut ex Hebreorum lingua in romanam sumpta, sine dubio
greci scriptores eam etiam recepissent. Iudee nempe viciniores quam Latini. Sed cum greci scriptores hac voce non sint usi, sequitur nomen misse
non fuisse in usu in prima apostolica ecclesia.

[81]   [c]*Missae et eucharistie usus:*

Ex homilia divi Chrysostomi, 18, in Epistolam 2 ad Corinth., in caput
9[94]. Est autem ubi [b]sacerdos[95] [c]nihil differt a subdito, ut quando

---

[89] Paras. 1 et 2, éds. citées, p. 339; col. 1045. Cf. Socrate: *op. cit.,* liv. 3, ch. 9, col, 404. Le
suas du second des trois exemples est sans doute un écho de *socios suos* qui suit la phrase
citée.

[90] Para. 1, éds. citées, p. 432; col. 1092. Cf. Socrate: *op. cit.,* liv. 4, ch. 18, col. 504. συνάξεις
souligné dans le ms.

[91] C.-à-d. l'*Epître à Polycarpe,* para. 4, *MPG* 5, 721, 865 (συναγωγαί). Le N° donné ici est
celui qui est assigné à ce texte par Lefèvre d'Etaples et les éds. qui en dépendent (v. Gebhard
– Harnack – Zahn: *Patrum Ap. Opera,* 2, p. XXVI); mais dans ces éds. notre passage manque,
à l'exception de la seconde édition des *Orthodoxographa,* 1, 47, qui traduit par «conventus
synodique». La vieille version latine (*Patrum Ap. Opera,* 2, 101) utilise «congregationes». –
Les *Epistolae* bilingues, Paris, 1558 (lat. p. 52), traduisent par «conventus», et celles d'Anvers
1566 (lat. p. 46) par «conventus synodique»; mais dans ces deux collections notre texte porte
le N° 8.

[92] P. ex. dans la traduction d'Ambroise Traversari (une des plus courantes) de la *Hiérarchie
ecclésiastique,* συνάξις est souvent simplement transposé «synaxis», mais parfois traduit ou
explicité par «collecta», «congregatio» ou «communio»: v. p. ex. *Dionysiaca,* 2, 1163, 1166,
1169.

[93] Cf. *supra* ms. p. 51 (notre ch. 3, n. 35ss). Sans doute d'après la version «chaldéenne» de
la *Polyglotte d'Alcala, loc. cit.* (מיסה traduit comme l'hébreu par «oblatio spontanea»). La
théorie du syriaque provient peut-être de Muenster, *op. cit., supra,* ch. 3, n. 35. Les polémistes
ne retiennent que l'explication par l'hébreu: outre les textes *loc. cit., supra,* v. p. ex.
J. Gropper: *Enchiridion,* f. 95r; Polydore Virgile: *De inventoribus,* liv. 5, ch. 11, p. 360. Ce
dernier fait suivre cette explication par un chapitre (12 en part., pp. 363s) sur les expressions
syriaques conservées dans l'Eglise. Peut-être s'agit-il ici d'une réminiscence de ces deux
chapitres.

[94] *Hom.* 18, en fait sur 2 Cor. 8, 16; *MGP* 61, 527. – Ap.: Erasme: *Chrysostomi Opera,1536,*
5, 191v.

[95] Rajouté au-dessus de la ligne.

fruendum est *b*reverendis[96] *c*mysteriis: «Similiter enim omnes, ut illa percipiamus digni habemur. Non sicut in veteri lege partem quidem sacerdos comedebat, partem autem populus [cf. Lv. 10, 12–20; 22, 1–16][97]; et non licebat populo participem esse eorum quorum particeps erat sacerdos. Sed nunc non sic, verum omnibus unum corpus proponitur et poculum unum[98]. Quin et in precibus viderit quis populum multum[99] simul offerre, cum pro energumenis, tum pro poenitentibus[100]. Communes enim preces et a sacerdote et ab[101] illis fiunt, et omnes[102] unam dicunt orationem, orationem misericordia plenam. Iterum, ubi excluserimus a sacerdotalibus ambitibus[103] eos, qui non possunt esse participes sanctae mensae, alia[104] facienda est oratio, et omnes similiter super terram iacemus et omnes similiter surgimus. Quando iterum pax communicanda[105] omnes simi[82]liter salutamus. In iisdem iterum *b*reverendis[106] *c*mysteriis bene precatur sacerdos populo, et bene precatur populus sacerdoti; nam «cum spiritu tuo» nihil aliud est, quam hoc. Ea quae sunt eucharistiae[107], communia sint omnia. Neque enim ille solus gratias agit, sed etiam omnis populus. Prius enim[108] accepta illorum voce, deinde congregatis illis, ut digne et iuste hoc fiat, incipit eucharistiam. Et quid miraris, si cum sacerdote populus loquitur, ubi sane et cum illis cherubin et supernis potestatibus communiter[109] sanctos illos hymnos personant[110]?».

---

[96] Corrigé de *c*horrendis, qui est la leçon d'Erasme.

[97] [] *c*Ubi ratio Gersonis, ideo laicis sanguinem Domini non dari, ut differant a laicis sacerdotes? – Cette marginale est barrée de trois traits. – Gerson: Contra haeresim de communione laicorum sub utraque specie, en part. la première série des règles pratiques, règle 2, Opera,1, 461 A. – Ap.: Bucer: Enarrationes, Mt. 26, 27, (1536), ff. 184v et suiv., (p). Cf. aussi Apologie de la CA, art. 22, BSLK, p. 330 (Gerson cité d'ap. Biel). – Ce texte ne figure pas dans les éditions de Gerson publiées à l'époque de Bucer, ce qui explique peut-être pourquoi ce commentaire a été barré.

[98] Les quatre derniers mots de la phrase, soulignés. – [] *b*Nota; omnibus poculum unum non tamen panis unus.

[99] Multum simul offerre, souligné.

[100] Les deux derniers mots de la phrase, soulignés. – [] *c*Nota: quid offerre? et precari offerre dicit. – Quid et les deux derniers mots barrés et (b) rajoute «idem esse», ce qui donne: [] *c*Nota: offerre et precari *b*idem esse.

[101] Ab illis fiunt, souligné. – [] *b*Nota: omnes unam orationem dicunt.

[102] Correction par (b) de omnem.

[103] Ce mot et le précédent, soulignés. – [] *b*Nota exclusionem tum factam.

[104] Souligné. – [] *b*Ecce canonem.

[105] [] *b*Nota: salutatio pacis, communis.

[106] Corrigé de *c*horrendis. – Erasme: horrendissimis.

[107] Ea ... eucharistiae, soulignés. – [] *b*Nota: quae eucharistiae sunt, communia sint omnia. – Ap.: Erasme, (1536), on lit: «Ea quae sunt eucharistiae, id est gratiarum actionis, communia sunt omnia».

[108] [] *c*Ordo missae.

[109] Omnes, barré.

[110] Souligné. – [] *b*Nota: pia sed communia cantica.

*b*Populus respondebat ad canonem et ad verba Domini: Amen: Ambrosius, libro 4, De sacramentis, capite 5[111], et in dictis Augustini[112]. – Astantes una consecrare et sacrificare, atque sacrificare idem esse[113] quod manducare corpus Domini[114]; uno quoque porrigente omnes debere communicare; et hoc munus[115] praelati esse: haec omnia, vide in Sermone 5 de Purificatione abbatis Gerici[116]. ⟨Hic non solus sacerdos sacrificat non solus consecrat. Consecratio per fidelium verba, ibidem⟩. ⟨[83][117] *p*In die Purificationis, *q*domini Guerrici abbatis Ignaciensis, *b*in *p*quodam sermone de purificandis affectibus, *q*tomo 2, pagina 2180, *p*in Operibus Bernardi, in fine[118]: «Neque credere debemus quod soli sacerdoti supradicte virtutes sunt necessarie quasi solus consecret et sacrificet corpus Christi. Non solus sacrificat, non solus consecrat, sed totus conventus fidelium qui astat, cum illo consecrat, cum illo sacrificat».⟩

[83][119] *b*Quo tempore diei missa:

Omni sacro coetui adesse debemus, ubi hymni canuntur, et oblatio celebratur. Semper sacramentum accipiendum ab omnibus; indictis ieiuniis vesperi, meridie caeteris diebus: Vide Ambrosium, in Psalmum 118, Sermone 8[120]. Ibidem de utilitate eucharistiae sumendae frequenter. Missas extra Natalem Domini non ante tertiam horam habendas: De consecratione, distinctione 1, canone «Nocte»[121]. Ergo non nisi communes. *f*Divus Ambrosius, in Epistolam ad Tim. 1, capite 3[122]: «Omni enim hebdomada offerendum est, etiamsi non quottidie, peregrinis incolis tamen vel bis in hebdomada. Et non desunt qui prope quotidie baptisentur vel aegri». *b*Nota, hic eucharistiam non servari solitum fuisse[123].

---

[111] *Loc. cit.*, para. 25, *CSEL* 73, 56s; *MPL* 16, 444s.

[112] Sans doute *Sermo* 334 [anc. 48], «De sanctis», para. 2, *MPL* 38, 1469.

[113] *b*atque, barré.

[114] *Corpus Domini*, au-dessus de la ligne.

[115] *Munus* répété au-dessus du mot.

[116] V. la n. suiv.

[117] Nous insérons ici la pièce qui se trouve en regard du texte précédent, et où Parker cite le passage auquel Bucer avait renvoyé. Qu'il ne soit inséré qu'au bas de la page suivante est simplement dû au manque de place dans le contexte auquel ce passage appartient. L'extrait commençait primitivement *In quodam sermone*. L'intitulé plus exact et le renvoi au tome et à la page ont été rajoutés après. Guerric d'Igny: *Sermo* 5, para. 16, *MPL* 185, 87. – Ap.: *Opera,1552* (re, leçons, à l'exception de *sint necessarie, loc. cit.*)

[118] *Non solus*, barré.

[119] V. la n. 117.

[120] *Loc. cit.*, para. 48, *CSEL* 62, 180; *MPL* 15, 1314s.

[121] *Decreti*,3a pars, *loc. cit.*, can. 48, *Friedberg*, 1, 1307.

[122] Ambrosiaster: *ad loc.*, verset 12, para. 4, *CSEL* 81: 3, 269; *MPL* 17, 471. – Ap.: Erasme: *Omnia Ambrosii Opera,1555,* (leçons anciennes. Le deuxième *vel* est un rajout de notre scribe; il ne se trouve ni dans les éditions d'Erasme, ni dans les éditions précédentes: i.e. Bâle 1516, 1527, 1538). – Ap.: Witzel: *Typus,1540*, p. XXVIII (là *ra*).

[123] Cf. *supra*, n. 117.

[84] ª«Non licet super uno altario in una die duas missas facere»: in concilio Antiosiodorense [!], canone 10, tomo 2 conciliorum, folio 95[124]. Canone 19[125]: «Non licet presbitero post[126] acceptum cibum vel poculum missas tractare, aut in ecclesia, dum misse dicuntur stare». Sic Toletano 7[127], canone 2. Canone 36[128]: «Non licet mulieri nuda manu eucharistiam sumere».

---

[124] Mansi: *Collectio*, 9, 913. – Ap.: Crabbe: *Concilia, loc. cit.*
[125] *Ibidem*, (*a*). Mansi: *Collectio*, 9, 914.
[126] Précédé d'un «p».
[127] Mansi: *Collectio*, 10, 767. Cf. *Decreti*, 2a pars, causa 7, qu. 1, can. 16, *Friedberg*, 1, 573s.
[128] Du concile d'Auxerre. Mansi: *Collectio*, 9, 915.

CHAPITRE VI

QUESTIONS LITURGIQUES

[85] *^cRitus et ordo missae:*

Ritus metropolitanae reliquis ecclesiis in provintia observari debet: De consecratione, distinctione 2, «Institutio»[1]. – Gregorius Iohanni episcopo Syracusano, Epistola 63 libri 7[2]: «Veniens quidam de Sicilia, dixit mihi, quod aliqui amici eius, vel Graeci vel Latini, nescio quid quasi sub zelo sanctae Romanae ecclesiae de meis dispositionibus murmurarent, dicentes quod[3] ecclesiam Constantinopolitanam disponerem[4] comprimere, qui eius consuetudinem[5] per omnia sequarer[6]. Cui cum dicerem: quas consuetudines sequerer? Respondit, quia Alleluia dici ad missas extra Pentecostes tempora fecistis; subdiaconos[7] spoliatos procedere, quia Kyrie eleyson dici, quia dominicam orationem mox post canonem dici statuistis. Cui ego respondi: quia in nullo eorum aliam ecclesiam secuti sumus. Nam ut Alleluia hic diceretur de Hierosolymorum ecclesia, et beati Hieronymi traditione, tempore beatae memoriae Damasi papae traditur tractum. Et ideo magis in hac sede illam amputavimus consuetudinem, quae hic a Graecis fuerat tradita. [86] Subdiaconos autem ut spoliatos facerem procedere ex antiqua consuetudine fuit ecclesiae. Sed placuit cuidam nostro pontifici (nescio cui) qui eos vestitos procedere iussit. Nam vestrae ecclesiae nunquid a Graecis traditionem acceperunt? Unde ergo habent hodie, ut[8] subdiaconi lineis in tunicis procedant; nisi quia hoc a matre sua Romana ecclesia perceperunt? Kyrie eleyson autem nos neque diximus neque dicimus, sicut a Graecis dicitur, quia in Graecis omnes simul dicunt, apud nos a clericis dicitur, a[9] populo autem respondetur, et totidem etiam vicibus Christe eleyson dicitur, quod apud Graecos nullo

---

[1] *Decreti,*3a pars, *loc. cit.,* can. 31, *Friedberg,* 1, 1324.

[2] Liv. 9, *Ep.* 26, *MGHEp,* 2, 59s; liv. 9, *Ep.* 12, *MPL* 77, 955s. – Ap.: *Opera,1518*? Ni les leçons originelles ni celles des corrections, ni quelques autres, ne concordent avec cette éd., dont le texte se maintient encore dans celle de 1551.

[3] Corrigé de *Quomodo* (leçon des *Opera,1518*).

[4] Corrigé de *disponeret. Opera,1518: disposuit.*

[5] *Opera,1518: consuetudines.*

[6] Corrigé de *sequatur. Opera,1518: sequitur.*

[7] Suivi de *nos,* barré.

[8] Souligné de *ut* jusqu'à *procedant,* et plus loin: *matre sua Romana.* – [] *^bSubdiaconi in lineis vestibus.*

[9] De *a* à *respondetur,* souligné. – [] *^bA populo respondetur.*

modo dicitur. In quotidianis autem missis alia quae dici solent tacemus, tantummodo Kyrie eleyson et Christe eleyson dicimus, ut in his deprecationis vicibus paulo diutius occupemus. Orationem vero dominicam[10] mox post precem[11] idcirco dicimus quia mos apostolorum fuit[12], ut ad ipsam solummodo orationem oblationis hostiam consecrarent. Et valde mihi inconveniens[13] visum est, ut precem, quam schola[87]sticus composuit, super oblationem diceremus, et ipsam traditionem, quam ipse Redemptor noster composuit, super corpus et sanguinem non diceremus. Sed[14] et Dominica oratio apud Graecos ab omni populo dicitur, apud nos vero a solo sacerdote. In quo igitur Graecorum consuetudines secuti sumus, qui aut veteres reparavimus, aut novas et utiles constituimus, in quibus tamen alios non comprobamur[15] imitari?» [b]Nota.

[c]In hac Epistola purgat se Gregorius, quod in ordinandis precibus ac caeteris ritibus missarum ceremonias Constantinopolitanae ecclesiae videretur imitatus esse; atque eo suam ecclesiam illi voluisse aequare, vel potius illi praecellentiam adimere, ut cuius tanquam praecellentis ritus traducere in suam ecclesiam voluisset. Quapropter ostendit se Constantinopolitanos ritus non esse secutus, et adhuc diversis a Graecis ritibus uti. Concludit tamen de imitatione huiusmodi orthodoxa sententia: [88] «Tamen[16] si quid vel ipsa vel altera ecclesia habet, ego et minores meos, quos ab illicitis prohibeo, in bono imitari paratus sum. Stultus est enim qui in eo se primum existimat, ut bona, quae viderit, discere contemnat».

Ex concilio Toletano quarto, capite 17[17]: «Post Orationem dominicam[18] benedictio in populum sequatur, et tum demum corporis et sanguinis Domini sacramentum sumatur, eo videlicet ordine, ut sacerdos et levita ante altare communicent, in choro clerus, extra chorum populus».

---

[10] Un mot biffé.

[11] De *orationem* jusqu'à *precem*, souligné. – [] [b]*Apostoli solam orationem dominicam.*

[12] [] [c]*Ubi formula missarum a divo Iacobo tradita?* – L'idée que le plus ancien formulaire liturgique ait été composé par s. Pierre et rédigé par s. Jacques est courante au XVI[e] s. V. p. ex. Polydore Vergile: *De inventoribus,* liv. 5, ch. 10; elle est utilisée dans la controverse anti-protestante: cf. p. ex. Iserloh: *Eucharistie,* pp. 90ss.

[13] De *inconveniens* à *scholasticus,* souligné. – [] [c]*Et canonem, et precem hanc vocat, quia regularis praecatio esset.* – [] [b][en bas de p.] *Canon.*

[14] [] [c]*Ostendit adhuc esse diversitatem, quanquam utrinque Oratio dominica iam diceretur.*

[15] Leçon des *Opera,1518.* Corrigé par Bucer de *improbamus* [?].

[16] [] [b]*Libertas ritus missarum.* – Une accolade relie la marginale à tout cet alinéa.

[17] Corrigé de *Ex concilio Toletano, tomo, c. 3.* – Mansi: *Collectio,* 10, 624 (can. 18). – Ap.: Crabbe: *Concilia,* 2, f. ciii,r. (can. 17).

[18] *Et communionem panis et calicis,* barré. Cette clause manque en effet dans Crabbe: *Concilia,* aussi bien que chez Merlin: *Concilia,* et dans Crabbe: *Concilia,1551.* Mansi: *loc. cit.:* «et coniunctionem panis et calicis». – [] [b]*Ordo communicationis.*

Ritus missae:

  *b*Sacerdos dicit 'Sursum mentem et corda' populus respondet 'Habemus ad Dominum': in Sermone de Encaeniis, tomo 5, Chrysostomus[19]. – [89] Celestinus papa primus ordinavit psalmos Romae decantari ad missam: Sigepertus[!], 9[20]. Non rite offertur nisi a sanctis, et cum sumitur quod offertur: Causa 1[21], quaestio 1, «Neque», canone 95[22]. Ibidem 'verbum non minus esse quam corpus Christi' et quod in verbo sumendum sit, canone 94[23]. *d*Haec ex vetusto libro, quod Capitulare episcopale nomen habet cuius usum ⟨Beatus Rhenanus Hedioni dederat mense Decembri, anno 1544⟩[24]: «Foeminae missam sacerdote celebrante nequaquam ad altare accedant, sed locis suis stent, et ibi sacerdos earum oblationes Domino oblaturus accipiat. Memores enim esse debent foeminae infirmitatis suae, et sexus imbecillitatis. Idcirco sancta quaelibet in ecclesiae ministerio tangere pertimescant; quae etiam laici viri pertimescere debent, ne Oziae [!] poenam subeant [cf. 2Sm.6, 6–8], qua[!] dum arcam Domini extra ordinationem contingere voluit, Domino percutiente interiit. – Sacerdos missam solus nequaquam celebret, quia sicut illa celebrari non potest sine salutatione [90] sacerdotis et responsione plebis, admonitione sacerdotis, et repositione[25] ⟨alias: responsione⟩ nihilominus plebis; ita nimirum nequaquam ab uno debet celebrari. Esse enim debent, qui ei circum stent, quos ille salutet, a quibus ei respondeatur; et ad memoriam illi reducendum est illud dominicum: *Ubicumque fuerint duo vel tres congregati in nomine meo, et ego in medio eorum* [Mt. 18, 20].»

  *a*Sacrum acceptum in manibus: «Iaciens stantibus et integris vulneratus minatur, et quod non statim Domini corpus inquinatis manibus accipiat, aut ore pollute Domini sanguinem bibat, sacerdotibus sacrileges irasci-

---

[19] *Hom.* «De poenitentia» 9, *MPG* 49–50, 345. – Ap. *Opera,1530*, t. 5, sous le titre *De eucharistia in Encaeniis admonitorius sermo*, (*rep*). – Ap.: Witzel: *Typus,1540*, p. XXIIII (là *aer* sans tomaison)?

[20] *Chronica*, pour l'an 426, *MPL* 160, 78. – Ap.: *Chronicon,1513*, (*ir:* notre passage se trouve au f. 9r).

[21] *Q. 1*, écrit une première fois, puis barré.

[22] *Decreti,*2a pars, *loc. cit., Friedberg*, 1, 392.

[23] *Loc. cit., Friedberg*, 1, 391s (*p*).

[24] Théodulphe d'Orléans: *Capitula ad presbyteros parochiae suae*, chs. 6s, *MPL* 105, 193s. N.B. les leçons. Le texte était alors inédit, v. *ibid.*, col. 187s. Beatus Rhenanus mentionne et cite ce texte (v. *infra* ch. 7, n. 13 et 15) dans l'*Argumentum* à Tertullien: *De poenitentia, Opera,1521*, p. 432, *Opera,1545*, f. 167v,I; il le possédait dans un ensemble qui comprenait des «lucubrationes cuiusdam Otliberti» (que nous n'avons pas réussi à identifier), et les *Capitularia* de Hatton de Reichenau, évêque de Bâle. Les publications de ces derniers in *MPL* 105, 761ss; 115, 9ss; *MGHLeg*, sectio 2, *Capitularia*, 1, 362ss, ne mentionnent pas de tels manuscrits. Il n'en existe pas non plus de trace à la bibliothèque de Sélestat, à laquelle Beatus Rhenanus légua ses livres et ses manuscrits (v. *Catalogue général*, 3, 541–602), ni dans l'ancienne bibliothèque de Strasbourg (v. Haenel: *Catalogus*, 445–457). Hédion lui-même ne paraît pas en avoir fait usage dans une publication: v. Adam: *Versuch*, p. 429.

[25] Ce mot est souligné.

tur»: Ciprianus: De Lapsis, libro quinto, pagina 225[26], et supra 222 in Cipriano[27]. «Plus modo in Dominum manibus atque ore delinquunt, quam cum Dominum negaverunt».

[91] *b* *Tempus missae, dominico die:*

Dominico die: Contra Vigilantium, Hieronymus[28]. Chrysostomus, tomo 5, folio 470, in homilia de eucharistia in Encaeniis[29]: '168 horae per septimanam' et una eucharistia; ubi «Sursum mentem et corda», de conventiculis in templo.

[92] *c* *Oratio pro defunctis:*

Tripartita, libro 9, capite 48[30]: Epiphanius episcopus oravit pro defuncto ut putabat, «ut sub quiete dormiret». *b*Tertullianus, libro De monogamia, folio 206 B[31]: «Ergo perseveret in ea (scilicet pace)[32] *d*cum illo necesse est, quem iam repudiare non poterit, ne sic quidem nuptura, si repudiare potuisset. Et pro anima eius oret, et refrigerium interim adpostulet ei, et in prima resurrectione consortium, et offerat annuis diebus dormitionis eius».

[93] *b* *Reliquiae sacramenti corporis et sanguinis Domini:*

*l*In concilio 2 Matisconensi[33] tempore Bonifacii papae, canone 8; et in Carthaginensi 3, capite 29[34], ⟨*a*tomo Conciliorum 2, folio 91⟩: *l*«Quaecunque[35] reliquiae sacrificiorum post peractam missam in sacrario supersederint, quarta vel sexta feria innocentes ab illo cuius interest, ad ecclesiam adducantur, et indicto eis ieiunio easdem reliquias conspersas vino percipiant». *a*Ibidem[36] constituitur, ut ieiuni accipiant sacrum

---

[26] Paras. 22 et 16, *CSEL* 3:1, 253 et 248; *MPL* 4, 484 et 479. – Ap.: *Opera,1520, loc. cit.* – Peut-être ap.: Witzel: *Typus,1541*, p. 24 (là *ri*). La bibliothèque de l'Université de Cambridge possède un exemplaire de cette éd. Mais Parker savait-il l'allemand? La note date-t-elle du vivant de Bucer? Le *Typus* parut en Latin en 1566: v. Richter: *Schriften*, p. 56.

[27] V. la n. préc.

[28] Paras. 9 et 13; *MPL* 23, 363, 365.

[29] *Hom. de poenitentia*, 9, *MPG* 49–50, 345. Cf. *supra* n. 19. – Ap.: *Opera, Bâle, 1530–31*, (*rep*).

[30] Para. 4, *CSEL* 71, 577; *MPL* 69, 1163.

[31] Ch. 10, paras. 3s, *CCL* 2, 1243; *MPL* 2, 942. – Ap.: *Opera,1545, loc. cit.*, (B = lettre-repère en marge). (*e*, leçons des éd. de Beatus Rhenanus).

[32] Rajouté au-dessus de la ligne.

[33] *Matisconense* ms. – V. aussi n. 35 et 36.

[34] Les références que nous avons placées entre parenthèses constituent une incise: elles proviennent de la [] chez Crabbe à l'endroit indiqué par Parker *infra*. – V. aussi la n. 36.

[35] [] *Canone 6.* – Mansi: *Collectio*, 9, 952. – Ap.: Crabbe: *Concilia, loc. cit.*

[36] Début du canon 6. – Les références en marge chez Crabbe (v. n. 34) se rapportent à ce début du canon, concernant le jeûne: v. *CCL* 149, 178 (N° 41), 185, 334. Cf. aussi *Decreti,3a pars, De cons.*, dist. 1, can. 49, *Friedberg*, 1, 1307 et la n. 555 *ibid.*

praeter quam in «uno die anniversario». *b*Hisychius, libro 2 in Leviticum, folio 49, pagina 2[37], memorat in ecclesia solitum esse[38] quicquid ex caena Domini mansisset reliquum comburi statim, nec unum aut alterum diem servari, idque ex legis latore praecepto.

*a*In praedicto concilio Matisconensi, praecipue capite 15[39]: 'Ut si quis quempiam clericorum in itinere obvium habuerit, eum honoret, et illi[40] colla subdat. Si uterque equis vehitur, secularis galeram de capite aufera[t], et munus salutationis adhibeat; si clericus pedes graditur et secularis vehitur equo, illico ad terram defluat, et debitum honorem exhibeat, etc. Qui vero horum, que Spiritu sancto dictante sancita sunt transgreditur, ab ecclesia per episcopum suspendatur, quamdiu voluerit'.

[94 bl.; 95] *b*Oblationes mi[ssae][41]:

[96 bl.; 97] *c*Sacrificia:

In sacrificiis[42] agit ecclesia gratias Deo. – 'Astat altari antistes'[43]. – «Offertur nomen»: *b*libro 3, epistola 14[44]. – *c*«Sacerdotes[45], qui sacrificia Dei quotidie celebramus, hostias Deo et victimas praeparemus». Nota: intelligit hoc de sanctis ad martyrium praeparandis. – 'Oblationes[46] et sacrificia celebrari ob commemorationes martyrum'. – 'Notandi dies[47] quibus excedunt martyres', «ut eorum commemoratio inter memorias martyrum celebretur»[48]. – «Sacrificia[49] pro eis semper, ut meministis, offerimus, quoties martyrum passiones[50] et dies anniversaria commemo-

---

[37] *Op. cit.*, liv. 2, ch. 8, *MPG* 93, 886s. – Ap.: *In Leviticum 1527*, *loc. cit.* (où se trouve une ⦾ : «Vide morem incendendarum coenae dominicae»), (*p*).

[38] Rajouté par une autre main ((c) ?) au-dessus de la ligne.

[39] «Capite 15» au-dessus de la ligne. – Cf. *supra*, n. 34 à 36. *Loc. cit.*, Mansi: *Collectio*, 9, 955s. – Ap. Crabbe: *Concilia*, f. XCI v. (*reap*).

[40] Au-dessus de la ligne.

[41] Titre inachevé d'une rubrique qui n'a pas été utilisée.

[42] ⦾ *Cyprianus, libro 3, epistola 1, Ad Lucium papam Romanum.* – *Ep.* 61, para. 4, *CSEL* 3:2, 697; *MPL* 3, 976. – Ap.: Erasme: *Opera Cypriani*, (*ri*).

[43] *Loc. cit.*, para. 2, p. 696; col. 974. (*ep*).

[44] *Ep.* 16, para. 2, *CSEL* 3:2, 519. *Ep.* 9, para. 2, *MPL* 4, 252. – Ap.: Erasme: *Opera Cypriani*, (*er*, leçon!).

[45] ⦾ *Idem, libro 1, epistola 2.* – *Ep.* 57, para. 3, *CSEL* 3:2, 652; *Ep.* 54, para. 3, *MPL* 3, 857. – Ap.: Erasme: *Opera Cypriani*, (*er*).

[46] ⦾ *Cyprianus, libro 3, epistola 6.* – *Ep.* 12, para. 2, *CSEL* 3:2, 503s; *Ep.* 37, para. 2, *MPL* 4, 329. – Ap.: Erasme: *Opera Cypriani*, (*rpe*). Les trois textes de Cyprien ici et aux n. 49 et 51, peut-être d'ap. Beatus Rhenanus: *Opera Tertulliani,1539*, notes sur *Ad Martyres*, p. 533 et sur *De poenitentia*, p. 548 (même dossier).

[47] *Loc. cit.* (*pe*).

[48] Suivi, à la ligne suivante, de *oblationes*, barré.

[49] ⦾ *Cyprianus, libro 4, epistola 5.* – *Ep.* 39, para. 3, *CSEL* 3:2, 583; *Ep.* 34, para. 3, *MPL* 4, 323. – Ap.: Erasme: *Opera Cypriani*, (*re*) et cf. *supra* à la n. 46!

[50] Précédé de *confessiones*, barré.

ratione celebramus». – «Iam cum lapsis communicare[51]: offerre pro illis et eucharistiam dare». –

[b]«Et quando[52] in unum cum fratribus convenimus, et sacrificia divina cum Dei sacerdote celebramus [. . .] non passim ventilare preces nostras inconditis vocibus».

---

[51] [] *Cyprianus, libro 3, epistola 16.* – *Ep.* 17, para. 2, *CSEL* 3:2, 522; *Ep.* 11, para. 2, *MPL* 4, 257. – Ap.: Erasme: *Opera Cypriani, (rea)* et cf. *supra* aux n. 46 et 49.

[52] [] *Cyprianus in Orationem dominicam, paulum ab initio.* – Ch. 4, *CSEL* 3:1, 269; *MPL* 4, 522 (*ea!*).

CHAPITRE VII

PROBLÈMES DE LA PÉNITENCE

[98–100 bl; 101] *ᵇPoenitentia:*

ᶜConfessio et satisfactio:
'Agunt poenitentiam[1] iusto tempore, et secundum ordinem disciplinae ad exhomologesin veniunt, et per manus impositionem episcopi et cleri
ius communicationis accipiunt'. – «Nam cum in minoribus delictis[2],
quae non in Deum committuntur, poenitentia agatur iusto tempore, et
exhomologesis fiat inspecta vita eius, qui agit poenitentiam, nec ad com-
municationem quis venire possit, nisi prius illi ab episcopo et clero manus
fuerit imposita». – «Et nondum poenitentia facta[3], nondum exhomolo-
gesi finite, nondum manu ei[!] ab episcopo aut clero imposita, eucharistia
illis datur». Necessitas agendae poenitentiae pulchre probatur Libro 1,
epistola 3, paginis 19, 20 et 21[4]. *ᵇDe eadem re epistola 7, libri 2
Epistolarum Cypriani[5]; est epistola cleri Romani. Ibidem de ratione
concilii.

*ᵃConfessio auricularis affirmatur tomo 9 Augustini, libro 2 De visita-
tione infirmorum, capite 4[6], sed non est Augustini.

---

¹ [] *Cyprianus, libro 3, epistola 14. – Ep. 16,* para. 2, *CSEL* 3:2, 518; *Ep.* 9, para. 2, *MPL*
4, 251s. – Ap.: Erasme: *Opera Cypriani,* (*per*); d'ap. Beatus Rhenanus: *Opera
Tertulliani,1539, Annotationes* à *De poenitentia,* 9, p. 548 (là *r* et *e* plus long). – La série de
citations de Cyprien et d'Augustin dans ce ch. est peut-être inspirée aussi par Witzel:
Typus,1540, p. 34; *1541,* f. 29v. («Cyprian mehr wedder an acht örten, Augustinus
allenthalben»).
² [] *Epistola 16, libri 3. – Ep.* 17, para. 2, *CSEL* 3:2, 522; *Ep.* 11, para. 2, *MPL* 4, 257. –
Ap.: Erasme: *Opera Cypriani,* (*er*); d'ap. Beatus Rhenanus: *loc. cit.* (là *er* à la suite du préc.).
³ [] *Epistola 14, libri 3. – Loc. cit., supra,* n. 1. Suite de ce passage. *CSEL* 3:2, 519; *MPL*
4, 252 (*e*). – Ap.: *Opera,1520*? La leçon *eius* explique peut-être notre leçon *ei.* Dans la plupart
des éds. ultérieures (y compris celle de 37), on lit comme dans les modernes *eis.* – Ap.: Beatus
Rhenanus: *loc. cit.,* à la n. 1 (là *er,* leçon *eis*!).
⁴ *Ep.* 59, chs. 12s, *CSEL* 3:2, 680–682; *Ep.* 56, *MPL* 3, 812–817. – Ap.: *Opera,1537,* (*r*).
⁵ [] ☞ – *Ep.* 30, paras. 3–7 (pénitence) et 8 (conciles), *CSEL* 3:2, 550–556; *Ep.* 31, paras.
3–7 et 8, *MPL* 4, 309–315. – Ap.: Erasme: *Opera Cypriani,* (*r*); d'ap. Beatus Rhenanus: *Op.
cit.* (aux n. 1–3), p. 549 (là *r* seul, sans mention du concile).
⁶ Ps. – Augustin, *loc. cit., MPL* 40, 1154. – Ap.: Erasme: *Opera Augustini,1531,* (*r*).

[102] *b*Satisfactio:

De poenitentia triplici: 1 ante baptisma; 2 post baptisma solemnis; 3 cottidiana: divum Augustinum vide, sub finem epistolae 108[7]. – 'Poenitentia humillima tantum semel in vita conceditur, ne remedium vilescat'. Tamen qui post eam iterum labatur, et a lapsu resipiscat, iubetur sperare veniam: in epistola *m*54*b*, I[8].

*m*Augustinus feria quinta post dominicam in Quingesima [!] de poenitentia, Sermo 1, folio 146, tomo X[9]. «Dicitis: quomodo aliquis dignum se facere possit? Quomodo, nisi ut errores pristinos relinquat, et poenitentiam petat, ut qui criminum suorum sorde pollutus est, exhomologesis satisfactione mundetur».

[103] *b*Poenitentia:

Supplicatio digna poenitentie: «Ad placandum atque exorandum Dominum non voce sola, sed et ieiuniis et lachrymis et omni genere depraecationis ingemiscamus»: Epistola 4 Cypriani, libri 4[10]. – Nota quid sit satisfacere divo Cypriano, qui scribit Sermone de lapsis, pagina 347[11], tres pueros in igne [Dn. 3, 21–25] 'satisfecisse Domino', qui tamen nihil aliud quam peccata sua et populi confessi sint et veniam precati. – Ut imponendo satisfactionem homines ligandi sint, et perfecta satisfactione absolvendi, vide epistolam Leonis 89[12], quae est ad Theodorum Foroiuliensem. *d*Haec ex vetusto libro, quod Capitulare Episcopale nomen habet, cuius usum Beatus Rhenanus Hedioni dederat mense Decembris 1544[13]. ⟨*a*Vide Beatum Rhenanum[14] de confessione in Tertulliano, libro De paenitentia, in argumento et in annotationibus, consilium prebentem

---

[7] *Ep.* 265, paras. 7–8, *CSEL* 57, 645s, *MPL* 33, 1088s. – Ap.: Erasme: *Opera Augustini,* (*r*).

[8] *Ep.* 153, ch. 3, para. 7, *CSEL* 44, 403; *MPL* 33, 656 (*p!*). – Ap.: Erasme: *Opera Augustini,1531* (*r* avec lettre repère).

[9] Ps.-Augustin: *Sermo* 255, *MPL* 39, 2216s. – Ap.: Erasme: *Opera Augustini,* (*er*).

[10] *Ep.* 11, para. 1, *CSEL* 3:2, 495; *Ep.* 7, para. 1, *MPL* 4, 241. – Ap.: Erasme: *Opera Cypriani,* (*er*).

[11] *Op. cit.,* ch. 31, *CCL* 3, 238s; *MPL* 4, 490s. (*pi*). – Ap.: *Opera,1537.*

[12] *Ep.* 108, *MPL* 54, 1011–1014; cf. aussi *Decreti,*2a pars, *De penitentia,* dist. 1, can. 49, *Friedberg,* 1, 1170 (*i*). – Ap.: Crabbe: *Concilia,* 1, 383 r/v,(*r*) ou Beatus Rhenanus: *Opera Tertulliani,1539,* Introduction au *De poenitentia,* p. 542 (là *r* au *Décret* et *p*).

[13] Cf. *supra,* ch. 6 n. 24, et ici les n. 14 et 15.

[14] Ce passage est inscrit dans la marge du bas, au milieu d'une phrase de Théodulphe d'Orléans. Puisqu'il doit sa place à l'évocation du nom de Beatus Rhenanus et à l'usage de Théodulphe par ce dernier, nous l'insérons ici. – Beatus Rhenanus: *Tertulliani Opera,1545, Argumentum,* ff. 167r – 168v et *Annotationes,* 168v–170r. Bien que le premier des deux éléments ait été complété et le second rajouté entièrement depuis l'édition princeps de 1521, le «conseil» que Parker a pu y lire représente l'opinion inchangée de Beatus Rhenanus. Cf. Fraenkel: *Beatus Rhenanus, BHR* 41.

saluberrimum⟩. *d*«Omni[15] etenim die Domino in oratione nostra aut semel aut bis aut quantum amplius possimus [104] confiteri debemus peccata nostra, dicente Propheta: *Delictum meum cognitum tibi feci, et iniustitias meas non operui. Dixi: confitebor adversus me iniustitias meas Domino; et tu remisisti impietatem peccati mei* [Ps. 31, 5]. Facta enim confessione cum gemitu et lachrymis Domino in oratione vertandus est, Psal. 50 sive 24 vel 35[16], atque alii ad rem pertinentes; et sic complenda est oratio. Quia confessio, quam sacerdotibus facimus, hoc nobis adminiculum affert: quia accepto ab eis salutari consilio, saluberrimis poenitentiae observationibus sive mutuis orationibus peccatorum maculas diluimus. Confessio vero, quam solidam[17] facimus, in hoc adiuvat, quia quanto nos memores sumus peccatorum nostrorum, tanto horum Dominus obliviscitur[18]. Et e contrario, quanto horum nos obliviscimur, tanto Dominus reminiscitur, dicente eo per Prophetam: 'Et peccatorum tuorum non rememorabor' [Ier. 31, 34]. Tu autem memor esto quod David propheta se fecisse testatur, cum dicit: *Quoniam iniquitatem meam ego cognosco, et delictum meum coram me est semper* [Ps. 50, 5.].»

[105] *ᶜPoenitentiae agendae necessitas:*

Locus hic graviter tractatur epistola 3 libri 1, apud Cyprianum, pagina 19[19].

[106] *ᵇPoenitentiae verae descriptio:*

Vide ethicon praeclarum Homilia 4 Chrysostomi in Epistolam 2 ad Corinth.[20]

[107] *Claves regni coelorum* [Mt. 16, 19]: *potestas ligandi et solvendi:*

Dare poenitentiam ligare est, reconciliare solvere: Ambrosius, capite 2, libri 1, De poenitentia[21]. – Ambrosius ad Theodosium imponendo ei poenitentiam: «Suscipe vinculum, quo te omnium Dominus nunc ligat; est

---

[15] Théodulphe d'Orléans: *Capitulare,* ch. 30, *MPL* 105, 200s (comparer les n. 13 et 14 et les leçons des n. 16–18). – V. aussi Fraenkel: *art. cit.* – Sur le texte biblique de Théodulphe, v. Berger: *Histoire,* 4ᵉ partie, chs. 2–4.

[16] *Sic. MPL* sans doute plus correctement: 31.

[17] *MPL: soli Deo.*

[18] Précédé de *obs* barré.

[19] *Ep.* 59, v. *supra* n. 4.

[20] Corrigé de *ᵇEphes.* – *Op. cit.,* paras. 5s, *MPG* 61, 424–8 (exemples de fausses et de vraies repentances, contrastés).

[21] Paras. 7 et 8, *CSEL* 73, 122s; *MPL* 16, 468; peut-être plus particulièrement le passage incorporé in *Decreti,*2a pars, *De pen.,* dist. 1, can. 51, *Friedberg,* 1, 1171 (*i*? Il y est question de Io. 20, 22s et du double pouvoir sacerdotal, sans les termes de la définition donnée ici).

enim medicina maxima sanitatis»: Historia Tripartita, libro 9, capite 30[22].

[108 bl.; 109] *Excommunicatio:*

In Epistola papae Fabiani[23]: Cum quibus non est cibus sumendus [cf. 1 Cor. 5, 11], ii a fidelibus repellendi sunt, nec in accusationem fidelium admittendi, nec cum eis orandum. – ⟨Quo nobis loco papae mancipia?⟩ – De eodem in altera epistola eiusdem[24]. – Ergo papistae nos non possunt accusare, nec est nobis cum illis communicandum. *b*Qui excommunicatur «a communicatione orationis et conventus et omnis sancti commertii relegabitur»[25]. Excommunicatur 'praesidentibus probatis quibusque senioribus': Tertullianus in Apologetico, capite 39[26].

[110 bl.; 111] *Excommunicati cleri et plebis iudicio recipiuntur:*

Cyprianus ad Cornelium, libro 2, Epistola 12; Idem libro 3, Epistola 11[27]: Recipiendi quidam erant ex schismate. 'Contrahit presbyterium; aderant episcopi quinque'; refert ad populum; eius suffragio recipiuntur. Ibidem presbyter a schismate receptus 'locum suum iubetur agnoscere'. Huius exempla habes apud Eusebium libro 6, capite 33[28], ubi Maximus, Urbanus, Sidonius et Celerinus ad ecclesiam «cum magna satisfactione revertuntur; et praesentibus episcopis ac presbyteris, sed et laicis viris, primo quidem errorem suum, tum deinde Novati fraudes ac fallacias confitentur».

---

[22] Para. 9, *CSEL* 71, 542; *MPL* 69, 1145. – Ap.: Beatus Rhenanus: *Autores* (*e*, leçons); peut-être d'après Witzel: *Typus,1540,* p. 35; *1541,* f. 30r, (*i*).

[23] *Ep.* 1, para. 5 chez Ps.-Isidore, *MPL* 130, 153; Hinschius: *Decretales,* 159 (*p!*). Cf. aussi *Decreti,*2a pars, causa 11, qu. 3, can. 16, *Friedberg,* 1, 647. – L'interprétation ajoutée en marge est peut-être influencée par le contexte, *ibid. infra;* plus probablement par le même texte cité dans le can. 15 *ibid.,* ou encore par la glose dans *Décret,* éd. Beatus Rhenanus, f. 194r: «. . . si papa est alicui inimicus, omnes debent eum vitare, nec debent expectare, ut ipsi moneantur a papa».

[24] *Ep.* 2, para. 18, chez Ps.-Isidore, *MPL* 130, 158; Hinschius: *Decretales,* 164; *Decreti,*2a pars, causa 6, qu. 1, can. 3, 4, *Friedberg,* 1, 554 (*i*). L'interprétation est gouvernée par la *quaestio* de Gratien, *ibid.,* col. 553: «an crimine irreti . . . ad . . . accusationem sunt admittendi?».

[25] Corrigé de *relegabatur*. Ed. Beatus Rhenanus: *Opera: relegetur* (dans toutes les éds.).

[26] Paras. 4, 5, *CCL* 1, 150; *MPL* 1, 469. – Ap.: *Opera,1521,* où le passage est marqué par une [] *excommunicatio,* (*ep*).

[27] *Ep.* 51 et 49, para. 2, *CSEL* 3:2, 614ss, 610; *MPL* 3, 732–734, 719s. – Ap.: Erasme: *Opera Cypriani,* (*r* et *iap* du second texte).

[28] Ch. 48, para. 6, *GCS* 9:2, 615–17. – Ap.: Beatus Rhenanus: *Scriptores,* p. 156 (*r, pe,* leçon: *revertuntur*).

[112–114 bl.; 115] *Reconciliatio poenitentium:*

Ad missam publicam per solum episcopum: canone 32, Concilii Carthaginensis 3[29]. [h]«Etenim[30], quotienscunque sanguinem Domini sumimus, mortem Domini anunciamus [cf. 1Cor. 11, 26]; sicut ergo semel pro omnibus immolatus est [cf. 1Cor. 5,7], ita, quotienscunque peccata donantur, corporis eius sacramentum sumimus, ut per sanguinem eius fiat peccatorum remissio [cf. Eph. 1, 7]. Ergo[31] evidentissime Domini praedicatione mandatum est etiam gravissimi criminis reis, si ex toto corde et manifesta confessione peccati paenitentiam gerant, sacramenti caelestis refundendam gratiam».

[116 bl.; 117] [c]*Poenitentes recipiendi clemens facilitas:*
Egregium exemplum Cypriani, libro 1, Epistola 3, pagina 24[32].

[118 bl.; 119] *Poenitentiae temporis moderatio:*
Divus Augustinus in Enchiridio ad Laurentium, capite 65[33]: «In actione autem poenitentiae, ubi tale crimen commissum est, ut is, qui commisit, etiam a Christi corpore separetur, non tam consyderanda est mensura temporis quam doloris. *Cor enim contritum et humiliatum Deus non spernit* [Ps. 50, 19]. Verum quia plaerunque dolor alterius cordis occultus est alteri, neque in aliorum notitiam per verba vel quaecunque alia procedit, cum sit coram illo, cui dicitur *Gemitus meus a te non est absconditus* [Ps. 37, 10], recte constituuntur ab his, qui ecclesiae praesunt, tempora poenitentiae, ut fiat etiam satis ecclesiae, in qua remittuntur ipsa peccata. Extra eam quippe non remittuntur». [b]⟨Vide quid satisfactio[34]!⟩ – Theodosius octo tantum menses cum poenitentiam egisset, absolutus est a divo Ambrosio: Historia Tripartita, libro 9, capite 30[35]. – Vide locum praeclarum de tempore poenitentiam agendi in Chrysostomo: tomo 1, in oratione de Φιλogonio[36]. – [120–122 bl., 123] [c]*De zizaniis inter triticum ferendis* [cf. Mt. 13, 24–30] locus pulcherrimus Cypriani libro 3, epistola 3[37]:

---

[29] Le dernier chiffre: corrigé de *4* ou *2*. – Mansi: *Collectio*, 3, 885 et *Decreti*,2a pars, causa 26, qu. 6, can. 14, *Friedberg*, 1, 1041.

[30] [] *Divus Ambrosius, De paenitentia, libro 2, capite 3*. – Paras. 18s, *CSEL* 73, 171; *MPL* 16, 501.

[31] Précédé par le même mot mal écrit, puis barré.

[32] *Ep.* 59, ch. 16, *CSEL* 3:2, 686; *MPL* 3, 824s (depuis: *si iudicium nostrum . . .*). – Ap.: *Opera,1537*, (r).

[33] *CCL* 46, 84; *MPL* 40, 262s.

[34] Deux traits en marge marquent le passage *ut fiat . . . remittuntur*, auquel s'applique cette remarque.

[35] Paras. 10–22, *CSEL* 71, 542ss; *MPL* 69, 1145s. Cf. *supra* à la n. 22.

[36] Précédé par Φ mal formé. – *MPG* 47–48, 754. – Ap.: Erasme: *Opera Chrysostomi*, (r).

[37] *Ep.* 54, para. 3, *CSEL* 3:2, 662s; *Ep.* 51, *MPL* 4, 344. – Ap.: Erasme: *Opera Cypriani*, (r; p!).

Laboremus, et vasa simus argentea et aurea in domo Domini [cf. 2 Tim. 2, 20], sed fictilia frangere solius Domini est. – [124 bl., 125] Confessores etiam ipsos gravibus delictis et flagitiis commaculatos fuisse testatur Cyprianus libro 1, epistola 5[38].

[126 bl.; 127] *Exorcismus:*

[a]Vide ante, folio 43. [c]Augustinus in Psal. 65, *Jubilate*[39]: «Noli festinare ad aquam; per ignem transi ad aquam, ut transeas et aquam. Propterea et in sacramentis et in catechizando et in exorcizando[40] exhibetur prius ignis[41]. Nam unde plaerumque immundi spiritus clamant: Ardeo, si ille ignis non est? Post ignem autem exorcismi venitur ad[42] baptismum, ut ab igni ad aquam, ab aqua in refrigerium» etc. . . . – Idem ad Caelestium libro 2, capite 40[43]: «Denique ipsa ecclesiae sacramenta, quae tam priscae traditionis authoritate concelebrat, ut ea isti, quamvis in parvulis existiment simulatorie potius quam veraciter fieri, non tamen audeant aperta improbatione respuere – ipsa, inquam, sanctae ecclesiae sacramenta satis indicant parvulos a partu [128] etiam recentissimos per gratiam Christi de diaboli servitio liberari. Excepto enim, quod in peccatorum remissionem non fallaci sed fideli mysterio baptizantur, etiam prius exorcizatur in eis et exufflatur potestas contraria; cui etiam verbis eorum, a quibus portantur, sese renunciare respondent. Quibus omnibus rerum occultarum sacratis et evidentibus signis a captivatore pessimo ad optimum redemptorem transire monstrantur, qui pro nobis infirmitate suscepta *alligavit fortem* [cf. Mt. 8, 17; Is. 53, 4], *ut vasa eius eriperet* [Mt. 12, 29], *quia infirmum Dei* non solum *est hominibus,* sed et angelis *fortius* [1 Cor. 1, 25]». – Eadem, libro 1 ad Valerium, De nuptiis et concupiscentia, capite 20[44]. – Item libro 2 ad eundem, capite 18[45].

---

[38] *Ep.* 13, para. 5, *CSEL* 3:2, 507s; *Ep.* 6, *MPL* 4, 238s. – Ap.: Erasme: *Opera Cypriani,* (*r*).

[39] Para. 17 (v. 12), *CCL* 39, 851; *MPL* 36, 797.

[40] Précédé de *exorzi,* biffé.

[41] [] [b]*Ignis.* – La phrase entière, soulignée dans le texte.

[42] *Ab:* Ms.

[43] *De gratia Christi et de peccato originali contra Pelagium et Coelestium, loc. cit.,* para. **45,** *CSEL* 42, 203; *MPL* 44, 408.

[44] *Loc. cit.,* para. 22, *CSEL* 42, 235s; *MPL* 44, 427.

[45] *Loc. cit.,* para. 33, *CSEL* 42, 287; *MPL* 44, 455.

CHAPITRE VIII

CLERCS ET LAÏCS

[129s bl.; 131] *°Docendi munus in ecclesia:*

Presbyteris[1] committatur in omnibus parochiis (nam per se episcoporum est). Si ex se docere non possunt, legant homelias patrum.

[132s bl.; 134] *Laicis quando docere liceat[2]:*
'Clericis praesentibus non licet, nisi id ipsi permittant'. Absentibus ergo et permittentibus clericis licet.

[135] *Quid laicis in ecclesiasticis actionibus licere debeat et de horis canonicis:*

Flavianus et Diodorus[3] monachi adhuc laici nec dum sacerdotes, Antiocheae noctibus et diebus cunctos ad zelum pietatis armabant; et, primi choros psallentium in duas partes dividentes, docuerunt Psalmos Davidis ordine decantare. Idque primum apud sepulchra martyrum agebant, quo studiosiores pietatis provocabant, cum illis vigilias laudibus Dei celebrantes. Postea, invitante episcopo Antiocheno Leontio, qui tamen institutum horum, quia Arrianis faveret, non probabat, psallebant cum suis in ecclesiis. Hoc institutum, ita caeptum Antiochiae, statim pervenit usque ad terminos orbis. ⟨Horae canonicae⟩. Hic ergo ortum acceperant horae canonicae. Et observandum, quod divinos amatores, id est homines religiosiores, ad id studii invitabant, nullo instituto alligabant. – *°Vide de horis canonicis infra 499. – Populus canebat in ecclesia Basiliensi[!]: Epistola 63[4].

---

¹ [] *Canone 2 Vasensis concilii.* – Mansi: *Collectio,* 8, 727 (où ce canon est attribué au «3ᵉ concile» d'une série d'ailleurs confuse, v. *op. cit.,* 6, 458). – Ap.: Crabbe: *Concilia,* 1, f. 339r (où le canon paraît dans la seconde série d'un concile unique) (*ir*).

² [] *Canone 98 concilii Carthaginensis 4.* – Mansi: *Collectio,* 3, 956. (*i*).

³ [] *Tripartita Historia, libro 5, capite 32.* – *CSEL* 71, 263s; *MPL* 69, 1009 (*p*!). – Peut-être: Ap.: Witzel: *Typus,1540,* p. 52; *1541,* f. 42r. (*r*).

⁴ C'est-à-dire de s. Basile, dont l'église (et sa psalmodie) est décrite *Ep.* 207 (olim 63), para. 3, *MPG* 32, 764. – Ap.: *Opera,1540,* trad. Cornarus ou trad. Musculus (*r:* c'est dans ces deux éds. que les épîtres sont numérotées pour la première fois). Dans la table des matières de l'édition Musculus on trouve un renvoi à notre passage (s. v. psalmodiae), ce qui n'est pas le cas pour celle de l'édition de Cornarus.

CHAPITRE IX

CANTIQUES ET LEÇONS

[136s bl.; 138] *ᵇDe cantu ecclesiae. ᶜHymni cantati:*

⟨Ubi clericorum matutinae?⟩. Nocturni: et a populo, et occasione Arianorum, non per se instituti. Ne enim populus¹ per Arianos noctu hymnos decantantes, et deinde solenni pompa per urbem peragrantes corrumperetur, instituit Chrysostomus, ut et sui se hoc instituto exercerent. Id autem tandem occasionem dedit. – Eodem libro, capite 9²: Ignatius instituit cantum antiphonarum.

Augustinus, De correctione Donatistarum, capite 20³, recitat «celebres hilaresque conventus», «ad hymnos et audiendos et canendos, et ad verbum Dei percipiendum». – Quomodo Ambrosius Mediolani instituerit, ut Christiani vocibus et cordibus psalmos et hymnos canerent, persequente eos Iustina, et id postea ab aliis ecclesiis assumptum: vide Augustinum, libro 9 Confessionum, capite 7⁴.

[139] De coetibus antelucanis Christianorum «ad canendum Christo et Deo», vide Tertulliani Apologeticum, capite 2⁵ et Plinium, Epistola⁶. *ᵇVide caput 3[!], libri 10 Confessionum⁷: ut «Athanasius modico flexu vocis fecerit sonare psalmos»; item ut Augustinus senserit sibi oblectatione⁸ modulationis considerationem sententiarum avocatam et debilitatam fuisse. «Ita», inquit, «fluctuo ᵏ inter periculum voluptatis et experimentum salubritatis; magisque adducor, non quidem irretractabilem sententiam proferens, cantandi consuetudinem approbare in ecclesia, ut per oblectamenta aurium infirmior animus in affectum pietatis assurgat. Tamen, cum mihi accidit, ut me amplius cantus quam res, quae canitur,

---

¹ [] *Tripartita Historia, libro 10, capite 8.* – *CSEL* 71, 595s; *MPL* 69, 1171. – Peut-être ap.: Witzel: *Typus,1540*, p. 54; *1541*, f. 43r, (là *r* et hymnes en général).

² *Op. cit.*, p. 596; col. 1171.

³ *Ep.* 185, ch. 8, para. 32; *CSEL* 57, 30; *MPL* 33, 807. – Ap.: *Opera,1506*, t. 8 (*r!*, *e* réarrangé).

⁴ Para. 15, *CSEL* 33, 208; *MPL* 32, 770. – Peut-être ap.: Witzel: *Typus,1540*, p. 67; *1541*, f. 55r, (*r* et *i*, chants ecclésiastiques).

⁵ Para. 6, *CCL* 1, 88; *MPL* 1, 272s. – Ap.: Beatus Rhenanus: *Opera Tertulliani*, (leçons *et*). – V. aussi la n. suiv. – Peut-être ap.: Witzel: *Typus,1540*, p. 50; *1541*, f. 41r (*r* et *i*) ou Rhenanus: *op. cit., 1539*, notes sur *De corona militis*, p. 507; cf. le texte même p. 693, muni de [] *Plinius secundus* et [] *Coetus antelucani*.

⁶ Liv. 10, *Ep.* 96; *Loeb*, 2, 402. – Sans doute, ap.: *Opera Tertulliani, loc. cit.* Cf. n. préc.

⁷ En fait ch. 33; *CSEL* 33, 263s; *MPL* 32, 800. (*epe*).

⁸ Ms.: *oblectationem*.

moneat, paenaliter me peccare confiteor, et tunc mallem non audire can-
tantem». ᵇPsalmi cantandi 'a Christianis congregatis, cum non legitur nec
disputatur nec oratur' in ecclesia: Ad Ianuarium epistola 119, B, folio
112⁹. [140] Ut psalmos Basilius cani curaverit et mos fuerit in utraque
Lybia, Palestina, Syria etc., vide Epistolam Basilii 63¹⁰. – Litaniae, quae
erant¹¹: ibidem¹². – Apud eundem, In Psalmum 114, de cantu populi
a media nocte, vide infra, pagina 150. – ᵃReprobat cantum ecclesie in
sacerdotibus Gregorius¹³.

[141] ᶜ*Quae in ecclesia legi convenit:*

Nihil quam Scripturam in eccesia legi debere: canon 47 Concilii Carthaginensis 3¹⁴. – ᵇId observavit et in cantu divus Basilius, et taxat qui
humanis ad id verbis utebantur: Epistola 63¹⁵. – Liber Sapientiae legebatur toti ecclesiae per gradum lectorum, etiam laicis fidelibus, catechumenis, et poenitentibus: libro De praedestinatione, capite 14, tomo 7, pagina
1249¹⁶.

[142 bl.; 143] *Sacra ab omnibus, etiam laicis, legenda:*

«Lectiones divinas et in ecclesia, sicut consuevistis, audite; et in domibus
vestris relegite». Vide reliqua idonea admodum contra eos, qui laicos sacra
lectione volunt arceri: tomo 10 Augustini, Sermone 2 in Capite ieiunii,
folio 146, C¹⁷. Idem primo sermone, folio 145, G, H¹⁸. Chrysostomus,
in Homilia 9¹⁹, In Epistolam ad Colloss.: «Audite, obsecro, seculares
omnes, comperate vobis Biblia, animae pharmaca», et vide reliqua. In
tomo Augustini 10, in Homilia feria sexta post Dominicam Passionis²⁰

---

⁹ *Ep.* 55, ch. 18, para. 34, *CSEL* 34, 209; *MPL* 33, 221. – Ap.: *Opera, Paris,1531,* (*ipr*).
¹⁰ Selon l'ancien ordre. *Ep.* 207, para. 3, *MPG* 32, 764. – Ap.: éds. citées au ch. 8, n. 4.
¹¹ Ces deux mots au-dessus de *exem* barré.
¹² Para. 4, p. 451.
¹³ *Decretum ad clerum,* para. 1, *MGHEp* 1, 363; *MPL* 77, 1335. – Extrait plutôt direct que
par *Decreti,* 1a pars, dist. 92, can. 2, dont le titre parle de diacres, alors que le texte dit
«ministri». – L'idée est contraire à l'attitude traditionnellement attribuée à Grégoire: v. p.
ex. Platina: *De vita,* p. 96 et cf. Homes Dudden: *Gregory,* t. 1, pp. 274ss.
¹⁴ Mansi: *Collectio,* 3, 891.
¹⁵ *Loc. cit., supra* à la n. 10.
¹⁶ Para. 27, *MPL* 44, 980. – Ap.: *Opera,1542,* en fait col. 1249.
¹⁷ Ps.-Augustin, Appendix, *Sermo* 141, 5, *MPL* 39, 2022. – Ap.: *Opera, Paris,1531.* – Dans
l'exemplaire des *Opera,1542,* col. 705v (Genève BPU), Vermigli a noté ce passage et le
développement qui suit par une ligne en marge et [] «Hortat laicos ad scripturae
tractationem».
¹⁸ Ps.-Augustin, Appendix, *Sermo* 140, 1, *MPL* 39, 2019. – Ap.: *Opera,Paris,1531.*
¹⁹ Para. 1, *MPG* 62, 361. – Ap.: *Opera,1536,* t. 4, f. 454r, F, (*er*). Dans l'exemplaire de
Calvin (Genève BPU), cette citation et la suite sont soulignées.
²⁰ ᵃ*Passionis* rajouté au-dessus du même mot. – [] ᵃ*Locus annotandus.*

dicta, folio 175, [a]846[21]. [b]Post communem adhortationem divinarum scripturarum, ita concludit H, [a]B[22]: [b]«Et ideo, fratres charissimi, quicumque ex vobis lectiones sacras legere et intelligere possunt, in his studium impendant», etc.

---

[21] [a]*846* rajouté au-dessus du chiffre original. – Appendix, *Sermo* 302,3, *MPL* 39, 2324. – Bucer: ap.: *Opera,Paris,1531,* (*re*). – Parker: ap.: *Opera,1543,* (*r*).

[22] Le H est souligné; il correspond à l'éd. de 1531, alors que le B se rapporte à celle de 1543.

CHAPITRE X

LES SAINTS ET LEURS RELIQUES

[144 bl.; 145] *cCultus sanctorum:*

Augustinus, Contra Faustum, libro 20, capite 21[1]: «Populus autem Christianus memorias martyrum religiosa solennitate concelebrat, et ad excitandam imitationem[2], et ut meritis eorum consocietur atque orationibus adiuvetur; ita tamen, ut nulli martyrum, sed ipsi Deo martyrum, quamvis in memorias martyrum, altaria constituamus. Quis enim antistitum in locis sanctorum corporum assistens altari aliquando dixit: 'offerimus tibi, Petre aut Paule aut Cypriane'? Sed quod offertur, offertur Deo, qui martyres coronavit, apud memorias[3] eorum, quos coronavit, ut[4] ex ipsorum locorum admonitione maior affectus exurgat ad acuendam charitatem, et in illos, quos imitari possumus, et in illum, quo adiuvante possumus. Colimus[5] ergo martyres eo cultu dilectionis et societatis, quo et in hac vita coluntur sancti homines Dei, quorum cor ad talem pro evangelica veritate passione paratum esse sentimus. Sed illos tanto[146] devotius, quanto securius post incerta omnia superata, quanto etiam fidentiore laude praedicamus iam in vita feliciore victores, quam in ista adhuc usque pugnantes. At illo cultu, quae graece 'latria' dicitur, latine uno verbo dici non potest, cum sit quaedam propria Divinitati debita servitus. Nec colimus nec colendum docemus nisi unum Deum. Cum autem ad huc cultum pertineat[6] oblatio sacrificii unde idolatria dicitur eorum, qui hoc etiam idolis exhibent – nullo modo tale aliquid offerimus[7] aut offerendum praecipimus vel cuiquam martyri vel cuiquam sanctae animae vel cuiquam angelo. Et quisquis in hunc errorem delabitur, corripitur per sanam doctrinam, sive ut corrigatur, sive ut caveatur».

Augustinus, libro 22, capite 10, De civitate Dei[8]. ⟨ *bIn eandem sententiam pulchrum locum habes De civitate Dei, libro 8, capite ultimo, ab

---

[1] *CSEL* 25, 562s; *MPL* 42, 384s. – Ap.: *Opera,1506,* t. 4 (leçons, q.v. aussi *MPL*). Avec cette pièce, ainsi que celles citées aux n. 8 et 9, cf. celles du *Livre de Ratisbonne, 1541,* art. 20, *ARC* 6, 78; *CR* 4, 266. – Ap.: Gropper: *Enchiridion,* f. 110r, (*e* là plus court).

[2] D'ici à *adiuvetur,* souligné.

[3] Souligné, et ⟦ *bApud memorias.*

[4] De *ut* à *adiuvante possumus,* souligné, et ⟦ *bQuare sacri coetus apud memorias martyrum.*

[5] Le mot est marqué par un crochet carré; de *quo et in hac* à *talem,* souligné.

[6] Les mots *pertineat* à *sacrificii,* soulignés.

[7] Les mots *offerimus* à *praecipimus,* soulignés; et ⟦ *cNihil sanctis offerendum.*

[8] *CSEL* 40: 2, 613s; *MPL* 41, 772. Cf. n. 1 et 9.

initio[9]⟩. [c]«Sed nobis[10] martyres non sunt dii, quia unum eundemque Deum et nostrum scimus et martyrum. Nec tamen miraculis, quae per memorias nostrorum [147] martyrum fiunt, ullo modo comparanda sunt miracula, quae facta per templa perhibentur illorum. Verum, si qua similia videntur, sicut a Mose magi Pharaonis [cf. Ex. 7,14 – 8,19], sic eorum dii victi sunt a martyribus nostris. Fecerunt[11] autem illa daemones eo fastu impurae superbiae, quo eorum dii esse voluerunt. Faciunt autem ista: martyres vel potius Deus, vel orantibus aut cooperantibus eis, ut fides illa proficiat, qua eos non deos esse nostros, sed unum Deum habere nobiscum credamus. Denique illi talibus diis suis et templa aedificaverunt, et statuerunt aras, et sacerdotes instituerunt, et sacrificia fecerunt. Nos autem martyribus[12] nostris non templa sicut diis, sed memorias sicut[13] hominibus mortuis, quorum apud Deum vivunt spiritus, fabricamus. Nec ibi erigimus altaria, in quibus sacrificemus martyribus; sed uni Deo et martyrum et nostro sacrificium imolamus; ad quod sacrificium, sicut homines Dei, qui mundum in eius confessione vicerunt, suo loco[14] et ordine nominantur, non tamen a sacerdote, qui sacrificat, invocantur. Deo quippe, non ipsis sacri[148]ficat, quamvis in memoria sacrificet eorum, quia Dei sacerdos est, non illorum. Ipsum vero sacrificium corpus est Iesu[15] Christi, quod non offertur ipsis, quia hoc sunt et ipsi. Quibus igitur potius credendum est miracula facientibus? Eisne, qui se ipsos volunt haberi deos ab his, quibus ea faciunt, an eis, qui[16], ut in Deum credatur, quod et Christus est, faciunt, quicquid mirabile faciunt? Eisne, qui sacra sua etiam crimina sua esse voluerunt, an eis, qui nec laudes suas volunt esse sacra sua, sed totum, quod veraciter laudantur, ad eius gloriam proficere, in quo laudantur? In Domino quippe laudantur animae eorum. Credamus ergo eis et vera dicentibus et mira facientibus», etc.

[q]Hieronimus, Adversus Vigilantium, ad Riparium presbyterum[17]: «Nos autem non dico martyrum reliquias, sed ne solem quidem et lunam, non angelos, non archangelos, non cherubim, non seraphim et omne nomen, quod nominatur et in praesenti saeculo et in futuro [cf. Eph. 1, 21], colimus et adoramus, ne serviamus *creaturae potius quam Creatori, qui est benedictus in saecula* [Rm. 1, 25]. [149] Honoramus autem reliquias marty-

---

[9] Ch. 27, *CSEL* 40: 1, 405; *MPL* 41, 255. – Ap.: *Opera,1506*, t. 7 (leçons). Cf. n. 1 et 8.
[10] Cf. n. 8.
[11] De *fecerunt* à *daemones,* souligné.
[12] D'ici à *invocantur* (bas de la page du ms.) tous les débuts de ligne sont soulignés.
[13] [] [b]*Sicut hominibus mortuis.*
[14] [] [b]*Suo loco et ordine nominantur sancti; non invocantur.*
[15] *Est Iesu,* souligné. *Iesu* est peut-être barré (om.: *Opera,1506*). [] [b]*Ecclesia offertur in missa.*
[16] Le mot précédé par un crochet et la phrase soulignée en partie jusqu'à *faciunt.*
[17] *Ep.* 109, para. 1, *CSEL* 55, 352; *MPL* 22, 907.

rum, ut eum, cuius sunt martyres, adoremus. Honoramus servos, ut honor servorum redundet[18] ad Dominum, qui ait: *Qui vos suscipit, me suscipit* [Mt. 10, 40].

Adversus Vigilantium[19]: «Quis enim, o insanum caput, aliquando martyres adoravit? Quis hominem putavit Deum? Nonne Paulus et Barnabas, cum a Lycaonibus Iupiter et Mercurius putarentur, et eis vellent hostias immolare, *sciderunt vestimenta sua* [Act. 14, 11–15] et se homines esse dixerunt? Non quod meliores non essent olim mortuis hominibus Iove atque Mercurio, sed quod sub gentilitatis errore honor Deo debitus deferretur[20]. Quod et de Petro legimus, qui Cornelium se adorare cupientem manu *sublevavit* et dixit: *Surge, nam et ego homo sum* [Act. 10, 25s]. Et audes dicere: 'Illud nescio quid, quod in modico vasculo transferendo colis?'» [b]⟨Vide: quodam adorare prohibendum sanctis fieri – quale scilicet Petro Cornelius conabatur facere, quod non erat illud adorare, quod soli Deo competit. Vide etiam rationem Petri: *Nam et ego homo sum* [Act. 10, 26].⟩ [150] A media nocte populus Basilium expectaverat usque in magnam partem diei, donec ille in alio templo ecclesiae Christi ministerium praestitisset – hymnis interim decantandis occupati: vide ab initio homiliae in Ps. 114 Basilii[21]. Ortus superstitionis eorum, qui deiparam Virginem, matrem Domini, pro Deo colunt. Vide apud Epiphanium, libro 3, tomo 2[22]. Contra haeresim 78[23], pagina 507; et contra haeresim 79[24], paginas 509 et 510.

[151] *Memoriae martyrum et altaria:*

[1]In concilio Aphricano circa tempus Bonifacii papae I, numero CV, canone L[25]: «Item placuit, ut altaria, quae passim per agros et per vias tanquam memoriae martyrum constituuntur, in quibus nullum corpus aut

---

[18] *Redundet* répété, puis barré.

[19] Ch. 5, *MPL* 23, 357s.

[20] *Deferretur* et, à la ligne suivante, *se adorare cupientem,* soulignés. A la même hauteur commence le commentaire de Bucer, que nous insérons à la suite.

[21] Para. 1, *MPG* 29, 484 (anc. éd. p. 283). *Homelia* est rajouté au-dessus de la ligne.

[22] Contre les antimarianites, para. 23, et les collyridiennes, paras. 2 et 4, *GCS* 37, 472s, 476s, 478s. *MPG* 42, 736, 741, 745. Tous ces passages parlent du rôle des femmes dans les mouvements en cause. – Ap.: *Panarium,1543* (ri. Au premier passage: [] «Maria pro Deo habita»; au troisième: [] «Imagines damnatae» et [] «Sancti non adorandi»).

[23] Précédé de *tomo,* barré.

[24] Inscrit au-dessus d'un autre chiffre (*9?*), barré.

[25] [] *De consecratione, distinctione 1, [canone] «Placuit ut altaria»; et in Carthaginensi 5, capite 14.* – Cette marginale, encadrée dans le ms. – Can. 83 du Registre de Carthage, *CCL* 149, 204s. – Ap.: Crabbe: *Concilia,* 1, f. 302r, (*r* en tête, *e* (leçons) y compris la [] , *e* de la [] *loc. cit.*). [] renvoie à *Decreti,* 3a pars, dist. 1, can. 26 [*Friedberg,* 1, 1300s] et à Crabbe: *op. cit.,* f. 262v. – Ap.: Witzel: *Typus,1540,* p. XXX, (*i*: là *r* et *p*).

reliquiae martyrum conditae probantur, ab episcopis²⁶, qui locis eisdem praesunt (si fieri potest) evertantur. Si autem hoc per tumultus populares non sinitur, plebes tamen admoneantur, ne illa loca frequentent, ut, qui recte sapiunt, nulla ibi superstitione devincti teneantur. Et omnino nulla memoria martyrum probabiliter acceptetur, nisi ubi corpus aut aliquae reliquiae sunt, aut origo alicuius habitationis vel possessionis vel passionis fidelissima origine traditur. Nam quae per somnia et per inanes quasi revelationes quorumlibet hominum ubicunque constituuntur altaria, omni modo reprobentur». – ᵇ«Novi multos esse sepulchrorum et picturarum adoratores». Hos dicit in ipsa vera religione superstitiosos esse Augustinus: De moribus ecclesiae, capite 34²⁷.

[152 bl.; 153] ᶜ*Reliquiae:*

Vide portentosam epistolam Gregorii, 30 libri 3²⁸. ᵇDe miraculis, quae fiunt apud memorias martyrum, fatetur se ignorare divus Augustinus, an fiant per ipsos²⁹ praesentes³⁰ hominibus, sive «per angelica ministeria». «Res» – inquit – «haec³¹ altior est, quam ut a me possit attingi, et abstrusior, quam ut a me valeat perscrutari». Fieri³² ea a Deo certum esse ⟨agnoscit⟩ et³³ prout Deus «novit id expedire nobis ad aedificandam fidem Christi, pro³⁴ cuius illi confessione sunt passi»: Augustinus, De cura agenda pro mortuis, capite³⁵ 16³⁶.

Quae Gregorius scribit³⁷ recte habenda sunt: quomodo se levari ossa sanctorum non passa sunt; et ut horribilibus portentis conservari – ac etiam necati sunt, qui tum memorias, id est [!] instaurare volebant; utque sanctis[!] orientalibus volentibus auferre corpora apostolorum Petri et Pauli, id per τουνιτρυα[!] ⟨et fulgura prohibitum sit⟩. – [154] ᵖDe reliquiis sanctorum: Hieronymus, Contra Vigilantium, tomo 2, pagina 121 et pagina 122³⁸, dicit sic de sanctis: «*Sequuntur Agnum quocumque v[a]dit*

---

²⁶ Souligné de *ab* à *evertantur*. [] ᵃ*Evertenda sunt altaria,* ☞ – Cf. l'intitulé du canon chez Gratien, *loc. cit., supra:* «Evertantur altaria, quae sine sanctorum reliquiis eriguntur».

²⁷ Liv. 1, ch. 34, para 75, *MPL* 32, 1312.

²⁸ Liv. 4, *Ep.* 30: *Miracula apostolorum atque reliquiae sanctorum, MGHEp* 1, 264ss; *MPL* 77, 701–704. – Ap.: *Opera,1518,* (r). – Toute la référence est soulignée. – Cf. *infra,* n. 37.

²⁹ Corrigé par (b) de ᵇ*ipsis.* Suscrit: ᵃ*Scilicet martyres.*

³⁰ Corrigé par (b) de ᵇ*praesentibus.* Suscrit ᵃ*presentes.*

³¹ Barré, et ᵃ*hec,* suscrit.

³² Souligné d'ici à la fin de la phrase.

³³ Suscrit par (b) au-dessus de ᵇ*ac* barré.

³⁴ Suivi d'un mot illisible barré.

³⁵ Remplace ᵇ*libro,* barré.

³⁶ Para. 20, *CSEL* 41, 654; *MPL* 40, 607 (*ep,* ordre transposé).

³⁷ *Loc. cit., supra,* à la n. 28. Cf. Homes Dudden: *Gregory,* t. 1, pp. 277–282.

³⁸ Ch. 6, *MPL* 23, 359; *ib. infra,* ch. 7, col. 361; ch. 9, col. 363; cit. finale *ib. infra.* – Ap.: *Opera,1553.* La p. 121 indique le début de l'argument. La première citation p. 122 a été aussi annotée par Vermigli.

[Ap. 14, 4]. Si Agnus ubique, ergo et hii, qui cum Agno sunt, ubique esse credendi sunt». Et ibidem docet quod martyres orant pro nobis. Et ibidem candelas accensas 'in signum letitie' laudat, pagina 123. 'Paucorum culpa ne praeiudicat[!] religioni', pagina 124. «Ardentius appetitur quicquid est rarius».

CHAPITRE XI

LE JEÛNE

[155] ^c*Ieiunium:*

Augustinus Casulano presbytero, Epistola 86[1]: «Si autem, quoniam huic, quantum potui, sufficienter respondisse me puto, de hac re sententiam meam quaeris, ego in evangelicis et apostolicis literis totoque instrumento, quod appellatur Testamentum Novum, animo id revolvens video praeceptum esse ieiunium. Quibus autem diebus non oporteat ieiunare et quibus oporteat, praecepto Domini vel apostolorum non invenio definitum. At[!] per hoc sentio, non quidem ad obtinendam quam fides obtinet iustitiam, in qua est *pulchritudo filiae regis intrinsecus* [Ps. 44, 14], sed tamen ad significandam requiem sempiternam, ubi est verum sabbathum [cf. Hbr. 4, 3–11], relaxationem quam contritionem ieiunii aptius convenire. Verum tamen in huius sabbathi ieiunio sive prandio in his videtur mihi tutius pacatiusque servari ut, *qui manducat, non manducantem non spernat et, qui non manducat, manducantem non iudicet* [Rm. 14, 3]; quia [156] *neque, si manducaverimus abundabimus, neque, si non manducaverimus egebimus* [1 Cor. 8, 8], custodita scilicet eorum, inter quos vivimus, in his rebus inoffensa societate. Sicut enim, quod ait Apostolus, verum est *malum esse homini, qui per offensionem manducat* [Rm. 14, 20], ita malum est homini, qui per offensionem ieiunat. Non itaque simus eis similes, qui videntes *Iohannem non manducantem nec bibentem dixerunt Daemonium habet* [Mt. 11, 18]; sed nec rursus eis, qui videntes *Christum manducantem et bibentem dixerunt Ecce, homo vorax et vinosus, amicus publicanorum et peccatorum* [Mt. 11, 19]. Rem quippe valde necessariam his dictis Dominus ipse subiecit atque ait: *Sapientia iustificata est in filiis suis*[2] [ibid]. Qui sint autem isti, si requiris, lege quod scriptum est: *Filii sapientiae etiam iustorum* [Sir 3, 1]. Hi sunt, qui, quando *manducant, non manducantes non spernunt; quando non manducant, manducantes non iudicant* [Rm. 14, 3]; sed eos plane, [157] qui per offensionem non manducant sive manducant, vel spernunt vel iudicant».

---

[1] *Ep.* 36, ch. 11, paras. 25s, *CSEL* 34: 2, 54ss; *MPL* 33, 147s. – Ap.: *Opera, Paris,1531* (*r* et leçons!). Pour le *r*, cf. *CSEL* 58, 10. Les leçons ignorent les variantes marginales, et une phrase mise entre crochets en 1531. *At* (leçon de 1515!) sans doute encore pour le *Ac* de 1531. Pour l'ancien N° (86) v. aussi *MPL* 33, 1167.

[2] [] *Nota: «in filiis».*

Carnibus in Quadragesima non omnes abstinebant, et ieiunat rectius viles carnes edens quam delicatos pisces: Augustinus, De moribus Manichaeorum, libro 2, capite 13[3], et Contra Faustum, libro 30, capite 3[4].

Distinctione 4: Telesphorus et Gregorius indixerunt clericis ieiunium incipere a Quinquagesima: canonibus 4 et 6[5]. Definiunt ieiunium[6] abstinere a carnibus et delitiis, etiam piscium et vini, «hymnis vero, vigiliis atque orationibus inhaerere die noctuque»: canonibus 4 et 6[7]. – Indictio ieiunii clericalis[8] in Quinquagesima adhortatio est non ligans; vel, si lex fuit, non est moribus utentium approbata; igitur non ligat: canon 6. – Hilaritas carnis conceditur: canone 6[9]. [158] Spiridion, Tremithuntis Cypriorum episcopus[10], suillam salitam hospiti Christiano in Quadragesima apposuit, quo tempore ieiunabatur scilicet. Ergo vulgare tum erat diebus ieiuniorum non edere carnes; at vir sanctus istam observationem voluit subiectam esse humanae necessitati vel potius commoditati. [b]Ieiunium Dominus non simpliciter exigit; et nullus, qui sapit non ieiunantem arguere poterit: Chrysostomus in Genes. Homilia 10[11].

[159] *Quadragesima:*

Quadragesima duobus diebus non ieiunabatur, sabbatho et dominico die: Ambrosius, De Helia et ieiunio, capite 10[12]. – Absurda de ieiunio in sermonibus de Quadragesima: Sermone 34[13]. – Sana, Homilia 10 Chrysostomi in Gen.[14]. – Vide Epistolam 86 Augustini[15]. – Damnatur carne et vino abstinere in Quadragesima et alias delitias haberi[!]. Sermone

---

[3] Paras. 29s, *MPL* 32, 1357s.

[4] *CSEL* 25, 749s; *MPL* 42, 491s.

[5] *Decreti*, 1a pars, *loc. cit., Friedberg*, 1, 6s.

[6] [] *Ieiunium quid.*

[7] *Loc. cit.* à la n. 5. Can. 6, paras. 2s, (*p*), puis 4, (*e*).

[8] *Dictum Gratiani*, à la suite du can. 6, 4a pars de cette dist., *Friedberg*, 1, 7, (*p*). Cf. aussi la glose liminaire à la dist. dans l'éd. Beatus Rhenanus, f. 4r,a: «ultimo ostendit quasdam leges esse abrogatas per contrariam consuetudinem».

[9] Allusion à la permission donnée (para. 1) de continuer la pratique du dîner dominical? Ou à la conclusion du can. (para. 4) accordant l'usage du vin?

[10] [] *Tripartita historia, libri 1, caput 10.* – Para. 8, *CSEL* 71, 33; *MPL* 69, 896 (*ip*). – Ap.: Beatus Rhenanus: *Autores,1523*, p. 277, avec deux [], dont une attire l'attention sur l'histoire, l'autre: «Christiani hominis libertas».

[11] Sur Gn. 1, 26s; para. 1, *MPG* 53–54, 82. – Ap.: Erasme: *Opera Chrysostomi*, (*p*!). – Dans l'exemplaire de Calvin ce même passage est souligné.

[12] Para. 34, *CSEL* 32, 430; *MPL* 14, 708.

[13] Ancien N°: v. *MPL* 17, 599; maintenant (Ps.-Ambroise) *Sermo* 23, *De Quadragesima*, N° 7, *MPL* 17, 648–651. Défense du jeûne du carême contre d'autres formes: p. ex. paras. 1s, cols. 648s: «Bonum est quidem cunctis temporibus ieiunare, sed melius quadragesimam ieiunare cum Christo (. . .) Quisquis (. . .) non implevitur quadragesimam (. . .) Legem divinitus (. . .) datam (. . .) rescindit».

[14] Cf. *Supra*. n. 11. Peut-être Bucer pense-t-il ici aussi à la conclusion de la même homélie, para. 8, *loc. cit.,* col. 90.

[15] A Casulanus. V. *supra* n. 1.

⟨in octava Paschae⟩, ad competentes Augustino inscripto, tomo 10, tomo 10[!], folio 96 L.M.[16].

[n]Augustinus, de tempore, Sermone 157[17]: «Sunt quidam observatores Quadragesimae delitiosi potius quam religiosi, exquirentes novas suavitates magis quam veteres concupiscentias castigantes; qui [160] preciosis copiosisque apparatibus fructuum diversorum quorumlibet varietates et sapores superare contendunt. Vasa, in quibus coctae sunt carnes, tanquam immunda formidant[18], et in carne sua ventris et gutturis luxuriam non formidant. Ieiunant, non ut solitam temperando minuant edacitatem, sed ut immoderatam differendo augeant cupiditatem[19]. Nam ubi tempus reficiendi advenerit, optimis mensis tanquam pecora praesepibus irruunt, ventresque distendunt; artificiosis et peregrinis condimentorum diversitatibus tantum capiunt manducando, quantum digerere non sufficiunt ieiunando. Sunt etiam, qui vinum ita non bibunt, ut aliorum expressionem pomorum, aliosque sibi liquores, non salutis causa sed iocunditatis [!] exquirant: tanquam non sit Quadragesima piae humiliationis observatio sed novae voluptatis occasio. Quanto enim honestius esset, ut, qui propter infirmitatem stomachi aquam potare non poterat, vino usitato et et[!] modico sustentaretur? Quid autem absurdius, quam tempore, quo caro est arctius castiganda, tantam suavitatem carni procurare, ut ipsa faucium concupiscentia iuvet Quadragesimam praeterire? Quid inconvenientius, quam diebus humilitatis, quando parum victus omnibus imitandum est, ita vivere, ut, si toto tempore sic vivatur, vix possint victum patrimonia sustinere?»

---

[16] Suivi de *etc.* barré. Le *0* du second *10* semble également barré, sans doute par la tentative d'insertion d'un f (pour folio). – *Sermo* ps.-augustinien, composé de deux pièces: le *Sermo* 210, chs. 8s, paras. 10s, *MPL* 38, 1052s, qui y est encadré par l'anc. *Sermo* 157 (= Appendix, *Sermo* 172), *MPL* 39, 2075. – Ap.: *Opera, Paris,1531* (r, e, leçons).

[17] *Loc. cit.*, n. 16.

[18] Remplace *contemnunt*, barré.

[19] Remplace *eda*, barré.

CHAPITRE XII

CÉLIBAT ET MARIAGE

[161] ^c*Remissio votorum castitatis:*

Cyprianus, libro 1, Epistola 11[1]: «Graves multorum ruinas hinc fieri videmus, et per huiusmodi illicitas et periculosas coniunctiones corrumpi plurimas virgines cum summo animi nostri dolore conspicimus. Quod si se ex fide Christo dicaverunt[2], pudice et caste sine ulla fabula perseverent, ita fortes et stabiles praemium virginitatis expectent. Si autem perseverare nolunt vel non possunt, *melius est, ut nubant, quam in ignem* [1 Cor. 7, 9] deliciis suis cadant. Certe nullum fratribus aut sororibus scandalum faciant».

^bVide Epiphanium, qui laudat post votum virginitatis nubentes, si se non contineant: «Melius est», inquit, «iudicium quam condemnatio»: Libro 2, tomo 1, Contra Apostolicos[3], Haeresis 41[4], ^a61, ^bpagina 244[5], ^a149. ^bVide item canonem concilii Chalcedonensis 16[6], in quo ⟨conceditur episcopis facultas⟩ deserentibus virginitatem votam vel monachatum, humanitatem impendere, qui alioquin ibi excommunicationi subiiciuntur. [162] Si quis societatem in re temporaria, cuius levis est iactura, etiam iuramento confirmavit, et inveniat eam sibi noxiam, potest eam renunciare. Id sentiunt iureconsulti[7]. Et scilicet non liceat, stulto voto susceptam condicionem monasticam dissolvere et relinquere, quando illa noxia deprehenditur animae, quia contraria praeceptis Domini?

---

[1] *Ep.* 4, para. 2, *CSEL* 3:2, 474; *Ep.* 62, *MPL* 4, 366s. – Ap.: Erasme: *Opera Cypriani,* (r), *1521, 1530* ou *1537* (leçons pudic*e* et cast*e*). – L'éd. 1521 porte [] «Melius nubere quam uri»; celles de 1530 et 1537 [] «Etiam virginibus sacris permittit nubere».

[2] Précédé par *ded,* barré.

[3] Paras. 7 et 4, *GCS* 31, 387; *MPG* 41, 1049. – Ap.: *Opera,1543,* édition à laquelle renvoient les premiers chiffres (*er*). – Les renvois de Parker sont ajoutés au-dessus des premiers. – Ap.: *Opera, Paris,1544,* (r).

[4] Suivi de *2,* barré.

[5] Suivi d'un signe illisible, barré.

[6] Mansi: *Collectio,* 7, 365, 377s, 388, 397., et *Decreti,* 2a pars, causa 27, qu. 1, can. 22, *Friedberg,* 1, 1055. – Ap.: *Livre de Ratisbonne,* art. 22, *ARC* 6, 86; *CR* 4, 236, (*ir*)?

[7] Il s'agit du point de vue commun selon lequel aussi bien les contrats que les serments doivent s'entendre «rebus sic stantibus» (v. p. ex. les auteurs cités in Barbosa: *Thesaurus,* p. 266 s. v. *Contractus,* para. 62; p. 617 et s. v. *Iuramentum,* para. 26) et que le serment «ad enorme damnum non extendit. . . Iuramenti enim, benigna. . . interpretatio facienda est, ut cessit omnis fraus et laesio» (*ibid.,* p. 618, para. 31). Une conséquence similaire est déjà tirée des mêmes principes par Jean Gerson: *Liber de vita spirituali animae,* leçon 4, corollaire 13, et leçon 6, in *Œuvres,* 3, 168 et 193ss; *Opera,* 3, cols. 47 A, 65 B et 68 A.

Cyrillus ex temeraria divi Petri promissione de commoriendo cum Domino [cf. Io. 13, 37] concludit nihil 'ut certum esse Deo vovendum', ob duas causas: unam, 'quia sepe excedat vires nostras', quod posse nos credimus; alteram, 'quia arrogantia sit, quasi nos domini rerum essemus', nobis sumere, 'hoc aut illud facere': vide libro 9, capite 28, In Iohannem[8].

[163] *Electio episcopi quorum sit:*

Gregorius[9] Nazanzenus, De electione episcopi, Epistola 30 inter Epistolas Basilii[10]: *m*«Ista et sacerdotibus scribo et monachis, atque illis quoque, qui ex ordine sunt magistratus ac senatorio simulque populo omni».

[164–166 bl.; 167] *cContra celibatum:*

«Spiridion Thremithuntis, Cypriorum episcopus», habuit «uxorem et liberos, sed non propterea in rebus divinis minor»: Tripartitae, libro 1, capite 10[11]. – Apollinaris presbyter filium habuit lectorem: Tripartitae historiae, libro 5, capite 44[12]. – *b*Episcopi Hispani non ordinabant diaconos nisi maritos. – 'Episcopi Orientis et Aegypti[13] et Sedis apostolicae aut virgines aut continentes aut qui esse mariti desistunt': Divus Hieronymus, Adversus Vigilantium, tomo 1, *a*B. *b*Vide hunc locum; *a*tomo 2, pagina 121[14]. – *b*Quod per veniam conceditur, peccatum est; sic concubitus extra[15] causam prolis gignendae: Augustinus, libro Contra Faustum, libro 30. *a*30[16]. *b*Ut locus ille accipiendus *prohibentes nubere* 1 Timoth.[17] 4 [v. 3] ibidem[18]. *Doctrina daemoniorum* [1 Tim. 4, 2] papalis prohibitio, quia tamquam rem indignam ordine: ibidem[19].

Dionysius Corinthiorum episcopus Pinytum episcopum Gnosiorum per epistolam commonuit, et deprecatus est, «ne gravia onera discipulorum

---

[8] *Loc. cit.*, *MPG* 74, 175 (à Io. 13, 38). – Ap.: *In Evang. Ioannis,1524*, ou *Opera,1528* (r et *ep*, ces derniers en désordre!).

[9] Corrigé de *Basilius*.

[10] *Ep.* 41 [de Grégoire] *Ad Caesarienses*, *MPG* 37, 85. – Ap.: *Opera Basilii, trad. Musculus*, (*re*).

[11] Para. 2, *CSEL* 71, 30; *MPL* 69, 895. – Ap.: Witzel: *Typus,1540*, p. 37; *1541*, f. 31v (là, mention du cas: *i*).

[12] Para. 1, *CSEL* 71, 293; *MPL* 69, 1023.

[13] Ms. *Aaegypti*.

[14] Ch. 2, *MPL* 23, 355s. – Ap.: *Opera,1516*, t. 3[!], f. 55r, B; *Opera,1553, loc. cit.*, par Matthew Parker.

[15] Corrigé de *de*.

[16] Ch. 5, *CSEL* 25, 753; *MPL* 42, 494.

[17] Corrigé de *Cor*(?)

[18] Ch. 6, *CSEL* 25, 754s; *MPL, loc. cit.*

[19] Ch. 5, *CSEL* 25, 754; *MPL, loc. cit.*

cervicibus superponat, neve fratribus necessitatem compulsae castitatis indicat, in quo nonnullorum periclitetur infirmitas». 'Hanc melioris consilii sententiam Pinytus amplexus est': Eusebius, libro 4, capite 23[20]. [168] Tempore Hieronymi sacerdotes uxores habebant multi: Contra Iovinianum, libro 1[21], folio 15[22]. – Viduis, quae 'habita deliberatione fidem Deo promiserant pudicitiae', nuptias pontifex Gelasius non prohibet, ne laqueum iniiciat; dehortatur tamen, et sinit, ut illarum intentio 'pro se rationem Deo reddat': 27, quaestione 1, «De viduis»[23]. – 'In Oriente plurimi etiam episcopatus tempore liberos ex uxore legitima susceperunt': Libro Tripartitae Historiae 9, capite 38[24]. Vide hunc locum contra eos, qui ductas[25] sacerdotio uxores negant. – [m]«Quasi non hodie quoque plurimi sacerdotes habeant matrimonia; et Apostolus episcopum describat *unius uxoris virum, habentem filios cum omni castitate* [1 Tim. 3, 2s]»: Heronimus[!][26], libro primo, Adversus Iovinianum, folio 15. – [b]Vide Epiphanium contra Catharos, libro 2, tomo 1 Haeresi 59[27], in Graeco exemplari folio 215, in Latino folio 236. Hic habes ab apostolis usque non admissum ad sacrum ministerium, qui a nuptiis alteram uxorem duxisset. [169] [d]Hieronymus libro primo Adversus Iovinianum, folio 19[28]: «Si omnes virgines esse possent, numquam et Dominus diceret: *Qui potest capere, capiat* [Mt. 19, 12]; et Apostolus in suadendo non trepidaret: *De virginibus autem praeceptum Domini non habeo* [1 Cor. 7, 25]». – [b]Diaconum uxorem ducere[29] non licere divus Bernardus asserit, pagina 2003[!], Epistolarum[30]. – Magnas laudes lege presbyteri et martyris Numidici, «qui uxorem adhaerentem lateri suo concrematam simul cum caeteris –

---

[20] *Historia ecclesiastica*, trad. Rufin, *loc. cit.*, para. 7, *GCS* 9:1, 377. – Ap.: Witzel: *Typus,1540*, p. 37; *1541*, f. 31v (r et retraduction de la *pa* de Witzel).

[21] Suiv. de *capite*, barré.

[22] Ch. 23, *MPL* 23, 253 B. – Ap.: *Opera,1516*, (r).

[23] [] [a]*Decreto, capite «Viduas autem velare»*. – *Decreti*, 2a pars, causa 27, qu. 1, can. 8, *Friedberg*, 1, 1050, dans laquelle on cite Gélase. – La référence donnée par Bucer dans le texte est fausse: elle renvoie par mégarde au canon précédent.

[24] Para. 26, *CSEL* 71, 563; *MPL* 69, 1156.

[25] Un mot barré ou rendu illisible par une tache: *de* ou *in*?

[26] [] *Hieronimus*. – *Loc. cit.*, à la n. 22.

[27] Ch. 4, paras. 1–3, à propos de 1 Tim. 3, 2s (v. n. 22 et 26). *GCS* 31, 367; *MPG* 41, 1021s. – Ap.: Πανάριον,*1544* et *Panarium,1543* (rr). Dans l'éd. latine on trouve [] «Coniugii sacerdotium ratio» et [] «Secundarum nuptiarum ratio».

[28] Ch. 36, *MPL* 23, 271. – Ap.: *Opera,1516*, (er).

[29] Suivi de *concedit*, barré.

[30] Il s'agit du N° 203 [f. 249: *Opera,1508*] des Epîtres: *MPL* 182, 371. – Le mot *asserit* est inscrit au-dessus de la mention p[agina], qui elle-même résulte de la correction d'un autre mot ou lettre.

vel conservatam magis dixerim – laetus aspexit; ipse semiustulatus, et lapidibus obrutus» etc.: Epistola X, libro 4, Cypriani[31].

[170 bl.; 171] *Repetitum coniugium, digamia vel polygamia:*

Divus Hieronimus nec octavo nubere damnat vel damnari ab ecclesia testatur, vero fugiatur fornix: In Apologia pro libris Contra Iovinianum, folio 50[32].

[172] *e*Gregorius Romano Defensori, etc., libro 7 Epistolarum, 39, capite 39[33]: Ut episcopi cum mulieribus non habitent: «Si qui episcoporum, quos commissi tibi patrimonii finis includit, cum mulieribus degunt, hoc omnino compescas et de cetero eas illic habitare nullo modo patiaris; exceptis eis, quas sacrorum canonum censura permittit, id est matrem, amitam germanam, et alias huiusmodi, de quibus prava non possit esse suspitio. Melius tamen faciunt, si etiam a talium se cohabitatione contineant. Nam legitur, quod beatus Augustinus nec cum sorore habitare consueverit, dicens[34]: 'Quae cum sorore mea sunt, sorores meae non sunt'. Docti ergo viri cautela magna nobis debet esse instructio» etc. Et mox: «Et idcirco necessitatem non imponimus; sed si imitari doctum sanctumque virum elegerint, ipsorum voluntati relinquimus. Tua igitur experientia, ut servari debeant, quae prohibenda mandavimus, studium et sollicitudinem gerat. Nam si aliter postmodum inveniri contingerit, non leve se apud nos noverit periculum incursuram. Praeterea curae tue sit, eosdem fratres nostros episcopos adhortari, ut subiectos sibi in sacris videlicet ordinibus constitutos, quod ipsi servant, ad similitudinem sui modis omnibus servare commoneant; hoc tantummodo adiecto, ut hii, sicut canonica decrevit auctoritas, uxores, quas caste debent regere, non relinquant».

[173] *cDivortium vel abdicatio coniugii:*

Gregorius, distinctione 10, canone «Lege»[35]: 'Divortium religionis caussa leges humanae admittunt, divinae prohibent'. In ordine episcopi,

---

[31] *Ep.* 40, *CSEL* 3:2, 586; *Ep.* 35, *MPL* 4, 325. – Ap.: Erasme: *Opera Cypriani,* [*r*, mais toutes les éditions érasmiennes que nous avons pu vérifier lisent *semustulatus* (Bâle, folio,1521, 1530, 1540; Cologne, quarto,1522; Lyon, quarto,1528, 1537)].

[32] *Ep.* 49, ch. 18, paras. 4s, *CSEL* 54, 382s; *Ep.* 48, *MPL* 22, 508. – Ap.: *Opera,1516,* t. 3 (*r*).

[33] Liv. 9, *Ep.* 110, *MGHEp* 2, 116; Liv. 9, *Ep.* 60, *MPL* 77, 997. – Ap.: *Opera,1518,* (*r, e* du sous-titre, leçons dans *e*).

[34] D'après Possidius: *Vita Augustini,* ch. 26, *MPL* 32, 55. – Dans la citation qui suit, *periculum* est inséré au-dessus de la ligne.

[35] *Decreti,*1a pars, dist. 10, can. 1, *Friedberg,* 1, 19 (*p*!).

presbyteri et diaconi: Canon 2, concilii Carthaginensis 2[36]. – [b]'Divina scriptura et ecclesia eius miseretur, qui ab una separatus alteri coniungatur', «si alias talis pius sit, et secundum legem Dei vivat»: Epiphanius, libro 2, tomo 1, Contra Catharos, Haeresis 59. Est in exemplario latino pagina 236[37]. – Mulieri, cuius maritus ultra decennium abfuerat nec redierat, monitis[38] per episcopum parentibus eius, ut eum revocarent, episcopus divortium probavit, et facultatem dedit alii nubendi: Qui filii sint legitimi capite 6, «Perlatum»[39].

[174] [a]*Quod prohibitiones Leviticae post evangelium robur habent:*

Concilium Toletanum[40]. – Isichius super Leviticum[41]. – Gregorius Magnus[42]. – Gulielmus Parisiensis, De virtutibus et vitiis[43]. – Calixtus[44] in epistola ad Galliarum episcopos. – Concilium Agathense[45]. – Innocentius 3[46]. – Zacharias[47]. – Chrisostomus, capite 29, In Genesim[48]. – Gregorius Nazanzius, Super Leviticum[49]. – Origenes, Homilia

---

[36] Mansi: *Collectio*, 3, 692s. – Peut-être ap.: *Decreti*,1a pars, dist. 31, can. 3, *Friedberg*, 1, 112.

[37] Ch. 4, paras. 9s, *GCS* 31, 368s; *MPG* 41, 1025. – Ap.: *Panarium,1543, loc. cit.* (*epr*). C'est ici que se trouve la deuxième manchette citée à la n. 27.

[38] Les deux mots suivants sont insérés au-dessus de la ligne, précédés par *per episcopum par*, barrés.

[39] *Decretalium*, lib. 4, tit. 17, cap. 8, *Friedberg*, 2, 712s (*ap*).

[40] ⊓ 35, *quaestione 8. – Decreti*,2a pars, causa 35, qu. 8, can. 2, *Friedberg*, 1, 1282. – *Loc. cit.*, ce canon est attribué à Grégoire le Grand. Burkhard de Worms: *Decretum*, liv. 7, ch. 6, *MPL* 140, 780s, et Ivon de Chartres: *Decretum*, pars 9, ch. 42, *MPL* 161, 667, l'attribuent correctement au (2e) concile de Tolède (can. 5). Cf. aussi *Friedberg, loc. cit.* L'archevêque a aussi pu reconnaître la source véritable de ce canon grâce aux *Conciles* de Crabbe. – Le canon cite Lv. 18, 6 et 19. – V. aussi *infra* n. 72.

[41] Sans doute, en particulier sur Lv. 18, 6–18 (cf. les passages cités à la n. préc.), Liv. 5, *MPG* 93, 1010ss. Cf. *infra* n. 68.

[42] ⊓ 35, *quaestione 8. – Decreti*,2a pars, *loc. cit.*, can. 1, *Friedberg*, 1, 1281s (pas de Grégoire).

[43] C.-à-d. Guillaume d'Auvergne: *Op. cit.* Il doit s'agir de *De vitiis*, ch. 10, *Opera*, pp. 287ss, en part. 288 sur l'obligation des lois (dans le cadre de la nécessité), à moins que la référence ne soit une erreur pour le *De legibus*, ch. 28, *Opera*, p. 99, sur la supériorité de la loi évangélique sur l'hébraïque. – Les deux traités furent imprimés ensemble déjà en 1496; v. le *Catalogue* de Paris, t. 66, col. 478.

[44] ⊓ 35, *quaestione 2. – Decreti*,2a pars, causa 35, qu. 2 et 3, can. 2, *Friedberg*, 1, 1264. – Le titre de cette lettre ne figure pas dans les éditions anciennes du *Décret*, mais dans Crabbe: *Concilia*, 1, f. LVIII r. *Ibid.* v. aussi la référence au *Décret*.

[45] ⊓ 35, *quaestione 3. – Decreti, loc. cit.*, can. 8, *Friedberg*, 1, 1265s.

[46] *Registrum*, liv. 1, lettre 380 et liv. 10, lettre 136, *MPL* 214, 360 et 215, 1231.

[47] Le pape Zacharie: *Ep.* 20, *MPL* 98, 957s; cf. *Decreti*,2a pars, causa 30, qu. 3, can. 2, *Friedberg*, 1, 1100s.

[48] *Hom.* 56, paras. 3–5, *MPG* 53–54, 489–493, en part. para. 3, col. 489.

[49] S'agirait-il d'une confusion avec l'*Ep.* 60 de S. Basile à Diodore, *MPG* 32, 621–627, à laquelle fait aussi allusion l'*Ep.* canonique 2 à Amphiloque (*Ep.* 199, en part. col. 725)? Cette épître ne figure ni dans l'éd. grecque, ni dans la latine de Cornarus, mais seulement dans celle de Musculus, où elle n'est précisément pas insérée dans la correspondance entre Basile et

11 super Leviticum[50]. – Ambrosius, Epistola 66, libro 8[51]. – Augustinus in Quaestionibus super Levitici caput 18[52]. – Augustinus in Speculo[53]. – Rupertus Super Leviticum[54]. – Antoninus, parte 3, titulo 1, capite 11[55]. – Thomas, Secunda Secunde, quaestione 154, articulo 9, corpore[56]. – Bonaventura Super 4 Sententiarum, distinctionibus 40 et 41[57]. – Panormitanus, De restitutione spoliatorum, capite «Literas»[58]. – Hugo Cardinalis[59]. – Altissiodorensis[60]. – Summa angelica super hac quaestione: Quo gradu potest papa dispensare?[61]. – Cronica cronicarum[62].

Grégoire, mais en appendice: Musculus: *Opera Basilii,1565*, t. 3, N° 16, parmi les 21 épîtres supplémentaires de Basile.

[50] *Para.* 2, *GCS* 29, 449–452; *MPG* 12, 531–533.

[51] *Ep.* 60, *MPL* 16, 1183–86. – Ap.: *Opera*, éd. Amerbach ou Erasme, v. table in *MPL* 16, 870 (*r*).

[52] Qu. 58–63, *CCL* 33, 217–19; *MPL* 34, 704–706.

[53] Ch. 2 sur Lv. 18 et 20, *CSEL* 12, 11s, 15; *MPL* 34, 892s, 894s.

[54] *De Trinitate et operibus eius*, liv. 2, ch. 32 (sur Lv. 18). *CCM* 22, 895s; *MPL* 167, 820s.

[55] *Summa, loc. cit.* Le titulus 1 est *De matrimonio*. Dès le ch. 2 il est question des empêchements. Ch. 11: *De affinitate.* On y trouve des renvois au *Décret* de Gratien et à quelques autres auteurs inclus dans la liste de Parker.

[56] *Leonina*, 10, 238a.

[57] Les commentaires à ces deux distinctions s'intitulent *De impedimento consanguinitatis* et *De impedimento affinitatis;* v. *Opera omnia*, 4, 845–855 et 857–864.

[58] *Super secundum Decretalium,*1a pars, ch. cit., paras. 1, 2, 4, 16, 17 et 24, cols. 1, 2, 4 et 5s, ff. 146v,b–148r,a.

[59] P. ex. *Opera,1703*, 1, f. 117r,a (à Lv. 18, 1: «Hucusque instruxit Dominus populum suum in mysticis, in quibus umbra fidei ei morum, non veritas; hic autem moraliter instruit eum. . .») L'exposé des règles édictées in Lv. 18 et 20 est conforme à cet énoncé et les applique au peuple chrétien: p. ex. *ib. infra* à Lv. 20, 20s.

[60] *Summa aurea*, à propos de *Sent.*, liv. 4, *De ultimo matrimonii impedimento, scilicet de cognatione*, ff. 293v,a–294v,b.

[61] C.-à-d. art. *Papa*, para 4: *Utrum papa potest dispensare in gradibus consanguinitatis.*

[62] Il y est question de notre problème à deux reprises, mais de manière indirecte seulement: 1ère partie, 5e âge, ch. *De Elyh ou Joakin*, f. XL v à propos du lévirat dans la généalogie de la Vierge Marie, avec les explications de S. Jérôme; et [3e partie] *La descente et ligne des roys francoys*, ch. *De clotaire*, ff. vii, v et suiv., à propos du mariage de Clotaire 1er avec «Goudenge, vefue de son frère Clodomir», suivi de la censure de l'archevêque de Tours, qui pourrait cependant ne se rapporter qu'à la confiscation par le roi de biens ecclésiastiques, laquelle est mentionnée dans le même contexte. Peut-être que tout cela explique le vague de notre renvoi.

⟨*Quod*[63] *fratres et sorores naturae iure prohibentur a coniugio:*
Chrisostomus homilia 1 de Opere imperfecto[64]. – Hieronimus Adversus Helvidium[65]. – Augustinus De civitate 15, capite 16[66]. – Idem, Contra Faustum, libro 22, capite 35[67]. – Isichius, capite 20 Levitici[68]. – 35, quaestione 1[!], «Quod autem»[69]. – Alexander de Hales in 3[70]. – Iohannes Scotus, distinctione 41[71].⟩

Hii omnes[72] et plures alii classici scholastici scriptores affirmant divinam prohibitionem in gradibus Levitici in evangelica lege vim suam retinere.

[174] *Qui duxerit*[73] *uxorem fratris sui, rem facit illicitam; turpitudinem fratris sui revelavit; absque liberis erit.* – Et uxorem[74] fratris sui nullus accipiat: *Turpitudinem, etc.*

---

[63] Le texte de cette page est disposé sur deux colonnes. L'alinéa que nous insérons ici forme la seconde colonne, qui commence à la hauteur où la première renvoie à Ambroise et Augustin. Elle se termine avant la conclusion «Hii omnes. . .».

[64] *MPG* 56, 615.

[65] *De perpetua virginitate beatae Mariae*, ch. 15, *MPL* 23, 209.

[66] *CSEL* 40:2, 92–95; *MPL* 41, 457–460. Aussi dans *Decreti*,2a pars, causa 35, qu. 1, can. unic., *Friedberg*, 1, 1262. Cf. *infra* n. 69.

[67] *CSEL* 25, 628s; *MPL* 42, 422s.

[68] Liv. 6, en part. sur les versets 11s et 17. *MPG* 93, 1045–7. Cf. *supra* n. 41.

[69] *Decreti*,2a pars, causa 35, qu. 5, can. 5, *Friedberg*, 1, 1275. L'erreur peut être due au fait que le passage cité à la n. 66, *supra*, figure à la qu. 1.

[70] *Summa theologica*, pars 3, inquisitio 3, tractatus 2, sectio 1, qu. 2, tit. 6, cap. 6 [*Utrum hic* (= *in 6 praecepto*) *prohibeatur coitus incestuosus*], t. 5, pp. 550s.

[71] C.-à-d. du Commentaire au 4ᵉ livre des *Sentences:* Quaestio unica: *Utrum affinitas impediat matrimonium*, in *Opera*, t. 9, pp. 811–813.

[72] La liste d'auteurs ci-dessus est en rapport étroit avec l'origine de la *Table of Kindred and Affinity*, publiée par Parker en 1560 sous le titre de *An Admonition . . . to all suche as shall intende here after to enter the State of Matrimony. . .* Le texte qui figure souvent en appendice à la liturgie anglicane se trouve chez Gibson: *Codex*, tit. 32, cap. 1, N° 99, t. 1, pp. 499s. Selon Strype: *Parker*, p. 281, il vise à restreindre les mariages incestueux «a sin that this kingdom had been very much addicted to». V. aussi la lettre de Jewel à Parker du 1ᵉʳ novembre 1561, *ibid.*, appendice N° 19, pp. 32s. Parker lui-même conservait deux exemplaires de l'*Admonition*, dont l'un est annoté de sa main (v. James: *Catalogue*, ms. 113, N° 44, t. 1, p. 251). Ces annotations sont publiées par Strype: *Op. cit.*, pp. 87s. La liste correspond également en grande partie à celle que suit Fisher: *De causa*, pour prouver que l'on pouvait dispenser de la loi du *Lévitique*, notamment en faveur de celle du lévirat (Dt. 25, 5–10) qui possédait une autorité plus grande. La lettre de Henri VIII recopiée par Parker, *infra*, ad n. 75, montre que l'archevêque établissait un lien entre la *causa matrimonii* du roi défunt et sa propre œuvre de théologie morale. Il convient donc d'écarter l'opinion conventionnelle (cf. p. ex. Hook: *Lives*, 9, 300ss) selon laquelle l'emploi fait ici de l'A.T. représente avant tout une concession aux Puritains. En revanche, l'entreprise de Parker répond à un vœu de Bucer: *De regno Christi*, ch. 17, *BOL* 15, 154ss.

[73] [] *Levitici 20 [v. 21].* – *Vg.* pré-sixto-clémentine.

[74] [] *18 [v. 16].* – La mention du Lévitique n'est pas répétée, mais les deux renvois sont joints par une accolade.

Epistola Henrici VIII regis Anglie ad N.[75]

Quod librum nostrum in compendium redegeris, omniaque argumenta libri nostri breviter, adeoque modica pagella complexus sis, maximas tibi gratias habemus. Ut tamen ingenue dicam mirari satis haud possum, te virum prudentem me hortari, ut in adulterio et abhominanda spurcitia

---

[75] Cette lettre, dont nous n'avons pu retrouver l'original, pourrait dater de fin juin 1529 et s'adresse dans ce cas peut-être à Etienne Gardiner, évêque de Winchester. En effet, au retour d'une mission à la cour papale, et avant de devenir secrétaire particulier du roi (Muller: *Letters,* 15, 18, 20), Gardiner servait le roi devant le tribunal légatin institué pour enquêter sur la validité du mariage entre Henri et Catherine (Kelly: *Trials,* chs. 4 et 5, en part. pp. 92, 100). Le 28 juin 1529 John Fisher, évêque de Rochester, avait plaidé en faveur de la reine, soutenant que la loi du lévirat de Dt. 25 obligeait autant que la prohibition de Lv. 18, et que de ce fait la dispense papale, obtenue en 1503, était valable (cf. *supra,* n. 72 sur l'ouvrage de 1530 où Fisher reprend ces arguments). Gardiner et le roi collaborèrent alors pour rédiger la réplique, lue devant la cour légatine par le roi lui-même (Brewer: *Letters,* vol. 4, 3ᵉ partie, pp. 2537s, N° 5729. Analyse du document, vol. 4, *Introduction,* pp. 479–485; ainsi que chez Janelle: *Angleterre,* 118–131 qui identifie l'écriture des mss. comme celle de Gardiner). Cette réplique se trouve au Public Record Office de Londres, S[tate] P[apers] 1/54, ff. 218r–229v et 129–164 (foliotation moderne 186–197v et 102–137: à lire dans cet ordre!); et, apparemment de la main de Gardiner, *ibid.,* ff. 166–214 (moderne: 138–185). Contrairement à ce que laisse entendre Kelly: *Trials, loc. cit.,* il ne s'agit pas tant de deux copies du même texte, que de deux versions. La première est plus générale, historique et canonique et plaide principalement que: (1) nul ne peut dispenser de la loi naturelle révélée, et que: (2) le lévirat est une concession accordée aux seuls juifs. Le document est marqué «C» et porte le titre: «Liber compositus contra Roffensem pro regia maiestate impugnans dispensationem etiam si confessum esset, pontificem Romanum posse in casu Regis dispensare». – L'autre, marqué «D» (Inc.: *Postquam in hac matrimonii causa*), est intitulé: «Liber contra Roffensis orationem habitam coram legato Romani Pontificis, compositus, ut videtur, per Regem ipsum». Il est plus théologique et exégétique, et discute à plusieurs reprises des termes hébreux (p. ex. ff. nouv. 152s). A l'endroit même, où, à la rigueur, l'on pourrait s'attendre à trouver un argument apparenté à celui qu'évoque notre lettre (f. nouv. 174), trois ff. manquent, ce qu'un scribe d'époque y a aussi noté. En revanche, aussi bien avant la lacune (f. nouv. 171), qu'après (ff. nouv. 178s), le texte insiste que le lévirat n'a été accordé que pour assurer une postérité au frère défunt – contexte dans lequel on voit mal comment notre argument pourrait s'insérer. Cependant, l'interprétation du Lévitique avait fait problème dès 1527, année où le roi en avait discuté avec son confesseur Longland (Kelly: *Trials,* 81; Burnet: *History,* 1, 36s). En particulier Edward Foxe de Cambridge avait préparé, avec quelques collègues, une version antérieure du même «King's Book», où il était question de l'invalidité du mariage royal, dans le cas où le pape eût dispensé du degré prohibé de Lv. 20, 21, sans en avoir le droit. En automne de cette année, le roi discuta aussi du problème avec More, et devant les réticences de ce dernier, le pria de prendre connaissance du texte (Guy: *Public Career,* pp. 99–101, qui plus loin – pp. 105 et 129 à 132 – identifie ce document avec le plus ancien fonds des *Collectanea satis copiosa,* ms. de la B.L.). Si l'on adopte donc, pour notre lettre, une date antérieure à 1527, elle pourrait avoir été adressée soit à Foxe ou à un autre des rédacteurs d'une des versions de 1527 et 1528, soit encore à Thomas More, si l'on suppose que ce dernier n'ait pas seulement lu le «livre» mais en ait rédigé une version à sa façon. Cf. cependant l'exposé de ces événements par More lui-même, dans une lettre à Cromwell de 1534[!], *Correspondence,* 493–496. N. B.: Dans des publications postérieures, comme *A Glasse of the Truth,* on reviendra au type d'argument contenu dans «C»: le Lévitique représente sur ce point la loi morale toujours valable, le Deutéronome la loi cérémonielle des juifs désormais abolie (Pocock: *Records,* 2, 391–401 et cf. 1, xx–xxiii). Cf. addendum 1.

perdurem. ⟨1° modo⟩: Est enim, que tu me vocas, adversus nature legem, ut quae abhorreat ab hoc genus coniugio[!]; deinde adversus legem Dei, quam per Moysen tulit, Levitici 18 [v. 16] et 20 [v. 21]: *Vir, qui accepit uxorem fratris sui, rem facit illicitam* – usque adeo, ut si filium ex hac coniuge suscepero, nullo possit iure nobis succedere[76]. Hoc sic habere vel vapulando didici, siquidem impedens penam mihi infligit, etiam mundo teste, quia huismodi scortatoribus comminatur dicens: *Absque liberis erit* [Lv. 20, 21]; ubi in Hebreo legitur[ם]בני, hoc est filii, non בנות, filie[77]. ⟨2° modo⟩: Huc accedit inviolata totius primitive ecclesie consuetudo, ab ipsis usque apostolis in hec nostra secula mordicus observata. Nusquam enim invenias quempiam uxori fratris, licet defuncti, copulatum licito coniugio fuisse. ⟨3° modo⟩: Accedit veterum simul et recentium doctorum authoritas qui sic nobis illud Deut. 25 [v. 5–10] de ducenda uxore fratris absque semine relicta[78], ut uno ore ac sententia concordia clament non solum 'cessasse preceptum, sed etiam precepti rationem'. Quorum occurit primo Tertullianus qui in libro De monogamia[79] inter cetera scribit, etc. – Sed de hac re plura, immo tam multa hoc libro declarabimus, ut et manifeste cognoscas tua argumenta inermia esse, et me nixum caertissimis et (?) denique firmissimis Scripture authoritatibus[80] hanc relinquere, que nunquam fuit uxor – quia utraque personarum esset illegitima – et aliam mihi Christiana copula sotiare ex qua filio suscepto, heredem regni relinquam, etc.

---

[76] Cf. la glose interlinéaire *ad loc.*

[77] En fait le verset ne dit que:עריים (la leçon *erit* du latin est celle de la Vg. *pré-tridentine*).

[78] Il convient de sous-entendre p. ex. *explicant.*

[79] Ch. 7, paras. 2–4, *CCL* 2, 1237s; *MPL* 2, 937s.

[80] Ms.: *authoribus,* auquel on a suscrit par erreur un second *bus.*

CHAPITRE XIII

LA JUSTIFICATION ET LES BONNES ŒUVRES

[176 bl.; 177] ^c*Iustificatio:*

⟨*Iustificatio vitae huius et futurae*⟩*:*

Augustinus Contra Iulianum, libro 2, aliquando post medium libri[1]: «Iustificatio porro in hac vita nobis secundum tria ista confertur: prius *lavacro regenerationis* [Tit. 3, 5], quo remittuntur cuncta peccata; deinde congressione cum vitiis, a quorum reatu absoluti sumus; tertio dum nostra exauditur oratio, qua dicimus: *Dimitte nobis debita nostra* [Mt. 6, 12]. Quoniam quamlibet fortiter contra vitia dimicemus, homines sumus; Dei autem gratia sic nos in hoc corruptibili corpore adiuvat dimicantes, ut non desit, propter quod exaudiat veniam postulantes». – ^bPraeclarum locum vide Epistola 8, libri 2, divi Ambrosii[2], quomodo in Christo iusti simus. – Hieronymus, Contra Pelagianos, libro 2, folio 129, facie 1[3]: Paulus «ostendit, non in hominis merito, sed in Dei gratia esse iustitiam, qui sine legis operibus credentium suscipit fidem».

[178–182 bl.; 183] ^c*Bona opera:*

Augustinus, De natura et gratia, capite 27[4]: «Sicut oculus corporis, etiam plenissime sanus, nisi candore lucis adiutus non potest cernere, sic homo, etiam perfectissime iustificatus, nisi aeterna luce iustitiae divinitus adiuvetur, recte non potest vivere. Sanat ergo Deus non solum, ut deleat quod peccavimus, sed ut praestet etiam, ne peccemus».

[184–186 bl.; 187] *Merces bonorum operum:*

Augustinus, Contra Pelagianos, Epistola 105[5]: «Quod est ergo meritum hominum ante gratiam; quo merito percipiat gratiam, cum omne

---

[1] Ch. 8, para. 23, *MPL* 44, 689.

[2] Para. 8, *CSEL* 82, 70; *Ep.* 39, para. 8, *MPL* 16, 1101. – Ap.: *Opera,* éd. Erasme ou Amerbach (*r*): Cf. la table *MPL* 16, 871.

[3] Ch. 7 (à propos de Rm. 3, 28), *MPL* 23, 568. – Ap.: *Opera,1516,* t. 3 (*er*).

[4] Plutôt ch. 26 (para. 29), *CSEL* 60, 255; *MPL* 44, 261. – La leçon *sic homo* (sans *et*) est celle de toutes les éditions anciennes que nous avons pu consulter. La numérotation erronée s'explique par l'emploi de l'éd. *Paris,1531* où le ch. 27 est indiqué à proximité immédiate de notre texte (t. 7, f. 152 v, b).

[5] *Ep.* 194, ch. 5, para. 19, *CSEL* 57, 190s; *MPL* 33, 880s. – Ap.: *Opera, Paris,1531,* où se trouve le *non* entre deux 9. Ce signe est expliqué dans l'*Epistola nuncupatoria* du t. 1:

bonum meritum nostrum non in nobis faciat nisi gratia; et, cum Deus coronat merita nostra, nihil aliud coronet quam munera sua? Sicut enim ab initio fidei misericordiam consecuti sumus, non quia fideles eramus, sed ut essemus: sic in fine, quod erit in vita aeterna, coronabit nos, sicut scriptum est: *In miseratione et misericordia* [Ps. 102, 4]. Non itaque frustra Deo cantatur et: *Misericordia eius praeveniet me;* et: *Misericordia eius subsequetur me* [Ps. 58, 11]. Unde et ipsa vita aeterna, quae utique in fine sine fine habebitur, et ideo meritis praecedentibus redditur; tamen, quia eadem merita, quibus redditur, *non* a nobis parata sunt *per nostram sufficientiam* [2 Cor. 3, 5], sed in nobis facta per gratiam, etiam ipsa gratia nuncupatur, non ob aliud nisi quia gratis datur, nec ideo, quia meritis 9 non 9 datur, sed quia data sunt et ipsa merita, quibus datur».

[188] *ʲMereri et promereri apud veteres pro gratificari Deo, placare Deum. Cyprianus: 'Promereri Deum precibus et ieiuniis': *ᵇSermone De lapsis⁶. — *ʲSophistae theologi⁷ ⟨ *ᵇmereri accipiunt⁸⟩ *ʲpro facere *ᵇea⁹; *ʲquibus Deus, exigente *ᵇaequitate¹⁰, *ʲdebeat aliquid; cum tamen, *ᵇquod omnes debemus¹¹, *ʲnemo impleat: Ebrae. 13 [v. 16]: *Talibus hostiis*

«Clausulae et dictiones duabus 9 inclusae non sunt in veteribus Victorianis» (*re*, leçon). Cf. aussi l'apparat à *CSEL* 57, 191, l. 4.

⁶ Ch. 31, *CCL* 3, 238; *MPL* 4, 490. Cf. Bakhuizen v. d. Brink: *Mereor*, en part. pp. 335–337.

⁷ Cf. les n. suiv. en part. 10–12. La première forme du texte fait dépendre le mérite de la promesse divine, la seconde de la justice. Dans la tradition médiévale tardive, les deux versions coexistent et s'appliquent au mérite *de condigno*: v. Biel: *Collectorium*, liv. 2, dist. 27, qu. unique, art. 3 et *Can. miss. expositio*, lectio 59 N, éd. Oberman, t. 2, pp. 440s (Ce dernier texte est cité *in extenso* par Altenstaig: *Lexicon*, s. v. *Meritum de condigno*): «Requiritur quaedam aequalitas premii ad meritum . . . vel ex natura actus, vel ex ordinatione, pacto, seu conventione, sive etiam promissione acceptantis». Le terme «vel ex rigore iustitiae» se trouve également chez Altenstaig: *loc. cit.*, dans une formule parallèle tirée de Gerson. N. B.: La version qui parle de la promesse est celle qu'incorpore le décret du Concile de Trente sur la justification, 1546 (Ch. 16, *Conciliorum oecum. decreta*, p. 654), ce qui pourrait expliquer le changement apporté à la formule, si le passage date de 1547 environ. On pourrait aussi penser à des formules apparentées à celles de Durand de St-Pourçain: *Sent.*, liv. 2, dist. 27, qu. 2, para. 12 qui distingue le *meritum de condigno* au sens strict et qui est dû «ex iustitia» et le même «large sumpto pro quadam dignitate quam Deus ex ordinatione requirit . . .». Dans ce cas, le changement viserait moins à éliminer le terme «promissio», qu'à assurer une description du mérite *de condigno*, au sens le plus strict. – Sur l'importance du problème et de la terminologie, y compris celle de «promereri», durant l'époque de la Réforme, en particulier chez Erasme, v. Oberman: *Werden u. Wertung*, pp. 135–139 et en part. les n. 186 et 188 et la littérature citée *ibid.*

⁸ Un signe indique l'endroit où cette mariginale doit être insérée.

⁹ Rajouté au-dessus de la ligne.

¹⁰ Rajouté au-dessus de la ligne; remplace *ʲpromissione sua*, barré. Cf. *supra* n. 7.

¹¹ Les mots: *quod omnes debemus* sont écrits par dessus le texte original de (i), dont on peut encore lire, ou plutôt reconstruire: *conditionem promissionis*. Cf. *supra* n. 7.

εὐαριστεῖται[!] (latina vulgata versio: *promeretur*) *Deus*. *b*Hinc probant[12] meritum hominis erga Deum.

---

[12] Non seulement dans les traités *ad hoc* des polémistes romains, mais aussi dans les compilations. P. ex. Herborn: *Enchiridion,1529*, ch. 5, dans la définition du mérite, *CC* 12, 32. Eck: *Enchiridion*, (dès 1529), ch. 5, *CC* 34, 89 et n. 47. De Castro: *Adversus haereses*, s. v. *meritum*, f. 159r, C.

CHAPITRE XIV

LE MONACHISME

[189s bl.; 191] *bMonachi qui:*

«Monachus autem non doctoris sed plangentis habet officium, qui vel se vel mundum lugeat»: Hieronymus, Contra Vigilantium, sub fine C[1]. – Monachorum institutum descriptum graphice a divo Chrisostomo, Homilia 14 in 1 Timoth. [4, 9s][2].

[192] *cMonachos abolendos:*

Exempla de Messallianis, εὐχήταις, qui otiosi orare volebant, et sacram eucharistiam contemptui habebant: Tripartita, libro 7, capite 11[3]. – *P*«Statuimus, ut religiosi et habentes beneficia appropriata dent eleemosinas per iudicium episcopi» etc.: Ex constitutionibus provincialibus Stephani, Cantuariensis archiepiscopi[4].

[193] *cMonachi:*

Monachos probatiores ex monasteriis ad clericatum eligebant. Ultro monasteria deserentes ferebant, sed ad clericatum non sumebant eligendos: Divus Augustinus, Epistola 76[5]. – *b*Divus Hieronymus ad Rusticum monachum[6]. – Ita ergo age et vive in monasterio, ut clericus esse merearis: item[7] ad Heliodorum desertorem clerici et monachi[!]. – Vide de monachis veris tomo 8, folio 232 H, apud[8] Augustinum[9]. Ibidem de desertione coenobiorum, in Psalmum 99[10]. – Augustinus non vult

---

[1] Ch. 15, *MPL* 23, 367. – Ap.: *Opera,1516*, t. 3, f. 57v, *loc. cit., (re).*

[2] Paras. 3s, *MPG* 62, 575–577.

[3] Paras. 6–8, *CSEL* 71, 402s; *MPL* 69, 1077s.

[4] Plutôt de John Stratford: Lyndewoode: *Provinciale*, liv. 3, tit. 4, ch. «In decimis», éd. Paris, f. 67 [mendose 68] r/v, éd. Oxford, pp. 133s. L'attribution à Stephen Langton s'explique sans doute par le fait que des statuts de ce prélat précèdent et suivent (*ap*).

[5] Désormais *Ep.* 60 (cf. *CSEL* 58, 10); *CSEL* 33, 221s; *MPL* 33, 227s.

[6] *Ep.* 122, *CSEL* 56, 56–71; *MPL* 22, 1038–1046 (la vie monastique comme vie de pénitence); peut-être en part. les passages cités in *Decreti,*2a pars, *De penitencia*, dist. 3, can. 23 et 24, *Friedberg,* 1, 1216.

[7] *Ep.* 14, *CSEL* 54, 44–62; *MPL* 22, 347–355; peut-être en part. para. 9, pp. 57ss, col. 353.

[8] Rajouté au-dessus de la ligne.

[9] *Enarratio in Psalmum 99*, ch. 12, *CCL* 39, 1401; *MPL* 37, 1278. – Ap.: *Opera, Paris,1531,* (*r*!).

[10] *Loc. cit., supra,* p. 1401; col. 1279.

clericatum tollere relinquenti coenobium. In coenobio[11] neminem invitum vult retinere, quia, 'cum malum sit, a proposito cadere, peius est simulare propositum'; unde ait: «Nolo, ut necessitatem habeat simulandi»: Vide 12, quaestione 1, canone «Certe ego»[12]. – Apud Basilium vide quales coenobitas probet ex viris ac mulieribus: Epistola 63[13].

---

[11] Un signe rajouté est ensuite barré au-dessus de la ligne après *coenobio*.
[12] *Decreti*,2a pars, causa 12, qu. 1, can. 18, *Friedberg*, 1, 683.
[13] Désormais *Ep*. 207, para. 2, *MPG* 32, 761; pour les anciens N[os] v. *ibid.*, col. 1403.

CHAPITRE XV

HÉRÉSIE ET SCHISME

[194–196 bl.; 197] *ᶜAntichristi schisma:*

Novatianus[1] se contra Cornelium extulerat, a suis constitutus episcopus Romanus. Caeterum eadem sentiebat et docebat. Tamen divus Cyprianus probat eum et antichristum esse, nec quicquam posse iuris aut potestatis habere in ecclesia. *Qui enim non colligit* cum Christo, is *dispergit* [Lc. 11, 23] et antichristus est. – De schismate et schismaticis pulcherrima apud divum Cyprianum, libro 1, epistola 6[2], etc.

[198–200 bl.; 201] *Haeresis:*

Caussa haereseos est sibi placere, praepositis repugnare: Cyprianus, libro 1, epistola 3, pagina 13[3]. Haeresis et schisma tantum malum, ut ne sanguine quidem pro fide fuso ablui possit. Cyprianus, tractatu 3, De Simplicitate praelatorum, pagina 255[4]. «Sine spe sunt, et perditionem sibi maximam de indignatione Dei acquirunt, qui schisma faciunt»: Cyprianus, libro 1, epistola 6[5]. Ibidem[6] ostendit schismaticos gentilibus adaequari.

«Dionysius Novato frat[r]i Salutem[7]. Si invitus, ut ais, in hoc venisti, ostendes in eo, si desinas volens. Oportuerat quidem etiam pati omnia pro eo, ne scinderetur ecclesia Dei; et erat non inferior gloria sustinere martyrium, ne scindatur ecclesia, quam est illa, ne idolis imoletur. Imo secundum meam sententiam maius hoc puto esse martyrium. Ibi nanque unusquisque pro sua tantum anima, in hoc vero pro omni ecclesia martyrium

---

[1] [] *Cyprianus, libro 1, epistola 6, pagina 38, et per totum.* – *Ep.* 69, paras. 1–11, *CSEL* 3:2, 749–760, en part. para. 1, pp. 749s; *MPL* 3, 1137–1147, en part. cols. 1138s. – Ap.: *Opera,1537,* (r).

[2] Voir la n. préc.

[3] *Ep.* 59, para. 5, *CSEL* 3:2, 671s; *MPL* 3, 802s. – Ap.: *Opera,1537* (NB.: ici [] «Haereses unde ortae»).

[4] *De unitate,* ch. 14, *CCL* 3, 259; *MPL* 4, 510. – Ap.: *Opera,1537,* (rp).

[5] *Loc. cit., supra* n. 1. – Ch. 6, p. 754; col. 1142 B.

[6] *Loc. cit.,* n. 1. – Fin du ch. 1, p. 750; col. 1139.

[7] [] *ᶜEusebius, libro 6 Ecclesiasticae historiae, capite 34. °In translatione Musculi, libro 6, capite 45.* – La citation et la première référence, d'ap. Rufin, *GCS* 9:2, 627 (ancien ch. 35, nouveau 45). – Ap.: *Autores hist. eccl.,* 1523, p. 158, où le dernier ch. à être indiqué est le 34 [pp. 157s], bien qu'il y ait 35 dans l'Elenchus de ce livre [p. 128]. (re). – Le renvoi à la traduction de Musculus: Ap.: *Ecclesiasticae historiae autores.*

sustinet. Sed nunc, sive tu suadere sive etiam cogere potes fratres redire ad concordiam, maius tibi erit emenda[202]tionis meritum, quam fuerat culpa commissi; quia illud iam non imputabitur, hoc etiam laude dignum ducetur. Si vero illi in incredulitate permanserint, salvans salva animam tuam. Vale, pacem desyderans quam tibi imprecor». – °Cyprianus in tractatu De simplicitate praelatorum[8]: Hereses et schismata eo veniunt, quod «ad veritatis originem non reditur, nec caput queritur, nec magistri coelestis doctrina servatur». – Similia [b]adfert de hereticis[9] Eusebius, capite ultimo, libri 5, Historiae suae ecclesiasticae[10] ex quadam expositione incerti autoris.

[203–206 bl.; 207] [c]*Imperatoris cura de haeresibus:*

Qui imperatorum haereses permiserint, qui oppugnarint: Constantinus nullos tulit nisi Novationos[11]; nec iunior Constantinus; nec Constans. Constantius fovit etiam haereses. Iulianus restituere paganismum conatus est. – Iovinianus[12], Valentinianus, favit veritati, sed [non] tulit haereses. Valens fovit haereticos, et impugnavit catholicos[13], tulit paganismum: Tripartita, libro 8, capite 3[14]. Gratianus[15] defendit orthodoxos, sed non omnes haereses oppugnavit. Tantum Eunomianos, Photinianos et Manichaeos lege persecutus est. – Theodosius[16] expulit Arrianos, Eunomianos et Macedonianos. Novatianos toleravit; et illis poenas graves statuit, non tamen sumpsit eas de illis. Inde[17] correptus ab Amphilochio,

---

[8] *De unitate*, ch. 3, *CCL* 3, 251; *MPL* 4, 498. Cf. ch. 12, p. 258; col. 509.

[9] *De hereticis* rajouté au-dessus de la ligne.

[10] Ch. 28, paras. 13–19, *GCS* 9:1, 504–6; *MPG* 20, 516s.

[11] Puisque les informations sur les empereurs après Julien sont tirées des *Autores hist. eccl.*, celles qui concernent Constantin et ses successeurs le sont sans doute aussi. Sur les Novatiens v. p. ex. Rufin [-Eusèbe]: *H.E.*, liv. 10, ch. 6 (can. 9 de Nicée), *GCS* 9:2, 967; *MPL* 21, 474; et *Historia Tripartita*, liv. 3, ch. 11, para. 1, *CSEL* 71, 152; *MPL* 69, 955s. Sur les persécutions d'Athanase et la confiscation d'églises orthodoxes sous Constance, v. p. ex. Rufin [-Eusèbe]: *H.E.*, liv. 10, chs. 16 et 19s, *GCS* 9:2, 982 et 985ss; *MPL* 21, 488 et 491ss; et *Historia Tripartita*, liv. 4, ch. 38[39], *CSEL* 71, 211; *MPL* 69, 984s. Pour Julien, cf. Rufin [-Eusèbe]: *H.E.*, liv. 10, ch.33[32], *GCS* 9:2, 994s; *MPL* 21, 501s; et *Historia Tripartita*, liv. 6, en part. les chs. 1–5 et 15–17, *CSEL* 71, 305–317 et 327ss; *MPL* 69, 1027–1034 et 1040.

[12] [] *Tripartita, libro 7, capitibus 4 et 12.* – Ch. 4, en part. paras. 15ss (Jovien) et ch. 12, en part. para. 1 (Valentinien), *CSEL* 71, 386 et 405; *MPL* 69, 1071 et 1078. – La forme *Iovinianus*, ap.: *Autores hist. eccl.*, éd. Beatus Rhenanus. – Les deux noms écrits l'un sous l'autre sont reliés par une accolade.

[13] Précédé de *orthodoxos*, barré.

[14] Paras. 1s, *CSEL* 71, 472s; *MPL* 69, 1112.

[15] [] *Tripartita, libro 9, capitibus 2 et 5.* – *CSEL* 71, 494 et 502; *MPL* 69, 1121 et 1126.

[16] [] *Ibidem, capite 19.* – Paras. 8–15, pp. 525s.; cols. 1137s.

[17] [] *Ibidem, 25 capite; et capitibus 27 et 32 et 36.* – Les chs. 25, 27 et 36 parlent des sujets évoqués dans le texte. CSEL 71, 534s, 536s, 555s; *MPL* 69, 1141–1143, 1152. Pour le «32» (pp. 547ss; cols. 1148s), lire 33 (p. 550; col. 1149): dans les *Autores,1523*, éd. Beatus Rhenanus, le dernier chiffre du N° (romain) est assez mal imprimé pour expliquer l'erreur.

caepit esse severior; ut templa everterit et idola in usus Christianorum donaverit[!].

[208–210 bl.; 211] *Episcoporum munus contra errores:*

Alexander Alexandrinus[18] patriarcha Arrium non removit ordine presbyterorum antequam praesente clero dogma eius collatione explicari fecisset. – *b*Cum damnatis haereticis Donatistis congrediuntur et episcopi catholici, Augustino congressore sub cognitore[19] imperali et iussu imperatoris: in opere Breviculorum collationum cum Donatistis[20] Augustini, tomo 7, folio 114; et 93 et 94 canone Aphricani concilii[21]. – Augustinus 'multum gaudebat' sibi a Proculiano Donatista oblatum secum 'sedentibus bonis viris' conferre de religione reconcilianda; et hanc rationem collationis praescribit: «ut sedentibus, quos ipse delegerit», et notariis dicta utrinque «excipientibus, vero et tranquillius et moderatius disseratur, et, si quid memoria lapsum fuerit, recitatione revocetur». 'Res tam magna et ad omnium salutem pertinens cum concordia requiratur'. Si ea ratio non placet, offert colloquium privatum vel per epistolam: vide Epistolam 147[22].

---

[18] [] *Tripartita, libro 1, capite 12.* – Paras. 8–10, *CSEL* 71, 45; *MPL* 69, 902.

[19] Précédé de deux ou trois lettres illisibles: tum?

[20] *CSEL* 53, 39; *MPL* 43, 613. – Ap.: *Opera, Paris,1531*, (r).

[21] En fait can. 94, en deux parties, numéroté 93 par erreur ap.: Crabbe: *Concilia*, t. 1, f. 306r/v. – Mansi: *Collectio*, 4, 508. Cf. la table *CCL* 149, 240. Textes *ibid.*, pp. 369 (can. = N° 27 du concile de Milève) et 229s (procès-verbal de Carthage 419).

[22] *Ep.* 33, paras. 2, 4, *CSEL* 34, 19 et 20s; *MPL* 33, 130s. – Ap.: *Liber Epistolarum*, éd. Josse Bade, ou Erasme: *Opera Augistini*, (*ep*! r). Les leçons *ut et* et *ordinatius* au lieu de *vero et* et *moderatius* ici, se trouvent dans les éditions anciennes comme dans les modernes.

CHAPITRE XVI

LE CLERGÉ

[212–216 bl.; 217] *Ministerii necessitas:*

Nec martyrium satis est, si negligas pacem ab episcopo accipere. Nota egregium locum[1] hic!

[218] *Sancti ministerii partes et officia:*

Vide partes sancti ministerii in Epistola 70 Basilii[2]: baptisma, deductiones itinerantium, visitationes aegrorum, consolationes[3] dolentium, auxilia laborantium, varia subsidia, communio mysteriorum. – *Item vide Erasmum in Ecclesiaste, libro 1, folio 42, facie 2a[4], ubi tradit episcoporum esse, id est sacerdotum[5] munia: administrare sacramenta, orare pro populo, iudicare, ordinare et docere et ait 'nihil horum non superat regiam excellentiam'.

[219] *Scholae procurandae ab episcopis:*

Singuli episcopi plebibus suis constituere debent magistros et doctores literarum: ex synodo Eugenii papae, Distinctione 37, canone «De quibusdam»[6]. Item De vita et honestate clericorum, «Ut unusquisque»: cleri-

---

[1] [] *Cyprianus, libro 1, epistola 2. – Ep.* 52, para. 4, *CSEL* 3:2, 653; *Ep.* Synodica, *MPL* 3, 858. – Ap.: Erasme: *Opera Cypriani,* (*rp*!).

[2] *Ep.* 243, *MPG* 32, 909. Pour l'ancien N°, cf. *ibid.,* col. 1403. – Basile s'y plaint plutôt de ce que l'Eglise se trouve dépouillée de ses activités par ses adversaires. – Ap.: *Opera,* éd. Cornarus et éd. Musculus? (*rep,* qui reprend le vocabulaire tantôt de l'une, tantôt de l'autre traduction!).

[3] Suivi de *afflictorum,* barré.

[4] *LB* 5, 801 C–E. En fait Erasme n'y parle que de la prédication et de l'administration des sacrements. V. aussi la n. suiv. – Ap.: *Ecclesiastes, Anvers,1535,* (*pr*!!), en fait f. 44v. Cf. notre ch. 17, n. 50. Les deux *r* se rapportent sans aucun doute à la même édition, qui était celle de Parker (CCC Library, SP 205), et où il a souligné la [] «Functiones sacerdotis inter se collatae», ainsi que, dans le texte, le début de la phrase «Quisque sunt sacerdotum . . .».

[5] C'est là une doctrine commune à Bucer et Parker: v. Van't Spijker: *Ambten,* pp. 392, 394s, 399s. Erasme, *loc. cit., supra,* distingue entre évêques et presbytres.

[6] *Decreti,*1a pars, dist. 37, can. 12, *Friedberg,* 1, 139.

cale officium[7]. – [220 bl.; 221] ᶜMinistri ecclesiae educandi a sacerdotibus ex ordine lectorum: 1 canon concilii Vasensis[8].

[222 bl.; 223] *Cuius in ecclesia potestas, cuius authoritas:*

De potestate ecclesiastica exercenda per episcopos, presbyteros, et plebem:
Potestatis huius vigor adseritur et commendatur mirifice a Cypriano, libro 1, epistola 3, paginis 12 et 13[9]. – «An ad hoc[10], frater charissime, deponenda est ecclesiae catholicae dignitas, et plebis intus positae fidelis atque incorrupta maiestas, et sacerdotalis quoque autoritas et potestas, ut iudicare se velle dicant de ecclesiae praeposito extra ecclesiam constituti?» Nota: Ut in re publica, ita in ecclesia populi est maiestas et potestas, sacerdotum autoritas[11].

[224–226 bl.; 227] *Electio ministrorum et ordinatio:*

Quales ordinandi:
Neminem qui militavit, quive curiae addictus fuerit, sed a puero ecclesiasticis imbutum disciplinis, et alia quae requiruntur in clericis ordinandis: Epistola Innocentii 24[12], ad Synodum Toletanam. – Ex Registro divi Gregorii, libro 9, epistola 50[13]: «Nihil in dandis ecclesiasticis ordinibus saeva fames inveniat auri, nil blandimenta surripiant, nil gratia conferat. Honoris premium vitae sit provectus, sapientiae incrementum, modestia morum, ut obtinente huiusmodi observantia, et indignus, qui premiis quaerit ascendere, iudicetur; et digne, cui bonum testimonium actio perhibet, honoretur». Idem epistola 26, libri 3[14]: «Sed ne unquam hi, qui ordinati sunt, pereant, provideri debet quales ordinentur: ut prius aspiciatur, si vita eorum continens in annis plurimis fuit, si studium lectionis, si eleemosynae amorem habuerunt. Quaerendum [228] quoque est, ne forte fuerit bigamus. Videndum etiam, ne sine literis aut obnoxius curiae, ne

---

[7] Plutôt: *Ut quisque,* c.-à-d. *Decretales,* liv. 3, tit. 1, ch. 3, *Friedberg,* 2, 449. Le «clericus» qui assiste le recteur doit entre autres faire l'école.

[8] Mansi: *Collectio,* 8, 726, où ce canon est attribué au troisième concile de Vaison tenu en 529; dans Crabbe: *Concilia,1538,* 1, 339r il est compté comme deuxième. Cf. Hefele – Leclercq: *Histoire,* 2: 2, 1110, n. 3 et 1112, n. 1 sur le nombre de conciles et ce canon.

[9] *Ep.* 59, paras. 4s, *CSEL* 3:2, 670ss; *MPL* 3, 801s. – Ap.: *Opera,1537,* (r).

[10] [] *Ibidem, pagina 25.* – *Loc. cit.,* para. 18, p. 687; col. 826. – Ap.: *Opera,1537,* (re, leçon).

[11] Ap.: *BEv.1536,* sur Mt. 16, 19, éd. *1553,* f. 133v, (ep). De même Bucer: *Scripta duo,* 157 (ep). V. aussi *Von der waren Seelsorge, BDS* 7, 120 f dont la traduction latine de Brem (*ibid.,* p. 87) utilise cependant un vocabulaire légèrement différent: *Script. Angl.,* 281. – Cf. Stupperich: *Anschauungen,* 146; Van't Spijker: *Ambten,* 276; le même: *Goddelijk recht,* 31.

[12] Innocent Iᵉʳ: *Ep.* 3, ch. 6, paras. 9s, *MPL* 20, 492. – Ap.: Crabbe: *Concilia* (ra), où l'on trouve la version brève: cf. *MPL* 20, 481 et 493s.

[13] Liv. 11, *Ep.* 40, *MGHEp* 2, 313s; liv. 11, *Ep.* 56, *MPL* 77, 1174. – Ap.: *Opera,1518,* (re, leçons!).

[14] Liv. 4, *Ep.* 26, *MGHEp* 1, 261; *MPL* 77, 695s. – Ap.: *Opera,1518,* (re, leçons!).

compellatur post sacrum ordinem, ad exactionem publicam redire». – Tripartita, libro 7, capite 10[15]: «Similiter presbyteros in sacerdotali ordine definivimus ut sint irreprehensibiles undique, et a curia et ab officio militari». – «Immaculati», «integri», «digni» et idonei eligantur: Divus Cyprianus, libro 1, epistola 4[16]. – Vide Decretum, infra pagina 297[17]. – [b]Religio et solennitas in eligendo episcopo adhibendo [!]. Vide epistolam divi Bernardi CCII[18].

[229s bl.; 231] [c]*Ratio eligendi et constituendi ministros ecclesiae:*

A clero, ordine et populo electi et probati ordinentur:

«Episcopus se ipsum ordinare non potest» sed ecclesia: Cyprianus, libro 1, epistola 6[19]. – Expellatur[20] presbiter qui non canonica electione eorum qui in ea ecclesia supersunt electus fuerit, etiam si in illa tantum 2 vel 3 superessent.

Quam diligenter requirenda totius populi voluntas in electione, et ut quisque a suis consuetis ordinatoribus ordinari, ut denique pontifex Romanus, quanquam rogatus, non tamen sibi aut suis ordinationem cuiusquam praeter morem vetustatis permittere debeat: vide epistolam Gregorii[21] 68 et 69, libri 2, ad Mediolanenses et ad Ioannem subdiaconum Romanum. – [232] Cyprianus, libro 1, epistola 4[22]: «De divina autoritate descendit, ut sacerdos, praesente plebe, sub omnium oculis deligatur, ut dignus atque idoneus, publico iudicio ac testimonio comprobetur». Hoc ex Num. 20 [v. 25s] de ordinatione Eleazari coram omni synagoga probat. Unde et illud ducit: «Ordinationes[23] sacerdotales non nisi sub populi assistentis conscientia fieri oportere, ut plebe praesente vel detegantur malorum crimina, vel bonorum merita praedicentur, ut sit ordinatio iusta

---

[15] Para. 6. Lettre des évêques illyriens à ceux d'Orient, *CSEL* 71, 400; *MPL* 69, 1076.

[16] *Ep.* 67, para. 2, *CSEL* 3:2, 736; *MPL* 3, 1023. – Ap.: Erasme: *Opera Cypriani,* (*rp*!).

[17] Notre ch. 17, ad n. 43.

[18] *MPL* 182, 370s.

[19] *Ep.* 69, para. 3, l. 13–16, *CSEL* 3:2, 752; *MPL* 3, 1140 C. – Ap.: Erasme: *Opera Cypriani,* (*r* et *e* de la note marginale du texte indiqué! Ed. 1520, p. 25, éd. 1537, p. 40). – Cette pièce et celles qui suivent, ainsi que celle des pp. 297ss du ms. sont peut-être à rapprocher de l'élection d'Erasme de Limbourg à l'évêché de Strasbourg en 1541: cf. *Pol. Corr. Str.,* t. 3, pp. 208–214.

[20] [] *De electione et electi potestate, capite 1.* – *Decretalium,* lib. 1, tit. 6, ch. 1, *Friedberg,* 2, 48 (*p*).

[21] Plutôt les chs. 68 et 69, c.-à-d. les *Ep.* 29 et 30 de ce livre: Ap.: *Opera,1518.* – Liv. 3, *Ep.* 29 et 30, *MGHEp* 1, 186–189; *MPL* 77, 626–628.

[22] *Ep.* 67, para. 4, *CSEL* 3:2, 738; *MPL* 3, 1025s. – Ap.: Erasme: *Opera Cypriani,* (*rep*: Bâle, 1520, 1530, 1540 et Lyon, 1537: *et dignus*). – Peut-être ap.: Witzel: *Typus,1540,* p. 47; *1541,* f. 38r (*ri*).

[23] [] *Ibidem.* – (*rep*: les éds. citées ci-dessus: *et sit*). Le passage met en parallèle Act. 1, 15 et 6, 2. – Les deux passagess utilisés ici et supra n. 22 sont aussi relevés avec *Nota* en marge dans l'exemplaire de Pierre Martyr Vermigli (Bâle, 1540) à Genève.

et legitima, quae omnium suffragio et iudicio fuerit examinata». Ad haec adducit et Acta [6, 2] de ordinatione Stephani et aliorum diaconorum. – Cyprianus libro 4, epistola 5[24]: Ordinat Celerinum lectorem divinitus constitutum et qui 'ecclesiae admonitu et hortatu impellitur', ut munus suscipiat; et refert Cyprianus de eo ad presbyteros, diaconos et universam plebem.

[233] Eusebius, libro 6, capite 33[25]: Ne Romanus quidem pontifex ordinare presbyterum potuit, nisi clero et plebe consentiente. Id pontifex Romanus Cornelius ipse scribit. – Electio Ambrosii[26] reiecta ad ecclesiam et episcopos ab imperatore Valentiniao, ab hoc tamen confirmata est. – Synodus provintiae[27] elegit Antiochum episcopum Samosatenum. – Athanasius Petrum successorem designat, sed consentientibus 'cunctis sacerdotibus, nobilibus, et plebe': Tripartita, libro 7, capite 37[28]. – Nectarius[29] Constantinopoli, Flavianus Antiochiae, postea Johannes Chrysostomus, electione totius cleri et populi, atque approbatione imperatoris episcopi electi[30]: illi Theodosii, hic Arcadii.

[234–236 bl.; 237] *Examinatio ministrorum ecclesiae:*
Examen episcoporum et testimonium populi requiruntur erga omnem clericum: 22 canone concilii Carthaginensis 3; capite 22, concilii Carthaginensis 4[31]. – Non per gratiam munerum, sed per diligentem prius discussionem, deinde per multorum testimonium clericos ordinare decet[32].

---

[24] *Ep.* 39, para. 1, *CSEL* 3:2, 582; *Ep.* 34, *MPL* 4, 321. – Ap.: Erasme: *Opera Cypriani*, (*rp*).

[25] Eusèbe-Rufin, liv. 6, ch. 43, paras. 2s, *GCS* 9:2, 631s. – Ap.: *Autores hist. eccl.*, (*ri*).

[26] [] *Tripartita, libro 7, capite 8.* – Paras. 1–10, *CSEL* 71, 394–396; *MPL* 69, 1073s.

[27] [] *Ibidem, capite 16.* – Para. 15, *CSEL* 71, 413; *MPL* 69, 1082 D.

[28] [] *Tripartita, libro 9, capite 14. Ibidem, capite 16.* Le tout barré. Cf. les [] préc. et suiv. – La référence (correcte) dans le texte: *loc. cit.*, para. 1, *CSEL* 71, 440s; *MPL* 69, 1097 B, (*ip*).

[29] [] *Tripartita, libro 9, capite 14.* – Paras. 17s (Nectaire et Flavien; dans la lettre du concile de Constantinople au pape Damase), *CSEL* 71, 515; *MPL* 69, 1132 C, (*ri*).

[30] [] *Ibidem, libro 10, capite 3.* – Paras. 1–8, *CSEL* 71, 583s; *MPL* 69, 1165, (*ri*).

[31] Mansi: *Collectio*, 3, 884 et 953; de même: *Decreti*,1a pars, dist. 24, can. 2 et 6, *Friedberg*, 1, 87 et 89. – Les deux canons sont déjà cités ensemble avec un commentaire semblable dans *Von der waren Seelsorge*,1539, *BDS* 7, 138. Cf. aussi *Concilium Coloniense*,1538, ch. 19, f. 4r.

[32] Cf. Grégoire le Grand, cité in *Decreti*,2a pars, causa I, qu. 1, can. 116, *Friedberg*, 1, 403 (*p*)?

[238 bl.; 239] *Provisio ministrorum ecclesiae, id est clericorum:*

Sportulae fratrum:
 Cyprianus, libro 1, epistola 9[33]: 'In honore sportulantium fratrum tanquam decimam fructuum accipientes'. – Idem libro 4, epistola 5[34]: «Sportulis iidem cum presbyteris honorentur, et divisiones mensurae aequatis quantitatibus partiantur».

[240–242 bl.; 243] *Commoda ab episcopatibus:*
 Civitatis ius datum est habentibus episcopum. Inde natum illud, quod civitates dici putant eas modo, ubi episcopus est; cum contra ii coetus hominum, etiamsi in vicis habitent, ius habeant civitatis. Vide locum notabilem Tripartita historia, libro 6, capite 4[35].

[244 bl.; 245] *Clerici non alligentur negotiis saecularibus:*
 Cyprianus, libro 1, epistola 9[36]: «In honore sportulantium fratrum tanquam decimam ex fructibus accipientes, ab altari et sacrificiis non recedant, et die ac nocte caelestibus rebus et spiritualibus serviant». – Ibidem[37]: «Episcopi antecessores censuerunt, ne quis frater excedens, ad tutelam vel curam clericum nominaret; ac si quis hoc fecisset, non offerretur pro eo, nec sacrificium pro dormitione eius celebraretur». – Canones 6 et 9 Carthaginensis 1[38]: Nemo vel tutelam suscipiat pupillorum. – Item 17, 18, 19 et 20 concilii Carthaginensis 4[39]. – Tantum lectioni et orationi, ac[40] verbi Dei administrationi inserviat, et nec rei familiaris curam obeat.

---

[33] *Ep.* 1, para. 1, *CSEL* 3:2, 466; *Ep.* 66, *MPL* 4, 399. – Ap.: Erasme: *Opera Cypriani, (rep).* Le passage est souligné dans l'exemplaire des *Opera,1540* de Pierre Martyr Vermigli. – Ici peut-être d'après Beatus Rhenanus: *Opera Tertulliani,1539,* notes sur *Ad Martyres,* p. 534, où Rhenanus attire l'attention sur le vocabulaire typiquement cyprianique.

[34] *Ep.* 39, para. 5, *CSEL* 3:2, 585; *Ep.* 34, *MPL* 4, 324. – Ap.: Erasme, *Opera Cypriani,* (re, leçon); et cf. n. préc.

[35] Paras. 4–7, *CSEL* 71, 315; *MPL* 69, 1033 B et C. – La généralisation, qui ne peut guère être tirée de ce texte, reflète une idée courante de droit canon: v. p. ex. Hostiensis: *Commentaria,* liv. 1, tit. 3, cap. 35 et tit. 14, cap. 13, f. 26r, a et f. 109v, b.

[36] *Loc. cit., supra* n. 33. – Ici peut-être ap.: *Decreti,*2a pars, causa 21, qu. 3, can. 6, *Friedberg,* 1, 857 (e! de l'intitulé du canon).

[37] Remplace *Ibidem,* écrit à la suite de la citation précédente, puis barré. – *Loc. cit.,* para. 2, immédiatement après le texte précédent, (*ea*!). – Ici peut-être ap.: *Decreti, loc. cit.,* can. 4, *Friedberg,* 1, 856. Cf. la n. préc. (*e*).

[38] Plutôt 6 et 8, Mansi: *Collectio,* 3, 147 (numérotation ap.: Crabbe: *Concilia* est la même que dans les éditions modernes).

[39] Mansi: *Collectio,* 3, 952.

[40] [] *Distinctione 88, «Episcopus»; distinctione 89, per totum; 14, quaestione 1, «Episcopus»; distinctione 86, «Pervenit»; 21, quaestione 1, per totum.* – *Decreti,*1a pars., dist. 88, can. 3, *Friedberg,* 1, 307 (dont l'intitulé du canon pourrait avoir fourni celui de cette section: «In sacris ordinibus constituti seculares curas assumere non debent»). *Ibid.,* cols. 310–13; 2a pars, causa 14, qu. 1, can. 1, cols. 732s; 1a pars, dist. 86, can. 26, col. 304; 2a pars, causa 21, qu. 1, cols. 852–854.

Non viduae et pupilli per se sed tantum per archidiaconos et diaconos, etc.
– [246] *P*«Clericus victum et vestitum sibi artificiolo vel agricultura absque officii sui dumtaxat detrimento paret». Ex concilio Carthaginensi⁴¹.

[247 bl.; 248] *ᶜClerici vivant absque omni suspitione intemperantiae, eoque nullam alienam ᵇmulierem ᶜapud se habeant:*
Canon 3 Niceni⁴²; 3 Arelatensis 2⁴³; 3 et 4 Carthaginensis 1⁴⁴. – Nulla aliena cohabitet clericis aut habeat ad eos ullum accessum sub ullo praetextu, cum propter periculum tum propter suspitiones et obtrectationes: Canon 12 in decreto Siritii⁴⁵. – ᵃ«Si quispiam sacerdotum, id est presbiter diaconum vel subdiaconum de quacumque femina crimine fornicationis suspectus, post primam, 2am et 3am admonitionem inveniatur fabulari cum ea, et aliquo modo conversari, excommunicetur; femina vero canonice iudicetur»: ex decreto Eugenii⁴⁶. Tale quiddam habet Gregorius 7us⁴⁷.

[249s bl.; 251] *ᵇDe praescriptionibus rerum ecclesiasticarum*⁴⁸:

⟨*De primatu papae*⟩:
ᶜDe ecclesiasticis ᵇtitulis⁴⁹ ᶜvide⁵⁰ quod tempus Iustinianus praescribendi ecclesiis definit⁵¹. Unde impostura deprehenditur, quod Authentica 'Ut Romana ecclesia C annorum praescriptione gaudeat'. In hac quoque Authentica de ecclesiasticis titulis nota quod Romanum pontificem primum facit, quod propterea non supremum aut universalem vel episcoporum episcopum vocat.

[252s bl.; 254] *Lectores:*
Cyprianus, libro 4, epistola 5⁵²: 'Super pulpitum imponi eum oportuit, ut legat praecepta evangelii. Vox eius in his quotidie, quae Dominus locutus est, audiatur. Evangelica lectio de ore eius audiatur; gloriosos vultus in loco altiore constitui oportebat, ubi ab omni fraternitate circum-

---

⁴¹ *Decreti,*la pars, dist. 91, can. 3, *Friedberg,* 1, 316 (*e,* leçon romaine).
⁴² Mansi: *Collectio,* 2, 701.   ⁴³ Mansi: *Collectio,* 7, 879.   ⁴⁴ Mansi: *Collectio,* 3, 146.
⁴⁵ *Decreti,*la pars, dist. 81, can. 31, *Friedberg,* 1, 288s.
⁴⁶ *Decretales,* liv. 3, tit. 2, cap. 2, *Friedberg,* 2, 454.
⁴⁷ Promulgation des décrets du concile romain de 1074, ch. 11, *MPL* 148, 763? – Plutôt d'après Marianus Scotus: *Chronica,* liv. 3, ch. 1101, *MPL* 147, 792, cité ap.: Crabbe: *Concilia,* 2, 158, (*i*).
⁴⁸ Remplace ᶜ*Tituli ecclesiastici,* barré.   ⁴⁹ Ajouté au-dessus de la ligne.
⁵⁰ [] ᵇ*De impostura. Authenticae: 'Ut Romana ecclesia C annorum praescriptione gaudeat'.* – *Novella,* 9, *CIC* 3, 91, qui en fait ne parle que de possessions de l'église romaine, et pas de sa primauté.
⁵¹ Suit *fecit,* barré.
⁵² *Ep.* 39, para. 4, *CSEL* 3:2, 583s; *Ep.* 34, *MPL* 4, 323. – Ap.: Erasme: *Opera Cypriani,* (*r* et *epa*).

stante conspecti, etc.'. ⟨ᵇLectiones sacrae populo, id est toti fraternitate fiebant.⟩ ᶜSisinnius lector⁵³ causam fidei egit pro suo episcopo Aegolio[!]. – ᵃLegende sacre scripture in congregatione per sacerdotes et praedicandum est verbum per eosdem: Ex concilio Toletano⁵⁴. Lectio sacrarum scripturarum in mensis sacerdotum: Ex concilio praedicto⁵⁵.

[255 bl.; 256] ᶜ*Acoluthi:*

Feliciani acoluthi meminit Cyprianus libro 1, epistola 3⁵⁶.

[257 bl.; 258] *Diaconi:*

Cyprianus, libro 3, epistola 9⁵⁷: «Episcopatus et ecclesiae ministri». – Idem, libro eodem, epistola 15⁵⁸: 'Diaconorum est ad carcerem commeare, et desyderia martyrum conciliis suis et scripturarum praeceptis gubernare'. ᵃ«Diaconis in ecclesia concreditum non est, ut aliquod mysterium perficia[n]t, sed solum ut administrent⁵⁹ et exequantur commissa»: Epiphanius, libri 3, tomo 2, contra haeresim 79⁶⁰. De diaconissis ibidem⁶¹, scilicet de viduis ecclesiasticis. Diaconi olim idem et episcopi et vocabulum erat commune: Chrisostomus, Ad Philipenses, homilia 2⁶².

[259s bl.; 261] ᶜ*Cleri potestas:*

Praesidet cum episcopo: Cyprianus ad Cornelium pontificem Romanum de plebe Romana⁶³: «Et quamquam sciam, frater charissime, pro mutua dilectione, quam debemus et exhibemus invicem nobis, florentissimo illic clero tecum praesidenti et sanctissimae atque amplissimae plebi legere te semper literas nostras . . .»

---

⁵³ [] *Tripartita, libro 9, capite 19.* – Paras. 3–7, *CSEL* 71, 524s; *MPL* 69, 1136s. – La forme donnée ici au nom d'Agelius ne s'explique ni par les leçons de la *Historia Tripartita*, ni par ses sources (ici Socrate).

⁵⁴ 4ᵉ Concile de Tolède, can. 25; Mansi: *Collectio*, 10, 626s. Aussi in *Decreti,*1a pars, dist. 38, can. 1, *Friedberg*, 1, 141. Cf. la n. suiv.

⁵⁵ Plutôt du 3ᵉ Concile de Tolède, can. 7, Mansi: *Collectio,* 9, 994. Aussi in *Decreti,*1a pars, dist. 44, can. 11, *Friedberg*, 1, 159. L'usage du *Décret* explique peut-être non seulement la confusion des deux conciles, mais aussi l'ordre dans lequel les canons sont cités ici.

⁵⁶ *Ep.* 59, para. 9, *CSEL* 3:2, 677; *Ep.* 55, *MPL* 3, 809. – Ap.: Erasme: *Opera Cypriani*, (r).

⁵⁷ *Ep.* 3, para. 3, *CSEL* 3:2, 471; *Ep.* 65, *MPL* 4, 396. – Ap.: Erasme: *Opera Cypriani*, (re. NB. dans ces éds., là: [] «ordinis ecclesiastici series»).

⁵⁸ *Ep.* 15, para. 1, *CSEL* 3:2, 513; *Ep.* 10, *MPL* 4, 254. – Ap.: Erasme: *Opera Cypriani*, (rep).

⁵⁹ Corrigé de *ministrent* par adjonction de *ad* au-dessus de la ligne.

⁶⁰ Ch. 4, para. 1, *GCS* 37, 478; *MPG* 42, 745. – Ap.: *Panarium*, p. 510 (er).

⁶¹ Dans le passage immédiatement précédent, paras. 3s, p. 478; cols. 744s.

⁶² Para. 1, *MPG* 62, 183. Hom. 1: le chiffre dans le texte s'explique par le fait qu'une homélie d'introduction figure dans les éditions érasmiennes. Ainsi la première au texte est la deuxième de l'ensemble.

⁶³ *Ep.* 59, para. 19, *CSEL* 3:2, 689; *Ep.* 55, 20, *MPL* 3, 828, (e).

[262s bl.; 264] *Immunitas clericorum:*

Maurentius magister militum adhibebat «murorum vigiliis» Theodosium abbatem et monachos eius, ita ut quererentur se in eo 'supra vires adfligi'. Gregorius pontifex orat supplex magistrum militum si non totum illud, partem tamen eius molestiae remittat; et tantum in hoc, 'ut Dei laudibus vacare' illi melius possint: Epistola 74, libri 7[64]. – Paulus episcopus Cacoquensis in Africa, ut etiam successor eius Bonifacius, debitum fiscale dissimulare poterant, quia erat supra vires ecclesiae, adeo ut cuncti agri ecclesiae vendendi[65], si solvi debitum oportuisset. Tamen id malebant quam tacere debitum; a caesare autem partem remitti orabant: Epistola CXXIIII Augustini[66].

[265–268 bl.; 269] *Presbyteri:*

Cyprianus, libro 4, epistola 5[67]: Presbyterii honorem designavit eis, «ut et sportulis iidem cum presbyteris honorentur, et divisiones mensurae aequales[!] quantitatibus partiantur, sessuri nobiscum provectis et corroboratis animis[!] suis». – Eusebius libro 6, capite 33[68]: Cornelius tempore ecclesiae Romanae habuit «presbyteros 46, diaconos 7, subdiaconos 7, acoluthos 42, exorcistas et lectores cum hostiariis 52». 'Viduas et egentes[69] alebat ecclesia 1500'. – Tripartita libro 1, capite 12[70]: Arrius, quia presbyter, 'expositionem divinarum scripturarum habebat commissam'. – Tripartita, libro 1, capite 19[71]: Alexandrie mos hic erat, «ut uno existente super omnes episcopo, presbyteri seorsim obtinerent ecclesias, et populus in eis collectas solenniter celebraret». – [270] Tripartita, libro 1, capite 9[72]: Constantinus etiam in tabernaculo suo sacrum ministerium habebat, sacerdotes et diaconos secum ducens.

---

[64] Liv. 9, *Ep.* 162, *MGHEp* 2, 162; Liv. 9, *Ep.* 73, *MPL* 77, 1008. – Ap.: *Opera,1518, (rp).*

[65] Suivi de *fuissent,* (mal barré?) et surmonté d'un signe (de correction?); le mot devait-il être transformé de ou en *essent?*

[66] *Ep.* 96, en part. paras. 2s, *CSEL* 34:2, 514–516; *MPL* 33, 356s. – Ap.: *Liber epistolarum?* dont le registre, s. n. Bonifacius, identifie Boniface plus correctement comme évêque «Cataquensis», (*ir,* ancienne numérotation, cf. *MPL* 33, 1168).

[67] *Ep.* 39, para. 5, *CSEL* 3:2, 584s; *Ep.* 34, *MPL* 4, 324. – Ap.: Erasme: *Opera Cypriani,* (*r;* mais les leçons *aequales* pour *aequatis* et *animis* pour *annis* ne sont que des erreurs de copie). Cf. *supra* n. 34.

[68] Eusèbe–Rufin, *Historia ecclesiastica, loc. cit.,* (ch. 43, paras. 11s), *GCS* 9:2, 619. – Ap.: *Autores hist. eccl.,* éd. Beatus Rhenanus (*rep*).

[69] Suivi de *quos,* barré. Plusieurs autres mots de cet alinéa portent des traces de correction (par (b)?).

[70] Para. 5, *CSEL* 71, 44; *MPL* 69, 902 B, (*pe*).

[71] Ch. 18, para. 8, *CSEL* 71, 75; *MPL* 69, 917 D. – Ap.: *Autores hist. eccl., 1523 et 1528,* (*r!*).

[72] Para. 11, *CSEL* 71, 27; *MPL* 69, 893 B.

[271s bl.; 273] *Potestas sacerdotalis:*

Distinctione 10, canone 5[73], Nicolaus papa: Quae sacerdotibus solum conveniunt, non sunt usurpanda a rectoribus rerum publicarum. – Gregorius Nazianzenus, canone 6[74]: Principes potestati sacerdotali subiecti sunt lege Christi.

---

[73] *Decreti,*la pars, *loc. cit., Friedberg,* 1, 20, (*p!*).
[74] *Ib. infra,* (*rp* du texte du canon).

CHAPITRE XVII

L'ÉPISCOPAT

[274 bl.; 275] *Necessitas boni episcopi; pernicies mali:*

Leo, Epistola 85 ad episcopos Aphricanos per Mauritaniam Caesariensem[1]: «Indignis quibusque et longe extra sacerdotale meritum constitutis pastorale fastigium et gubernationem ecclesiae» credere, non «est consulere populis sed nocere; nec praestare regimen, sed augere discrimen. Integritas enim praesidentium salus est subditorum; et ubi est incolumitas obedientiae ibi sana[2] est forma doctrinae».

[276] *P*«Episcopus vilem suppellectilem, et mensam ac victum pauperem habeat et dignitatis sue authoritatem fidei et vite meritis querat; hospitium quoque non longe ab ecclesia habeat»: ex concilio Carthaginensi 4[3]. – «Episcopus aut presbiter aut diaconus alee et ebrietati deserviens aut desinat aut damnetur»: ex Canonibus apostolorum[4]. – Contra ebrietatem clericorum: ex concilio Agatensi[5]. – «Episcopus gentilium libros non legat, hereticorum autem perlegat pro necessitate aut tempore»: ex concilio Carthaginensi[6].

[277] *Quae ad id requirantur, ut quis sit iure episcopus:*

Suffragium populi[7], et consensus coepiscoporum, et probatio eius in munere.

---

[1] *Ep.* 12, para. 1, *MPG* 54, 646s (version longue); 657 (version brève). – Ap.: Crabbe: *Concilia (epr).* Cf. aussi: *Decreti,*1a pars, dist. 61, can. 5, *Friedberg,* 1, 228.

[2] Suivi de *ibi* barré.

[3] Can. 15 et 14. Ap.: *Decreti,*1a pars, dist. 41, can. 7, *Friedberg,* 1, 150 (*e;* les éléments dans cet ordre).

[4] Can. 42, Mansi: *Collectio,* 1, 56 (Denis le Petit); et *Decreti,*1a pars, dist. 35, can. 1, *Friedberg,* 1, 131 (*e;* les éditions anciennes, comme le *Décret:* «certe damnetur»).

[5] Can. 41, Mansi: *Collectio,* 8, 332 et *Decreti, loc. cit.,* can. 9, *Friedberg,* 1, 133.

[6] 4e Concile, can. 16, Mansi: *Collectio,* 3, 952, et *Decreti,*1a pars, dist. 37, can. 1, *Friedberg,* 1, 135, (*e,* leçons du *Décret,* entre autres dans l'éd. de Beatus Rhenanus).

[7] [] *Cyprianus, libro 1, epistola 3, paginis 13 et 14.* – *Ep.* 59, para. 6, *CSEL* 3:2, 673s; *MPL* 3, 804s. – Ap.: Erasme: *Opera Cypriani,*1537, (*rp*).

[278s bl.; 280] *Episcoporum potestas mixta:*

Cyprianus, libro 3, epistola 10[8]: agit 'multorum consilio' omnia episcopus. Epistolam eadem[9]: 'Ab initio episcopatus mei statui nihil sine cleri consilio et plebis consensu agere'. – Tripartita, libro 1, capite 12[10]: Alexander patriarcha Alexandrinus Arrium 'removet ordine presbyterorum', explicato dogmate eius, facta collatione, cleroque praesente. [b]«Episcopus ut membris suis utatur clericis, et maxime ministris qui sunt vere filii; quem cuique viderit aptum ministerio, ei deputet»: Ambrosius, libro De officiis 2, capite 27[11]. De his quae fiunt a praelato absque consensu capituli: capite «Novit tuae»[12].

[281s bl.; 283] [c]*Unde episcopis authoritas iudicii erga se invicem:*

Cyprianus, libro 3, Epistola 13[13]: «Idcirco copiosum corpus est sacerdotum, concordiae mutuae glutine atque unitatis vinculo copulatum, ut si quis ex collegio nostro haeresim facere et gregem Christi lacerare et vastare tentaverit, subveniant caeteri, et quasi pastores utiles et misericordes oves dominicas in gregem colligant». – Eiusdem argumenti ratio egregia initio epistolae Alexandri episcopi Alexandrini ad comministros in caussa fidei: Tripartita, libro 1, capite 13[14]. – [284] [b]Autoritas episcopalis concilii in[15] primates suos: Episcoporum est in suo concilio in primates suos inquirere, et eos corrigere secundum canones; ideo etiam deponere: vide epistolam Gregorii 37, libro Epistolarum 10[16].

[285 bl.; 286] [c]*Iudicia episcoporum. Potestas episcopalis:*

Constantinus constituit, ut, qui vellent, iudices profanos refutarent, et ad iudicia episcopalia provocarent: Tripartita, libro 1, capite 9[17]. – Iudicium debere fieri de[18] episcopis ab episcopis eius provintiae in ecclesia, ubi testes sunt factorum: Tripartita, libro 7, capite 12[19]. – Cyprianus, libro 1, epistola 3[20]: Concilia quinque memorantur, quae de criminosis

---

[8] *Ep.* 14, para. 1, *CSEL* 3:2, 510; *Ep.* 5, *MPL* 4, 232. – Ap.: Erasme: *Opera Cypriani,* (rp).
[9] Para. 4, *CSEL,* 3:2, 512; *MPL* 4, 234, (p!).
[10] Paras 8–10, *CSEL* 71, 45; *MPL* 69, 902, (ip).
[11] Para. 134, *MPL* 16, 139. – «Aptum muneri», déjà ap.: *Opera Ambrosii 1516.*
[12] *Decretalium,* lib. 3, tit. 10, cap. 4, *Friedberg,* 2, 502s.
[13] *Ep.* 68, para. 3, *CSEL* 3:2, 746; *MPL* 3, 995. – Ap.: Erasme: *Opera Cypriani,* (rea).
[14] Para. 2, *CSEL* 71, 46s; *MPL* 69, 903.
[15] Précédé par *ut* ou *vi* barré.
[16] Liv. 12, *Ep.* 12, *MGHEp* 2, 359; Liv. 12, *Ep.* 32, *MPL* 77, 1242s. – Ap.: *Opera,1518,* (ri). Cf. aussi *Decreti,*2a pars, causa 2, qu. 7, can. 46, *Friedberg,* 1, 499.
[17] Para. 19, *CSEL* 71, 29; *MPL* 69, 894 B, (ap).
[18] Corrigé de *ab.*
[19] Para. 7, *CSEL* 71, 406; *MPL* 69, 1079 B.
[20] *Ep.* 58, para. 10, *CSEL* 3:2, 677s; *MPL* 3, 810s. – Ap.: Erasme: *Opera Cypriani,* (r). –
Il y est question de cinq hérétiques, mais seulement de quatre conciles qui avaient condamné

iudicarunt, et probatis criminibus eos abstinuerunt. – [k]Cyprianus in concilio Carthaginensi[21]: Nulla nos certe deterret autoritas a querendo quid verum sit: «quando habeat omnis episcopus pro licentia libertatis et potestatis suae arbitrium proprium, tanquam iudicari non possit ab alio», quomodo nec ipse potest alterum iudicare.

[287] [b]*Communis et par omnibus authoritas et potestas episcoporum:*

[s]Cyprianus de simplicitate praelatorum, tractatu tertio[22]: «Quamvis apostolis omnibus post resurrectionem suam parem potestatem tribuat et dicat: *Sicut misit me Pater et ego mitto vos. Accipite Spiritum sanctum; si cui remiseritis peccata, remittentur illi; si cui tenueritis, tenebuntur* [Io. 20, 21. 23] tamen, ut unitatem manifestaret, unitatis eiusdem originem ab uno incipientem[23] sua autoritate disposuit. Hoc[24] erant utique et caeteri apostoli quod fuit Petrus: pari consortio praediti et honoris et potestatis; sed exordium ab unitate proficiscitur, ut ecclesia una monstretur». Idem paulo post in eodem tractatu[25]: «Quam unitatem firmiter tenere et vindicare debemus, maxime episcopi, qui in ecclesia praesidemus, ut episcopatum quoque ipsum unum atque indivisum probemus. Nemo fraternitatem mendacio fallat, nemo fidei veritatem perfidia praevaricatione corrumpat. Episcopatus[26] unus est, cuius a singulis in solidum pars tenetur. Ecclesia una est, quae in multitudinem latius incremento foecunditatis exten[288]ditur; quomodo solis multi radii, sed lumen unum; et rami arboris multi, sed robur unum, tenaci radice fundatum».

Hieronymus ad Evagrium[27]: «Quod autem postea unus electus est, qui caeteris praeponeretur, in schismatis remedium factum est: ne unusquisque ad se trahens Christi ecclesiam rumperet. Nam et Alexandriae a Marco evangelista usque ad Heraclam et Dionysium episcopos, presbiteri semper unum ex se electum in excelsiori gradu collocatum episcopum nominabant; quomodo si exercitus imperatorem faciat, aut diaconi eligant de se, quem industrium noverint, et archidiaconum vocent. Quid enim

---

l'un ou plusieurs d'entre eux (p. 677, l. 16 et 20; p. 678, l. 3 et 6). Peut-être Bucer a-t-il compté aussi le concile dont il est question plus loin, ch. 13, p. 680; col. 812.

[21] Discours d'ouverture des *Sententiae episcoporum de haereticis baptizandis, CSEL* 3:1, 436; *MPL* 3, 1054. – Ap.: *Opera,* éd. Erasme ou Crabbe: *Concilia*? (p!e).

[22] *De unitate ecclesiae,* ch. 4, *CCL* 3, 251s; *MPL* 4, 499s. – Ap.: Erasme: *Opera Cypriani,* (r et titre).

[23] Précédé de *originem,* barré.

[24] Souligné d'ici à *apostoli.*

[25] Ch. 5, pp. 252s; col. 501.

[26] Souligné jusqu'à *una est.*

[27] C.-à-d.: *Ad Evangelum, Ep.* 146, para. 1, *CSEL* 56, 310s; *MPL* 22, 1194. – Ap.: *Opera,1516,* (re; leçons, qui ne sont pas celles du *Décret:* cf. la pars, dist. 93, can. 24, *Friedberg,* 1, 327s). – Cf. aussi *BEv.* ad Mt. 16, 18, f. 135v (là *ae*); *BRom* ad Rm. 13, p. 575 A (là *ae*); et *Furbereitung zum Concilio, BDS* 5, 332s, (là *p*).

facit, excepta ordinatione, episcopus, quod presbiter non faciat? Nec altera Romanae urbis ecclesia, altera totius orbis existimanda est; et Galliae et Britanniae et Africa et Persis et Oriens et India et omnes barbarae nationes unum Christum adorant, unam observant regulam veritatis. Si autoritas quaeritur, orbis maior est Urbe. Ubicunque[28] fuerit episcopus, sive Romae sive Eugubii, sive Constantinopoli, sive Rhegii, sive Alexandriae, sive Tanis, eiusdem meriti[29], eiusdem est et sacerdotii. Potentia divitiarum et paupertatis humilitas vel sublimiorem vel[30] inferiorem episcopum facit. Caeterum omnes apostolorum successores sunt».

[289] *Episcopus in necessitate omnibus ecclesiis episcopale munus recte impertit:*

Exemplum[31] Eusebii Samosateni episcopi qui actus in exilium 'sub habitu militari Syriam, Phoenicem et Palestinam peragrabat et sacerdotes atque diaconos ordinabat et episcopos constituebat'.

[290 bl.; 291] *Residentia episcoporum:*

Nemini episcopo facultas sit residendi [!] in diocesi et [negligendi?] cathedram suam: Caput 5, Concilii 5, Carthaginensis[32].

[292] *ᵇDistantia episcopatuum:*

Minime longo intervallo disiungi episcopi debent, sed pro[p]inquis locis ordinari, ut ad ordinationem et alia ecclesiae negotia facile queant convenire, et ut pastores populis adsint: Gregorius, Responsione 8 ad interrogationes Augustini episcopi id est [?] Augustini Anglorum; item «Fraternitatem», distinctione 80[33]. Ubi multitudo populi excrevit, episcopus ordinetur[34], non tamen nimis humilibus vicis, ne vilescet nomen episcopi: Gregorius Bonifacio, capite «Praecipimus», 16, questione 1[35]. De unione

---

[28] De *fuerit* à *Eugubii,* souligné.
[29] D'ici jusqu'à la fin de la phrase, souligné.
[30] Suivi de *epis,* barré.
[31] [] *Tripartita, libro 7, capite 16.* – Para. 1, *CSEL* 71, 409; *MPL* 69, 1031, *(pa).*
[32] Mansi: *Collectio,* 3, 969 et *Decreti,*2a pars, causa 7, qu. 1, can. 21, *Friedberg,* 1, 576. – A la place du mot que nous avons suppléé, le ms. laisse un espace vide. Cette lacune et la leçon *residendi* (alors que le sens et le texte du canon qui est paraphrasé ici demandent *relinquendi*) montrent que le sujet a été abandonné.
[33] *Decreti,*1a pars, dist. 80, can. 6, *Friedberg,* 1, 281 *(p!).* – Pour la numérotation des réponses, v. l'apparat au texte dans liv. 11, *Ep.* 56, *MGHEp* 2, 336. – Cf. aussi *infra,* n. 35–37.
[34] Précédé de *ord* barré.
[35] *Decreti,*2a pars, causa16, qu. 1, can. 53, *Friedberg,* 1, 778 *(p!).* – L'interprétation de la clause restrictive «pia tamen contemplatione, ut non vilescat . . .» dans le sens donné ici, est donnée par le canon cité à la n. suiv. Les rapports entre les pièces rapportées ici reflètent les renvois donnés par les commentaires: la *Glose* à dist. 80, can. 6, renvoie à notre contexte (ici can. 48, *Friedberg,* 1, 776); Torquemada: *Super Decreto,* sur le canon cité ici, renvoie à

episcopatuum, ibidem, capite «Et temporis», et sequenti[36], et distinctione 80, capitibus «Illud» et «Non debere»[37].

[293] *De distributa potestate episcoporum, nec per Romanum pontificem convellenda:*

〈 *Gregorius〉 *Responsione 9 ad interrogationes beati Augustini[38]: «In Galliarum episcopis nullam tibi autoritatem tribuimus, quia ab antiquis praedecessorum meorum temporibus pallium Arelatensis episcopus accepit, quem nos privare autoritate percepta minime debemus. Si igitur contingat, ut fraternitas tua ad Galliarum provinciam transeat, cum eodem Arelatensi episcopo debet agere, qualiter si qua sunt in episcopis vitia corrigantur. Qui, si forte in disciplinae vigore tepidus existat, tuae fraternitatis zelo accendendus est. Cui etiam epistolas fecimus, ut cum tuae sanctitatis praesentia in Galliis et ipse tota mente subveniat, et quae sunt Creatoris nostri iussioni contraria ab episcoporum moribus compescatis. Ipse autem[39] auctoritate propria episcopos Galliarum iudicare non poteris, sed suadendo, blandiendo, bona quoque tua opera eorum imitationi monstrando, proniorum mentes ad sanctitatis studia reforma. Quia scriptum [294] est in Lege: 'Per alienam messem transiens, falcem mittere non debet, sed manu spicas conterere et manducare' [cf. Dt. 23, 25][40]. Falcem ergo iudicii mittere non potes in ea segete, quae alteri videtur esse commissa; sed per affectum boni operis frumenta dominica vitiorum suorum paleis expolia, et in ecclesiae corpus quasi mandendo converte. Quicquid vero ex auctoritate agendum est, cum praedicto Arelatensi episcopo agatur, ne permitti [!][41] possit hoc, quod antiqua patrum institutio invenit. Brittannorum vero omnes espiscopos tuae fraternitati committimus, ut indocti doceantur, infirmi persuasione roborentur, perversi auctoritate corrigantur»[42].

---

dist. 80, can. 3, qui précède les deux can. cités ci-après (cf. n. 37). La *Glose* à ce dernier canon renvoie à son tour à causa 16, qu. 1, can. 48, etc.

[36] *Decreti,*2a pars, causa 16, qu. 1, can. 48s, *Friedberg,* 1, 776. Cf. la n. 35.

[37] *Decreti,*1a pars, dist. 80, can. 4s, *Friedberg,* 1, 280s. Cf. n. 35.

[38] Liv. 11, *Ep.* 56a, *MGHEp* 2, 337; Liv. 11, *Ep.* 64, *MPL* 77, 1192. – Ap.: *Opera,1518* (leçons).

[39][] *Legati a latere potestas moderata.* – La phrase correspondante, de *auctoritate* à *proniorum* est soulignée dans le texte.

[40] La paraphrase biblique semble supposer la *Vetus lat.* plutôt que la *Vg.*: v. Sabatier: *Italica,* t. 1, *ad loc.*

[41] Leçons des *Opera,1518.* Il convient de lire *praetermitti* avec les éditions modernes.

[42][] *Nota: potestas et functio metropolitanorum.* – Dans le texte, qui se termine par un astérisque, la fin, depuis *fraternitati,* est soulignée.

[*295s* bl.; 297] *Decretum quod clerus et populus terminare debet de electo episcopo*[43]:

Dominis patribus, illis venerabilibus scilicet episcopis dioceseos metropolis, clerus, ordo et plebs, huic sanctae ecclesiae specialiter obsequentes.

Vestrae paternitati est cognitum, quantum temporis est, ex quo, accidentibus variis eventibus, haec sancta ecclesia metropolis nostro sit viduata pastore, ac destituta rectore, quod non solum ad nostrum, verum et ad vestrum ac omnis huius dioceseos detrimentum pertinere dignoscitur, cum totius provinciae solicitudinem metropolitano constet esse commissam. Propterea elegimus huius dioceseos illius ecclesiae presbyterum: illum nobis sufficientissime cognitum; natalibus et moribus nobilem; apostolica et ecclesiastica disciplina imbutum; fide catholicum; natura prudentem, *docibilem, patientem* [2Tim. 2,24]; moribus temperatum; vita castum, sobrium, humilem; affabilem, misericordem, literatum; in lege Domini instructum, in Scripturarum sensibus cautum; in dogmatibus ecclesiasticis exercitatum; [298] et secundum Scripturarum tramitem, traditionemque orthodoxorum et canonum ac decretorum Sedis apostolicae, praesulum constitutiones sane[44], ac ecclesiasticas regulas intelligentem; sanoque sermone docentem atque servantem; *amplectentem eum qui secundum doctrinam est fidelem sermonem* [Tit. 1, 9], et *cum modestia corripientem eos qui resistunt* [2 Tim. 2, 25], et si qui sanae doctrinae adversantur, eis resistere et redarguere valentem [cf. Tit. 1, 9]; *hospitalem, modestum, suae domui bene praepositum; non neophytum; habentem testimonium bonum* [1 Tim. 3, 2. 4. 6. 7] in gradibus singulis secundum traditionem ecclesiasticam; ministrantem ad omne opus bonum et ad *satisfactionem omni poscenti rationem de ea quae in* illo *est spe* paratum [1Pt. 3, 15]; quem nobis quantotius petimus ordinari pontificem: quatenus auctore nostro Domino regulariter nobis praeesse valeat et prodesse, et nos sub eius regimine salubriter Domino militare possimus; quia[45] «integritas praesidentium salus est subditorum, et ubi est incolumitas obedientiae, ibi sana est forma doctrinae». Ut autem omnium nostrum in hanc electionem convenire noscatis voluntatem, huic [299] decreto canonico promptissima voluntate singuli manibus propriis roborantes subscripsimus.

---

[43] On trouve un texte presque identique in Bouquet: *Recueil*, 4, 594, N° 3. D'après la note (a) *ibid.*, le texte aurait été édité pour la première fois par Jean de Cordes, i.e dans la première moitié du 17e siècle. Nous ignorons de quel ms. Bucer a pu le tirer. – Cette pièce a peut-être été insérée lors de l'élection d'Erasme de Limbourg 1541: v. *supra*, ch. 16, n. 19.

[44] Ms.: *sano*.

[45] Léon le Grand: *Ep.* 12, para. 1, *MPL* 54, 647 A. Cf. n. 1 de ce chapitre.

[300 bl.; 301] *Subscriptio episcoporum in electionem episcopi*[46]:

Ille illius ecclesiae archiepiscopus vel episcopus in electionem Domini N. ecclesiae illius episcopi subscripsi. – Isti in ordinationem illius ecclesiae episcopi conscripserunt. – Ego illius ecclesiae episcopus subscripsi. – Isti illum in locum illius ecclesiae episcopi, ipso consentiente, ordinari consenserunt, quod praesens eorum subscriptio manifestat, etc.

[302 bl.; 303] *Potestas corepiscoporum:*

Ut episcopo civitatis episcopi in vicis (idest corepiscopi) subsint, et ultra subdiaconos, lectores et exorcistas non ordine[n]t, Distinctione 24, capite X[47]; et in concilio Neocaesariensi, canone 13[48]; item epistola Damasi in primo tomo Conciliorum, folio 231[49]. – ª Arbitratur Erasmus «vicorum ac pagorum sacerdotes in priscis canonibus appellari corepiscopos» et «scribendum» putat «chorepiscopos, quod χώρα Grecis interdum rus aut agrum declaret»: Ecclesiastes Erasmi, folio 29, pagina 2[50].

---

[46] Cf. n. 43.

[47] Plutôt *Decreti,*1a pars, dist. 68: le *dictum Gratiani* introduisant la 2a pars, ainsi que le can. 4 et la *Palea* qui suivent: *Friedberg,* 1, 254s.

[48] Mansi: *Collectio,* 2, 546 et 548; et *Decreti,*1a pars, dist. 95, can. 12, *Friedberg,* 1, 335.

[49] Crabbe: *Concilia, loc. cit.* ff. 231v et suiv., où les notes marginales (f. 232r) renvoient entre autres aux canons cités ci-dessus aux n. 47s. – *Ep.* apocryphe 3, *MPL* 13, 431s; Hinschius: *Decretales,* 510s.

[50] *LB* 5, 809 E. – Ap.: *Ecclesiastes, Anvers,1535, (rep).* Cf. notre ch. 16, n. 4.

CHAPITRE XVIII

PATRIARCHES ET MÉTROPOLITAINS

[304 bl.; 305] ^c*Potestas et procuratio metropolitani et aliorum episcoporum:*

Viciniores quisque visitet, et ubi metropolis imperii, ibi sit metropolitanus episcopus: Capite 1, Concilii Taurinatensis [!]¹. – Nihil ultra suam diocesim episcopi administrent sine metropolitano; et hic nihil sine episcoporum concilio: canone 9 concilii Antiocheni². – ^bVide supra 294 de eadem re Gregorium³.

[306] ^p*Privilegium clericale consistit in xiiii:*

Primo, quod non conveniatur coram iudice seculari. 2°, quod verberans clericum incidit in canonem. 3, non vocantur ad onera secularia. 4°, posssunt facere collegium ubi laicis non licet. 5°, possunt vendicare rem concessam ecclesie ante traditionem⁴. 6, eodem privilegio gaudet persona et familia. 7°, quod facientes statuta contra clericos fiunt ipso facto excommunicati. 8°, quod soli clerici possunt beneficium ecclesiasticum obtinere. 9, quod per litteras impetratas contra laicum cum clausula generali⁵ non potest clericus conveniri. 10°, quod in causa civili nomine sportularum non tenentur dare nisi quatuor siliquas⁶. 11°, quod de acquisitis, licet sint in potestate patris, possunt testari. 12°, quod sine consensu patris agere possunt pro rebus suis recuperandis. 13, quod non possunt pignorari. 14, si sciente domino servus efficiatur, clericus liberatur a domini potestate: Hec Lynwoode, De officio archipresbiteri, capite

---

¹ Mansi: *Collectio*, 3, 861 (can. 2). – Ap.: Crabbe: *Concilia*, (*rp*).

² Mansi: *Collectio*, 2, 1311s; 1323 (Denis le Petit); 1331 (Ps. – Isidore). Cf. aussi *Decreti,*2a pars, causa 9, qu. 3, can. 2, *Friedberg*, 1, 606 (forme isidorienne). – *Canone 9* est précédé de deux lettres barrées.

³ Suivi de *294* barré. Le chiffre a été inséré ensuite au-dessus de la ligne après *supra*. Il s'agit de la fin de la *Responsio 9 ad Interrogationes Augustini*, que Bucer a commentée en marge (notre ch. 17, n. 42).

⁴ Lyndewood, *loc. cit. infra* à la n. 7, renvoie au *Code, De sacros. ecclesiis*, Lege «Si», i.e: liv. 1, tit. 2, ch. 14, para. 9 «Si quando igitur» (*CIC* 2, 14a): il s'agit du transfert temporaire de l'usufruit de biens d'église, qui sont inaliénables.

⁵ C.-à-d. une stipulation précisant qu'elle s'adresse à tous (p. ex. «A tous ceux qui les présentes lettres verront») ou s'applique à tous les habitants d'un certain endroit, sommés de comparaître: cf. l'emploi du terme au *Digeste*, liv. 4, tit. 6, para. 26, *CIC* 1, 94a.

⁶ *Siliqua:* la vingtième part d'un sou.

«Item statuimus», verbo «Clericali»[7]. Expende autem [?][8]: privilegium canonicum quod petunt episcopi in coronatione regis[9] extendat se ad hec privilegia.

[a]Sportula apud Ciprianum ut supra 239[10], et apud Tertullianum, Ad martyres[11], «erat cene genus pro pauperibus refocillandis» vel donaria plebi data a principibus.

[307 bl.; 308] [c]*Divisio metropolium ecclesiarum:*

Innocentius papa[12]: 'Non est necesse metropoles ecclesias mutari, pro ut mutantur metropoles imperatoriae'. Coniectura igitur est olim metropoles ecclesiasticas constitutas esse secundum metropoles inperatorias[!]. Id supra ordinatum legitur, pagina 305[13]. – [b]In Historia Tripartita, libro 9, capite 13[14], habetur nova distributio et idonea locis et personis ecclesiarum a primoribus episcopis curandarum. Re enim ipsa perspici ecclesiis curabant; non ludebant inanibus titulis.

[309 bl.; 310] [c]*Patriarcharum primorum cura et potestas:*

«Antiochaea[15] praesidet Orienti». Inde[16] Meletius Antiochaeae episcopus Tarsensibus, Apameiae et Germaniciae episcopos ordinavit. Erat ergo haec potestas et cura, providere, ut ecclesiae idoneos ministros haberent, et ut hi in officio continerentur. Haec cura etiam primorum patriar-

---

[7] Plutôt: *De officio iudicis ordinarii,* i.e. *Provinciale,* lib. 1, tit. 13 (*De officio archipresbyteri* étant le tit. 11), glose «t». ff. 35v,b et suiv. Le commentaire de Lyndewood à cette constitution archiépiscopale de 1260, renvoie pour chacun des quatorze privilèges aux sources du droit canon, p. ex.: pour le N° 1 au *Decretales,* lib. 2, tit. 2, cap. 12, *Friedberg,* 2, 251.

[8] Ou *an.* Ms.: *ã.*

[9] Gibson: *Codex,* t. 1, p. 7 cite la formule employée depuis 1688. – Celle du temps de Parker se trouve dans le *Liber regalis,* éd. Legg: *Coronation Records,* pp. 87s. Après le sermon, l'archevêque reçoit le serment du roi d'observer les lois et les coutumes garanties par ses prédécesseurs. Puis: «Sequitur admonitio episcoporum (. . .): 'Domine rex a vobis perdonari petimus, ut unicuique de nobis et ecclesiis nobis commissis, canonicum privilegium et debitam legem atque iusticiam conservetis et defensionem exhibeatis, sicut rex in suo regno debet unicuique episcopo, abbatibus et ecclesiis sibi commissis'». Le roi répond par un serment qui reprend presque mot à mot le texte de la pétition. – Pour le début de l'interrogation et le serment v. la version nouvelle introduite sous Henri VIII, *op. cit.,* pp. 240s.

[10] *Ep.* 1, paras. 1 et 39, para. 5, citées ch. 16 aux n. 33 et 34. Cf. aussi la n. suiv.

[11] Beatus Rhenanus, commentaire à l'expression *agapen fratrum,* in *Opera,1545,* f. 164v,M. – Elle se rapporte à *Ad martyres,* ch. 2, para. 7, *CCL* 1, 4; *MPL* 1, 623 A. Le commentaire de Beatus Rhenanus relève aussi l'expression cyprianique «sportulantes fratres» qui figure dans le texte auquel renvoie notre n. préc.

[12] Innocent Ier: *Ep.* 24, para. 2, *MPL* 20, 548s (*p*!).

[13] Cf. n. 1 et 2 de ce ch.

[14] Paras. 9s, *CSEL* 71, 509; *MPL* 69, 1129.

[15] [] *Tripartita, libro 9, capite 3, in initio.* – Para. 1, *CSEL* 71, 495; *MPL* 69, 1122 C.

[16] [] *Ibidem, circa finem capituli.* – Paras. 16–18, p. 498; col. 1124 AB.

charum fuit; quia Eusebius[17] Samosatenus ordinavit Beroeae, Hierapoli et Chalcidi episcopos. – In concilio Constantinopolitano primo[18], quod sub Theodosio celebratum est, constitutum fuit, ut sedes Constantinopolis honoris praerogativa secunda a Romana esset. – Distribuerunt provincias[19] et statuerunt, ne alter in alterius diocesi aliquid ageret, quod persecutionis tempore permissum fuerat. [311] In quo notandum, ut necessitatis tempore ecclesiis consulere debent quicumque possunt, quicumque limites sint diocoeseon vel officiorum.

Distributio provinciarum:

Constantinopolitano Thracia[20]: sub Chrysostomi cura tota Thracia fuit, quae sex praefectis, Asiae quae 11 praesidibus, et Pontica, quae totidem iudicibus gubernabatur.

[312] *P*Ubi inpingitur Romano pontifici dictum Gregorii (ut infra)[21] de arrogantia Johannis Constantinopolitani, qui se universalem episcopum appellari voluit. Glossatores canoniste eludunt[22], ut dicant Johannem arrogasse quod non licebat; nec quod vendicant episcopi Romani: nam inquiunt: Non vocatur pontifex universalis, sed ecclesie universalis episcopus, etc. – Sed cardinales dilecti[!] a Paulo 3°, pagina 7[23] promiscue utuntur hiis appellationibus; et ubi hoc repraehendit Sturmius, Cochleus respondet hiis verbis[24]: «Memineris eum ante mille annos ita dictum fuisse authoritate publica in amplissimo concilio Calcedonensi a DC et 30 episcopis, atque a Martiano imperatore, amplissimoque eius senatu, qui in eo fuere consilio[[!]]. At dicis[25] Gregorium 1um et viginti ante eum Romanos pontifices hoc recusasse vocabulum. Fateor quidem; sed in alio[26] sensu atque ex certa causa, nempe ad retundendam patriarche

---

[17] [] *Ibidem.* – Para. 19, p. 498; col. 1124 B.

[18] [] *Ibidem, capite 13.* – Para. 7, p. 509; col. 1129 C.

[19] [] *Ibidem, eodem capite.* – Para. 8, p. 509; col. 1129.

[20] [] *Tripartita, libro 10, capite 4.* – Para. 8, p. 588; col. 1167 D.

[21] V. aux n. 39–43.

[22] P.ex. Torquemada: *Super Decreto* à propos de *Decreti,*la pars, dist. 99, can. 5 [*Friedberg*, 1, 351]. Il y renvoie au commentaire du canon préc. où il cite s. Thomas: *Contra impugnantes religionem:* «... non quod non sit pastor et rector et caput universalis ecclesiae, universalis pastor omnium ovium Christi...». Ce que les deux canons nient, selon Torquemada, c'est que le pape, ou un autre patriarche, soit l'«immediatus administrator» de toutes les églises.

[23] Précédé de *9* barré. – CT 12, 135 cité avec la critique de Sturm; CC 17, 17, n. 1. – Ap.: *Consilium, ca. 1549,* p. 7, où Parker a souligné dans son exemplaire «sit pontifex universalis ecclesiae» et (officium) «universalis Pontificis». – Cet exemplaire ne comporte pas le texte de Sturm, qui ne paraît pas être conservé parmi les livres de Parker. Ce dernier aurait pu en avoir connaissance à travers la seule réplique de Cochlée. – Pour les éd. de ce texte, v. Rott: *Bibliographie,* N°s 30ss, p. 333. – Sturm: *Epistola* chez Friedensburg, *Das Consilium*, pp. 28–51, le passage en cause ici, p. 31.

[24] *Aequitatis discussio, CC* 17, 17.

[25] Il s'agit de Jean Sturm: v. *CC, loc. cit.,* n. 4.

[26] Le commencement d'un mot (*ce*?) barré.

Constantinopolitani superbiam, qui hoc sibi vocabulum iniustissime usurpabat». – *a*In concilio Niceno 2°, scilicet septimo generali Constantinopolitani[27], sepius archiepiscopus Tharasius nominatur universalis. – Antonius libro 3, titulo 23, capite 4, paragrapho 2[28]: Papa est ordinarius omnium et totibus orbis: 9 q. 3 «Cuncta»; et capite 2, paragrapho 7[29]: «Papa dicitur archiepiscopus orbis, distinctione 25, in fine, et provincia eius est universitas orbis». – «Sixtus universalis apostolice ecclesie episcopus omnibus episcopis in Domino salutem»: Libro conciliorum, tomo primo pagina 42[30].

[313] *b*Mutua obligatio ad fidem rectam quam patriarchae primi faciebant per synodales epistolas:

«Hinc est etiam quoties[31] in quatuor praecipuis sedibus antistites ordinantur synodales epistolas sibi vicissim[32] mittent, in quibus se sacram Chalcedonensem synodum cum aliis generalibus synodis custodire fateantur»: Divus Gregorius, Epistola 53, libri 7[33].

*a*Antonius[34], libro 3, titulo 23, capite 3, paragrapho 3[35]: Papa est unicum caput et princeps totius ecclesiae. Qui contra hec sentit, sentit contra articulum fidei Nicene 'una sancta ecclesia'; et ecclesia habet «unitatem ex unitate capitis. Unde Johannis 10 [v. 16] dicit *fiet unum ovile et unus pastor*». Unde de necessitate salutis est (inquit Bonifacius 8) est[!] omnem creaturam humanam esse subiectam Romano pontifici. Sentire ergo quod ad concilium a papa appellari possit, est hereticum et citra illum

---

[27] *Actio 2*, Mansi: *Collectio*, 12, 1088s. Dans les formules d'adhésion à la lettre du pape Adrien employées p. ex. par Basile d'Ancyre, Pierre de Nicomédie et Epiphane de Catane, le terme «universalis patriarcha» lui est appliqué. Dans la version de Gisbert Longueil, la lettre du pape au patriarche (f. XV r) et la formule d'adhésion de Staurace de Chalcédoine (f. XVI v) employent en outre le terme «generalis patriarcha».

[28] Antonin de Florence: *Summa, loc. cit. (De conciliis provincialibus, Tertium membrum)*. *(aptr)*. – La référence est à *Decreti*,2a pars, causa 9, qu. 3, can. 17 [*Friedberg*, 1, 611].

[29] *Loc. cit., De conciliis generalibus, Quando concilium dicitur legitime celebratum. (etr)*. – La référence au *Décret* donnée par Antonin de Florence paraît être fausse: s'agirait-il de *Decreti*,1a pars, dist. 22, can. 7, ou peut-être de dist. 21, can. 9, *Friedberg*, 1, 72 et 76?

[30] Ap.: *Crabbe,1538*, f. 42v. Il s'agit de la seconde épître attribuée à Sixte Ier dans la collection Ps. – Isidorienne, Hinschius: *Decretales*, 108; *MPL* 130, 103. – Pour la suite des textes de Parker, v. *infra* à la n. 34.

[31] Suivi de *qu* barré.

[32] Corrigé de *mitti contin*[?]. Entre cette correction et *sibi*, le mot *epistolas* est répété au-dessus de la ligne.

[33] Liv. 9, *Ep*. 147, *MGHEp* 2, 144; Liv. 9, *Ep*. 52, *MPL* 77, 985. – Ap.: *Opera,1518*, *(re)*.

[34] Le texte qui commence ici fait suite à ceux que Parker a rapportés à la page préc. (v. n. 30), plutôt qu'à celui inscrit par Bucer. Ce n'est qu'à la page suivante, après le second ensemble grégorien inscrit par Bucer, que Parker reprend ce thème particulier. Voir ci-dessous n. 43.

[35] Antonin de Florence: *Summa,3a pars, loc. cit. (De appellatione pape, tertium principale)*. *(apet!)*. Le renvoi à Boniface VIII est à *Extravag. Comm., lib*. 1, tit. 8, cap. 1: *Friedberg*, 2, 1245s. – Cf. aussi les deux n. suiv.

articulum 'sanctam ecclesiam catholicam'. Et hoc est, inquit, sentire Romanum pontificem non esse unicum caput et universale, etc. – Sed adverte quod Panormitanus[36], Extra, De electo et electi potestate, capite «Significasti», docet plane papam non esse caput ecclesiae. Item ubi supra[37] scribitur quod Romana ecclesia semper immaculata, nam foris *rugam* neque *maculam* [cf. Eph. 5, 27] permanet et permanebit, id est secundum quod dicitur: *Amica mea, columba mea, immaculata mea,* etc., Cant. 5[n[to]] [v. 20]. «Nec praesumendum est facile ipsum esse in aliquo irretitum crimine».

[314] *[b] Ne quis universalis:*

'Antichristi praecursor' qui se ita vocet: Gregorius, Epistola 30, libri 6[38]. Alios non sinit episcopos esse: libro 7, [c]29, [k]30[39] [b]ad Eulogium Alexandrinum cui etiam non voluit iubere, sed ei tamen indicare. 'Petrus[40] curam universae ecclesiae commendatam accepit'; «tamen non universalis apostolus fuit aut dici voluit». Nomen impium, blasphemum, scelestum, quod qui admittit – et[41] qui in illud consentit – perdit fidem:

---

[36] C.-à-d. dans son commentaire à *Decretalium,* lib. 1, tit. 6, cap. 4 [*Friedberg,* 2, 49s], t. 1, f. 115v. Peut-être para. 2 qui note que le pape ne peut rien contre l'évangile. Ou Parker pense-t-il plutôt aux commentateurs du Panormitain, en particulier à la glose tirée d'Antoine de Butrio sur les cas d'un concile général réuni sans l'initiative du pape (*ibid.* note c et suiv.)? Cf. la n. suiv.

[37] Antonin de Florence: *Summa,*3a pars, tit. 23, ch. 3, para. 4. Le *ipsum* se rapporte au pape. – Dans l'exemplaire de Parker (CCC EP-P-1-4) ces passages (cf. *supra,* n. 35) sont partiellement soulignés au crayon et l'on trouve [] [a]«Negat hoc panormitanus. Extra de electione et electi potestate, cap. significasti».

[38] Liv. 7, *Ep.* 30, *MGHEp* 1, 478; Liv. 7, *Ep.* 33, *MPL* 77, 891 D. – Ap.: *Opera,1518 (rp.* Cf. aussi le titre *ibid.:* «Quod qui vocat se universalem sit Antichristi»).

[39] Les deux chiffres remplacent [b]99 barré. Cette indication se rapporterait à Liv. 9, *Ep.* 152, *MGHEp* 2, 152s; Liv. 9, *Ep.* 96, *MPL* 77, 1021. Le texte qui suit: «Ad Eulogium . . . indicare» est rajouté entre les lignes et se rapporte aux renvois modifiés: Liv. 8, *Ep.* 28 et 29, *MGHEp* 2, 29–31; Liv. 8, *Ep.* 29 et 30, *MPL* 77, 930–934. – La première de ces épîtres, bien qu'adressée elle aussi à Eulogius, ne contient rien qui se rapporte à notre sujet, sauf peut-être l'idée qu'Alexandrie est un siège de s. Pierre (p. 29, l. 28ss; col. 931 C). Le passage qu'a résumé Bucer se trouve dans la seconde (p. 31, l. 17–32; col. 933 BC), qui est aussi celle dont est tiré le canon que Parker discute *supra,* aux n. 21 et 22.

[40] [] [k]Libro 4, epistola 32. – Une accolade réunit le texte à ce renvoi marginal. – Liv. 5, *Ep.* 37, *MGHEp* 1, 322; Liv. 5, *Ep.* 20, *MPL* 77, 746 A. – Ap.: *Opera,1518* [*rep*! de ce texte, combiné avec les échos des autres indiqués dans la liste suiv.: cf. n. 42; et *BRom* ad Rm. 13, 574 E (là *ep*)].

[41] Les mots que nous avons placés entre tirets sont rajoutés au-dessus de la ligne. Un signe indique l'endroit où ils doivent être insérés.

Gregorius, libro 4, Epistola 32, 34, 36, 38, 39[42]. [a]Gregorius scribit[43] synodum Calcedonensem optulisse[!] sibi nomen universalis episcopi – contra statuta, ut videtur, concilii Niceni[44], ubi decernitur, ut unicuique ecclesie patriarchali suus honor maneret. Et tamen idem Gregorius suscipit hec quatuor concilia[45] ut quatuor Evangelia: Libro primo epistolarum, capite 24, et libro 7, capite 53[46]. Sic contra decreta concilii Niceni statuitur, ut votarii scortatores communicent cum laicis; ut ne episcopus ad maiorem a minore sede ascendat; ut ne cum clerico ulla extranea mulier maneat, praeter matrem et sororem etc.[47].

Etiam tamen in conciliis cum[!] his dispensatur quantumvis Gregorius, equaverit ea evangelio.

---

[42] *Ep.* 32, v. n. 40. Les autres: Liv. 5, *Ep.* 39, *MGHEp* 1, 326–329; *Ep.* 41, pp. 331–335; *Ep.* 44, pp. 338–342; *Ep.* 45, p. 344 = Liv. 5, *Ep.* 21, *MPL* 77, 748–751; *Ep.* 43, cols. 770–74; *Ep.* 18, cols. 738–43; *Ep.* 19, cols. 743s. – On trouve des passages dont le texte ci-dessus donne des échos: p. ex.: p. 332, l. 19s, col. 771 C: «profanum vocabulum», et p. 334, l. 32ss, col. 744: «sceleste vocabulum, consentire, fidem perdere». – Ap.: *Opera,1518* et peut-être *BRom* ad Rm. 13 (Quaestio an potestas quae gladium gestat . . . suprema sit, pp. 570s; dossier grégorien semblable).

[43] [] *Vide folio 312.* – Cf. n. 21 et 22, ainsi que 39–42. La mention de Chalcédoine se trouve Liv. 5, *Ep.* 37, *MGHEp* 1, 322s; *Ep.* 41, p. 332; *Ep.* 44, p. 341 = *MPL* 77, cols. 747 A; 771 C; 740 C. – Sur l'origine de l'idée de s. Grégoire, v. *MGHEp* 1, 322, n. 3.

[44] Can. 6, Mansi: *Collectio*, 2, 669ss; 679s; 687. Cf. aussi *Decreti,*1a pars, dist. 65, can. 6, *Friedberg*, 1, 251. – Cf. *Furbereitung zum Concilio,1533*, *BDS* 5, 333s (autres *r*).

[45] Suit *evangelia*, barré.

[46] Liv. 1, *Ep.* 24, *MGHEp* 1, 36; *MPL* 77, 478. Cf. aussi *Decreti,*1a pars, dist. 15, can. 2, *Friedberg*, 1, 35. Liv. 9, *Ep.* 147, *MGHEp* 2, 144; Liv. 9, *Ep.* 52, *MPL* 77, 985. Ce dernier passage parle de l'ensemble des conciles généraux et de leur autorité, mais ne les compare pas aux évangiles. – Ap.: *Opera,1518*, (*r*).

[47] *Decreti,*1a pars, dist. 28, can. 9; 2a pars, causa 7, qu. 1, can. 34; et 1a pars, dist. 33, can. 16, *Friedberg*, 1, 103; 579s; 121. Ces canons sont tirés du concile de Néocésarée; d'une épître décrétale (pseudo-isidorienne) du pape Anterius; et du canon 3 du concile de Nicée lui-même! Le terme de *mulier extranea* fait penser au concile de Lerida (Ilerda), can. 15, Mansi: *Collectio*, 8, 614 (où l'exception de la famille ne figure pas).

CHAPITRE XIX

LA PAPAUTÉ

[315] ^c*Papae authoritas, quae non maior aliis episcopis est, sed aequalis:*

Cyprianus, libro 3, Epistola 13[1], petit a pontifice Romano Stephano, ut moneat episcopos Gallos, ut ipsi Martianum Arelatensem, qui se Novatiano adiunxerat, contra Cornelium episcopum Romanum, abstineant; non ut ipse eum sua authoritate abstineat. Item, ut ad Gallos episcopos scribat, non caussam ex ampliore potestate sedis Romanae sed ex communi munere episcopali, atque iure societatis omnium episcoporum inter se ducit. – «Cum Cornelio[2] coepiscopo nostro». «Ad Cornelium collegam nostrum». – Cyprianus Cornelio, libro 1, espistola 1[3]: «Nam cum nobis et ecclesia una sit et mens iuncta et individua concordia, quis non sacerdos in consacerdotis sui laudibus tanquam in suis propriis gratuletur?»

[316] *Romani pontificis autoritas et praecellentia*[4]:

Damasus, Siricius, Anastasius[5], caesarem Theodosium contra Flavianum Antiochenum invocarunt, sed iussit eos Theodosius quiescere. – Papa non «princeps sacerdotum, vel summus episcopus», sed Romanae urbis episcopus: canon 26, concilii Carthaginensis 3[6]. – Pontifex volebat ex provinciis ad suam sedem appellari, falsumque caput concilii Niceni per legatum suum exhibuit; sed deprehensa fuit impostura; et negatum est quod petebat, idque authore Augustino. Vide omnes canones concilii

---

[1] *Ep.* 68, 1–2, *CSEL* 3:2, 744s; *MPL* 3, 390–394. – Ap.: Erasme: *Opera Cypriani*, (*ri*).

[2] [] *Libro 4, epistola 6. Libro 4, epistola 2.* – Les citations sont toutes les deux tirées de la seconde de ces épîtres: *Ep.* 55, 1, *CSEL* 3:2, 624; *MPL* 3, 763. – La première indication ne représente sans doute rien qu'une erreur: après l'avoir remplacée par le bon renvoi, on a oublié de barrer le mauvais. – Ap.: Erasme: *Opera Cypriani*, (*re*).

[3] *Ep.* 60, 1, *CSEL* 3:2, 691; *MPL* 3, 830. – Ap.: Erasme: *Opera Cypriani*, (*er*).

[4] Le sous-titre est écrit à travers les deux pp. 316 et 317; seuls les deux premiers mots figurent à la p. 316. Il est répété de la même manière, en titre courant, pp. 318s et 320s sous la forme «Romani pontificis potestas, autoritas et praecellentia».

[5] D'après *Historia tripartita*, liv. 9, ch. 44, paras. 6–11, *CSEL* 71, 571s; *MPL* 69, 1159s.

[6] Mansi: *Collectio*, 3, 884 et *Decreti,*la pars, dist. 99, can. 3, *Friedberg*, 1, 350s. – Ap.: *Decretum*, éd. Beatus Rhenanus (*e*: leçon *vel*!) et Crabbe: *Concilia* (*r*). Le *Décret* renvoie ici à la grande collection africaine.

Carthaginensis 6[7]. – Episcopi plaerique[8], et inter hos Irenaeus, obiurgant Victorem episcopum Romanum asperius et iubent 'agere quae pacis sunt'. Romanae 'ecclesiae presbyteros' Ireneus vocat qui fuerunt pontifices ibidem.

[317] Obrepserat Basilides[9] Stephano pontifici Romano, ut restitui posset; sed ea in re Cyprianus non voluit autoritatem Romani pontificis aliquid valere, idque praecipue, quia Basilidis ecclesia de eo iudicaverat. Tum adiicient et haec caussa, canonem fuisse ab episcopis totius mundi constitutum, in quem et Cornelius consenserat, ut taliter lapsi ad poenitentiam agendam, etc. recipi possent, ab honore autem sacerdotali prohibendos esse. Hic memoratur Cornelius consensisse episcopis aliis, non alios ei. Cyprianus itaque iudicavit de obreptione[10] facta Stephano, de Stephano ipso, et praetulit iudicium ecclesiae, quae Basilidem condemnaverat. Canonem item praefert autoritati Romani pontificis. – [b]«Non habet Petri haereditatem, qui Petri fidem non habet»: Ambrosius, libro 1 De poenitentia, capite 6[11]. – [318] [c]Cornelius[12] cum sacerdotibus Italiae statuit[13] baptizatos ab haereticis non esse rebaptizandos, contra id quod in concilio Carthaginensi statutum a divo Cypriano erat, «manente sacerdotali concordia». Ex epistolis[14] apparet istud factum esse a Stephano, Cornelii successore. – Dissidentibus Corinthiis[15] scripsit Clemens Romanus 'hortatus eos ad pacem' sine ullo imperio.

'Canone iubere[16] concilium non debere absque sententia Romani pontificis'. (Scriptum erat: «scientia»; ibi additum est in margine «nisi in

---

[7] C.-à-d. les *Actes* en 10 chs., Mansi: *Collectio*, 4, 401–8. – Ap.: Crabbe: *Concilia* (*r* aux *canones*). Sur cette affaire et le rôle qu'y joua s. Augustin, v. Hefele-Leclerc: *Histoire*, 2:1, 196–201.

[8] [] *Historia Eusebii, libro 5, capite 23.* – Eusèbe-Rufin: *loc. cit.*, ch. 24, paras. 9–17, *GCS* 9:1, 495–7 en part. paras. 10, 14, 15 (*p*). – Ap.: *Autores hist. eccl.,1523 (ou 1528?)*. Les chs. 23s, numérotés dans les deux éditions en chiffres romains sur la même page, sont faciles à confondre.

[9] [] *Cyprianus, libro 1, epistola 4, pagina 31.* – *Ep.* 67, chs. 5s, *CSEL* 3:2, 739–41; *MPL* 3, 1027–31. – Ap.: *Opera,1537* (*r*).

[10] Suivi d'un mot barré: *ipsa?*

[11] Ch. 7, para. 33, *CSEL* 73, 135; *MPL* 16, 476. – *Haereditatem* est suscrit à *fidem* barré. – Pour la leçon du second *fidem* (au lieu de *sedem*), v. l'apparat aux deux endroits et les remarques sur les éditions anciennes: *CSEL* 73, 79*s. Le renvoi au ch. 6 et la leçon correspondent aux éditions d'Amerbach et d'Erasme: v. *MPL* 16, 475 C.

[12] [] *Eusebius, libro 7, capite 2.* – Eusèbe-Rufin: *Hist. eccl., loc. cit., GCS* 9:2, 637–9; (*ipe*).

[13] Précédé par le même mot barré.

[14] Sans doute moins par les épîtres de Denys d'Alexandrie, qui sont mentionnées et dont une est citée dans la suite du passage d'Eusèbe-Rufin (*GCS*, p. 639s), que celles de Cyprien, dont le nom paraît également dans le passage cité plus haut. V. p. ex. l'*Ep.* 72, *CSEL* 3:2, 775–8; *MPL* 3, 1046–50.

[15] [] *Eusebius, libro 5, capite 6.* – Eusèbe-Rufin, *loc. cit.*, para. 3, *GCS* 9:1, 439, (*p*).

[16] [] *Tripartita, libro 4, capite 9.* – *Loc. cit.*, paras. 4s, *CSEL* 71, 165; *MPL* 69, 960 D. – Ap.: *Autores hist. eccl.*, éd. Beatus Rhenanus, où paraît la note marginale mentionnée ici. La reconstitution de la leçon originale se fonde sur le παρὰ τὴν γνώμην du passage de Socrate:

praesentia». Mendo libri abusi sunt adulatores papae. Vide eum locum diligenter). Et ubi illa regula constituta est? Non in Niceno. Antea nihil tale servatum est. – Julius[17] 'sequens ecclesiasticam legem', adversarios Athanasii et ipsum ad se Romam convocavit. Indubie hoc ideo factum est – si factum est – quia non erat [319] Athanasio in Oriente locus. Coactus enim erat[18] improbitate inimicorum suorum fugere in Occidentem et Romam. Etiam Eusebius Nicomediensis[19], qui tum Constantinopolitanam sedem tenebat, 'iudicium Julii contra Athanasium' imploraverat. Confugerant denique[20] et alii episcopi probati ad hanc ecclesiam: Paulus Constantinopolitanus, qui ab homusianis, designante Alexandro, electus fuerat, sed ab Arrianis repulsus. Item[21] Marcellus episcopus Ancyrae, Asclepaque Gazae, Lucianus Hadrianopolis. Hic vide occasionem iudicii huius a Julio suscepti, tum etiam qua re fretius id susceperit. Obtendit enim autoritatem concilii Niceni. Hic vero[22] vide quid Orientales responderint, quidve minati fuerint; et quia authoritate Julii restitui potuerunt Athanasius et Paulus, de quo ibidem capitibus 17 et 18[23], apparet iudicium Julii consentientibus ecclesiis illis factum esse, ex potestate communis societatis. [320] Vide de hac caussa etiam ibidem capite 19[24], nam ibi scribitur evocatum a Julio Athanasium, cum ab Eusebio esset monitus, et rescivisset eum latere. Hoc caput diligenter perpende, repetit enim quae supra capitibus 6, 9, 15 et 16 habentur[25]. Et variant quae eidem Socrati adscribuntur[26]. Nota quoque quidem ad hanc rem, id quod capite 20[27] ibidem habetur: Constans enim suam authoritatem interposuit, et fratri quoque scripsit, ut Orientales mitteret. Item in capite 23[28] legimus Athanasium Romae non Romani tantum episcopi aut eius ecclesiae sed

---

Hist. eccl., liv. 2, ch. 8, *MPG* 67, 196 qui est ici la source de la *Tripartite*. Le texte grec de Socrate, *Ecclesiasticae historiae,1544*, f. 193r a été souligné par Rodolphe Gualther dans son exemplaire conservé à Zurich. – Si la discussion semble donc être postérieure à 1544, elle doit être antérieure à 1549 où parut la traduction de Socrate par Musculus, in *Eccl. hist. autores,* où ce terme est rendu par «sine consensu».

[17] [] *Ibidem, capite 6.* – Paras. 1s, *CSEL* 71, 162; *MPL* 69, 959 C, (*ipe*).

[18] [] *Ibidem, capitibus 5 et 11.* – Paras. 4s et 2–5, *CSEL* 71, 162 et 167; *MPL* 69, 959 B et 962 A. – Ap.: *Autores hist. eccl.*, où les notes marginales: «Accusatur Athanasius apud Caesarem» et «Athanasius fugit Romam» attirent l'attention sur ces passages.

[19] [] *Ibidem, capite 12.* – Para. 1, p. 168; col. 962 C, (*ipe*).

[20] [] *Tripartita, libro 4, capitibus 8 et 9.* – La première des indications de chapitre semble avoir été barrée (peut-être par mégarde). Paras. 1–6 (ch. 8) et 1 (ch. 9), pp. 163s; col. 960 A–C.

[21] [] *Ibidem, capite 15.* – Pp. 169s; col. 963.

[22] [] *Ibidem, capite 16.* – Pp. 170s; col. 964.

[23] Pp. 171–3; cols. 964s.

[24] Paras. 2s, p. 174; cols. 965s.

[25] V. *supra*, aux n. 16, 17 et 20–22.

[26] Il est question des variantes signalées à la p. 318 du ms. Cf. notre n. 16.

[27] Paras. 1s, pp. 174s; col. 966 BC.

[28] Para. 3, p. 178; col. 968 A, (*ap*).

'synodale expectasse iudicium'. Et in synodica epistola concilii Sardicensis, id est capite 24[29] parte epistolae priore[30], legimus adversarios Athanasii priores ad Iulium scripsisse contra Athanasium. Iulius[31] restitutum per Imperatorem Athanasium commendat Alexandrinis presbyteris, diaconis, et plebi, hosque fratres non filios vocat; et nihil de sua potestate meminit. [321] Imperator[32] eum fatetur restitutum «decreto concilii» non iussu Iulii papae[33]. – A concilio Antiocheno[34] reclamatum a Iulio non esse Romani pontificis in communionem admittere quos alii episcopi excommunicassent. Iulius[35] concilio Antiocheno crimini dedit quod se non vocassent ad suam synodum. Canones enim iubere sine Romano pontifice nihil debere statuit. Synodus, non papa, loquitur in synodalibus decretis; et Sardicense scribit, mentionem faciens Iulii pontificis Romani[36]. Scripserunt Eusebius et caeteri Iulio: «τῷ συλλειτουργῷ τῆς Ῥωμαίων ἐκκλησίας ἐπισκόπῳ, κατὰ προειρημένων συλλειτουργῶν ἡμῶν Ἀθανασίου καὶ» etc. [322] *m*«At dicis[37] super Petrum fundatur ecclesia. Licet id ipsum in alio loco super omnes apostolos fiat, et cuncti *claves regni coelorum* [cf. Mt. 16, 19; Io. 20, 23] accipiant, et ex aequo ecclesiae fortitudo super eos solidetur, tamen propterea inter duodecim unus eligitur, ut capite constituto schismatis tollatur occasio»: Hieronimus, libro primo *Adversus Iovinianum*[38], folio 16 *a*tomo primo 2°, folio 13, columna 3, litera 1.

---

[29] Para. 8, p. 180; col. 969 B.

[30] Ms. *prioris.*

[31] [] *Tripartita, libro 4, capite 29.* – En part. paras. 1–3, p. 197 (= ch. 28); cols. 977s.

[32] [] *Ibidem, capite 30.* – Para. 1, p. 200 (= ch. 29); col. 979 B; (*pe*).

[33] Ce passage est suivi par un alinéa entier dont le texte et la référence en marge ont été barrés: «Athanasius Alexandrinus ([] *Libro 4, capite 15, Ecclesiasticae Historiae* [!]), Paulus Constantinopolitanus, Marcellus Ancirae, Asclepa Gazae, Lucianus Hadrianopoleos episcopi a Iulio pontifice Romano, cum cognovisset eos iniuste ecclesiis suis pulsos, iussit[!] restitui ex authoritate. Iniuste enim depulsos deprehendit, et propterea quod fidei Nicaenae adhaererent.» – V. *Hist. Tripartita, loc. cit., CSEL* 71, 169s; *MPL* 69, 963s et cf. *supra* n. 21. – On peut se demander si ce passage a été barré parce que la référence prêtait à confusion, parce que sa construction grammaticale était malheureuse, ou simplement parce qu'on s'était aperçu qu'un résumé figurait déjà plus haut.

[34] [] *Libro 4, capite 16, Tripartitae.* – Para. 2, p. 171; col. 964 B..

[35] [] *Ibidem, capite 19.* – Para. 4, p. 174; col. 966 A.

[36] *Hist. Tripartita*, liv. 4, ch. 24. – Ap.: *Autores hist. eccl.*, où l'épître synodale de Sardique est d'abord donnée en latin, puis en grec (*a*). Le texte grec manque dans les éditions modernes. On le trouve dans Théodoret: *Hist. eccl.*, liv. 2, ch. 8, para. 6, *GCS* 44, 102s; *MPG* 82, 1001 A. Cf. aussi Hefele-Leclercq: *Histoire*, 1:2, 806, n. 2.

[37] [] *Hieronimus.* – V. la n. suiv.

[38] *Op. cit., loc. cit.*, ch. 26, *MPL* 23, 258 C. – Bucer: ap.: *Opera,1516*, t. 3. Parker: ap.: *Opera, Paris (Chevallon),1534*, t. 2, d'un exemplaire dont les petits tomes sont réunis à peu près comme ceux de Cambridge Univ. Lib. (1–3, 4–5, 6–8, 9) de sorte que le t. 2 est effectivement la seconde partie du vol. 1, (*rr*).

*b*Divus Gregorius papa provocat episcopum ad iudicium concilii, et ei iudicio sese subiicit ut partem: 2, quaestione 7, «Si quis super»[39]. *a*«Quod si super unum illum Petrum tantum existimas edificari ecclesiam, quid dicturus es de Iohanne, *Filio tonitrui* [cf. Mc. 3, 17] et apostolorum unoquoque»: Origines in Mattheum 16[40] tractatu 1°, «*Tu es Petrus*». Illud ipsum vide in Chrisostomi tomo 2, pagina 335[41]. [323] *p*Papa quomodo 'de nihilo aliquid facere potest, et etiam naturam rerum immutat substantialia unius applicando alii, et sententiam que nulla est facit aliquam, quia in iis que vult ei pro ratione, est voluntas nec est qui ei dicat: Cur ita facis? etc.' Portenta! Vide Decretalium, libri 1, titulum 7, folio 62, columna 4, in glosa paragraphi k[42]. – *a*Distinctione 63, canon «Adrianus» et canon «In synodo»[43] ostendit quod et Adrianus papa concessit Karolo regi Francorum et Ottoni primo regi Teutonicorum eligere pontificem; ubi glosa in fine[44] querit: 'Cur ergo non utuntur hoc privilegio?' «Respondet primo, quia imperatores eis renunciaverunt; 2, quia per abusum ea privilegia perdiderunt; 3, ex causa fuerunt concessa, et cessante causa cessabit effectus. Nec[45] obstat quod hic dicitur de successoribus, qui[a] hoc intelligendum est de illis successoribus qui hoc impetrare possint» etc. Ecce glosa.

[324] *c Papae potestas in conciliis generalibus*[46]:

Semper[47] Romanus vocandus est ad concilia generalia. Vide locum supra notatum sub titulo: De potestate papae. Item consensus eius requiritur: «Neque enim praeiudicium aliquod fieri potuit per numerum Arimini

---

[39] *Decreti,*2a pars, causa 2, qu. 7, can. 42, *Friedberg,* 1, 498. – L'interprétation des termes «sedes apostolica» et «ante confessionem Petri», comme visant un synode, repose sur le *dictum Gratiani* précédent, dont les paras. 9 et 10 parlent de papes qui répondaient à des accusations devant de tels synodes.

[40] Cette mention est suivie de *tomo primo,* barré. – Tome 12, ch. 11, *GCS* 40, 86; *MPG* 13, 999s. – Ap.: Erasme: *Opera Origenis,* (p. ex. éd. 1545), t. 2, *loc. cit.;* (*r* et *e*).

[41] Homélie sur la Pentecôte, *MPG* 52, 806s. – Ap.: *Opera,1530,* (*r*).

[42] C.-à-d. la glose aux termes «veri Dei vicem» du *Decretalium,* lib. 1, tit. 7, cap. 3 (*Friedberg,* 2, 99). – Ap.: *Decretales domini pape Gregorii noni,* in-4° du type Paris (Kerver), 1507 ou 1512, ou Lyon (N. de Benedictis), 1510; (*r* et *a*: les renvois aux droits civil et canonique sont omis).

[43] *Decreti,*la pars, dist. 63, can. 22 et 23, *Friedberg,* 1, 241.

[44] *Decretum,* éd. Beatus Rhenanus, glose *n* au mot «affici»: le dernier du canon [v. variante h) de l'éd. romaine chez *Friedberg*]. (*pe*).

[45] Précédé de *et* barré.

[46] Comme aux pp. 318s et 320s, ce sous-titre prend la forme d'un titre courant sur deux p. Le dernier mot se trouve donc à la p. 325.

[47] [] *Tripartita, libro 4, capite 9, et libro 5, capite 29.* – Pour la première indication, cf. les renvois aux n. 16 et 20. La seconde: para. 6, *CSEL* 71, 258; *MPL* 69, 1006s. – Ap.: *Autores hist. eccl.,* où [] : «Autoritas Romani pontificis» attire l'attention sur ce passage. – Toutes les éditions que nous avons pu consulter lisent naturellement: *tantis annis; animis* est une simple faute de copiste. (*re*).

congregatum, quando constat neque Romanum episcopum, cuius ante omnia decebat eos expectare decretum neque Vincentium, qui tantis animis episcopatum inviolabiliter custodivit, neque alios talibus praebuisse consensum». Nota hic non solum requiri Romani pontificis sed et Vincentii antiqui episcopi et aliorum consensum. – In concilio Alexandrino[48] per Eusebium Vercellensem et Athanasium celebrato procuratio ecclesiarum orientalium decreta fuit Asterio, occidentalium Eusebio. Liberius suspectus fuit, quod consentiret Arrianis: vide ibidem capite 27[49]. [325] – Damasus scribit Orientalibus: «Honoratissimis filiis»[50]; iactat reverentiam Sedis apostolicae et iudicium. Epistola videtur notha esse. Epistolae enim aliae huius ad episcopos non hanc scribendi rationem habent, ut nec synodica, quae habetur Tripartita, libro 5, capite 29[51] et in Theodorito, libro 2, capite 22[52]. Sed nec ad privatos sic scripsit, ut testantur epistolae eius ad Hieronymum[53].

De simplicitate praelatorum, pagina 248[54], explicatur locus: *Tibi, Petre, dabo claves* [Mt. 16, 19] et: *Pasce oves meas* [Io. 21, 17], unitatem ecclesiae in eo indicatam esse, caeterum reliquos apostolos 'paris fuisse potestatis': «Hoc erant utique caeteri apostoli, quod fuit Petrus, pari consortio praediti, et honoris, et potestatis, sed exordium ab unitate proficiscitur, ut ecclesia una monstretur». – «Episcopatus[55] unus est, cuius a singulis in solidum pars tenetur».

[326–328 bl.; 329] *Papatus quam late pateat:*

Gregorius: in Hispaniis per defensorem iudicat de episcopis; tradit in custodiam episcopi depositi successorem violentum, 'aut sibi mitti in custodia servandum'; poenitentiam indicit episcopis, qui male iudicaverunt, per 'sex menses in monasterio' agendam: Epistola 50, libri XI[56].

---

[48] [] *Eusebii Historia ecclesiastica, libro 10, capite 29.* – C.-à-d. le supplément de Rufin, *GCS* 9:2, 992 (= ch. 30); *MPL* 21, 499 BC.

[49] Pp. 990s (= ch. 28); col. 498 A.

[50] *Ep.* 7, *MPL* 13, 370 B. Le passage sur l'autorité romaine: *ibid. infra.*

[51] P. ex. *Ep.* 5 aux évêques de Macédoine: *MPL* 13, 365 et la synodale: *loc. cit., CSEL* 71, 257; *MPL* 69, 1006 B: «dilectissimis fratribus».

[52] L'original d'où est pris le passage de la *Tripartita* mentionné à la n. préc. *Loc. cit.,* para. 2, *GCS* 44, 147; *MPG* 82, 1052 C.

[53] Il s'agit vraisemblablement moins des lettres 19 et 35, *CSEL* 54, 103 et 265; *MPL* 22, 375 et 451, qui dans les *Opera,1516* (t. 4, ff. 54v et 13v) sont données sans superscription, que de la lettre *Dum multa corpora, MPL* 13, 440s, pourtant censurée comme apocryphe par Erasme (*ibid.,* t. 2, f. 195v), mais qui figure aussi dans Crabbe: *Concilia.* Aux deux endroits elle est adressée à «fratri et compresbytero Hieronymo».

[54] Cyprien: *De unitate ecclesiae,* ch. 4, *CCL* 3, 251s; *MPL* 4, 498s. – Ap.: *Opera,1537,* (*ripe*); mais aussi déjà ap.: *BEv1536,* ad Mt. 16, 18, f. 135r, (*t*).

[55] [] *Ibidem, pagina 249.* – Ch. 5, p. 252; col. 501. – Ap.: *Opera,1537,* (*re*).

[56] Liv. 13, *Ep.* 47, *MGHEp* 2, 410; *Ep.* 45, *MPL* 77, 1294. – Ap.: *Opera,1508* (*rap*). Cf. aussi *Decreti,*2a pars, causa 2, qu. 1, can. 7, *Friedberg,* 1, 439s.

Monasterium forsan intelligit episcopalem[57] conventum, ut tum canonici una debebant vivere in monasterio.

[330–332 bl.; 333] *De foro competenti ecclesiastico:*

Iudicium ubi fieri de episcopis debeat:
Venerat Felicissimus, schismaticus et ab ecclesia Carthaginense sententia multorum episcoporum condemnatus, Romam ad Cornelium, cum
aliquot scelerum sociis, nunciantes Carthagini episcopum factum Fortunatum; contra Cyprianum[58]. De ista itaque ad Romanos provocatione
sic scribit Cyprianus[59]: «Quae autem caussa veniendi, et pseudoepiscopum contra episcopos factum nunciandi? Aut enim placet illis quae fecerunt, et in suo scelere perseverant, aut, si displicet et recedunt, sciant quo
revertantur. Nam cum statutum sit omnibus, et aequum sit pariter et
iustum, ut uniuscuiusque caussa illic audiatur, ubi est crimen admissum,
et singulis pastoribus portio gregis sit adscripta, quam regat unusquisque
et gubernet, rationem sui actus Domino ⟨non papae⟩ redditurus, oportet
utique eos, quibus praesumus, non circumcursare nec episcoporum concordiam cohaerentem (nota quid iudicet de caussis Romam [334] deferen-
dis) subdola et fallaci temeritate collidere, sed agere illic caussam suam,
ubi et accusatores haberi et testes sui criminis possunt».

[335s bl.; 337] *Societas episcoporum atque communicatio inter se:*

Si quid statuebatur vel iudicabatur apud alios, quod[60] ad omnes
pertineret, id ad praecipuos episcopos et ecclesias scribebatur[61]. Inde,
cum quinque presbyteri concilio Carthaginensi abstenti essent, id mox
Cornelio perscriptum est. Cum autem Fortunatum, unum ex his, Chartha-
geni pseudoepiscopum fecissent, id non statim scripserunt, quia non habe-
batur 'res magna vel metuenda'. Scribebant etiam[62] nomina verorum
episcoporum ad se invicem, 'ut scirent quibus ut catholicis scribere, et a
quibus deberent literas recipere'.

---

[57] Précédé de *epl,* barré.
[58] Corrigé de *Cyprianus.*
[59] [] *Libro 1, epistola 3, pagina 22.* – *Ep.* 59, para. 14, *CSEL* 3:2, 683; *MPL* 3, 821s. Pour
le récit qui introduit la citation, v. paras. 9ss, pp. 676ss; cols. 808ss. – Ap.: *Opera,1537* (re:
le texte cité commence tout en bas de la p. 21); les éd. modernes lisent: «statutum sit ab
omnibus nobis»; celles d'Erasme: «statutum sit omnibus nobis»). Cf. *Furbereitung zum
Concilio, BDS* 5, 334 (là *a*).
[60] Précédé du même mot barré.
[61] [] *Cyprianus, libro 1, epistola 3, pagina 16.* – *Ep.* 59, para. 9, *CSEL* 3:2, 676; *MPL* 3, 808.
– Ap.: *Opera,1537* (rip). – Pour le début de la notice, cf. *Ep. cit.,* paras. 11–13, pp. 678ss;
cols. 811s.
[62] [] *Ibidem, pagina 17.* – *Loc. cit.,* pp. 676s; col. 809. – Ap.: *op. cit.,* (rip).

Quamlibet multis episcopis disciplinam remittentibus[63], 'cum superest portio sacerdotum aliqua', quae disciplinam retinere studet, his etiam abstinere licet eos, quos pontifex Romanus recipit.

---

[63] [] *Cyprianus, libro 1, epistola 4, pagina 32.* – *Ep.* 67, paras. 6–8, *CSEL* 3:2, 741; *MPL* 4, 1031s. – Ap.: *op. cit., (rip).*

CHAPITRE XX

L'ÉGLISE ET L'ÉTAT: PRINCE, PEUPLE ET CLERCS

[338–340 bl.; 341] *ᶜImperatoris potestas in ecclesiasticos, episcopos nimirum et papam:*

Iudices, et praefecti palatii[1], iudicantes pro Chrysostomo in episcopum Constantinopolitanum creando, compulerunt Theophilum ordinationem eius suscipere. – Patres in concilio Ariminensi[2] non audebant inde discedere, et reverti ad suas ecclesias. – Gratianus edixit[3] lege ecclesias tradi episcopis catholicis, et expelli ab eis Arrianos, Eunomianos, Photinianos et Manichaeos. – Per Saporem[4], principem militiae, iudicavit inter Paulinum, Apollinarem, et Meletium, Antiochaeae episcopos, quilibet enim aliquam plebis partem habebat. Meletio itaque Antiocheium[!] episcopatum addixit, Paulinum alterius gregis pastorem fecit, et Melitio totam plebem Antiochenam commisit, idque, ut hic scribitur: «iudex utriusque verborum», Paulini et Melitii. [342]–Theodosii lex[5], quae et in Codice, De summa Trinitate, et exactio episcoporum Arrianorum. – Damasus, Siricius, et Anastasius papae[6], et alii occidentales accusarunt Flavianum Antiochenum. Ille se iudicio adversariorum obtulit. Theodosius, hac libertate motus, iussit Damasum et alios pacem habere. Itaque restituit pacem inter hos, quae 17 annis no potuerat componi. Omne iudicium hic Theodosii contra papas. – Constantinus ad Nicomedienses de Eusebio et Theogonio[7]: «Hoc circa istos ingratos decrevi peragere, ut abrepti procul depertarentur in exilium. Episcopos enim purificatos et orthodoxos gaudemus habere. Si quis autem ad memoriam istorum pestilentium aut ad laudem improvide praesumit forsan excitari,

---

[1] *Historia tripartita*, liv. 10, ch. 3, en part. para. 7, *CSEL* 71, 583s; *MPL* 69, 1165.

[2] [] *Tripartita, libro 5, capite 22.* – Pp. 251s; col. 1003. Il s'agit de la lettre de l'empereur aux pères conciliaires, leur interdisant de partir.

[3] [] *Tripartita, libro 9, capite 2.* – P. 494; cols. 1121s.

[4] [] *Ibidem, capite 3.* – Paras. 8–14, pp. 496s; col. 1143. – Ap.: *Autores hist. eccl.* (*ae*: leçon «utriusque»). Dans notre texte: *Apollinarem* corrigé de *Apollinarium*.

[5] [] *Ibidem., capite 9.* – Plutôt ch. 7, paras. 2–6 et ch. 10, paras. 2–4 et 8s, pp. 503s et 505s; cols. 1126ss. Le premier de ces passages contient la loi «Cunctos populos»: *Codex*, liv. 1, tit. 1, ch. 1, *CIC* 2, 5. – Dans les éds. de 1523, 1528 et 1544 de la *Tripartita*, les chs. 7 et 9 se trouvent sur la même page.

[6] *Historia tripartita*, liv. 9, ch. 44, paras. 6–13, pp. 571s; cols. 1159s.

[7] [] *Tripartita, libro 2, capite 23.* – Plutôt ch. 22, paras. 14s, p. 123; col. 941. – Le titre est tiré du texte grec qui se trouve à la suite du texte latin dans l'éd. de Beatus Rhenanus. – 1523 et 1528: «forsitan» – (*ea*! notre ms.: *excitati* [!]).

repente in sua praesumptione ministri Dei, hoc est meo opere, comprime-
tur.» [343] Constantinus et filius eius[8] restituunt sua authoritate Athanasium. Sed quod huic non et synodi accesserat authoritas, iterum a
Constantino iuniore actus in exilium est, ut videtur, magis ut ecclesiae
pacarentur, ad quam rem videbatur durior. – Constantius[9] imposuit
ecclesiae Alexandrinae Gregorium. – «Iussione divina[10] et praecepto
pietatis tuae olim dogmatizata credimus».

Iudicium in clericos aliud synodicum, ubi synodo caussae committeban-
tur ab imperatore; aliud per publicos iudices; aliud in aula principali
consilio confiebat. In arbitrio vero imperatoris erat, quod iudicium episcopis daret. Nam duobus missis a Sardicensi concilio, et Constante, et
Stephano Antiocheno patriarchae, imperator Constantius iudicium in
palatio dedit, petente magistro militum. Tamen[11] deprehensa iniquitate
[344] Stephani, publico iudicio palatii episcopis permissum est, ut eum
damnarent, et ab ecclesia eiicerent. – Imperator[12] Athanasium et alios
plaerosque restituit, litteris ad ecclesias datis, bonos episcopos, et malos
repulit. Acta quoque iudiciorum contra eos aboleri fecit. – Lege diplomata
Constantii tria[13], quae sequuntur: Suo iudicio, decreto, sententia, Athanasium restituit, et ecclesiis[14], episcopis et presbyteris praecipit, ut illum
recipiant. Iudicibus mandat, ut iritent [!] contra eum iudicata, ut clerici
eius restituantur. Et haec laudat, Deoque ipsi tribuit papa Iulius, atque
ipse Athanasius[15]. Item[16] concilium Hierosolymitanum. – Constantius
'distulit[17] Macedonium statuere episcopum Constantinopolitanum, permisit autem eum missas facere in ecclesia, in qua erat ordinatus; idque,
quia sine sua voluntate ordinatus fuerat, et eius occasione seditio excitata'.
– [345] Imperatores Constans et Constantius[18] collegerunt et convenire
praeceperunt episcopos Sardicensi [!] ut ibi synodum celebrarent: ex Epi-

---

[8] [] *Tripartita, libro 4, capitibus 2 et 3.* – Pp. 159s; cols. 957s.
[9] [] *Ibidem, capite 11.* – Para. 1, p. 167; col. 962 A.
[10] [] *Ibidem, libro 5, capite 22.* – Plutôt 21, para. 1, p. 247; col. 1001: Il s'agit de l'incipit de
la lettre des évêques, réunis au concile de Rimini, à l'empereur Constance. – Ap.: *Autores
hist. eccl., 1523* ou *1528* (r! selon la numérotation fautive de ces éds. et *e*).
[11] *Tripartita, libro 4, capite 25.* – Paras. 1–4 et 12–16, pp. 191ss; cols. 975s. Cf. aussi ch. 24,
para. 4, p. 179; col. 959 pour le concile comme juridiction autorisée par l'empereur, auquel
le début de notre texte semble faire allusion.
[12] [] *Ibidem, capite 30.* – Maintenant 29, pp. 200s; col. 979. – Ap.: *Autores hist. eccl.,* (r).
[13] [] *Ibidem, capitibus 31, 32, 33.* – Maintenant 30–32, pp. 201–4; cols. 980s. – Ap.: *Autores
hist. eccl.,* (r).
[14] [] *Ibidem, capite 36.* – Plutôt 30 (maintenant 29), para. 6, p. 201; col. 979 D et suiv. – Ap.:
Autores hist. eccl., (p); le faux *r* s'explique sans doute par le *r* suiv., q. v. *infra*, n. 16).
[15] *Historia Tripartita,* liv. 4, ch. 27, para. 7 à ch. 28, para. 2, p. 197, col. 977 D.
[16] [] *Capite 36.* – Maintenant 35, pp. 207s; col. 983.
[17] [] *Tripartita, libro 4, capite 13.* – Paras. 7s, p. 169; col. 963 B (*pea*).
[18] [] *Tripartita, libro 4, capite 24.* – Para. 4, pp. 179s; col. 969 A.

stola synodica. – Ut Theodosius de synceritate inquisivit[19], episcopis convocatis et sua proferre iussis, et singularum partium confessiones afferri sibi praecepit, orationeque praemissa pro vero iudicio, aliis repudiatis verum amplexus est.

[346s bl.; 348] *Principum est punire qui contemnunt poenas ecclesiasticas:*
11, quaestione 1, «Petimus» et sequenti[20]; Distinctione 17, «Nec licuit»[21]. – Qui religionis caussa 'extorris factus revertitur' iniussu magistratus iure ut nocens punitur: Cyprianus, libro 1, epistola 5, pagina 36[22].

[349] [P]*An contravenientes legi vel canoni peccent mortaliter:*
«Quod sic. Et hoc verum puto de his qui voluntarie sive contemptibiliter et sine rationabili causa transgrediuntur praeceptum legis, sive constitutionis, sive canonis. Nam tales impediunt finem quem legislator intendit. Ubi tamen non voluntarie nec contemptibiliter, nec[!] ex causa rationabili aliquis transgreditur canonem vel constitutionem, non peccat mortaliter secundum Thomam, etc.»: Hec Lynwood[23]: De constitutionibus, capite «Quia incontinentie», versu «Cum itaque».

[350 bl.; 351] [c]*Imperatoris potestas cum laude contempta:*
Patres Arimino[24] ad suas ecclesias redierunt, iniussu imperatoris Constantii. – Athanasius[25] detrectavit venire ad imperatorem, timens insidias. – 'Maior potestas praeponitur minori, Deus omnibus': Distinctione 8, canone «Quae contra», Augustinus libro Confessionum 2[26]. – «Non licet imperatori vel cuique pietatem custodienti aliquid contra di-

---

[19] [] *Tripartita, libro 9, capite 19.* – Paras. 11–13, pp. 525s; col. 1137 C.

[20] C.-à-d. *Decreti,*2a pars, causa 11, qu. 1, can. 19s, *Friedberg,* 1, 631s. – La glose au premier de ces canons renvoie i. a. au canon «Nec licuit».

[21] *Decreti,*1a pars, dist. 17, can. 4, *Friedberg,* 1, 51.

[22] *Ep.* 13, ch. 4, *CSEL* 3:2, 507; *Ep.* 6, *MPL* 3, 237s. – Ap.: *Opera,1537,* (*r* et *p*!).

[23] Plutôt la glose *c,* 2e partie, à *op. cit.,* liv. 1, tit. 2, f. 7r, ab, (*ea*). Dans ce texte on ne renvoie pas directement à Thomas d'Aquin, mais à l'«Archidiaconus» (Guido de Baysio): *Rosarium* à *Decreti,*1a pars, dist. 76, can. 11 (notre éd., sign. k, r), qui distingue les transgressions qui contreviennent à la volonté du législateur et qui sont des péchés mortels, des autres: «Si autem ex aliqua rationabili causa quis statutum non servet (precipue etiam si legislator adesset non decerneret esse servandam) talis transgressor non committat mortale peccatum». Le cas du jeûne illustre ce propos, puisque les «statuta ecclesie sunt de his, que non sunt per se de necessitate salutis . . . et ideo possunt esse aliqua impedimenta . . .». C'est ici que Baysio se réfère à s. Thomas, sans doute à *S. Th.,* 2a, 2ae, qu. 147, art. 3, ad 2 *Leonina,* 10, 156, que Baysio paraphrase ici.

[24] [] *Tripartita, libro 5, capite 24.* – *CSEL* 71, 253; *MPL* 69, 1004.

[25] *Loc. cit.,* ch. 26, para. 1, p. 254; col. 1004 D.

[26] *Decreti,*1a pars, dist. 8, can. 2, *Friedberg,* 1, 13s (conclusion, col. 14). Le *Décret* indique la provenance chez S. Augustin telle qu'elle est reprise ici. En fait: *op. cit.,* liv. 3, ch. 8, para. 15, *CSEL* 33, 56s; *MPL* 32, 689s.

vina mandata praesumere, nec quicquam, quod evangelicis vel propheticis aut apostolicis regulis obviet, agere»: Distinctione X, capite 2[27].

[352–354 bl.; 355] *Defensor:*

Ab imperatore petebatur[28], et cum provisione episcopi agebat curam bonorum ecclesiasticorum pauperibus impendendorum.

[356 bl.; 357] *Plebis potestas in suum episcopum eligendum et deponendum:*

'Quia Deus ministros sanctos requirit[29], necesse est, ut praeceptis divinis nostra obsequia deserviant, nec personam in eiusmodi accipere[30], aut aliud cuique largiri potest humana indulgentia, ubi intercedit et legem praescribit humana praesumptio'. – Plebs[31] non debet admittere scismaticum. – Basilides et Martialis[32] «libellis idololatriae commaculati et nefandorum facinorum conscientia vincti», 'a Felici presbytero et plebibus ad Legionem et Asturicae, item ab Aelio diacono et a plebibus Emeritae' reiecti erant, ne episcopatus ab eos administrarent[ur], ut antea. Iudicarunt enim tales non oportere episcopatum gerere, et sacerdotium Dei administrare; et scripserunt ad concilium Carthaginensem petentes 'iustam hanc ac necessariam suam solicitudinem solatio vel auxilio Concilii sublevari'. [358] «Nec sibi plebs blandiatur quasi immunis a contagione delicti esse possit, cum sacerdote peccatore communicans et ad iniustum atque illicitum praepositi sui episcopatum consensum suum commodans». 'Omnes omnino ad peccatum constringentur', «qui fuerint prophani et iniusti sacerdotis sacrificio contaminati». Haec inferuntur ex illo Oseae 9 [v. 4]: *Sacrificia eorum tamquam panis luctus; omnes qui manducant ea contaminabuntur;* ex Numeri 16 [v. 26]: *Separemini a tabernaculis eorum.* Ita concludit: «Propter quod plebs, obsequens praeceptis dominicis et Deum metuens, a peccatore praeposito separare se debet, nec se ad sacrilegi sacerdotis sacrificia miscere, cum ipsa maxime habeat potestatem vel eligendi dignos episcopos vel indignos reiiciendi».

---

[27] *Decreti,*1a pars, *loc. cit., Friedberg,* 1, 19s. – Ap.: *Decretum,* éd. Beatus Rhenanus (*e,* leçons).

[28] Bucer pense ici peut-être à la restitution des biens ecclésiastiques, confisqués par Julien, sous Jovien, à laquelle fait allusion le *De regno Christi,* liv. 2, ch. 13, *BOL* 15, 132 (d'après *Historia Tripartita,* liv. 7, ch. 3, paras. 19s, *CSEL* 71, 387s; *MPL* 69, 1069) et aux lois impériales dans le même contexte, et qui protègent la propriété ecclésiastique pour le plus grand bien des pauvres: v. p. ex. p. 133, *Codex,* liv. 1, tit. 2, ch. 12, *CIC* 2, 13a.

[29] [] *Cyprianus, libro 1, epistola 4. – Ep.* 67, para. 2, *CSEL* 3:2, 736; *MPL* 3, 1022. – Ap.: Erasme: *Opera Cypriani,* (*r* et *ep!!*). – Adv.: Gropper: *Enchiridion,* ff. 68v–69v (mêmes *er,* mais *i* contraire).

[30] Précédé de *suscipere,* barré.

[31] [] *Epistola 1a libri 2. – Ep.* 72, para. 2, *CSEL* 3:2, 776s; *MPL* 3, 1049. – Ap.: Erasme: *Opera Cypriani,* (*r* et *ap*).

[32] *Ep.* 67, titre et paras. 1 et 3, *CSEL* 3:2, 735 et 737s; *MPL* 3, 1021 et 1023ss. (*epta!*; Bucer écrit *episcopus* pour *sacerdos*). Cf. *supra* n. 29.

[359] *ᵇQuatenus episcopi agnoscendi:*

Divus Hieronymus adversus errores Johannis³³ episcopi Hierosolymitani ad Theophilum episcopum Alexandrinum³⁴. «Idcirco enim et nos patrias³⁵ ᵍnostras dimisimus, ut quieti absque ullis simultatibus in agris et in solitudine viveremus; ut pontifices Christi, qui tamen rectam fidem praedicant, non dominorum metu sed patrum honore veneremur; ut deferamus episcopis ut episcopis, et non sub nomine alterius aliis quibus nolumus servire cogamur. Non sumus tam inflati cordis, ut ignoremus, quid debeatur sacerdotibus Christi. Qui enim eos recipit non tam eos recipit quam illum, cuius episcopi sunt [cf. Mt. 10, 40]. Sed contenti sint honore suo. Patres se sciant esse, non dominos, maxime apud eos, qui spretis ambitionibus seculi, nihil quieti et otio praeferunt».

Adversus eundem in Epistola ad Pammachium³⁶: «His nos blandimentis bonus pastor invitat ad pacem, et proprium arguit facere principatum, qui omnibus episcopis rectam dumtaxat fidem tenentibus et communione et charitate sociamur. An tu solus ecclesia es, et qui te offenderit, a Christo excluditur? Si proprium defendimus principatum, ostende nos in parochia tua habere episcopum. Quod tibi non communicamus, fidei est: responde, et ordinationis erit».

[360] Item in eadem³⁷: «Quae haec est arrogantia, non respondere de fide interrogantibus? Tantam fratrum multitudinem, et monachorum choros, qui tibi in Palaestina non communicant, quasi hostes publicos aestimare? Dei Filius propter unam morbidam ovem *nonaginta novem in montibus derelictis* [cf. Mt. 18, 12], alapas, crucem, flagella sustinuit, et suis humeris portavit ad caelos baiulans, et patiens delicatam peccatricem. Tu beatissimus papa et fastidiosus antistes, solus dives, solus sapiens, solus nobilis ac disertus, conservos tuos, et redemptos sanguine Domini tui rugata fronte, et obliquis oculis despicis? Hoc est illud quod apostolo praecipiente didicisti: *Parati semper ad satisfactionem omni poscenti vos rationem de ea, quae in vobis est spe* [1Pt. 3, 15]? Finge nos occasionem quaerere, et sub praetextu fidei lites serere, schisma conficere, iurgia concitare. Tolle occasionem nolentibus, ut postquam de fide satisfeceris et omnes nodos qui contra te nectuntur absolveris, tunc liquido omnibus probes non dogmatum, sed ordinationis esse certamen».

---

³³ Complété par suscription et corrigé de *ad Iohannem.*

³⁴ *Ep.* 82, para. 11, *CSEL* 55, 118s; *MPL* 22, 743. – Ap.: Erasme: *Opera Hieronymi*, (*e*, leçons).

³⁵ ⧙ *ᵇUsque «quieti et otio praeferunt».* – Il s'agit de l'explicit de notre texte.

³⁶ *Contra Ioannem Hierosolymitanum*, ch. 43, *MPL* 23, 411s. – Ap.: Erasme: *Opera Hieronymi*, t. 2 [ou 3], où cette pièce précède immédiatement celle citée à la n. 34. C'est elle qui y est intitulée «adversus errores» etc. (aussi *r*). – Le dernier *est* taché puis répété.

³⁷ *Op. cit.*, ch. 4, col. 374. Ap.: Erasme: *Opera Hieronymi* (*e*: leçons).

[361] *Episcopum atque papam ipsum cleri ac plebis testimonio et iudicio subiici:*

Cyprianus, Epistola 10 et[38] 11 libri 2[39], ad Cornelium. [a]Iudicium in electione et approbatione Innocentii 2 papae delatum Bernardo abbati, cuius arbitrium recepit tota Gallia et Anglia: in Vita Bernardi, libro 2, capite 1[40]. Item vide ibidem quomodo Bernardus resistebat Romanorum regi petenti investituras episcoporum sibi restitui. ⟨Sic Anselmus regi Guillelmo[41]⟩. Item vide quam humiliter absque sonoro cantu Dominus papa receptus fuit in visitatione sua abbatie Bernardi, et quam vilis[!] cibi apparati.

[362 bl.; 363] *Iudicium de episcopo Romano et quolibet:*

Apud episcopos et plebem aliarum ecclesiarum ut Carthagini, petitur iudicium de Cornelio papa: Cyprianus, Epistola 11, libri 2[42]. Nec reiicitur, nisi qui «delecti et ordinati et laudabili multorum sententia comprobati ventilari ultra famam ore maledico et aemulantium voce» pati non debeant.

[b]25, quaestione 1, canone «Satagendum»[43]: Pelagius papa regi Childeberto per Rufinum legatum regis mittit fidei suae confessionem, quam confidenter exutam a se, ut decuit, agnoscit.

[a]Quomodo Gregorius ostendit Petrum responsum fecisse dubitantibus fratribus cum humilitate dicens: Si Petrus «querele fidelium non ex potestate sed ex ratione respondit», etc. Nam «si in querela fidelium aliquid de sua potestate diceret, profecto doctor mansuetudinis non fuisset. Humili ergo eos ratione placavit». «Respondere poterant ut pastorem suum oves, quae ei commisse fuerant reprehendere non auderent», etc.: ex Registro, libro nono, capite 39, folio 442, littera D[44].

---

[38] *10 et* rajouté au-dessus de la ligne.

[39] *Ep.* 45 et 44, *CSEL* 3:2, 597–603, *MPL* 3, 700–707. – Ap.: Erasme: *Opera Cypriani*, (*r*).

[40] *Vita prima, loc. cit.,* paras. 3–6, *MPL* 185, 270–272. Les détails donnés ici (interrompus par la mention d'Anselme) suivent l'ordre de la *Vita prima.*

[41] Le dernier nom est écrit sous *Henrico* barré. – Cf. Eadmer: *Vita,* liv. 2, ch. 1, para. 6, *MPL* 158, 82; *Rerum Brit. Scriptores,* pp. 362s (Guillaume); ch. 6, para. 63 et ch. 7, para. 65, cols. 111s; *Rerum Brit. Scriptores,* pp. 409, 411 (conflit et réconciliation avec Henri. Ce dernier fait explique sans doute la correction apportée par Parker à l'incise).

[42] *Ep.* 44, para. 2, *CSEL* 3:2, 598; *MPL* 3, 701. – Ap.: Erasme: *Opera Cypriani,* (*rep*).

[43] *Decreti,*2a pars, *loc. cit.,* can. 10, *Friedberg,* 1, 1009. – Ap.: *BRom* ad Rm. 13 (Quaestio: «An potestas qui gladium . . . suprema sit . . .», éd. 1562, p. 571: même *r*, là autre *p* et *e*).

[44] Liv. 11, *Ep.* 27, *MGHEp* 2, 293s; Liv. 11, *Ep.* 45, *MPL* 77, 1160. – Ap.: *Opera,1533,* (*r* [peut-être corrigé d'un autre chiffre, illisible], *pe,* centon pas dans l'ordre du texte).

CHAPITRE XXI

LE DROIT CANON ET LA HIÉRARCHIE DES AUTORITÉS

[364s bl.; 366] *ᶜCanonum authoritas:*

Nec pontifex Romanus contra hos aliquid potest: Papa Zozimus, capite [!] 289 Libri conciliorum; in Decretis, 25, quaestione 1[1]. – *ⁱVide in canonibus graecis quae in initialibus paginis sunt scripta*[2]. [367] Authoritas canonum Niceni concilii: Leo in epistola LI et LII[3].

[368 bl.; 369] *ᶜMendosae decretales:*

Marcelli, 24, quaestione 1, «Rogamus» et sequens[4]. Ex Irenaeo vide caput 24 libri[!] Historiae ecclesiasticae Eusebii[5] de vetustissimo pontifice et Thelesphoro; quomodo de Pascha senserit; unde convincitur fictionis eius decretalis. Confer…[6]

---

[1] *Decreti,*2a pars, *loc. cit.,* can. 7, *Friedberg,* 1, 1008s; la première référence doit se lire folio et se rapporte à Crabbe: *Concilia,1538,* t. 1, f. 289r où le canon est cité: «Ex Gratiano desumptum».

[2] Ap.: Crabbe: *Concilia,1538,* t. 1, ff. 5v–12v où l'on trouve les *Canons des Apôtres* d'après la vieille version latine, en grec, et dans la version de Grégoire Haloander. Le renvoi s'appuie sans doute sur le *postscriptum,* f. 12v, tiré de la préface de Haloander, qui attribue ces canons à s. Clément de Rome et cite des témoignages anciens en faveur de leur autorité et de leur origine apostolique. – Mansi: *Collectio,* 1, 29–48; 49–56.

[3] *Ep.* 106, 2 et 104, 3, *MPL* 54, 1003s et 996s. – Ap.: Crabbe: *Concilia,1538* (r: numérotation).

[4] *Decreti,*2a pars, causa 24, qu. 1, can. 15 et 16, *Friedberg,* 1, 970s. Le second texte est du pape Léon Iᵉʳ. – Le terme de «mendosus» pourrait viser le simple fait que ces canons soulignent l'autorité papale. Il pourrait en revanche aussi s'agir du texte même. Dans ce cas il faut supposer que Bucer a comparé l'éd. du *Décret* par Beatus Rhenanus (f. 290r) avec Crabbe: *Concilia,1538,* t. 1, ff. 121v et 375r, où quelques variantes sont susceptibles d'affaiblir le ton «romain» du texte. Pour le can. 15, en particulier après *et patribus accepistis,* Crabbe ajoute: «Ab illo enim primo instructi estis, ideo non oportet vos proprium derelinquere patrem et alios sequi» (cf. Hinschius: *Decretales,* p. 223). Au can. 16 on peut relever «formaverit» (pour «firmaverit»), «ordinatus» (pour «ordinatius») et «potuerit» (pour «potuit») ainsi que d'autres variantes mineures (cf. Hinschius: *Decretales,* p. 627, col. 1). – Il ne peut guère s'agir de l'inauthenticité de la collection pseudo-isidorienne, qui ne fut démontrée que par les «Centuriateurs» de Magdebourg, bien qu'elle fût parfois soupçonnée avant. Cf. Addendum 2.

[5] Le renvoi ne comporte pas d'indication de livre. *Op. cit.,* liv. 5, ch. 24, *GCS* 9:1, 490–96; *MPG* 20, 493–509. – Télesphore est cité par Irénée parmi les anciens évêques de Rome ayant adopté une position contraire à celle de Victor. La «décrétale» de ce dernier est tout simplement sa rupture avec les Orientaux.

[6] Le renvoi est resté incomplet.

[370 bl.; 371] *Legum imperatoriarum autoritas:*

Distinctione 9, canone 1[7]: 'Legibus imperatoriis pro religione vera latis qui non obtemperat, acquirit grande supplicium'. – «Reges[8] in populo Dei, qui prohibuerunt et everterunt quae contra Dei praecepta fuerunt instituta, laudantur», 'qui secus fecerunt, culpantur'. – Distinctione 10, canonibus 1, 2, 3, 4[9]: 'Legibus imperalibus iura ecclesiastica et divina non possunt dissolvi'.

[372 bl.; 373] *ᵇCultus et vestitus monachorum non notabilis:*

Divus Hieronymus ad Eustochium de custodienda virginitate[10]: «Vestis nec satis munda nec sordida et nulla diversitate notabilis, ne ad te obviam praetereuntium turbe consistat et digito monstreris».

[374] *ᶜPatrum autoritas:*

Distinctione 9, capite 3[11]: Non est scriptis Augustini quasi canonicis inserviendum. 'In his enim quae non intelligis[12] sunt credenda. In illis quod non intellexeris, non est firmum tenendum'. Augustinus est orthodoxotatos. Quod ergo de suis hic scriptis statuit, valere debet in omnium patrum scripta. Negari nec potest nec debet in Augustino, et maiorum Augustino patrum scriptis esse, quae possunt iusto iudicio et nulla temeritate culpari: canone 4; canone 10[13]. Quae scripserunt sancti patres, 'quantalibet sanctitate quantave doctrina polleant, non tamen ideo vera habenda sunt, quia ipsi ita senserunt, sed quia ea persuadent, vel per authores canonicos, vel per probabiles rationes': canonibus 5 et 10[14]. [375] Nihil scribendo erratum esse, honor est solis canonicis scriptis[15] competens: canonibus 3, 5, 8, 10[16]. 'Episcoporum quorumlibet scripta, quicumque a constituto canone Scripturarum aliquid scripserunt', «per sermonem sapientiorem in ea re cuiuslibet peritioris, et per aliorum episcoporum graviorem authoritatem, doctioremque prudentiam, et per concilia licet repraehendi, si quid in eis forte a veritate deviatum» sit: capite 8[17]. «Indubitata testimonia» solae divinae literae praebent: canone 9[18].

---

[7] *Decreti*,1a pars, *loc. cit., Friedberg*, 1, 16 (*ap!*).

[8] [] *Ibidem.* – Plus loin dans le même canon (*ea* et *p*).

[9] *Decreti*,1a pars, *loc. cit., Friedberg*, 1, 19s (*ep* tiré du titre et du milieu du can. 1).

[10] *Ep.* 22, para. 27, *CSEL* 54, 183; *MPL* 22, 412. – Le «et vestitus» du sous-titre est inséré au-dessus de la ligne.

[11] *Decreti*,1a pars, *loc. cit., Friedberg*, 1, 17 (*p*).

[12] Corrigé de *intelligenda*, et précédé de *credis*, barré.

[13] *Decreti, loc. cit.*, cols. 17s.

[14] *Ibid.* (*p* d'ap. can. 5).

[15] Précédé de *libris*, barré.

[16] *Ibid.* Le texte contient des échos du can. 5.

[17] *Loc. cit.*, col. 18 (*ep*).

[18] *Loc. cit.* (*ap*).

'Quorumlibet quamvis catholicorum et laudatorum hominum disputationes improbare et respuere licet, salva honorificentia illis debita, si forte senserint aliter quam veritas habet': canone 10[19]. [376] [b]Augustinus testatur «se nec seipsum in scribendo in omnibus esse secutum, sed scripsisse proficienter»; et agnoscit «arrogantius dicturum se hoc esse quam verius, si se dicat ad perfectionem sine ullo errore, scribendi» 'vel senem pervenisse': capite 21, De bono[!] perseverantiae[20].

[377 bl.; 378] [c]*Linguarum utilitas:*

Veritas et fides veteris Instrumenti ex Ebraeo, novi ex Graeco petenda: Distinctione 9, canone 6[21].

[379] *Exempla:*

'Exempla posthabenda sanae rationi sunt; et ex his ea imitatione digniora sunt, quae sunt pietate excellentiora': Distinctione 9, capite 11[22].

[380 bl.; 381] *Constitutiones humanae:*

Distinctione 10[23]: «Constitutiones tam ecclesiasticae quam saeculares, quae iuri naturali contrariae probantur, sunt penitus excludendae». – Contra mores et pacta humana faciendum, instaurandum, et statuendum est, si quid iubeat fieri Deus: Distinctione 8, canone 2[24].

[b]Quod universa tenet ecclesia, nec conciliis institutum, istud semper retentum est, non nisi authoritate apostolorum traditum esse rectissime creditur: Augustinus, De baptismo contra Donatistas, libro 4, capite ultimo[25].

[382–384 bl.; 385] [c]*Consuetudinis autoritas*[26]:

Distinctione 8: Mala consuetudo celeriter et radicitus evellenda, ne robur accipiat legis vel privilegii, quod facile fit: capite 3[27]. – 'Veritas et ratio consuetudinem semper excludit'. 'Veritati cedat consuetudo'. De hoc

---

[19] *Loc. cit.* (*epa*).

[20] *De dono perseverantiae, loc. cit.*, para. 55, *MPL* 45, 1028 (*ep*).

[21] *Decreti,*1a pars, *loc. cit., Friedberg,* 1, 17.

[22] *Decreti,*1a pars, *loc. cit., Friedberg,* 1, 18 (*ep*).

[23] *Decreti,*1a pars, plutôt la conclusion de maître Gratien à la dist. 9, *Friedberg,* 1, 18 (*e*). Dans l'éd. de Beatus Rhenanus, f. 8r [col. a], cette conclusion est immédiatement suivie de la mention «Distinctio X», dont le titre ne se trouve qu'à la col. suiv.

[24] *Decreti,*1a pars, *loc. cit., Friedberg,* 1, 13 (*ap* d'ap. le para. 1).

[25] Plutôt liv. 7, ch. pénultième, i.e. 53, *CSEL* 51, 373s; *MPL* 43, 242s. La terminologie de Bucer fait plutôt penser à *Ad inquisitiones Ianuarii*, chs. 1 et 2, cités in *Decreti,*1a pars, dist. 12, can. 11, *Friedberg,* 1, 29.

[26] Ce titre précédé de *Autoritas decretalium epistolarum*, barré.

[27] *Decreti,*1a pars, *loc. cit., Friedberg,* 1, 14 (*a*).

nemo dubitat: canonibus 4, 6 et 7[28]. – Gregorius et Cyprianus: 'Consuetudo quantumvis vetusta et vulgata abolenda est, si veritati contraria sit': canone 5[29]. – Augustinus: 'Qui revelatae veritati consuetudinem praefert, circa fratres, quibus veritas revelatur, invidus et malignus est, circa Deum, qui veritatem ecclesiae suae revelat, ingratus est': canone 6[30]. – Ratio horum: '*Ego sum veritas* [Io. 14, 6] dixit Christus, non consuetudo'. Argumentum Cypriani[31]. – [386] Augustinus: «In spiritualibus sequendum est, quod melius a Spiritu sancto revelatum est»: canone 7. «Si consuetudini suffragatur veritas, nihil oportet firmius retineri»: capite 7[32]. – Cyprianus: «Consuetudo sine veritate vetustas erroris est»: capite 8. Cyprianus: 'Praesumptio et obstinatio est, consuetudinem sequi', «cum ratione superetur»: canone 8[33]. – Cyprianus: 'Non consuetudinem hominum sequi sed Dei veritatem oportet'. Qui secus facit, incidit in illud: *Frustra me colunt per mandata et doctrinas hominum* [Is. 29, 13; Mt. 15, 9]: canone 9[34]. 'Solus Christus audiendus'; ante omnes audiendus: ibidem.

387s bl.; 389] *Exemplar Epistolae formatae*[35]:

---

[28] *Loc. cit.*, cols. 14s. Ces trois canons sont tirés de s. Augustin. (*ap* des can. 4 et 6).

[29] *Loc. cit.*, col. 14 tiré de Grégoire VII, citant entre autres un texte de s. Cyprien, d'où est pris notre extrait, (*epa*).

[30] *Loc. cit.*, cols. 14s. (*epa*).

[31] Ou plutôt de Libosus, cité dans les *Sententiae episcoporum* du concile de Carthage, parmi les œuvres de s. Cyprien. C'est sous le nom de ce dernier que l'argument figure dans le texte de Grégoire VII cité au can. 5, v. *supra* n. 29.

[32] *Loc. cit.*, col. 15 (*e* et *e*).

[33] *Loc. cit.*, col. 15, (*e* et *ep*).

[34] *Loc. cit.*, cols. 15s (*ep* et *t*, suivi de *epa* du début!). – Le texte de s. Cyprien renvoie expressément à Is., mais donne une forme de la citation équivalente à Mt. 15, 9; Bucer cite aussi plutôt d'ap. Mt. 15, 9, mais selon une version qui combine le «mandata et doctrinas hominum» de s. Cyprien, avec le «frustra me colunt» commun à Er (*LB* 6, 84), Bi Pag *1542* et ses propres commentaires de 1530 et 1536.

[35] Cette rubrique devait sans doute être suivie, elle aussi, par un extrait du *Décret* de Gratien: v. 1a pars, dist. 73 (= Palea), *Friedberg*, 1, 260ss.

CHAPITRE XXII

LES CONCILES

[390 bl.; 391] *^cConcilia:*

Apostoli[1], discipuli, et cognati Domini concilio coacto, Simeonem Iacobo successorem creant in episcopatu Hierosolymorum. – Concilium ecclesiasticum Galliae[2] monet Eleutherium pontificem Romanum, ut pacem colat.

Concilium 100 episcoporum[3] Aegypti et Libiae[4] per Alexandrum Alexandrinum celebratum est, quo damnavit Arrium et sectatores eius anathematizatos. Sententiamque sui concilii perscripsit; deinde ad comministros scripsit communiter, non ad Romanum singulariter. Nominatim tamen ad Constantinopolitanum, Antiochenum, Beroeensem, et alios ecclesiasticorum dogmatum defensores. – Concilium Bythiniae et Palestinae pro Arrio: Sozomenus, Tripartita, libro 1, capite 19[5].

[392][6] De tempore Paschae 'concilia episcoporum per singulas provincias'. Decretum concilii Caesariensis in Palaestina. Item Romani concilii. In Romano concilio praesedit Victor. In Ponti Palmeas. In Gallia Irenaeus. Achaiae Bacchylus episcopus Corinthiorum: Eusebius, libro 5, capite 23[7]. – Concilium Antiochiam collectum contra eius ecclesiae episcopum Paulum Samosatenum; vicini episcopi, presbyteri et diaconi: Eusebius, libro 7, capitibus 23 et 24[8]. – 'Concilium saepe', licet frustra,

---

[1] □ *Eusebius, libro 3, capite 11.* – *GCS* 9:1, 226s; *MPG* 20, 245.

[2] □ *Ibidem, libro 5, capite 3* [!]. – Plutôt ch. 23, para. 4 où il s'agit bien entendu de Victor, successeur d'Eleuthère. Le nom de ce dernier mentionné au ch. 22 (à la même page dans les *Autores hist. eccl.*, 1523 et 1528), est sans doute à l'origine de cette confusion. *GCS* 9:1, 490; *MPG* 20, 493.

[3] □ *Tripartita, libro 1, capite 13.* *^bContra Arrium.* – La lettre synodale, *CSEL* 71, 46–51; *MPL* 69, 903–906. Le concile des cent évêques y est mentionné: *ibid.*, p. 48; col. 904 B. Les autres messages: *ibid.*, para. 22 et ch. 14, en part. para. 57, pp. 52–68; cols. 906–914.

[4] Précédé d'un autre mot (*Lybiae?*) barré.

[5] Maintenant ch. 18, para. 7, *op. cit.*, pp. 74s; col. 917 C. – Ap.: *Autores hist. eccl.*, éd. Beatus Rhenanus, (*r*).

[6] En haut de la p. 392 de notre ms., en dessous du titre courant, se trouve une répétition de l'avant-dernier texte de la p. 391, qui a été ensuite barré: *Alexander Alexandrinus episcopus, concilio coacto prope 100 episcoporum Aegypti et Lybiae condemnavit Arrium et ipsi adhaerentes: Tripartitae, libro 1, capite 13.* Cf. *supra*, n. 3.

[7] *H.E., loc. cit.* (d'ap. Rufin), *GCS* 9:1, 489s. – Ap.: *Autores hist. eccl.*, éd. Beatus Rhenanus, (*rape*).

[8] *H.E., loc. cit.* (d'ap. Rufin). Maintenant chs. 27, 28, *GCS* 9:2, 703. – Ap.: *Autores hist. eccl.*, éd. Beatus Rhenanus, (*ri*).

agitatum: Ibidem, capite 25⁹. – Concilium et optima ratio agendi in concilio Dionysii Alexandrini contra Nepotem episcopum Aegyptiacum et librum eius: Ibidem, capite 22¹⁰.

[*Conciles nationaux*]

Concilium Romanum¹¹: 90 patres ex Italia et Gallia. Nationale.
*b*Rationem conferendi et disputandi cum adversariis in religione, vide infra sub hoc titulo, 457¹².

[393] *c*Ultimum concilium contra Paulum Samosatenum et synodalem epistolam ad Romanum pontificem et Alexandrum, ibidem, capite 26¹³. Concilium enim constiterat ex vicinis episcopis, presbyteris et diaconis. ⟨Nationale⟩. – Concilium Romanum «celeberrimum ⟨nationale⟩ episcoporum 60, presbyterorum totidem, cum diaconis plurimis»: Eusebius, libro 6, capite 33¹⁴. – Eodem tempore alia in Italia et Aphrica ⟨nationalia⟩ eadem de re celebrata sunt. Et cum Cornelius¹⁵ de decreto concilii ad ecclesiam Antiochenam, cuius Fabianus episcopus erat, scriberet, concilii, non suam authoritatem proposuit. – Conventus sacerdotum apud Palestinam de tempore Paschae ⟨nationale⟩: Eusebius, libro 5, capite 25¹⁶. Episcopi se ipsos invitabant invicem ad concilia, cum aliquid erroris oriebatur. Ita, cum Novati error seri caepisset, Antiochaeae invitatus [394] fuit ad concilium ibi celebrandum Dionysius Alexandrinus episcopus¹⁷ 'a multis episcopis: ab Heleno Tarsi, Firmiliano Capadociae, et Theotecno Palestinae'. Id scribit de se ad Romanum pontificem. Ergo

---

⁹ *H.E., loc. cit.* (d'ap. Rufin), *GCS, loc. cit.,* ch. 28, para. 2. – Ap.: *Autores hist. eccl.,* éd. Beatus Rhenanus, (*epar*).

¹⁰ *H.E., loc. cit.* (d'ap. Rufin). Maintenant ch. 24, paras. 6–9, *GCS* 9:2, 689s. [] (d'une main non identifiée) muni d'un signe indiquant qu'il doit être inséré à la suite de notre passage, le tout ensuite barré: *Sirmiense, libro 5, capite 20, contra Arrium.* – C.-à-d.: *Hist. Tripartita, loc. cit.,* paras. 5–10, *CSEL* 71, 244s; *MPL* 69, 999s.

¹¹ [] *Tripartita, libro 5, capitibus 28 et 29.* *b*Contra Arrium.* – *Loc. cit.,* ch. 28, para. 6, le concile; ch. 29, la lettre synodale. – *CSEL* 71, 256–259; *MPL* 69, 1006s.

¹² C.-à-d. p. 457 du ms. – L'insertion de ce renvoi pourrait être due à la remarque qui suit la lettre synodale romaine (v. la n. préc.), para. 10, p. 259; col. 1007 B: «Sed et . . . Athanasius . . . taliter de Ariminensi concilio disputavit».

¹³ Il s'agit d'Eusèbe: *H.E.* (d'ap. Rufin), liv. 7, ch. 26; maintenant chs. 29–30, *GCS* 9:2, 705s. – Ap.: *Autores hist. eccl.,* éd. Beatus Rhenanus, (*r*). De toute évidence, ce passage a été inséré simultanément avec ceux de la p. 392, tirés d'Eusèbe, et avant les renvois à la *Historia Tripartita,* insérés en bas de cette page. – Notre renvoi est suivi par une amorce, ensuite barrée, du commentaire qui le suit: *Concilium enim extiterat* [?].

¹⁴ *Loc. cit.,* (d'ap. Rufin). Maintenant, ch. 43, paras. 1–2, *GCS* 9:2, 613. – Ap.: *Autores hist. eccl.,* éd. Beatus Rhenanus, (*per*).

¹⁵ *Ibidem,* para. 3, p. 615.

¹⁶ *GCS* 9:1, 496s; *MPG* 20, 508s.

¹⁷ [] *Eusebius, libro 6, capite ultimo.* – Paras. 3s (d'ap. Rufin), *GCS* 9:2, 629. – Ap.: *Autores hist. eccl.,* éd. Beatus Rhenanus (*pe,* forme des noms).

sine authoritate Romani, ac etiam ipsius Antiocheni, concilium[18] indicitur Antiochiae. Idem factum est contra Paulum Samosatenum, episcopum Antiochiae. Ergo, ubi error, ibi remedium concilii adhiberi debet, sese eo invitantibus episcopis quibuslibet.

Concilio Niceno ⟨[b]contra Arrium⟩:

[c]Iulius pontifex Romanus[19] «defuit propter senectutem». Presbyteros duos illic habuit, Vitum et Vincentium. Presbyteri et diaconi atque acoluthi huic concilio intererant[20]. Et Athanasius[21], adhuc «diaconus existens», praecipuas partes disputationis sustinebat. Laicus[22] interfuit huic concilio, et disputavit. 'Imperator[23] ultimus concilium cum paucis ingressus est; sedit sede minore in medio eorum, cum petiisset tamen ante sibi id concedi, iussione episcoporum'.

[395] ⟨Nationale [b]contra Arrium⟩:

[c]Concilium 130 patrum Romae atque Alexandriae: Tripartita, libro 2, capite 7[24]. Hi damnarunt dicere Filium esse creaturam. – Concilium Tyrium: Theodoriti libri 1, capitibus 29 et 30[25]: «praetores». – Hierosolymitanum: ibidem[26], capite 31[27]. – ⟨Multa concilia propter unum Athanasium[28]⟩. – De Tyria synodo[29] iudicavit Constantinus vocatis ad se Constantinopolim episcopis, qui Tyri congregati fuerant. – Altera Tyri synodus[30] indicata a Constantini praesidibus et comitibus aliquot. – ⟨ [b]Hierosolymitanum: Tripartita, libro 3, capite 9[31]; contra Arrium⟩.

---

[18] Corrigé de concilia, et suivi de celebrata sunt, barré.

[19] Historia Tripartita, liv. 2, ch. 1, para. 1, CSEL 71, 82; MPL 69, 920s, (ep).

[20] Ibid., para. 8, p. 85; col. 922 A.

[21] [] Tripartita, libro 2, capite 2. – Para. 5, p. 86; cols. 922s, (pe).

[22] [] Ibidem, capite 3. – Para. 1–2, p. 87; col. 923 B.

[23] [] Ibidem, capite 5. – Para. 4, p. 90; col. 924 D, (p).

[24] Para. 8, CSEL 71, 95; MPL 69, 927 CD.

[25] GCS 44, 83–87; chs. 27s, MPG 82, 981–988. Le terme «praetores» semble être de Bucer: Camerarius traduit le ἀπὸ ὑπατικῶν du ch. 29 par «consularis».

[26] Suivi de lib[ro], barré.

[27] Paras. 1–3, pp. 87s; col. 988 C (ch. 29).

[28] Sans doute d'ap. Théodoret: H.E. Nicée: liv. 1, ch. 26 (pp. 80s; ch. 25, col. 980); Césarée d'où Athanase reste absent: ibid., ch. 28 (p. 82; ch. 26, col. 981); Tyr: cf. supra n. 25; Sardique: liv. 2, ch. 7 (p. 100; ch. 6, col. 997); Milan: ibid., ch. 15 (p. 128; ch. 12, col. 1029).

[29] [] Tripartita, libro 3, capite 7. – Paras. 5s, 10, 13, CSEL 71, 145ss; MPL 69, 952 BC, 953 A.

[30] [] Ibidem, capite 8. – Ce renvoi ne peut se rapporter ni à la Tripartita, ni à l'Hist. eccl. de Théodoret citées supra aux n. 25 et 29. S'agirait-il d'une double erreur? Le passage le plus proche serait: Eusèbe-Rufin: H.E., liv. 10 (= Rufin, liv. 1), ch. 17 (anciennement 16), GCS 9:2, 982s; MPL 21, 488. Il s'agit d'ailleurs de Constance, pas de Constantin. Dans les Autores hist. eccl.,1523 et 1528, le ch. est clairement libellé: «XVI».

[31] Para. 5, CSEL 71, 149; MPL 69, 954 A. Il y est plutôt question de Marcel d'Ancyre: L'action de ce concile concernant Arius est décrite au ch. 6, paras. 10, p. 144; col. 951 CD.

^cConcilium Constantinopolitanum³² indictum a Constantino maiore. ⟨ ^bContra Arrium⟩. – ^cAlterum Constantinopolitanum³³ indictum a Constantio. – Antiochenum ⟨ ^bpro Arrio⟩ ^cindictum a Constantio³⁴, patrum 90. Praesedit etiam Constantius. Hic formam decreti Niceni mutarunt, 'non culpantes' ipsum decretum. Hic vide iustam caussam detrectandi concilium! – ⟨ ^bContra Arrium:⟩ ^csynodus ab Athanasio collecta³⁵ Alexandriae. Item Antiochena, nationalis. [396] Concilium alterum³⁶ nationale Antiochenum, episcopis sua authoritate convenientibus.

⟨*Tempus indicendi:*

Ante annum et menses sex quandoque celebraretur indictum est³⁷. ^bContra Arrium⟩. ^cSardicense³⁸ indictum a Constantio, rogatu Constantis et Iulii³⁹ pontificis Romani, quo convenerunt Occidentalium 300, Orientalium 76. Hi enim causati sunt valetudinem et temporis angustiam. – Constans et Constantius⁴⁰ similiter indixerunt, ut patres ipsi fatentur. – Concilium Romanum⁴¹ per principem evocatum, de quo totum responsum; et capite 16 recitantur decreta eius. Concilium aliud Constantinopolitanum⁴² per Theodosium ⟨ ^bcontra Arrium⟩ ^cconvocatum pro concordandis ecclesiis. Praesedit in eo imperator immo in regia illud celebravit, episcopis ad se vocatis. Et primum, consilio Sisinnii lectoris, qui

---

³² *Historia Tripartita,* liv. 3, ch. 7, *CSEL* 71, 145ss (en part. paras. 6 et 13, pp. 145, 147); *MPL* 69, 952s; dans la lettre adressée aux pères réunis à Tyr.

³³ [] *Ibidem, capite 9.* – Plutôt liv. 4 (v. la n. suiv.), ch. 9, para. 1, *CSEL* 71, 164; *MPL* 69, 960.

³⁴ [] *Ibidem, libro 4, capite 9.* – Paras. 3–9, en part. para. 9 (*p*), *CSEL* 71, 164s; *MPL* 69, 960s. Les mots *Hic vide* sont soulignés et marqués par de petits traits en marge.

³⁵ [] *Tripartita, libro 7, capitibus 3 et 4.* – Ch. 3, en part. para. 3, *CSEL* 71, 384; *MPL* 69, 1067 D. Ch. 4, en part. para. 8, pp. 388s; col. 1070 B. La note d'introduction écrite par Bucer se trouve sous la référence donnée ici, mais des traits indiquent la place qui lui est destinée.

³⁶ [] *Ibidem, capite 16.* – Para. 15, p. 413; col. 1082 D.

³⁷ *Historia Tripartita,* liv. 4, ch. 23, para. 3, *CSEL* 71, 178; *MPL* 69, 968 A. – Ap.: *Autores hist. eccl.,* éd. Beatus Rhenanus, ou Crabbe: *Concilia,1538,* t. 1, f. CXCIII r, où ce même passage est cité en guise d'introduction aux canons de ce concile, suivi d'une discussion sur la date.

³⁸ *Loc. cit.,* paras. 2s, pp. 177s; col. 968 A. – Ap.: *Autores* ou *Concilia* (v. n. préc.), (*ep*).

³⁹ Précédé de *Constan,* barré.

⁴⁰ [] *Ibidem, capitibus 21, 23, 24.* – C.-à-d. *Historia Tripartita,* liv. 4, ch. 21, para. 2; ch. 23, *loc. cit. supra* aux n. 37s; ch. 24, para. 4 (lettre synodale qui mentionne l'initiative impériale), *CSEL* 71, 176, 177s, 179s; *MPL* 69, 967 A, 968 A, 969 A.

⁴¹ [] *Tripartita, libro 9, capitibus 14 et 16.* – (ch. 14 = lettre des Constantinopolitains à Rome). Pp. 510–516, et 518–522; cols. 1130–1132, 1134–1136.

⁴² [] *Tripartita, libro 9, capite 19.* – Pp. 523–526; cols. 1136–1138. – La présidence impériale, le *palatium* comme lieu de rencontre et l'interrogation des hérétiques: en part. paras. 7ss, pp. 524s; col. 137. – Le rajout de Bucer se trouve sous le renvoi en marge, mais une ligne le relie à la place que nous lui assignons dans le texte. – Ap.: *Autores hist. eccl.,* éd. Beatus Rhenanus, où on lit: [] «Theodosius laborat pro concordia ecclesiarum. – Agelius, Novatianorum episcopus. Consilium Sisinnii de concordandis haereticis», etc.

pro Aegelio[!] suo episcopo, factionis Novatianorum, agebat, interrogavit ⟨nota convocatos haereticos cum catholicis⟩ Arrianos, Eunomianos, et Macedonianos [397] num vellent stare autoritate patrum, qui fuissent ante scisma Arrianum. Ad id cum responderent dissentienter, iussit singulas partes suam fidem conscribere, et scriptum eorum, qui Niceno concilio consentiebant, probavit. Novatianis permisit oratoria habere; aliis ademit. Illi enim sententiebant[!] de Trinitate cum catholicis.

Episcopi Constantinopoli congregati[43], a Damaso Romam per literas vocantur ad maximum concilium; verum illi se excusant scripto. In eo responso exponunt fidem suam, et allegant decreta Antiochenae, et proximo anno celebrati concilii Constantinopolitani. Item memorant se ecclesiae Constantinopolitanae praefecisse Nectarium, et Antiochenae Flavianum, Cyrillum vero esse Hierosolymitanum. Testantur quoque re-ceptam Niceni constitutionem apud se tenere, ut episcopi per vicinos ordinentur. Gratias agunt occidentalibus, quod se literis principis, forsan Gratiani, qui Occidentem tenebat, evo[398]carint, cupientes, ut tanquam membra ipsorum sub pia principum concordia cum ipsis regnarent, qui antea soli persecutionem sustinuerant. – Nota: literis principis vocati sunt, non Damasi papae tantum, aut etiam concilii. – Poscunt item, ut occiden-tales congaudeant gestis ipsorum, quae gesta erant legaliter et canonice; non petunt eorum confirmationem, et duos tamen primarios patriarchas ordinarunt. – ⟨ [b]Contra Arrium:⟩ [c]Aquileiense concilium occidentalium memorant.

[399] *Concilia Cypriani:*

Concilium multorum episcoporum[44], qui Fortunatum ecclesia eiece-runt, et de ea re scripserunt ad Cornelium pontificem Romanum: natio-nale. – Aliud concilium 90 episcoporum, quod damnavit[45]. – Item aliud, nationale[46]. – «Concilia frequenter acta»[47] et constitutum, lapsis 'nisi acta poenitentia' non communicandum. – Concilium[48] in quo compro-

---

[43] [] *Tripartita, libro 9, capite 14.* – Cf. *supra* n. 41. – Le résumé suit les paras. 10, 12–20, puis 10 et 11. Pp. 512–516; cols. 1131s.

[44] [] *Cyprianus, libro 1, epistola 3.* – *Ep.* 59, para. 9, *CSEL* 3:2, 676; *MPL* 3, 808. – Ap.: Erasme: *Opera Cypriani,1537,*; cf. *infra*, n. 47.

[45] Suivi de *nationale*, barré. On a oublié de rajouter le nom de *Privat* à la place de ce mot. – *Ibid.,* para. 10, pp. 677s; col. 810.

[46] *Ibidem.* Le concile des 90 évêques qui avaient condamné Privat s'était réuni «ante multos fere annos». Cyprien en réunit un nouveau au même sujet.

[47] [] *Ibidem, pagina 19.* – Dans la même *Ep.* 59, para. 13, p. 680; cols. 812s. Cf. *supra*, n. 44, (*r*).

[48] [] *Cyprianus, libro 1, epistola 4.* – *Ep.* 67, paras. 1 et 2–5, *CSEL* 3:2, 735–740; *MPL* 3, 1021–1028. La précision concernant les deux dépositions semble être un écho (déformé) du para. 4 (p. 738; cols. 1025ss), où il est question de la participation du peuple lors de l'élection (ou déposition) des évêques et diacres. – Ap.: Erasme: *Opera Cypriani*, (*ri*).

bata est reiectio Martialis et Basilidis ab episcopatu, quae facta fuerit unius a[49] presbytero et plebe, alterius a diacono et plebe. – Cyprianus de venia danda lapsis[50]: Non vult respondere sine concilio episcoporum. In concilium adhibiti sunt[51] 'presbyteri, diaconi, confessores, et stantes laici'. Caussa indicata est[52], «scripturis diu ex utraque parte prolatis». – [400] Ex concilio Aphricano[53] scribitur Romam, ubi item concilium cogitur, et de eadem re cognoscitur.

Qua poenitentia lapsi recipiendi sint[54], statuendum putat episcoporum concilio, et communicato etiam cum ecclesiae Romanae consilio. – Expetit[55] redire ad ecclesiam suam, «ut ea, quae circa ecclesiae gubernaculum utilitas communis exposcit, tractare simul et plurimorum consilio examinata delimare possimus». «A primordio[56] episcopatus mei statui nihil sine consilio vestro et sine consensu plebis, mea privatim sententia gerere». Vide hunc locum!

Carthagini concilium Cyprianus celebravit[57], et in eo statutum est, ut communicatio concederetur eam petentibus, propterea quod instabat persecutio. Antea enim in concilio decretum erat morituris pacem dandam esse, etiam iis, qui ex negatoribus eam petiissent. Caeteris longissimum tempus poenitendi statutum erat. Cum itaque persecutione instante mors instaret omnibus, voluit concilium tempus poenitentiae[58] breviari. ⟨Nota correctionem concilii: qua de caussa⟩. [401] Decretum hoc scribunt ad Cornelium papam Romanum, ut et ipse id sequatur, non ut approbet. Sic enim concludunt[59]: «Quod credimus vobis quoque paternae misericordiae contemplatione placiturum». Hic papa non indixit concilium, et sententiam alieni concilii recepit[60].

---

[49] Précédé de *ab*, barré.

[50] [] *Libro 4, epistola 2. – Ep.* 55, paras. 6s, *CSEL* 3:2, 627s; *MPL* 3, 767s. – Ap.: Erasme: *Opera Cypriani*, (r).

[51] *Loc. cit.*, para. 5, p. 627; col. 767: il ne s'agit pas du concile que Cyprien vient de réunir, mais du concile romain, dont Cyprien cite la lettre synodale (= *Ep.* 30, para. 5, p. 553; *Ep.* 31, *MPL* 4, 312).

[52] [] *Ibidem. – Loc. cit.*, à la n. 50; para. 6.

[53] [] *Ibidem. – Loc. cit.*, para. 6, *infra*.

[54] [] *Libro 3, Epistola 5. – Ep.* 20, para. 3, *CSEL* 3:2, 529; *Ep.* 14, *MPL* 4, 263s. – Ap.: Erasme: *Opera Cypriani*, (rp).

[55] [] *Idem, ibidem, epistola 10. – Ep.* 14, para. 1, p. 510; *Ep.* 5, col. 232. – Ap.: *op. cit.*, (e, leçons!).

[56] [] *Idem in fine epistolae.* – Para. 4, p. 512; col. 234, (e).

[57] [] *Cyprianus, libro 1, epistola 2. – Ep.* 57, para. 1, *CSEL* 3:2, 650s; *MPL* 4, 853ss. – Ap.: Erasme: *Opera Cypriani*, (ra).

[58] Suivi de *voluit*, barré.

[59] Pas à la fin, mais au milieu du para. 5, p. 655; col. 860.

[60] Précédé de *ac*, barré.

Concilium nationale:

Hierosolymitanus[61], convocatis suae vicinae regionis episcopis, synodico iudicio 'restituit Athanasio communionem et dignitatem'. Nota hic restituere alicui dignitatem suam idem esse quod consentire et comprobare, ut quis suam dignitatem a suis recipiat, et reponatur loco suo. Nihil enim ultra potuit Hierosolymitanus praestare Athanasio. Ita etiam iudicabat et restituebat Romanus[62]. – Synodus Aegyptiorum ab Athanasio coacta[63], consensionem decrevit Sardicenae[64] et Hierosolymitane synodis. – [402] Synodus Romana sub Damaso papa[65]. Cuius synodi decretum[66] non unius Damasi sed totius synodi ad Illyricos scriptum est; et non autoritas Romanae sedis sed concilii Niceni obiecta est, eoque etiam Illyricorum consensus hortatione quaesitus, non aliqua superiore autoritate imperatus. – Ariminensis concilii numero opponitur quod Romanae sedis et praestantiorum episcoporum consensu destituitur. – Synodus Lampsacena[67] autoritate Valentiniani. Alia quaedam concilia. ⟨ *ᵇ*Contra Arrium⟩. *ᶜ*Item[68] Romanum, Siculum vere nationale, et Tarsense, quasi generale. Haec invito Valente pro concordia ecclesiarum restituenda celebrata sunt. Orientales enim se cum Occidentalibus coniunxerunt confessione consubstantialitatis ⟨ *ᵇ*contra Arrium⟩. *ᶜ*His non Liberius sua pontificali autoritate sed synodali una cum aliis rescripsit. Et nota qua occasione coactum sit ⟨ *ᵇ*contra Arrium⟩ *ᶜ*et Siculum, et Tarsense, circa finem capitis 25[69]. – [403] Tyanense concilium[70] et varia multarum nationum concilia, Aphrorum, Italorum, Gallorum, Siculorum, Asianorum Tarsense ⟨ *ᵇ*contra Arrium⟩ *ᶜ*prohibuit Valens.

---

[61] ☐ *Tripartita, libro 4, capitibus 34 et 36.* – Chs. 33, paras. 1s et 35, paras. 1–6, *CSEL* 71, 204s et 207s; chs. 34 et 36, *MPL* 69, 981 C et 982s. – Ap.: *Autores hist. eccl.,* éd. Beatus Rhenanus, *(rei).*

[62] Cf. *op. cit.,* ch. 33, para. 4, p. 205; col. 981 D.

[63] ☐ *Ibidem, capite 38.* – Ch. 37, para. 2, p. 210; ch. 38, col. 984 A. – Ap.: *Autores hist. eccl.,* éd. Beatus Rhenanus, *(rp).*

[64] Nous résolvons l'abréviation en conformité avec la forme *Sardiceno, loc. cit.*

[65] *Historia Tripartita,* liv. 5, ch. 28, para. 6, *CSEL* 71, 256; *MPL* 69, 1006.

[66] ☐ *Tripartita, libro 5, capite 29.* – *Loc. cit.,* p. 257; col. 1006 AB. Pour la suite, v. en part. paras. 4 et 6; pp. 257s; cols. 1006s.

[67] ☐ *Tripartita, libro 7, capite 12.* – *CSEL* 71, 405s; *MPL* 69, 1078s. – Ap.: *Autores hist. eccl.,* éd. Beatus Rhenanus, (là ☐ : «Synodus apud Lampsacum»).

[68] ☐ *Perlege ibidem capita 24 et 25.* – En part. ch. 24, para. 2 (Rome); ch. 25, paras. 13 et 14 (Sicile et Tarse). Pp. 421–425, en part. 421 et 426; cols. 1087ss, en part. 1087 B et 1089 CD.

[69] *Loc. cit., supra.* Il doit s'agir du fait que ces deux synodes ont pour but de confirmer (*roborare*) la foi de Nicée.

[70] ☐ *Ibidem, capite 28.* – P. 428; col. 1090.

[404–408 bl.; 409] *Concilium nationale aut provinciale, quoties et quomodo celebrandum, et ubi:*

In ea provincia celebretur[71] 'ubi est opportunitas, si existant caussae communes. Non communes caussae in sua quaelibet provincia iudice[n]-tur'. Singuli metropolitani provincialia celebrent quotannis: concilium Lateranense[72] sub Innocentio 3.

In negotiis fidei et gravioribus et communibus caussis disciplinae cele-bretur nationale: In concilio Toletano, capite 4[73]. Capite 3[74]: Si fidei caussa est aut alia quaelibet alia[!] ecclesiae communis, generalis totius Hispaniae et Galliciae synodus convocetur.

Canon 29, concilii Arausicani[75]: Singulis annis celebranda provincia-lia bina. – Nationale quotannis unum: canone 2, concilii Carthaginensis 3[76]. Ad illud singulae provinciae binos mittant deligendos in suis provin-cialibus conciliis. Idem canone 6, concilii Hypponensis[77]. – Caput 7, concilii Charthaginensis 5, De consecratione, distinctione 3, «Placuit»[78].

[410] *[m]Presbyteri et diaconi Romani ad Cyprianum:* Epistola vii, libri ii Epistolarum[79] Cipriani[80]: «Quanquam nobis in tam ingenti negocio placeat quod tu ipse tractasti, prius ecclesiae pacem sustinendam, deinde collatione consiliorum cum episcopis, presbyteris, diaconis, confessoribus, pariter astantibus laicis, facta, lapsorum tractare rationem. Perquam enim nobis et invidiosum et onerosum videtur non per multos examinare quod per multos commissum videatur fuisse, et unam sententiam dicere, cum tam grande crimen per multos diffusum notetur exisse, quoniam nec firmum decretum potest esse quod non plurimorum videtur habuisse consensum».

---

[71] [] *Canon 9, ex concilio Milevitano.* – Mansi: *Collectio,* 4, 329, (*p*).

[72] [] *Capite 6.* – Mansi: *Collectio,* 22, 991s.

[73] Le chiffre est précédé par *q[uaestione]* 3, barré. Il s'agit peut-être de *Decreti,*2a pars, causa 9, qu. 3, can. 1, *Friedberg,* 1, 606, tiré du can. 4 de la collection de Martin de Braga. – Le nouveau renvoi est au 4e concile de Tolède, can. 4, Mansi: *Collectio,* 10, 617s.

[74] *Loc. cit.,* cols. 616s.

[75] Ms.: *Aracusicani.* – 1er concile d'Orange, can. cit., Mansi: *Collectio,* 6, 440.

[76] Mansi: *Collectio,* 3, 880.

[77] C'est le can. 2 de Carthage 3, que reprennent à cette place les *Concilii Hipponensis abbreviationes,* attribuées à ce même concile. (Ap.: Crabbe: *Concilia,* 1, 254r). Mansi: *Collectio,* 3, 895.

[78] *Decreti,*3a pars, *loc. cit.,* can. 24, *Friedberg,* 1, 1359.

[79] Suivi de *ad* barré.

[80] *Ep.* 30, para. 5, *CSEL* 3:2, 553; *Ep.* 31, *MPL* 4, 312. – Ap.: *Opera,1521* ou *1537*? (*re*). Ces éds. contiennent la leçon *unam sententiam* mais pas *videtur* (au lieu de *videbitur*) *habuisse.* Il en va de même pour les autres impressions de l'éd. d'Erasme que nous avons pu consulter (Bâle: 1530, 1540, in-fol.; Cologne: 1522; Lyon: 1537, in-8).

[411 bl.; 412] *^cConcilium particulare:*

Alexander episcopus Alexandrinus[81], concilio suorum clericorum convocato, baptizatos ab Athanasio puero statuit non rebaptizandos. – Presbyteri, diaconi et plebs[82] in concilium adhibebantur, cum recipiendi sunt qui redeunt ad ecclesiam a scismate, vel lapsi sunt; plebisque tanta erat in eo concilio autoritas, ut consensus eius episcopis etiam 'extorquendus' erat.

[413 bl.; 414] *'In epistola concilii Aphricani ad Celestinum papam:* Capite 105[83]. Tomo 1, folio 308[84]: «Decreta Nicaena sive inferioris gradus clericos sive ipsos episcopos suis metropolitanis apertissime commiserunt. Prudentissime enim iustissimeque viderunt quecunque negocia in suis locis (ubi orta sunt) finienda. Nec[85] unicuique provincie gratiam sancti Spiritus defuturam, qua equitas a Christi sacerdotibus et prudenter videatur, et constantissime teneatur; maxime, quia unicuique concessum est, si iudicio offensus fuerit cognitorum, ad concilia sue provincie vel etiam universale provocare. Nisi forte quisquam est, qui credat unicuilibet posse Deum nostrum examinis inspirare iusticiam, et innumerabilibus congregatis in concilium sacerdotibus denegare».

[415] *^cConcilia provincialia:*

Provinciale concilium[86] provinciae Palestinae iudicavit de iuribus episcoporum et civitatum. – Concilium Mediolanense[87] provinciale a Valentiniano coactum. – In concilio Constantinopolitano primo[88] sub Theodosio constitutum est, 'ut quicquid in aliqua provincia emergat in religione corrigendum, id concilio[89] eius provinciae corrigatur'. – Nota, nota![90] – Concilium Cypri et Antiochenum[91] propter condemnationem

---

[81] [] *Historia ecclesiastica Rufini, libro 10, capite 14.* – GCS 9:2, 981 (= ch. 15); MPL 21, 487 (= ch. 14).

[82] [] *Cyprianus, libro 1, epistola 3, paginis 22 et 23.* – Ep. 59, ch. 15, CSEL 3:2, 684; MPL 3, 823s. – Ap.: *Opera,1537,* (r!, *ip*).

[83] Corrigé de *106* [?].

[84] Mansi: *Collectio,* 4, 516. – Ap.: Crabbe: *Concilia,* fol. cit. v, F, (*re*).

[85] Souligné de *nec* à *teneatur.*

[86] [] *Tripartita, libro 6, capite 4.* – Paras. 4–7, CSEL 71, 315; MPL 69, 1033.

[87] [] *Tripartita, libro 7, capite 8.* – Para. 1, p. 394; col. 1073.

[88] [] *Tripartita, libro 9, capite 3* [!]. – Plutôt ch. 13, para. 10, p. 509; col. 1129 D (*pe!*). – Ap.: *Autores hist. eccl.,1523* ou *1528,* où ce passage comporte [] «Provincialium conciliorum institutio».

[89] Précédé de *concilio,* barré.

[90] Une ligne tirée à travers la page sous cet appel paraît le relier à ce qui précède.

[91] [] *Tripartita, libro 10, capite 10.* – Paras. 15–18, p. 599; col. 1173 AB.

librorum Origenis: illud authoritate Epiphanii, hoc Theophili coactum. – Constantinopolitanum[92] contra Iohannem Chrysostomum collectum.

[416–418 bl.; 419] *Provincialiis [!] concilii authoritas:*

Episcopum instituere, destituere: Distinctione 92, «Si episcopus». Item ibidem «Si quis episcopus»[93]. – 3, quaestione 9, «Decernimus»[94]: Papa ipse concilio provinciali iudicium episcopi committit. – Episcopus excommunicatur qui ecclesiam suam non adit: Distinctione 92, «Si quis Episcopus»[95]. – Ubi populi consensus episcopo deest, etiam sine vitio episcopi, supersedere a functione debet: Ibidem, «Si quis ordinatus», et sequenti[96]. – [b]Etiam in primatem inquirere et eum corrigere: vide epistolam divi Gregorii 37, libro 10 Epistolarum[97]. Vide item epistolam 35 libro 3[98].

[420–422 bl.; 423] [c]*Conciliorum authoritas:*

Tota Tyria Synodus posthabetur uni Athanasio apud Theodoritum, [a]libro 1, capitibus 28, 29, 30[99]. – [c]Et tota Chalcedonensis, ipsius Leonis authoritate celebrata, a Leone [b]non[100] [c]reiiciebatur in eo, quod permiserat Constantinopolitano episcopo ordinationem Alexandrini et Antiocheni, qui, cum et ipsi patriarchae essent, a suis episcopis ordinari debuerunt, et non ab alio patriarcha, tanquam in illius cura essent: Leo papa in libro Conciliorum primo [b]364, [a]Epistola 52, 51[101]. – [b]Concilium Meldense constituerat, ut rapta nuberet raptori etiam post poenitentiam, et parentibus[102] consentientibus. Id autem reiicitur, quia cum iure divino pugnat: 36, quaestione 2, capite ultimo, § «Haec autoritas»[103].

---

[92] *Ibid.,* para. 19, p. 599; col. 1173 BC.

[93] *Decreti,*1a pars, dist. 92, can. 6 (ou 8) et 7, *Friedberg,* 1, 319. Alors que le second canon se laisse identifier sans trop de peine, le premier incipit comprend une erreur: il n'y a pas de can.: «Si episcopus» dans cette distinction; il doit s'agir soit de «Si qui episcopi» (6), ou d'un autre «Si quis episcopus» (éventuellement 8, q. v. à la n. 95).

[94] *Decreti,*2a pars, causa 3, qu. 9, can. 10, *Friedberg,* 1, 531.

[95] Can. 8, *loc. cit.* à la n. 93. Le résumé paraphrase la rubrique.

[96] *Loc. cit., supra,* can. 4 et 5, col. 318.

[97] Liv. 12, *Ep.* 12, *MGHEp* 2, 359; Liv. 12, *Ep.* 32, *MPL* 77, 1242s. – Ap.: *Opera,1518,* (r). Cf. aussi *Decreti,*2a pars, causa 2, qu. 7, can. 46, *Friedberg,* 1, 499.

[98] Liv. 4, *Ep.* 35, *MGHEp* 1, 271; *MPL* 77, 709s. – Ap.: *Opera,1518,* (r).

[99] *Hist. eccl., loc. cit., GCS* 44, 82–87; *MPG* 82, 981–988 (= chs. 26–28).

[100] Inséré au-dessus de la ligne.

[101] Ap.: Crabbe: *Concilia,1538, loc. cit.,* (r). – Désormais N° 104, *MPL* 54, 991ss et N° 106, col. 1001ss.

[102] Suivi de *et puelle* [!], barré. Cf. la n. suiv.

[103] *Decreti,*2a pars, *loc. cit.,* plutôt l'avant-dernier can. 10, *Friedberg,* 1, 1291s (Synode de Meaux) et surtout les dicta Gratiani après ce can. et après le can. suiv. (i.e. 11); col. 1292.

[424–428 bl.; 429] *^cConcilia generalia ^biure declinata:*

⟨Disputatio damnato concessa:⟩ ^cSirmiense indictum a Constantio, convocatis Orientalibus et Occidentalibus; et Osio invito damnatus Photinus. Cum vero sententiae non acquiesceret, sed disputationem peteret, est ea ipsi concessa. ⟨^bImperator et senatores praesentes disputationi de fide:⟩ ^cEt interfuit ei disputationi imperator cum non paucis senatoribus, quos imperator volebat interesse[104]. – Mediolanense 'patrum orientalium non multorum, ocidentalium vero ccc', indictum a Constantio[105]. Cum autem Orientales instarent, 'ut ante omnia contra Athanasium decretum fieret', ⟨Caussa cur concilia fugere et reiicere liceat:⟩ Paulinus Trevirorum, Eusebius Vercellensis, Dionysius Albae Italiae, clamarunt fraudem strui dogmatibus, eoque effecerunt, ut concilium statim solveretur. – Concilium Ariminense Occidentalium[106], Seleuciae Orientalium, indictum a Constantio utrumque. 21: «Divina iussione et praecepto pietatis tuae olim dogmatizata credimus».

[430] *Concilia generalia:*

Concilium Ariminense[107] divisum est. Sententia bonorum: In Ariminensi[108] patres ducenti decreverunt fidem Nicenam servandam. Alii pauci diversum machinati sunt, et aliquot simpliciores circumvenerunt, ut ipsis assentirent; qui postea fraude intellecta saniori parti sese adiunxerunt. – Synodus Orientalium, quam Constantius instar Ariminensis Occidentalium celebrari voluit[109] indicta primum Nicaeam Bithyniae est, sed tandem celebrata est Seleuciae Isauriae, consulibus Eusebii et Hypatii. ⟨Hinc vide synodos indici etiam multarum nationum, nec tamen universales⟩. Praefuerunt huic concilio mandato imperatoris clarissimi viri, comes palatii Leonas, et Lauritius dux militum Isauriae. Ordinati quoque fuerunt

---

[104] ⧖ *Tripartita, libro 5, capitibus 6, 8, 9.* – Dès 6, para. 3: *CSEL* 71, 220s, 226–228; *MPL* 69, 988 et 990–992; en part. ch. 8, paras. 11–15, p. 228; cols. 991s. – Ap.: *Autores hist. eccl.,* éd. Beatus Rhenanus, où ce dernier passage comporte entre autres notes ⧖ : «Photinus disputat coram episcopis et senatoribus»; et au ch. 6 ⧖ : «Concilium iussu imperatoris Constantii congregatur Sirmii adversus Photinum».

[105] ⧖ *Ibidem, capite 15.* – Pp. 234s; col. 599, (rape).

[106] ⧖ *Ibidem, capitibus 16, 20 et 21.* – Ch. 16, para. 4: pp. 236s; col. 996 AB; Ch. 20: pp. 244–251; cols. 999–1003; Ch. 21: citation de l'incipit: p. 245; col. 1001.

[107] ⧖ *Ibidem.* – En part. ch. 20, paras. 12s, p. 246; col. 1000 et ch. 21, paras. 6–8, p. 249; col. 1002 AB.

[108] ⧖ *Ibidem et capite 30.* – En part. ch. 20, *loc. cit. supra* et paras. 14s, p. 246; col. 1001 A; ch. 21 (lettre des pères conciliaires à l'empereur) et ch. 30 (lettre d'Athanase), pp. 259s; col. 1007. – Le nombre des pères: ch. 30, para. 5, p. 260; col. 1007 D. – Ap.: *Autores hist. eccl.:* ce nombre est relevé en ⧖ de ce passage et dans le registre s. v. *Ducenti.*

[109] ⧖ *Ibidem, capite 34.* – Pp. 267–275; cols. 1011–1015; en part. les paras. 1–9, pp. 267s; col. 1011. – Ap.: *Autores hist. eccl.,* (a: en partie, p des ⧖ ; N.B. aussi la leçon *Nicaea Bithyniae*).

exceptores qui verba disputantium excipiebant. Absque certa et concordi sententia solutum est. In hac synodo digladiatum diu est, an prius de accusatis vel de fide agi oporteat. Et imperatoris erat id decidere. – [431] Synodus Alexandrina[110] per Eusebium Vercellensem et Athanasium collecta. Ita quorumlibet episcoporum erat adflictis ecclesiis sacerdotes colligere, ut et doctrinae pietas et disciplinae constantia serventur ubi nutant, et restituantur ubi lapsae sunt. ⟨Aliquo modo generalis synodus⟩. – Synodus Smyrnae [!] in Illyrico[111] iussu Valentiniani Valentis et Gratiani collecta: ⟨quasi generalis⟩. Synodus Lampsacena[112], autore Valentiniano.

Concilium Constantinopolitanum generale[113], patrum CL ecclesiarum orientalium eius partis imperii, quod Valens tenuerat, coactum per Theodosium statim ut imperium inivisset. Hoc enim veri imperatoris erat: ante omnia curare ecclesias. Ad hoc concilium Romanus non est vocatus; Macedoniani vocati sunt 36, et tentatum est, si possent cum aliis coniungi. – Alterum concilium[114] statim sequente anno Constantinopoli celebratum, episcopis sua sponte ibi ob caussas ecclesiasticas convenientibus. [432] Hic nulla Romanae sedis autoritas accessit[115]: ita cum eo venissent, reppererunt ibi epistolam synodicam occidentalium episcoporum vocantium eos Romam. In hoc concilio decreverunt responsum ad synodum Romanam, ad quam vocati fuerant. Quaere eam responsionem supra, pagina 397[116]: «Episcopi Constantinopoli» etc.

[433–440 bl.; 441] *Concilia reproba:*

Constantinopolitanum[117], opera Acatii Caesariensis coactum, episcoporum 50. Epistola synodica huius[118] synodi: Tripartita, libro 5, capite 43[119]. – Alterum[120], Antiochenum, Constantio indicente cogebatur. –

---

[110] [] *Tripartita, libro 6, capite 22.* – Plutôt chs. 19s, para. 1, p. 330; col. 1041.

[111] [] *Tripartita, libro 7, capitibus 8, 9, 10.* – Dès ch. 8, para. 11, pp. 396–401; cols. 1074 A–1076. – Ap.: *Autores hist. eccl.,* où une [] attire l'attention sur ce synode.

[112] [] *Ibidem, capite 12.* – Dès para. 4, pp. 405s; col. 1079. – Ap.: *Autores hist. eccl.,* où une [] attire l'attention sur ce synode.

[113] [] *Tripartita, libro 9, capitibus 4, 12 et 13.* – Ch. 4, depuis para. 11, pp. 501s, 506–509; cols. 1125 D et suiv., 1128ss.

[114] [] *Ibidem, capite 14.* – Ch. 13, paras. 12s, p. 510; col. 1130 A. – Ap.: *Autores hist. eccl.?* (r; le début du ch. n'est indiqué ni en 1523, ni en 1528).

[115] [] *Ibidem, capite 15.* – Texte de la lettre du pape Damase, en part. para. 1, pp. 516s; col. 1133 sur les rôles respectifs de Rome et du concile; pour la suite, v. ch. 13, paras. 12s, cités à la n. préc.

[116] V. texte près la n. 43 de ce chapitre.

[117] [] *Tripartita, libro 5, capitibus 36 et 37.* – Pp. 277–280; cols. 1016s.

[118] La seconde partie du mot: *modi,* barrée.

[119] Plutôt ch. 42, paras. 14–22, pp. 288–290; cols. 1021s. – Ap.: *Autores hist. eccl.?* où le début du ch. 42 n'est marqué ni en 1523, ni en 1528.

[120] [] *Ibidem, capite 46.* – Pp. 296s; cols. 1026s.

Caesareae Palestinae, Tyriae: Theodoriti, libro 1, capitibus 28, 29, et 30[121]. – Antiochaeum: Tripartita, libro 4, capite 9[122]. – Antiochenum alterum: Ibidem, capite 16[123]. – Concilium Philippoli Thratiae[124], in quod Orientales secesserunt, qui Sardicae cum Occidentalibus noluerunt convenire, cum illi nollent Athanasiacos et Paulitanos excludere. – Sirmiense[125], ex Arrianis coactum; tamen Photinum recte damnarunt. – Antiochiae[126], 30 episcoporum orientalium: 'ne communicarent Athanasio'. – Tyrium contra Athanasium: Historia Ecclesiastica, libro 10, capitibus 16 et 17[127]. – [442] Concilium Nicaeae Thraciae[128]: Ursacius et ei consentientes obtrudere conabantur decreta Arimini a factione Arriana. Amplius 10 conciliis celebrarunt Arriani[129], ut obtruderent orthodoxis sua commenta. Et haec caussa fuit, cur concilia bonis patribus ita abhorruerint.

[443–446 bl.; 447] *Declinata concilia:*

Athanasius non venit ad synodum a Constantino indictam Caesaream[130], quia illic inimici sui et veritatis convenerant; et imperator, cum putaret illum declinare praesulem Caesariensem sibi infensum, indixit alteram Tyrum. A Tyria[131] profugit ad imperatorem. Capite 16[132]. – Maximus Hierosolymitanus[133] et Iulius Romanus non consenserunt venire in concilium Antiochenum, occasione dedicationis sed caussa depra-

---

[121] *GCS* 44, 82–87 (ch. 19); *MPG* 82, 981–988 (chs. 26–28).

[122] *CSEL* 71, 164ss; *MPL* 69, 960s.

[123] Pp. 170s; col. 964.

[124] [] *Tripartita, libro 4, capite 23.* – Pp. 177ss; cols. 967s. En part.: paras. 4s, p. 178; col. 968 AB (N.B.: *Autores hist. eccl.,* 1523 et 1528: «Athanasiacos et Paulianos», comme les éds. modernes).

[125] [] *Tripartita, libro 5, capite 6.* – Désormais paras. 3–5, p. 220; col. 988. – Ap.: *Autores hist. eccl., (r:* ce passage = le ch. entier, cf. *MPL).*

[126] [] *Ibidem, capite 14.* – Pp. 233s; col. 994, (*ap* du récit concernant la lettre synodale).

[127] (= Rufin, liv. 1, chs. 17s), *GCS* 9:2, 982–985; Chs. 16s, *MPL* 21, 488–491.

[128] [] *Ibidem, capite 25.* – Cf. n. 126; *Historia Tripartita,* liv. 5, ch. cit., *CSEL* 71, 253s; *MPL* 69, 1004.

[129] Lettre d'Athanase concernant le synode de Rimini, in *Historia Tripartita,* liv. 5, ch. 30, para. 1, p. 259; col. 1007.

[130] [] *Libro Theodoriti 1, capite 28.* – *GCS* 44, 82s (= ch. 19); *MPL* 82, 982 (= ch. 26). – Ap.: éd. grecque (*r*).

[131] [] *Libro 3 Tripartitae, capitibus 5 et 6 in fine.* – Ch. 5, para. 1, ch. 6, para. 12, *CSEL* 71, 141 et 145; *MPL* 69, 950 AB et 951 D.

[132] Il n'est pas clair à quoi se réfère ce renvoi. Il ne fait pas suite aux trois autres donnés en [] (ici aux n. 130, 131, 133) qui y sont mal placés, mais reliés par des traits obliques aux passages auxquels ils se réfèrent. Pourrait-il s'agir ici de la mention de Tyr dans Rufin: *Hist. eccl.,* liv. 1 (Eusèbe-Rufin, liv. 10), ch. 16, *GCS* 9:2, 982s (= ch. 17); *MPL* 21, 488?

[133] [] *Ibidem, libro 4, capite 9.* – Paras. 3s, *CSEL* 71, 164s; *MPL* 69, 960 CD.

vandi fidem Nicenam indictum. – Cyrillus episcopus Hierosolymitanus[134] orthodoxus condemnatus a concilio ad maius concilium appellavit, et imperator appellationi detulit, tametsi id contra errorem esset. Fuerat autem concilium, quod eum condemnaverat, pravum. *b*Idem fert Chrysostomus: vide librum Tripartitae Historiae, libro 10, capite 13[135]. [448] Idem fert pontifex Leo contra concilium Ephesinum 2; et causam addit ad imperatorem Theodosium iuniorem: quod appellantibus a synodo in causa fidei alia dari debeat. Vide epistolam Leonis, 1 tomo, folio 396[136].

[449–452 bl.; 453] *c*Vera ratio agendi in conciliis:

Chrysostomi Homilia 18, in 2 Corinth.[137]. Insignis locus: audiri omnes debent, et nemo indigne ferre si sua sententia minus probetur. Id enim poscere, ut quicquid dicat recipiatur, 'tyranni non consiliarii est'. – Vide supra[138], pagina 394, concilium Nicenum; et concilia Cypriani pagina 399; et pagina 392, concilium Dionysii Alexandrini.

*b*Item vide rationem, quam Constantinus in concilio Niceno proposuit, Tripartitae, libro 2, capite 5[139]: ex libris evangelicis et propheticis quaerendum, quid de religione sentire debeamus. – Vide item epistolam divi Augustini CXLVII et nominatim disputandi[140] legem ibidem propositam, quam habes infra[141] 457[142] ⟨ex epistola divi Augustini CXLVII et epistola⟩ CLXIII, item epistola 168.

[454s bl.; 456] *i*Augustinus ad Proculianum episcopum factionis Donatianae, Epistola CXLVII[143]: «Istud tamen, quod promittere dignatus es, peto memineris, ut sedentibus, quos ipse deligeris, dummodo verba nostra non inaniter ventilentur, sed stylo excipiantur, ut et tranquillius et ordinatius disseramus, et si quid forte a nobis dictum de memoria lapsum fuerit,

---

[134] *Historia Tripartita*, liv. 5, ch. 34, paras. 34–37, *CSEL* 71, 274; *MPL* 69, 1014 CD. – Ap.: *Autores hist. eccl.*, où le cas est relevé dans l'index et [] du passage: «Cyrillus Hierosolymitanus primus appellatione usus inter ecclesiasticos».

[135] Paras. 11s, pp. 604s; cols. 1175 D–1176 A.

[136] Ap.: Crabbe: *Concilia,1538, loc. cit.*, dans les actes du concile de Chalcédoine, où figurent des documents relatifs au «brigandage» d'Ephèse. On y trouve la fin de l'*Ep.* 43, 2e version, ch. 3, *MPL* 54, 826 ainsi qu'un renvoi à l'*Ep.* 44 (*loc. cit., supra, Ep.* 23, f. 354r), cols. 827–831, qui traite du même sujet (*passim,* mais surtout – dans les mêmes termes – au ch. 3, cols. 829s).

[137] Sur 2 Cor. 8, 16ss, *MPG* 61, 528, (*ap*).

[138] Cf. textes près n. 19ss, 44ss et 10.

[139] Para. 7, *CSEL* 71, 91; *MPL* 69, 925 B. – Ap.: *Autores hist. eccl.*, où [] «Evangelici et apostolici, propheticique libri».

[140] Précédé de *distin,* barré.

[141] Suivi de *Epistola,* rajouté au-dessus de la ligne, puis barré. Il s'agit de la p. 457 du ms. de notre recueil: v. pp. 456s et n. 143ss.

[142] Suivi de *in* [?] *epistola,* barré.

[143] Ici comme au renvoi suiv. (n. 146), le nom d'Augustin est précédé d'un astérisque. – *Ep.* 33, para. 4, *CSEL* 34:2, 20s; *MPL* 33, 130s. – Ap.: *Liber Epistolarum,* (*r* [v. aussi *MPL, loc. cit.* et col. 1168] et leçons *istud* et *et rem*; *e*).

recitatione revocetur, et rem tam magnam et ad salutem omnium pertinentem cum concordia requiramus. Aut, si placet, nullo medio interposito, prius nobiscum, sive per epistolas, sive per collocutionem atque lectionem, ubi placuerit conferamus, ne forte intemperantes nonnulli auditores malint quasi nostrum expectare certamen quam de nostra salute in nostra collocutione cogitare, ut quod fuerit inter nos terminatum, postea per nos populus noverit. Aut si per epistolas agi placet, ipsa plebibus recitentur ut aliquando non plebes sed plebs una dicatur».

[457] *b/i* Ratio disputationum et[144] collationum *b*cum adversariis in rebus ecclesiasticis:

*i*Augustinus ad[145] *i/b*populum *i*Donatianae factionis, Epistola CLII[146]: «Carthaginem venimus et nos et episcopi vestri, et, quod prius nolebant et indignum esse dicebant, in unum convenimus. Electi sunt ex nobis [. . .] septem hinc et septem inde, [. . .] cum quibus ubi opus erat consilium pertractarent. Electi sunt quatuor hinc et quatuor inde, qui gestis conscribendis custodes essent, ne infalsatum aliquid ab aliquo diceretur. Dati sunt etiam a nobis et ab ipsis notarii quatuor hinc et quatuor inde, ut bini cum exceptoribus iudicis alternarent, ne aliquis nostrum se dixisse aliquid causaretur, quod non fuisset exceptum. Huic tantae diligentiae etiam illud est additum, ut et nos et ipsi, quemadmodum ipse iudex, verbis nostris subscriberemus, ne quisquam diceret in illis gestis aliquid vel postea fuisse corruptum». Vide simile quid, Epistolis *b*cxlvii[147], *i*CLXIII et CLXVIII[148]. [458 bl.; 459] – *b*De disputationum utilium et piarum ratione et modo atque exemplis, vide Augustinum, Contra Cresconium, libro 1, a capite XI usque ad XXI[149], et epistola CLII[150].

[460 bl.; 461] *c*Praesidentes conciliis:

«Osius Cordubensis episcopus[151] cui non praefuit synodo?» – Posthumianum principem apud imperatorem rogat Gregorius Nazianzenus,

---

[144] Les trois premiers mots de ce sous-titre écrits par Hubert de sa propre écriture, par dessus ce qui avait, de toute évidence, été écrit par Bucer. Le reste est retracé (par Hubert?) pour être rendu plus lisible, mais garde la forme de l'écriture de Bucer.

[145] Rajouté au-dessus de la ligne. Les deux mots suivants ont été en partie effacés au canif; la leçon originale était: *i*contra Donatistas.

[146] Cf. n. 143. – *Ep.* 141, para. 2, *CSEL* 44, 236; *MPL* 33, 578. – Ap.: *Liber Epistolarum*, (*r* [v. *MPL, loc. cit.* et col. 1168] et *ea*!).

[147] Inséré au-dessus de la ligne. Il s'agit de l'*Ep.* 33, citée à la n. 143.

[148] Cf. *MPL* 33, 1168: désormais *Ep.* 44 (en part. ch. 1, paras. 2, 6 et 13s, sur la méthode) et 34 (en part. paras. 5s: méthode, base biblique et ecclésiastique), *CSEL* 34:2, 110s, 120s et 25ss; *MPL* 33, 174, 180, et 133s.

[149] *CSEL* 52, 336–347; *MPL* 43, 453–460.

[150] Citée *supra* à la n. 146.

[151] [] *Tripartita, libro 5, capite 16.* – Para. 3, *CSEL* 71, 236; *MPL* 69, 995 D.

epistola 128[152], «ut in synodo episcoporum efficiat, ut sub et per eum ecclesiae pacificentur, et acriter reprehendantur seditiosi».

[462 bl.; 463] *Imperatores praesident in concilio et indicunt etiam:* 'Constantinus[153], ultimus ingressus concilium, sede humiliore sedit et cum id concedi sibi ab episcopis orasset'; 'examinator' tamen fuit[154] disputationis et sententiarum. Congregavit concilium Nicenum[155], et eo praesente omnia constituta sunt, etiam quae ritibus et disciplina constituta sunt. – Dionysium consularem praesidere iussit Tyriae synodo: Theodoriti libro 1, capite 29[156]. Ut praefuit ipse Niceno, primus sententiam dicendo, disputando et disputationem regendo, lege fuse descriptum in Theodorito, libro 1, capitibus 12 et 13[157]. – Hierosolymitanae[158] praefecit praetores. Decreta synodi magnae Nicenae[159] «cum Constantino imperatore deliberata atque defixa sunt». – [464] Valentinianus[160] 'evocavit episcopos'; electionem praesulis detulit episcopis; ipse tamen rata habuit et confirmavit, electo Ambrosio. Hic vide quam sophistice allegetur hic locus. Valentinianus[161] synodo Lampsaceno noluit interesse: id allegant papistae pro se; sed videant id vitio imperatoris factum; nam episcopi orthodoxi, ut interesset petierant, sicut Constantinus et Martianus interfuerunt. Etiam negligebat animadvertere in haereticos, quod utique papistae non proba-

---

[152] *Ep.* 173, *MPG* 37, 284 B. – Ap.: *Opera Basilii*, trad. Musculus, (*re*).

[153] [] *Tripartita, libro 2, capite 5.* – Para. 4, *CSEL* 71, 90; *MPL* 69, 924 D. – Ap.: *Autores hist. eccl.*, (*p*, sans doute d'ap. [] *ad loc.*). – Peut-être: adv.: Witzel: *Typus,1540*, pp. 81s; *1541*, ff. 64v et suiv. (même source mais interprétée de manière à diminuer le rôle de l'empereur). Cf. Fraenkel: *Zwischen Altkatholizismus*, pp. 602s.

[154] [] *Ibidem, capite 11, circa finem.* – Para. 10, p. 101; col. 930 D.

[155] [] *Ibidem, capite 12.* – En part. paras. 2s et 12s, pp. 103 et 105; cols. 931 BC et 932 C.

[156] [] *Ibidem, capite 29.* – C'est-à-dire dans l'*Hist. eccl.*, de Théodoret: *loc. cit.*, paras. 4s, *GCS* 44, 84 (ch. 19); *MPG* 82, 984 B (ch. 27). – Ap.: éd. grecque (*r*).

[157] *Op. cit., loc. cit.*; ch. 12, en part. paras. 7 et 17s, ch. 13 passim, pp. 50, 53 et 54s; chs. 11s, cols. 941 BC, 945 AB et 945s.

[158] [] *Ibidem, capite 31.* – Paras. 1s, pp. 87s; col. 988 C (= ch. 29). – Ap.: Ed. grecque (*r*), et traduction latine de Camerarius, (*pe: praetores;* mais là ch. 30).

[159] [] *Ibidem, libro 5, capite 22.* – C.-à-d.: *Historia Tripartita*, liv. 5, ch. 21, para. 3, *CSEL* 71, 248; *MPL* 69, 1001 C. – Ap.: *Autores hist. eccl.*, éd. Rhenanus, où ce ch. porte le N° 22, (*ear*).

[160] [] *Tripartita, libro 7, capite 8; Rufinus, Ecclesiastica historia, libro XI, capite XI.* – *CSEL* 71, 394–396; *MPL* 69, 1073s; *GCS* 9:2, 1018s; *MPL* 21, 521s. – Ap.: *Von der waren Seelsorge,1538, BDS* 7, 235. (Cf. aussi: *De regno Christi, BOL* 15, 15s.) – Les textes cités ici et *supra* adv.: Pigghe: *Hierarchiae assertio*, liv. 5, ch. 10 et liv. 6, ch. 13, ff. 288r, 382r (Constantin et Nicée selon Théodoret); et liv. 5, ch. 13, f. 295r (Valentinien et Milan selon Théodoret); peut-être aussi adv.: sources plus anciennes de Pigghe et d'Eck (v. n. suiv.), p. ex.: Torquemada: *Summa*, liv. 3, ch. 15, ff. 291v et suiv. et ch. 8, ff. 280v et suiv.

[161] [] *Ibidem, capite 12.* – C.-à-d. du liv. 7 de la *Tripartite*, en part. paras. 1–4 et 9–10, *CSEL* 71, 405s; *MPL* 69, 1078s. – Adv.: Eck: *Enchiridion*, ch. 2, réponse à la 5ᵉ objection hérétique: *CC* 34, 45s.

bunt. – Caesaream synodum[162] indixit Constantinus, in qua iudicaretur caussa Athanasii rogatu episcoporum. Deinde et Tyriam[163] cui praefecit Dionysium consularem qui eripuit saeviciae malorum Athanasium. Minatur non venientibus ultionem regiam. ᵃIussit rex[164] synodum Tyro transferri Aeliam. – [465] ᶜTertio[165] indixit Hierosolymitanum, ᵃid est Aelianum; ᶜquarto[166] Constantinopolitanum.

Universalia concilia non nisi per principes indicta sunt; igitur non summa pontificis autoritas fuit. Tamen Damasus[167] per se concilium indixit, verum ordinarium; at generale non nisi munus hic suum negligente. – In Historia Theodoriti, libro 5, capite 9[168], 'literis principis evocati' fuere. – Vide supra, pagina 429, de conciliis generalibus. [466] – Gregorius a Clothario rege Francorum petit, ut 'faciat synodum congregari' qua simonia 'extirpetur': Epistola 55, libri 9[169]. Idem petit a Theodorico rege Francorum; et simul, ut faciat 'vitia sacerdotum definitionibus episcoporum damnari' et 'de regno suo amputari': Epistolis 53 et 54[170], ubi coniungit 'censuram regiae potestatis', et concilii definitionem. – Indictio concilii ad Niceam Bythiniae[171] per Valentinianum et Marcianum facta est: 1. tomo Conciliorum, folio 399 et folio 354[172]. – Vide supra pagina 341, de potestate imperatorum in episcopos.

---

[162] [] *Theodoriti, libro 1, capitibus 28, 27.* – Ch. 28, para. 4, *GCS* 44, 83 (= ch. 19); *MPG* 82, 981 C. – Ap.: éd. grecque (1ᵉʳ *r*); et trad. Camerarius (2ᵉ *r*).

[163] [] *Ibidem, 28, 29 et 30.* – Le premier chiffre est inséré au-dessus de la ligne. Le dernier a peut-être été barré. – Pp. 83–87; cols. 981 C–988 B. – Ap.: éd. grecque (*r*).

[164] [] *Capite 30.* – Pp. 87s (= ch. 31, paras. 1s); col. 988. – Ap.: trad. Camerarius, (*rep*).

[165] [] *Ibidem, capite 30.* – Le chiffre a été corrigé, sans doute par Parker, de *31*. – Ap.: éd. grecque (ancien *r*); Camerarius (*r* corrigé).

[166] [] *Tripartita, libro 3, capite 9, etc.* – CSEL *71, 148s;* MPL *69, 953s.*

[167] Il s'agit des conciles romains réunis par ce pape, entre 369 et 380. Celui de 374, auquel participaient des Orientaux, condamnait Macédonius, Apollinaire et leurs disciples: v. Hefele-Leclercq: *Histoire*, 1, 980–988. – Av.: Pigghe: *Hierarchiae assertio*, liv. 6, chs. 8–10, ff. 354r, 356v, 360v, qui parle de l'autorité de Damase sur le concile de Constantinople de 381. Bucer prend les éléments de sa réponse sans doute d'Eusèbe-Rufin: *Hist. eccl.*, 11, 20, *GCS* 9:2, 1024; *MPL* 21, 526s et peut-être de Platina: *De vita Christi*, ch. 49, p. 64.

[168] Dans la lettre des Orientaux à Damase, après sa tentative (vaine) de faire venir à Rome les participants au concile de Constantinople en 381: *loc. cit.*, para. 8, *GCS* 44, 290s (= ch. 19); *MPG* 82, 1213 B. – Ap.: *Historia Tripartita*, liv. 9, ch. 14, para. 10, *CSEL* 71, 512; *MPL* 69, 1131 A (*pe!*, mais *r* à Théodoret grec ou latin).

[169] Liv. 11, *Ep.* 51, *MGHEp* 2, 324; Liv. 11, *Ep.* 61, *MPL* 77, 1181 C. – Ap.: *Opera,1518*, (*rap*).

[170] Liv. 11, *Ep.* 47 et *Ep.* 50, *MGHEp* 2, 320 et 323; Liv. 11, *Ep.* 59 et 60, *MPL* 77, 1179 B et 1180 B. – Ap.: *Opera,1518*, (*rap* et adresse de 11, 50 à Théodoric).

[171] Corrigé de *Bythyniae*.

[172] Premier renvoi: lettres des empereurs Valentinien et Marcien concernant le lieu de réunion du concile de Chalcédoine: Nᵒˢ 41s, Mansi: *Collectio*, 6, 557–560. Deuxième renvoi: Ep. 24 du pape Léon à Pulcheria concernant le Brigandage d'Ephèse, *Ep.* 45, *MPL* 54, 835 BC. – Ap.: Crabbe: *Concilia*, (*rr*).

[467] [a]Antoninus in Summa, parte 3a, titulo 23, capite 2, paragrapho 7[173]: quod multa concilia convocata sunt per imperatores, et ex antiquo, inquit, communiter concilia congregabant. Item 'ad papam primum spectat convocatio conciliorum; si is negligat, 1°[174] ad cardinales, 2° ad patriarchas, 3° ad imperatorem, 4 ad reges, 5 ad alios principes': «nam», inquit, «potestas unius devolvitur gradatim ad alium propter negligentiam». Extra De electione, capite «Cum in cunctis»[175], etc.

[468-470 bl.; 471] [c]*Provocatio ad concilium*[176], *seu appellatio a concilio ad concilium:*

Canon 5, concilii Vasensis[177]. – Vide supra, pagina 447, titulo «Declinata concilia».

[472-474 bl.; 475] *Retractatio sententiae conciliorum:*

Concilium 2 Ephesinum generale, authoritate principis convocatum, legatis Romani pontificis honestatum, cum culpa Alexandrini non fuisset liberum, nec sententiae, ut oportet, rogatae aut libere dictae. Pontifex Leo orat a Caesare aliud indici, ubi libere agatur: Epistola Leonis 23, in primo tomo, folio 354[178]. – Vide pagina 395, titulo «Concilia», Antiochenum, etc. Item pagina 400, titulo «Concilia Cypriani», paragraphum Carthagini Concilium etc. – [a]«Diffinitio incauta laudabiliter solvenda est, nec est praevaricatio, sed temeritatis emendatio»: Ex concilio Elibertino[179].

[476 bl.; 477] [b]*Traditiones apostolicae:*

Ignatius conscripsit librum Traditionum apostolicarum: Eusebius[180], libro 3, capite 36[181]; Papias, Explanationem verborum Domini: ibidem, capite 39[182]. Egesippus[183] quinque libris traditionem apostolicam integerrimam reliquit. Ireneus autem scribit ad Phlorinum de Polycarpo[184]

---

[173] T. 3, folio nn5r, col. b de notre éd., (*p* et *e*). La référence aux *Decretales* (v. n. 175), se trouve (avec d'autres) à la suite du texte d'Antonin.

[174] Les deux premiers chiffres de cette énumération, corrigés de *2°* et *3°*.

[175] *Decretalium*, lib. 1, tit. 6, cap. 7, *Friedberg*, 2, 51s (en part. para. 3, col. 52). Cf. la n. 173.

[176] Corrigé de *consilium*. Plus loin, le *a* est rajouté au-dessus de la ligne.

[177] Il s'agit du 2e concile, en 442. Mansi: *Collectio*, 6, 454.

[178] *Ep.* 44, *MPL* 54, 827–831. – Ap.: Crabbe: *Concilia*, (*r* et *i*).

[179] *Decreti*, 2a pars, qu. 22, causa 4, can. 17, *Friedberg*, 1, 879 (attribué là au concile d'Elvire, mais d'origine incertaine).

[180] Précédé de *Pa*, barré.

[181] Para. 5, *GCS* 9:1, 277 (Rufin). – Ap.: *Autores hist. eccl.*, éd. Beatus Rhenanus, (*i*, là [] «Traditiones apostolorum»).

[182] Para. 1, *GCS*, p. 284 (Rufin). – Ap.: *éd. cit.*, (*ep:* là le texte répété []).

[183] *Op. cit.*, liv. 4, ch. 8, para. 1 (Rufin), *GCS*, p. 315. – Ap.: *éd. cit.*, (*pe*).

[184] [] [a]*Libro adversus hereses 3°, capitibus 3, 4, 5.* – Le mot *libro* répété après *hereses*, puis barré. – *MPG* 7, 848–860 (concernant les traditions apostoliques; il y est aussi question de Polycarpe en tant qu'auditeur des apôtres au ch. 3, para. 4, cols. 851–855). Cf. la n. suiv.

quod eum audierit recitare quae audivisset ab apostolis et aliis, qui Dominum ipsum viderant et audierant, «de virtutibus eius et doctrina». 'Sed omnia consentanea Scripturis'. Ergo, dum hec nobis conservavit Domini benignitas, non dubitemus in illis nos discere posse quicquid ullis unquam sermonibus vel traditionibus ecclesiis proditum est, sive ab apostolis, sive ab aliis sanctis patribus. Vide haec libro 5 Ecclesiasticae Historiae Eusebii capite 20[185].

[478][186] *Traditiones apostolicae vel ecclesiastice:*

Divus Augustinus, libro 2, De baptismo contra Donatistas[187], loquens de consuetudine baptizatos ab haereticis non rebaptizandi[188] sed impositione manuum recipiendi in consortium ecclesiae, ita scripsit[189]. – [r]Augustinus libro 2, [b]De baptismo[190] [r]contra Donatistas, capite 7[191]: «Quam consuetudinem credo ex apostolica traditione venientem, sicut multa non inveniuntur in literis eorum neque in conciliis posteriorum; et tamen, quia per universam cust[od]iuntur ecclesiam, non nisi ab iis tradita et commendata creduntur». – [b]Nota autem hic quod dicit: «quia per universam custodiuntur ecclesiam», id est eam, «quae semper et ubique» fuit et est[192]. – De traditionibus vide Basilium, capite 27, libri De Spiritu sancto[193]. Ibi [a]vide de mysteriis ecclesie[194]. [b]Vide item Epiphanium capite ultimo libri Panarii[195]. [479] [a]Que traditiones universales, et que indifferentes, et que possunt omitti et variari, etc. vide Augustinum, Ad

---

[185] Para. 6 (Rufin), *GCS* 9:1, 485. – Ap.: *Autores hist. eccl.,* éd. Beatus Rhenanus, (ape!). – Ap.: Contre-article A au *Livre de Ratisbonne, CR* 4, 351, (ip)?

[186] Précédé de *48,* barré.

[187] Cf. *infra,* n. 191.

[188] Corrigé de *rebaptizari.* Plus loin *recipiendi* est également corrigé d'un autre mot devenu illisible.

[189] Une ligne transversale sépare cette introduction de la citation (introduite par une répétition du renvoi) qui suit.

[190] Ces deux mots insérés par Bucer au-dessus de la ligne. Un trait leur assigne leur place dans le titre.

[191] Para. 12, *CSEL* 51, 187; *MPL* 43, 133.

[192] Cf. Vincent de Lérins: *Commonitorium primum,* ch. 2, *MPL* 50, 640. – Bucer a changé la fin de sa phrase en barrant et en insérant plusieurs mots. Il semble d'abord avoir écrit: «eam q[uae] unquam et uspiam fuit aut est». Pour obtenir la phrase nouvelle, il a écrit *quae* en toutes lettres, barré *unquam* pour écrire *semper* par-dessus, rajouté *ubique* après *et,* barré *uspiam* ainsi que *aut,* et inséré *et* après ce dernier mot.

[193] V. *infra,* n. 194 et 197. Le passage que Bucer vise ici est sans doute le début du para. 66 de ce ch.: *MPG* 33, 188.

[194] Parker a tracé ces quatre mots par-dessus l'écriture de Bucer qu'on peut encore deviner. V. *infra,* n. 197.

[195] C.-à-d. *De fide,* chs. 21–23, *GCS* 37, 521ss; *MPG* 42, 821ss. – Ap.: *Panarium lat.,* (Cornarus), où le passage est marqué par la [] «Traditionum ratio», suivi d'autres [] donnant des détails.

Ianuarium. Et habetur distinctione xii[196], «Novit fraternitas», et «Illa autem», et «Omnia talia», etc. – Basilius, De Spiritu sancto, capite 27[197], iudicat mysteria ecclesie debere secreta esse et probat Moysi institutione, qui 'loca in Templo non omnibus pervia esse voluit', etc., ut «propter novitatem et insuetudinem cum maiore admiratione inspiceret sancta sanctorum, probe gnarus ex sapientia sua; ei quod conculcatum est, et per se apprehendi potest, imminere contemptum; quod vero remotum est at rarum etiam naturaliter quodammodo esse coniunctam admirationem». Ita «apostoli et patres in occulto ac silentio mysteriis authoritatem conservarunt. Neque enim omnino mysterium est quod ad populares ac vulgares effertur».

[480 bl.; 481] *Qui vocandi ad concilia:*

Presbyteris Romanis praesentibus[198] synodus Mediolanensis celebrata. – Lectores et diaconi[199] subscripserunt in concilio Seleuciae.

m Presbyteri et diaconi Romani ad Cyprianum: Epistola VII, libri II epistolarum Cypriani[200]: «Quanquam nobis in tam ingenti negotio placeat, quod et tu ipse tractasti prius, ecclesiae pacem sustinendam, deinde sic collatione consiliorum cum episcopis, presbyteris, diaconis, confessoribus, pariter astantibus laicis, facta, lapsorum tractare rationem».

---

[196] *Decreti,*1a pars, dist. cit., can. 10–12, *Friedberg,* 1, 29s. Le premier can. n'est pas tiré de s. Augustin: *Ad Ianuarium,* mais de s. Grégoire à Augustin de Canterbury. – Can. 11, peut-être ap.: Witzel: *Typus,1541,* p. 23, (là *re* sur le «liberae observationes»)? Cf. ch. 6, n. 26.
[197] Cf. *supra* n. 193s. Para. 66, *MPG* 32, 189 AB. – Ap.: *Opera,* trad. de Cornarus, (*rpa* et *e.* N.B.: dans la dernière phrase Parker a omis (exprès?) l'avant-dernier mot *aures*).
[198] [] *Tripartita, libro 5, capite 22.* – Plutôt ch. 21, para. 4, *CSEL* 71, 248; *MPL* 69, 1001 D. – Ap.: *Autores hist. eccl.,1528,* (*r:* le ch. est numéroté ainsi par erreur; pas de numéro en 1523).
[199] [] *Ibidem, capite 34, circa medium.* – Para. 13, p. 296; col. 1012 BC.
[200] *Ep.* 30, ch. 5, *CSEL* 3:2, 553; *Ep.* 31, *MPL* 4, 312 B. – Ap.: Erasme: *Opera Cypriani,* (*r* et *e* leçon: *astantibus*).

CHAPITRE XXIII

SAINTS, ORAISONS ET HEURES CANONIALES

[482–484 bl.; 485] *ᵇPraecationes pro imitatione:*

*ᵏ?*In festo Calixti papae[1]: «Deus, qui nos conspicis ex nostra infirmitate deficere: ad amorem tuum nos misericorditer per sanctorum tuorum exempla restaura. Per Dominum . . .»

In festo Ceciliae virginis[2]: «Deus, qui nos annua beatae Ceciliae virginis[3], martyris tuae sollennitate letificas: da, ut quam veneramur officio, etiam piae conversationis sequamur exemplo. Per Dominum», etc.

In festo Clementis papae[4]: «Deus, qui nos annua beati Clementis martyris tui atque pontificis sollennitate letificas: concede propitius, ut cuius natalicia colimus, virtute [!] quoque passionis imitemur.»

In festo Eustachii martyris[5]: «Omnipotens sempiterne Deus, qui in sanctorum cordibus Eustachii et sociorum eius flammam dilectionis tuae ardere fecisti: da mentibus nostris aeternae fidei charitatisque virtutem, ut quorum gaudemus tryumphis[6], proficiamus exemplis», etc.

[486 bl.; 487] *ᵇCum mentione intercessionis tantum:*

*ᵏ?*In festo sancti Mennae[7]: «Presta quesumus omnipotens Deus, ut qui beati Mennae martyris tui natalicia colimus, eius intercessione in[8] tui nominis amore roboremur» etc.

---

[1] Les oraisons citées aux n. 1–14 de notre chapitre ne paraissent pas toutes provenir d'une seule liturgie. Les missels et bréviaires romains (et ceux des prêcheurs) contiennent nos textes pour les jours des saints Calixte, Cécile, Clément, Menna, et Serge et Bacchus; pour la Saint-Eustache et la Saint-Léodégar, nous n'avons trouvé (p. ex. dans les bréviaires de Ratisbonne et de Cologne) que des prières différentes. Ces deux bréviaires contiennent en revanche deux autres de nos textes: l'un pour la Saint-Arsace, l'autre pour la Saint-Brice. Ce dernier se retrouve aussi dans le bréviaire strasbourgeois. En revanche, ni le *Missale speciale* de Strasbourg, ni les us anglais, ne nous ont permis de retrouver les modèles pour les deux fêtes mentionnées.

[2] Cf. n. 1.

[3] Ce mot d'abord barré, puis rétabli par une série de points souscrits.

[4] Cf. n. 1.

[5] Cf. n. 1.

[6] Précédé du même mot mal écrit, puis barré.

[7] Cf. n. 1.

[8] Mot ajouté au-dessus de la ligne.

In festo sancti Arsacii[9]: «Omnipotens sempiterne Deus, qui in meritis sancti Arsacii confessoris tui atque pontificis semper es et ubique mirabilis: quaesumus clementiam tuam, ut sicut ei eminentem gloriam contulisti, sic ad consequendam gloriam[10] misericordiam tuam eius nos facias precibus adiuvari» etc.

In festo Briccii episcopi[11]: «Moveat quesumus pietatem tuam Domine, subiecte tibi plebis affectus, et misericordiam supplicatio fidelis obtineat: ut quod meritis suis non praesumit, per intercessionem beati Briccii confessoris tui atque pontificis indulgentiae tuae celeri largitate percipiat», etc.

[488] [a]*Merita sanctorum:*

Augustinus contra Donatistas, De baptismo, libro 2, capite 1[12]: «Magnum quidem meritum novimus Cypriani episcopi et martyris, sed numquid maius quam Petri apostoli et martyris?»

[489] [b]*Cum mentione meritorum:*

[k?]«Deus qui sanctam huius diei festivitatem[13] pro commemoratione beati Leodegarii martyris tui atque pontificis celebrare fecisti: adesto familiae tuae precibus, et da, ut cuius hodie festa celebramus eius meritis et intercessionibus adiuvemur», etc.

«Sanctorum nos Domine[14] Sergii et Bachi et Marcelli et Apulei beata merita prosequantur, et tuo semper faciant amore ferventes», etc.

[490–492 bl.; 493] [b]*De cura pro mortuis:*

[k?]«Tale aliquid[15] etiam post hanc vitam fieri incredibile non est, et utrum ita sit quaeri potest, et aut inveniri aut latere, nonnullos fideles per ignem quendam purgatorium, quanto magis minusve bona pereuntia dilexerunt, tanto tardius citiusque salvari; non tamen tales, de quibus dictum est quod *regnum Dei non possidebunt* [1Cor. 6, 9], nisi convenienter poenitentibus eadem crimina remittantur.»

---

[9] Cf. n. 1.
[10] Mot barré, puis rétabli par une série de points souscrits.
[11] Cf. n. 1.
[12] Para. 1, *CSEL* 51, 174; *MPL* 43, 126.
[13] Cf. n. 1.
[14] Cf. n. 1.
[15] [] [b]*Ex Augustini Enchiridio ad Laurentium, capite 69.* – La marginale est séparée du texte par un trait vertical. – Ch. 18, para. 69, *CCL* 46, 87; *MPL* 40, 265.

*b*Cyprianus libro 4, Epistola 5[16]: «Sacrificia (de martyribus loquitur Celerina avia Celerini confessoris, Laurentio et Ignatio patruo et avunculo eiusdem) pro eis semper ut meministis offerimus, quoties martyrum passiones et dies aniversaria commemoratione celebramus.» – Idem, Epistola 6. libri 3[17]: «Ut celebrentur hic a nobis oblationes et sacrificia ob commemorationes eorum (iterum de martyribus loquitur) quáe cito vobiscum Domino prosperante celebrabimus». – [494] 'Iuvari mortuos nostris praecibus, oblationibus eleemosyinis [!]': vide Chrysostomi[18] Homiliam 41 in Epistolam 1 Corinth.; item 32 in Matth., item 79 [!] ad populum. 'Deductionem' sanctorum in coelum[19] esse exequias mortuorum: Homilia Chrysostomi 14 in 1 Timoth.[20].

*a*Antoninus, parte 3, titulo 32, capite 2 in Summa[21], ubi allegat dictum Augustini in Enchiridio[22]: «Neque negandum est animas defunctorum, etc.» dicit quod glosa in Decretis, causa 13, questione 2, capite «Tempus[23]» est falsa, quia asserit damnatos posse relevari a penis, etc., et ubi textus Augustini videtur loqui de quatuor generibus hominum scilicet summe bonis, summe malis, mediocriter bonis, et mediocriter malis. Im-

---

[16] *Ep.* 39, para. 3, *CSEL* 3:2, 583; *Ep.* 34, *MPL* 4, 323. – Ap.: *Opera,1537,* où en plus de la [] qui mentionne les personnages évoqués ici entre parenthèses, on trouve la [] : «Sacrificia pro martyribus», absente en 1520. (*re*).

[17] *Ep.* 12, para. 2, pp. 503s; *Ep.* 37, col. 329. – Ap.: *Op. cit.,* où le début du passage, d'où vient aussi le *ut* initial (texte: *et*) est marqué par [] : «Martyrum commemoratio», qui manque en 1520. (*re*).

[18] Le second *item* est suivi de *cap[ite]*, barré. – Sur 1 Cor. 15, 35s, para. 4, *MPG* 61, 361. – Sur Mt. 9, 18s, para. 4, *MPG* 57, 374s. – Le sermon 79 *Ad populum,* dans les éds. d'Erasme, est la seconde moitié de l'*Ecloga, De oratione,* 2, *MPG* 63, 576ss, depuis col. 582: «καὶ γὰρ μέγα ἀγαϑὸν εὐχῆ». Il y est question de l'efficacité de la prière, mais pas expressément de celle faite pour les défunts. En revanche, il en est question dans le *Sermo* 69 (numéroté en chiffres romains, ce qui explique l'erreur ici) qui est l'*Hom.* 3 sur Phil. 1 (vv. 18–20), paras. 4ss, *MPG* 62, 203ss, mais où le passage en cause (col. 204) a la forme plus développée que celle retrouvée dans l'*Ecloga de morte, MPG* 63, 808.

[19] Les mots *sanctorum in coelum* sont rajoutés au-dessus de la ligne et insérés à leur place par un trait.

[20] Sur 1 Tim 5, 8, para. 5, *MPG* 62, 577.

[21] Para. 2. En fait, s. Antonin met en cause plutôt l'argument de la *Glose* (cf. les n. suiv.) selon laquelle, si une aumône faite en faveur d'un défunt équivaut à une partie de sa peine, plusieurs aumônes, même en nombre théoriquement suffisant, ne peuvent jamais le racheter totalement.

[22] Cité au can. «Tempus», cf. la n. suiv.

[23] *Decreti,*2a pars, *loc. cit.,* can. 23, *Friedberg,* 1, 728, citant s. Augustin: *Enchiridion,* chs. 109s, et la glose *l* aux mots *valde malis:* elle commence par établir les quatre catégories selon s. Augustin («Hic Augustinus distinguit . . .») puis pose et résout le problème de la quantité des œuvres faites pour les morts (cf. n. 21). La discussion des quatre catégories et l'interprétation alternative de s. Augustin sont de Parker lui-même, qui doit avoir consulté la *Glose* directement.

probat Augustinus hanc divisionem, et redigit in duo. Et ibi exponit²⁴ verbum «damno», quod non semper accipitur pro damnatione eterna, sed pro deputatione ad damnationem eternam, ut in eo: «libera animas omnium defunctorum de manu inferni», et «ne absorbeat eas tartarus». Nota argumentum de loco purgatorii, qui est sub terra.

[495–498 bl.; 499] *ᵇHorae canonicae:*

Mattutinae [!], Laudes, 1a, 3a, 6a, 9a, Vesperae, Completorium, distribuuntur a Basilio: in Ascetica Basilii,. capite 37²⁵. – In Prudentio: Gallicantus, Mattutinum, Ante cibum, Post cibum, Ante somnum: in Cathemero²⁶. – Ab Ambrosio in versum *Media nocte surgebam* in ⋂ Psalmi 118²⁷. Tria tempora tantum notat sacri conventus: mediam noctem, meridiem et vespertinum. – ⟨Divus Hieronymus:⟩ 'Tertiam, Sextam, Nonam dicit traditione ecclesiastica esse tempora flectendi Domino genua: tomo 5, folio 274, G, In Danielem, capite 6²⁸. Idem Cyprianus in Orationem dominicam, circa finem²⁹. – [Idem]³⁰ Chrysostomus, sermone 14 in Primam ad Timoth., capite 5, in illud *Sanctorum pedes lavit³¹*, memorat³² monachos solitos fuisse septies hymnos canere: galli cantu, matutino tempore ortu lucis, tertia, sexta, nona, vesperi, et post caenam. [500] – In Regula falso adscripta Hieronymo, ᵃ⟨tomo 4, pagina 336⟩ ᵇ⟨capite 33³³: «Matutinas excubias media nox praeparet. Alternatim Psalmi et sacrae lectiones proferantur.» Excipiantur laudes. Lectiones interpolatae in³⁴ capitulo in quo sit³⁵ exercitium disciplinae, confitendo et corrigendo crimina. Haec usque ad diem.⟩ 'Primae laudibus dies

---

²⁴ Il s'agit à nouveau de s. Antonin, *loc. cit.,* qui cite plus loin l'offertoire *Domine Jesu Christe, Rex gloriae* de la messe des morts rapporté ici par Parker, et le commente: «Nam infernus sumitur ibi infra large pro purgatorio quod infra est, id est, sub terra».

²⁵ *Regulae fusius tractatae,* ch. cit., paras. 3–5, *MPG* 31, 1013 et 1016.

²⁶ Titres des chants 1, 2, 3, 4 et 6, *CCL* 126, 3–34; *MPL* 59, 775–841. – Ap.: *Psychomachia, etc.1540* (*e,* peut-être d'après la liste des chants figurant dans l'*Index*).

²⁷ *Expositio* sur le v. 62 (section ⋂), sermo 8, paras. 45 et 48, *CSEL* 62, 178 et 180; *MPL* 15, 1313ss.

²⁸ *Op. cit.,* liv. 2, visio 6 (sur *Dn.* 6, 10), *CCL* 75A, 832; *MPL* 25, 548. – Ap.: *Opera,1516,* (*rap*).

²⁹ Chs. 34s, *CCL* 3A, 111s; *MPL* 4, 541s.

³⁰ Une accolade indique que le *idem* précédent s'applique aussi à ce renvoi-ci.

³¹ 1Tim. 5, 10. – Para. 4, *MPG* 62, 576s. Ap.: Erasme: *Opera Chrysostomi,* où le lemme cité ici dans le texte est répété à plusieurs reprises: il s'agit de l'exposé qui suit la troisième citation de ce lemme. (*r* et *ap*). – Peut-être d'ap. Witzel: *Typus,1540,* p. 51; *1541,* f. 41r (là *r* aux *Hom.* sur 1Tim. en général).

³² Suivi de *de,* barré.

³³ Le passage ajouté en marge est marqué d'un astérisque, qui est répété dans le texte au-dessus de *In Regula.* Nous l'insérons après le renvoi général. *MPL* 30, 432s. – (*rea!p*). – Pour Parker: ap.: *Opera, Bâle,1537* (*r*!).

³⁴ Suivi d'un mot barré: *ex?*

³⁵ Suivi de *est,* barré.

incipiat; quibus expletis mysteria sacrae missae corda sponsarum Christi laetificent.' 'Tertiae et sextae laudes[36], ante refectionis 'horam solvantur'. Haec capite 34[37]. Prandium excipiat gratiarum actio. Nonae laudes communibus diebus post prandium. Inde labores.' In diebus ieiuniorum non prandetur: capite 38[38]. Diebus quibus caenatur vespertinae laudes maturius. Secus diebus ieiuniorum. Post caenam completorium: capite 39[39].

[501] *Varietas caeremoniarum et rituum ecclesiasticorum:*

Gregorius, Responsione tertia ad Augustinum Londensem episcopum[40]. – Augustini Epistola 119 et 120 ad Ianuarium[41]. Item Epistola 86, ubi ostenditur quam deceat unitatem celebrari diversis celebrationibus externis· folio 76 A[42].

---

[36] Ajouté au-dessus de la ligne; un trait indique l'endroit où le mot s'insère.

[37] *MPL* 30, 433.

[38] Cols. 435s.

[39] Col. 436. Le renvoi est inscrit à côté des deux dernières phrases et relié à elles par une accolade.

[40] Liv. 11, *Ep.* 56, réponse 2, *MGHEp* 2, 334; Liv. 11, *Ep.* 64, *MPL* 77, 1187. – Ap.: *Opera,1518,* ou *Decreti,*la pars, dist. 12, can. 10, *Friedberg,* 1, 29 (*r* à la 3ᵉ réponse).

[41] Pour les numérotations anciennes et nouvelles ici et à la n. suiv., v. *MPL* 33, 1167s. Il s'agit de toute évidence des deux épîtres à Januarius qui suivent celle de Grégoire le Grand dans le *Decret, loc. cit.,* can. 11 (= anc. *Ep.* 118 et can. 12, anc. 119, *Friedberg,* 1, 29s). – Les renvois aux numéros des épîtres qui ne figurent pas dans les anciennes éds. du *Décret.* Ap.: *Opera, Paris,1531,* où les titres courants anticipent les Nᵒˢ des épîtres (au 118, dès 3: «119»; au 119, dès ch. 15: «120»). – Désormais *Ep.* 54, ch. 1, para. 1 à ch. 2, para. 3, et *Ep.* 55, ch. 18, para. 34, *CSEL* 34, 158–161, 208s; *MPL* 33, 200s et 220s.

[42] *Ep.* 36, ch. 1, para. 2 et ch. 14, para. 32, *CSEL* 34, 32 et 61s; *MPL* 33, 136s et 151. Mais cf. aussi *Decreti,*la pars, dist. 11, can. 7, *Friedberg,* 1, 25. – Ap.: *Opera, Paris,1531,* (*r*).

CHAPITRE XXIV

MÉLANGES DOCTRINAUX ET PRATIQUES

[502–504 bl.; 505] *ᵇAuthoritas conciliorum:*

'Posterius concilium apud posteros prioribus, et universale [praeponitur] particulari': Libro 2, De baptismo contra Donatistas, capite 10[1].

[506 bl.; 507] *Errata patrum quae nec nostri adversarii recipiunt:*

Militare post baptismum non licere: Tertullianus, De corona militis, 422[2].

[508 bl.; 509] *Abusus ecclesiae vetusti:*

Vide epistola utraque ad Ianuarium de praescriptionibus humanis, id est Epistola 118 et 119. Item Epistolam 64[3] ad Aurelium, de commessationibus in templo ad memorias martyrium, quas non videbat absque concilii autoritate tolli posse.

[510 bl.; 511] *Lumina in templo:*

Olim in occidentalibus ecclesiis[4] tantum ad sacras vigilias; 'in Oriente autem tota [!] quoties legebatur evangelion, etiam in die ad ostendendum letitiam adhibebantur luminaria'.

[512 bl.; 513] *Canon divinarum scripturarum:*

Qui libri haberi canonici debeant: ᵍ«Sicut ergo Iudith et Tobie et Machabeorum libros[5], legit quidem eos ecclesia; sed inter canonicas

---

[1] Plutôt ch. 9, para. 14 (fin), *CSEL* 51, 190; *MPL* 43, 135 (*e!a!*). La numérotation est la même dans les *Opera, Paris, 1531*. Puisque le passage se trouve à la fin du ch., un «X» se trouve immédiatement après, dans la même colonne: ce qui explique sans doute l'erreur.

[2] Chs. 10, paras. 10–11, para. 4, *CCL* 2, 1056s; *MPL* 2, 91s. – Ap.: *Opera,1521*, (*r* à la page. Le passage *Etenim ut ipsam causam . . .* y est marqué par [] «An christianis militia conveniat»).

[3] A Januarius, *Ep.* 54, ch. 1, para 1 et ch. 2, para. 2; et *Ep.* 55, ch. 19, para. 35, *CSEL* 34, 159s et 210; *MPL* 33, 200 et 221. Cf. aussi *Decreti,*1a pars, dist. 12, can. 11 et 12, *Friedberg,* 1, 29s et *supra,* ch. 23, n. 41. – A Aurelius: *Ep.* 22, ch. 1, paras. 3–5, pp. 56ss; cols. 91s. Cf. aussi *Decreti,*1a pars, dist. 44, can. 1, *Friedberg,* 1, 157 (où le passage central sur les conciles est pourtant omis).

[4] [] *Hieronymus [con]tra Vigilantium [an]te [m]edium.* – Ch. 7, *MPL* 23, 361 A et BC, (*i* et *p*); la reliure ne laisse paraître que la fin de certains mots. – Ap.: Witzel: *Typus,1540,* p. 71; *1541,* f. 57v, (même *r,* là plus de détails: *ap*).

[5] Ecrit deux fois, la première barrée.

scripturas non recipit. Sic et haec duo volumina 〈 ᵇlibrum scilicet Iesu Sirach et Sapientiae〉 ᵍlegat ad aedificationem plebis, non ad authoritatem ecclesiasticorum dogmatum confirmandam»: ᵇDivus Hieronymus in Praefatione in Proverbia Salomonis⁶. – Epistola ad Hebraeos contradicebatur tempore divi Hieronymi, et ex eo quod testimonia Scripturarum non ex Ebreo petat, cum scripta feratur ad Ebreos: Divus Hieronymus in illud 6 Ies[aiae] [v. 9]⁷: *Vade et dices populo huic*. – Libros Machabeorum «non Iudaei ˢsed ecclesia pro canonicis habet, propter quorundam martyrum passiones⁸ vehementes atque mirabiles, qui, antequam Christus venisset in carnem, usque ad mortem pro Dei lege certaverunt, et mala gravissima et horribilia pertulerunt»: Divus Augustinus, libro 18 De Civitate Dei, capite 36⁹.

[514] ᵇNovi Testamenti canon Scripturarum divi Eusebii, libro 3 Ecclesiasticae historiae, capite 25¹⁰: Hic inter eos libros, 'quibus nunquam est contradictum' numerat: IIII Evangelia, Acta Apost., Epistolas Pauli 13¹¹, 〈Ro., Cor. 1, Cor. 2, Gal., Ephes., Philip., Colloss., Thessal. 1, Thessal. 2, Timoth. 1, Timoth. 2, Titum, Philemon.〉 1 Pet., 1 Iohann. Inter eos vero, quibus contradictum est ab aliquibus, et sunt tamen etiam recepti ab aliquibus, et in ecclesia lecti, numerat Epistolas Iac., Iudae, Apoc. Alibi¹² et Epist.¹³ ad Heb. Inter eos denique, quos ut nothos reiecerunt omnes: Acta Pauli, Pastorem, Apocalypsin Petri, et alia multa.

Apud eundem Eusebium, eodem libro, capite 10¹⁴, canon positus est Iosephi, ex huius libro 1¹⁵ Contra Apionem: Libros ille numerat quinque Legis, XIII Prophetarum, et quatuor 'hymnorum et praeceptionum vitae'. 〈1 Gen., 2 Exod., 3 Levit., 4 Num., 5 Deutero.,/¹⁶, 6 Josue, 7 Iudic., 8 Ruth, 9 Sam. 2, 10 Reg. 2, 11 Paralip. 2, 12 Esdrae 2, 13 Hester, 14 Iesaiah,

---

⁶ *MPL* 28, 1308.

⁷ *CCL* 73, 92; *MPL* 24, 99. Cf. aussi Erasme: *Annot*. à Hbr. 2, 7.

⁸ Précédé par un mot ou une partie de ce mot (*mi?*), barré.

⁹ *CCL* 48, 632; *MPL* 41, 596.

¹⁰ *GCS* 9:1, 250s; *MPG* 20, 268ss.

¹¹ Le chiffre est rajouté au-dessus de la ligne. Cf. la n. suiv. – La liste donnée en 〚 〛, et que nous insérons ici, est suivie par un trait tiré à travers toute la page, mais qui semble séparer l'AT du NT, plutôt qu'indiquer que la liste doit être insérée après *alia multa*. La liste ne figure pas en tant que telle chez Eusèbe.

¹² Liv. 3, ch. 3, para. 5, *GCS* 9:1, 191; *MPG* 20, 217 B. C'est ici qu'Eusèbe donne le chiffre 14 pour les épîtres de s. Paul (y compris l'Ep. aux Hébreux, en signalant toutefois que certains ont des doutes sur cette attribution), alors qu'au ch. 25 (v. nos. n. 10s), il n'en donne pas le nombre.

¹³ Rajouté au-dessus de la ligne.

¹⁴ Paras. 1–4, *GCS* 9:1, 222s; *MPG* 20, 241s.

¹⁵ Précédé de *2,* barré. Les deux livres sont mentionnés et la référence est donnée au livre premier, *op. cit.,* à la fin du ch. 9, paras. 4s.

¹⁶ Nous marquons ainsi les séparations des trois parties, marquées dans la colonne, en marge, par des traits entre les noms. Une ligne irrégulière indique l'endroit où le tout doit être inséré.

15 Ieremiah et Threni, 16 Iechezcel, 17 Daniel, 18 XII Prophetae,/19
Psalterius[17] et Cant.2, 20 Iiob[18], 21 Proverb., 22 Ecclesiastes[19].⟩
Eundem canonem ponit et Origenes, ut narrat Eusebius, libro 6, capite
25[20]. Item Hieronymus in Prologo in Libros Regum[21], quem «galea-
tum» vocat «principium». – Vulgatus canon ponitur a divo Augustino
libro De doctrina Christiana, capite 8[22].

[515] *Authoritas Scripturae praelata[23] conciliis et sanctis patribus:*

[s]Augustinus[24] Hieronymo, libro epistolarum, epistola 19[25]. «Ego
enim fateor charitati tuae: solis eis scripturarum libris, qui iam canonici
appellantur, didici hunc timorem honoremque deferre, ut nullum eorum
authorem scribendo aliquid errasse firmissime credam. Alios autem ita
lego, ut quantalibet sanctitate doctrinaque praepolleant, non ideo verum
putem, quia ipsi ita senserunt, sed quia mihi vel per illos authores canonicos vel probabili ratione, quod a vero non abhorreat, persuadere potuerunt». – Idem libro 2°, De baptismo contra Donatistas, [b]capite 3[26]:
[s]«Quis autem nesciat sanctam scripturam canonicam tam Veteris quam
Novi Testamenti certis suis terminis contineri, eamque omnibus posterioribus episcoporum literis ita praeponi, ut de illa omnino dubitari et discep-
tari non possit, utrum verum vel utrum rectum sit quicquid in ea scriptum
esse constiterit. Episcoporum autem literas, quae post confirmatum canonem vel scriptae sunt vel scribuntur, et per sermonem forte sapientiorem
cuiuslibet in ea re peritioris [516] et per aliorum episcoporum graviorem
authoritatem, doctiorumque prudentiam, et per concilia licere reprehendi,
si quid in eis forte a veritate deviatum est; et ipsa concilia, quae per
singulas regiones vel provincias fiunt, plenariorum conciliorum authori-
tati, quae fiunt ex universo orbe Christiano, sine ullis ambagibus cedere,
ipsaque plenaria saepe priora posterioribus emendari, cum aliquo experi-

---

[17] Cette forme n'est attestée que chez Du Cange (t. 6, p. 553, col. 2) pour le moyen-âge.
Elle pourrait bien ici représenter un germanisme.

[18] Suivi de *et Proverb.,* barré.

[19] Précédé d'un mot illisible, barré.

[20] *GCS* 9:2, 572–580; *MPG* 20, 580–585. En part. (AT), paras. 2s, pp. 272–6; cols. 580s.

[21] *MPL* 28, 598–600. Citation: col. 600 B, où S. Jérôme dit de sa préface qu'elle peut servir
à tous les livres traduits de l'hébreu.

[22] Liv. 2, ch. 8, para. 13, *CCL* 32, 39s; *MPL* 34, 41.

[23] Les mots *praelata* et *et* sont répétés par (a), le premier au-dessus, le second au-dessous
de la ligne.

[24] Suivi de *ad,* barré.

[25] *Ep.* 82, ch. 1, para. 3, *CSEL* 34, 354; *MPL* 33, 277. – Ap.: *Liber epistolarum* (r); mais
cf. aussi *Decreti,*1a pars, dist. 9, can. 5, *Friedberg,* 1, 17, qui, renvoyant (de même que l'éd.
de Beatus Rhenanus) à l'*Ep.* 8, contient cependant le même morceau de texte. – Les six
premiers mots sont soulignés.

[26] Para. 4, *CSEL* 51, 178s; *MPL* 43, 128s. – Cf. aussi *Decreti,*1a pars, dist. 9, can. 8,
Friedberg, 1, 17s, qui contient la première partie de ce texte.

mento rerum experitur, quod clausum erat, et cognoscitur, quod latebat, sine ullo typo sacrilegae superbiae, sine ulla inflata cervice arrogantiae, sine ulla contentione lividae invidiae, cum sancta humilitate, cum pace catholica, cum charitate Christiana.»

^bCriminatores quidam Basilii, qui Sabellianismo infecti erant, laterant [!] contra Basilium somnia prophetica. Contra haec respondet Basilius: Si somnia eorum respondent Evangeliis, sufficiant eis illa ad sua conprobanda, sin, contra Evangelium audiri ea non debent: Epistola 64[27].

[517] *Eucharistiam non eodem modo percipi:*

«Corpus Christi aliter ego, aliter incredulus accipit»: Sermone divi Chrysostomi 7, in priorem ad Corinth.[28]

[518 bl.; 519] *Delectus ciborum:*

In Quadragesima aliqui nona hora quemlibet cibum; quidam abstinebant ab omnibus animantibus; quidam tantum a carnibus quadrupedum (pisces et aves comedebant); quidam, tantum piscibus: Ecclesiastica Tripartita [!] libro 9, capite 38[29]. – Delectus qui speciem tantum variat ciborum et non sumit ad abstinentiam qua caro humilietur, damnatur a divo Augustino De moribus ecclesiae, libro 1, capite 14[30]. – Vide et apud Hieronymum de hoc ad Nepotianum, de vita clericorum[31].

^p«Si quis non pro abstinentia sed pro execratione escarum a carne abstinet, placuit sancto concilio, ut pregustet, et, si sic vult abstinere, abstineat. Si autem spernet [!] ita, ut olera cocta cum carnibus non degustet, iste non obediens nec suspitiones heresis a se removens deponatur de ordine clericatus»: ex concilio Martini papae[32].

[520] ^b*Dedicatio templorum:*

Aqua benedicta, reliquiae sanctorum, largae eleemosinae, convivia adhibebantur. Deus requirebatur ⟨pro ministerio; et ne quod ʻhumanum

---

[27] *Ep.* 210, paras. 3 et 6, *MPG* 32, 772 B et 777 C. – Ap.: *Opera,* trad. Cornarus (*r* et *i,* un peu *p:* là en part. «correspondent»). – Une ligne transversale sépare ce passage de la citation de s. Augustin qui précède.

[28] Sur 1Cor. 2, 6s, ch. 1, *MPG* 61, 56. – Ap.: Erasme: *Opera Chrysostomi,* (*ea!*).

[29] *Historia Tripartita, loc. cit.,* paras. 18–20, *CSEL* 71, 561s; *MPL* 69, 1155 BC. – Ap.: *Autores hist. eccl.,* éd. Beatus Rhenanus, où les titres courants du verso disent «Historiae ecclesiasticae tripartitae». Sans doute 1523, où la manchette [] «Quadragesima» est imprimée en majuscules. (*r, ip* avec *e!* de mots: cf. p. ex. «quidam cum piscibus vescuntur»).

[30] Plutôt liv. 2, ch. 13, paras. 29s, *MPL* 32, 1357s.

[31] *Ep.* 52, ch. 12, *CSEL* 54, 435s; *MPL* 22, 537.

[32] *Decreti,*1a pars, dist. 30, can. 17, 3e partie, *Friedberg,* 1, 110. Le canon (tiré de la collection de Martin de Braga) porte dans le *Décret* l'indication d'origine reproduite ici. – Ap.: *Decretum,* éd. Beatus Rhenanus (*e:* là division en 3 – au lieu de 2 – paras. dont ceci le 3e, et leçon *et si sic vult . . .* mais *spernit*).

corpus esset in eo loco humatum'[33]⟩: vide epistolas D. Gregorii Romani 54 libri primi; et epistolam 9 libri 2i, ubi sine missis iubetur fieri dedicatio; et epistolam 71 libri IXni[34]; et epistolam 12 libri Xmi[35]. Ad dedicationem oratorii coenobio cuiusdam dedit Gregorius «eroganda pauperibus aureos solidos 10, amphoras vini 30, annonae modios 200, olei orcas duas, verveces 12, gallinas 100»: epistola 54 libri 1i[36].

[Les églises et leurs ornements[37]:]

[a]In vita Bernardi, libro 2, capite 1[38] scribitur, quod pars [!] altera in schismate electionis pape distracta erant vasa, calices, et[39] imagines; avulsa ab altaribus Iudeis vendita. Vide idem in Historia scismatis inter Urbanum 6 et Clementem 7[40].

[521] *[b]Ornatus templorum:*

Vide Ambrosium, 28[41] cap. libri De officiis 2[42]. Divum Hieronymum ad Nepotianum de vita clericorum[43]. Item ad Rusticum monachum[44]. Item ad Demetriadem de virginitate servanda[45]. Chrysostomus in illud Matth. 22 [v. 29] de ornatu sepulchrorum prophetarum homelia 45 in Opere Imperfecto[46]; et Homelia 81 in Mattheum in vero opere[47]. Summa: ferri haec in imperfectis Christianis; qui rectius bona sua Christo largiri[48] volunt, oportere pauperibus erogare. – Praeclarus locus de

---

[33] Corrigé de *humaniter* (?).

[34] Ms.: *IX mi* [!].

[35] Liv. 1, *Ep.* 54; 2, 15; 11, 56 et 9, 71, *MGHEp* 1, 79 et 112s; 2, 331 et 90; Liv. 1, *Ep.* 56; 2, 12; 11, 76; 12, 11, *MPL* 77, 517, 548s, 1215s, 1225s. – Ap.: *Opera,1518,* (*rpe* leçons!).

[36] V. à la n. préc.

[37] Ce passage, écrit par Parker, s'ajoute de toute évidence à l'ensemble qui commence à la p. suiv. Nous avons suppléé un sous-titre analogue à celui que Bucer a inscrit en tête de la p. 521 du ms.

[38] Para. 1, *MPL* 185, 296 B.

[39] *Calices et,* rajoutés à la place d'un *et* après *vasa* qui a été barré.

[40] Dietrich de Nieheim: *De schismate libri tres,* liv. 1, ch. 22, *éd. cit.,* p. 23: Urbain lui-même dépouille les églises de leurs trésors en faveur de Charles (III d'Anjou) duc de Durazzo, qu'il couronne roi de Naples. – Sur l'historicité de ce fait, v. Pastor: *Gesch. d. Päpste,* 1, 108. – Sur les éds. du *De schismate* dès 1532, v. Potthast: *Bibliotheca,*2, 1051.

[41] Précédé de *28* ou *26* corrigé, puis barré; ici de même, le chiffre *8* paraît avoir été corrigé d'un autre chiffre (*3?, 6?*).

[42] *MPL* 16, 139–142. – Ap.: Witzel: *Typus,1540,* p. 49, *1541,* f. 56 [mendose «51»] r/v (*r* à l'ouvrage).

[43] *Ep.* 52, ch. 10, *CSEL* 54, 431ss; *MPL* 22, 535s.

[44] *Ep.* 125, ch. 20, paras. 3ss, *CSEL* 56, 141s; *MPL* 22, 1085.

[45] *Ep.* 130, ch. 14, *CSEL* 56, 193ss; *MPL* 22, 1118s; en part. paras. 7s, pp. 194s; col. 1119. – Ap.: Witzel: *Typus,1540,* op. 48s; *1541,* f. 56 [mendose «51»] r (*là re*).

[46] *MPG* 56, 885s.

[47] *Hom.* 80 (81) sur Mt. 26, 11s, ch. 2, *MPG* 58, 726.

[48] Ms.: *erlargiri;* cf. le terme *«erogare», infra.*

hoc[49] in homelia 60 ex iis, quae ad populum habuit divus Chrysostomus: tomo 4, folio 583 vide[50]:

[d]«Neque satis nobis esse existimemus ad salutem, si viduis et pupillis expilatis, aureum calicem et gemmatum mensae offeramus. Si vis enim honorare sacrificium, offer animam, propter quam et immolatus est; hanc fac auream. Si vero haec plumbum maneat, [522] [b]⟨Hic numerus per 4 sequentia folia⟩ [d]et testa deterior, vas autem aureum, quid utilitatis? Itaque ne hoc consideremus, ut aurea vasa duntaxat offeramus sed etiam ut ex iustis laboribus; haec enim sunt et aureis pretiosiora, quae avaritia carent. Nec enim aurificina est aut argentaria officina ecclesia sed angelorum concio. Propterea nobis opus est animis. Nam et haec Deus propter animas acceptat. Non erat illa mensa tunc ex argento nec aureus calix, ex quo sanguinem proprium Christus suis dedit discipulis; pretiosa tamen erant illa omnia et tremenda, quoniam erant Spiritu plena. Vis Christi corpus honorare, ne[51] nudum eum despicias, nec eum hic quidem sericis honores vestibus, extra vero gelu et nuditate pereuntem contemnas. Qui nanque dixit: *Hoc est corpus meum* [Mt. 26,26 et parall.] et verbo factum confirmavit, hic et dixit: *Esurientem me* vidistis *et non pavistis me* [Mt. 25,42]; et: *In quantum non fecistis huic ex his minimis neque mihi fecistis* [ib. v. 45]. Hic quidem non eget vestimentis sed anima munda, illud autem magna diligentia. Discamus itaque philosophari, et Christum, prout ipse vult, venerari. Honorato nanque iucundissimus honor quem ipse vult, non quem nos putamus. Nam et se [522 [bis]] Petrus eum honorare putabat cum sibi pedes eum lavare prohiberet [cf. Io. 13,6–9]. Sed non erat honor quod agebat, sed contrarium; itidem et tu hoc eum honore quem statuit prosequere, divitias expendens in pauperes. Nec enim aureis vasis Deus eget sed aureis animabus.

Et haec dico non prohibens huiusmodi oblationes fieri, suadens autem cum his et ante has eleemosinam exhiberi; siquidem et haec suscipit, sed illa multo gratius. Nam hic quidem offerens solus utilitatem capit, illic autem et accipiens. Hic opus esse videtur, et ambitionis occasio, illic autem eleemosina totum et humanitas est. Quae nam utilitas est, quum ipsa mensa sit aureis calicibus plena, ipse vero fame dispereat? Ipsum satura prius esurientem, et tunc ex abundantia ipsius quoque mensam orna.

---

[49] Suivi de *lo*, barré.

[50] Ainsi dans les éds. d'Erasme. – Il s'agit en fait d'une pièce composite dont le début est fait de l'*Hom.*, 82 (83) sur Mt. 26, 26ss, ch. 4, *MPG* 58, 742s, la partie citée ici étant tirée de l'*Hom.*, 50 (51), chs. 3s, *MPG* 58, 508 (medio) – 510 (avant la cit. de Mt. 26, 11). – Ap.: *Opera,1530* (*r*, mais page plutôt que folio!), et ap.: Witzel: *Typus,1540*, p. 49; *1541*, f. 56 [mendose «51»] v, (là *r* et *a*)! – Dans l'exemplaire des *Opera,1536* ayant appartenu à Calvin – où ce passage se trouve au t. 5, ff. 326v et suiv., de nombreux éléments de ce texte sont soulignés.

[51] Précédé de *nec* (?), barré.

Aureum facis calicem nec frigidae aquae calicem porrigis [cf. Mt. 25,34-44; 10,42]; et quid utilitatis aurea pallia mensae parare, ipsi vero ne necessarium quidem indumentum praebere? [522 [ter]] Quod ex hoc lucrum est?

Dic enim mihi, si quem necessario conspicatus egere nutrimento, famen ipsi solvere praetermittens, argento mensam operire tantum studuisses, nunquid tibi gratias habuisset; non magis vero fuisset indignatus? Quid vero, si pannis indutum conspiciens, et gelu fixum omittens ei dare vestimentum aureas comparasses columnas, in eius dicens honorem fieri: nonne te dixisset ironice loqui, et hanc extremam putasset contumeliam? Hoc et in Christo cogita, cum vagus et peregrinus indigens tecti circumeat, tu vero praetermittens eum suscipere pavimentum[52] et parietes ornas et columnarum capita; et argenteas[53] quidem catenas ad lucernas suspendis, ipsum autem in carcere vinctum ne vis quidem visere [cf. Mt. 25,39]. Et haec dico non prohibens in his gloriari; sed haec cum illis quin potius ante illa commonens fieri. De his nanque non factis accusatus unquam est nemo, pro illis autem et gehenna intentata est, et ignis inextinctus [522 [quater]] et cum demonibus ultio [cf. Mt. 25,41.46]. Noli itaque domum exornans, fratris[54] angustiam despicere: hic enim est illius templum verius; et has quidem possessiones et infideles reges et tyranni et latrones[55] auferre poterunt; quotquot[56] autem in fratrem contuleris esurientem, vel peregrinantem, et nudum, neque diabolus tollere poterit, sed in thesauro reponentur intemerato» [cf. Mt. 6,19s].

[522 [quinquies] bl.; 522 [sexties]] *b*Scholae:

d«Presbiteri per villas et[57] vicos scholas habeant, et si qui[!] fidelium suos parvulos ad discendas literas eis commendare vult, eos suscipere et docere non renuant, sed cum summa charitate eos doceant, attendentes illud quod scriptum est: *Qui autem docti fuerint, fulgebunt sicut splendor firmamenti; et qui iustitiam erudiunt multos, fulgebunt quasi stellae in perpetua aeternitate* [Dn. 12,3]. Cum ergo eos docent, nihil precii pro hac re exigant, nec aliquid ab eis accipiant, excepto quod eis parentes charitatis studio sua voluntate obtulerint.» *b*Haec ex vetusto libro quod Capitulare episcopale ⟨nomen habet[58], cuius usum Beatus Rhenanus Hedioni dederat mense Decembris anno 1544.⟩ Huc pertinet primum caput De magi-

---

[52] Les mots *pavimentum* à *columnarum,* soulignés.
[53] Les mots *argentas quidem,* soulignés.
[54] Souligné.
[55] Souligné; suivi de *auff,* barré.
[56] Corrigé de *quodquot.*
[57] Corrigé de *per.*
[58] Théodulphe d'Orléans: *Capitulare,* ch. 20, *MPL* 105, 196 D (N.B. les leçons de la cit. biblique).

stris[59]: vide caput «De quibusdam» distinctione 37[60]. Item 1. caput concilii Vasensis[61].

[522 [septies-nonies] bl.; 523] *Conventus ecclesiastici cottidiani.*

⟨Horae canonicae⟩: Cottidie binos conventus sacros haberi solitos fuisse in ecclesia Chrysostomi, vide in initio τοῦ λόγου sexti[62] in 1. ad Timoth.[63]. Mattutinum [!], ad 3., 6., et 9. ut conveniant in 40ma, hortatur divus Augustinus, Sermone 1. in Capite Ieiunii: Augustinus, tomo 10. folio 145, GH[64].

[524s bl.; 526] *De transsubstantiatione.*

Non necessaria questio, quia illa non obstante cum Graecis facta unio est. Vide in sessione ultima concilii Florentini, in Libro conciliorum 2. foliis 807 et 8[65] et in Literis unionis[66]. – Chrysostomus in sermone de Encaeniis: «Num vides panem?»[67].

[527s bl.; 529] *Originale peccatum manere.*

Infra[68]. Vide Epiphanii locum, libri 2[69], tomo 1, pagina 262[70].

---

[59] *Decretales*, liv. 5, tit. 5: «De magistris», ch. 1, *Friedberg*, 2, 768s, auquel renvoie la glose *n* (aux mots «magistri et doctores constituantur») au can. cité à la n. suiv.

[60] *Decreti*, 1a pars, dist. 37, can. 12, *Friedberg*, 1, 139. – Ap.: *Decretum,1512*, éd. Beatus Rhenanus, où la glose renvoie au passage cité à la n. préc.

[61] Can. 1 du 2ᵉ concile selon la *Hispana*, *MPL* 84, 261 C. – Ap.: Crabbe: *Concilia,1538*, qui en donne l'ordre et l'attribution, mais où le can. 1 est encore augmenté d'une préface (t. 1, f. 339r).

[62] Inscrit au-dessus de *quinti*, barré.

[63] *Hom.*, 6, para. 1 (sur *1 Tim.* 2, 1ss), *MPG* 62, 550. – Cf. *supra*, notre ch. 23, n. 31.

[64] Sermon, Appendice N° 140, para. 2, *MPL* 39, 2019; désormais parmi ceux de s. Césaire d'Arles, N° 196, *CCL* 104, 792. – Ap.: *Opera, Paris, 1531*, (r).

[65] Les deux chiffres soulignés et répétés au-dessus: ᵃ*807, 808*.

[66] La première référence est à un passage des *Actes*, où le pape exhorte les Grecs à compléter l'accord sur la procession du Saint-Esprit par des accords sur d'autres points controversés, dont la «transmutation» des espèces. Dans leur réponse, ils citent la prière de la liturgie «fac panem quidem hunc honorabile corpus Christi», mais refusent de s'engager plus avant sans consultation de toutes les églises d'Orient. La seconde est la bulle *Laetentur caeli*, qui mentionne la consécration, mais ne précise pas la doctrine en cause: Mansi: *Collectio*, 31, 1003–1006 et 1026ss, en part. 1031. – Ap.: Crabbe: *Concilia, 1538*, (ri). – Adv.: Contarini à Ratisbonne 1541 (cf. *ARC* 6, 69; *CR* 4, 217), insistant sur le caractère obligatoire de la doctrine, en raison de sa base conciliaire (Latran IV, 1215) et ancienne (Liturgie de Chrysostome): cf. Fraenkel: *Les protestants*, pp. 76, 79 et renvois *ibid.*

[67] C.-à-d. *Hom.*, 9, *De poenitentia*, *MPG* 49/50, 345 (cf. *ibid.*, col. 343 pour l'incipit ancien). – Ap.: *Opera*, éd. Erasme (er). – Adv.: Contarini, v. n. préc.

[68] Ou *1*? Dans l'un comme dans l'autre cas, Bucer pense peut-être à la reprise du sujet à la p. 579 du ms.

[69] Ce chiffre ajouté au-dessus de la ligne.

[70] *Loc. cit.*, ch. 33, para. 5–34, para. 3, *GCS* 31, 453s; chs. 25s, *MPS* 41, 1109s. – Ap.: *Panarium, lat. 1543*, (r). – Il s'agit du péché après le baptême.

[530 bl.; 531] *Purgatorium.*

Duo tantum*[71] status* post* praesentem* vitam*: sinum* Abrahae et infernum* ignis* aeterni*: Augustinus in Tractatu* in Epistolam Iohannis 10[72]. ⟨ᵃSic libro 5 Hipognosticon tertium locum negat reperiri[73].⟩

ᵇCyprianus contra Demetrium [!][74]. «Quando istinc excessum fuerit, nullus iam locus poenitentiae est, nullus satisfactionis effectus.» Item: nihil meriti in futura vita et Augustinus agnoscit in Questione 2 Ad Dulcitium, et 1. capite De cura pro mortuis[75]. – Divus Hieronymus[76]: liberandos et purgandos paenis inferni in die iudicii extremi impios baptizatos. Augustinus inclinat in eandem sententiam[77]: Questione 1. ad Dulcitium; item libro 6. Contra Iulianum, capite 5. ⟨Et ibidem dicit: «Si nulla remitterentur in[78] iudicio illo novissimo, puto quod Dominus non dixisset de quodam peccato: *Non remittetur, neque hic neque in futuro*» [Mt. 12:32]. Vide tomum 7 t[im]um[79]⟩.

Preclaram sententiam contra purgatorium vide epistola 8. divi Ambrosii[80], libro 2.[81], ubi prohibet ingemiscere pro mortuis propterea quod propter Christum debeamus certi esse de eorum salute; et qui dubitet de salute in fide Christi mortui, dubitet de satisfactione Christi. Et iubet ibi

---

[71] Nous faisons suivre d'un astérisque (*) les mots de ce passage au-dessus desquels Matthew Parker a ajouté une transcription de sa main.

[72] Ch. 9, *MPL* 35, 2061, (*pa*). – Le dossier concernant le purgatoire (n. 72–82, ici) paraît dans son ensemble être ap. et adv.: Gropper: *Enchiridion*, ff. 110v et ss, qui traite du purgatoire dans le contexte du sacrifice de la messe. Ici, Bucer cite soit les mêmes auteurs, soit les mêmes écrits: v. en part. les citations et renvois à s. Augustin: *Enchiridion* et *Retractationes*, Gropper, *op. cit.*, f. 111r.

[73] Ps.-Augustin: *Hypomnesticon*, liv. 5, ch. 5, para. 10, *MPL* 45, 1654 (N.B. la leçon de la n. 1 *ibid.*): (*p*).

[74] Plutôt *Demetrianum*, ch. 25, *CCL* 3A, 50; *CSEL* 3:1, 370; *MPL* 4, 563 A. – Ap.: *Opera, 1537:* tout comme dans *Opera, 1520*, on y trouve le titre *Contra...*, et à notre passage [] «Poenitentiae nullus post mortem locus». De plus les titres courants sont abrégés en «Contra Demetr.», ce qui explique la forme du nom ici. Cf. aussi n. 72. – Adv.: Gropper: *Enchiridion*, f. 110v, (là r autre texte de Cyprien).

[75] *De octo Dulcitii quaestionibus*, qu. 2, para. 3, *CCL* 44A, 272; *MPL* 40, 158; et *De cura pro mortuis gerenda*, ch. 1, para. 2, *CSEL* 41, 623; *MPL* 40, 593. Le premier de ces passages est une citation du second. – Cf. n. 72. – Adv.: Gropper: *Enchiridion*, ff. 110v et 111r (mêmes écrits).

[76] *Comm. in Isaiam*, liv. 18, ch. 66, v. 24, *CCL* 73 A, 798s; *MPL* 24, 703s, surtout la fin: p. 799; col. 704, (*p*!).

[77] *De octo Dulcitii quaestionibus*, *loc. cit.*, passim, *CCL* 44 A, 255–270; *MPL* 40, 149–157. – Ap.: *BEv 1536*, Mt. 12, 31s, f. 117v (là *tr*). – *Contra Iulianum*, maintenant ch. 15, para. 45, *MPL* 44, 847. N.B. que ap.: *BEv, loc. cit.*, le renvoi à *De octo dulcitii quaest.* fait, comme ici, partie d'un dossier patristique et surtout augustinien: ce renvoi est leur seul point commun. – Cf. n. 72 et 75.

[78] *Illo*, barré.

[79] Ap.: *Opera, Paris, 1531*, (*r*!).

[80] Paras. 8 et 4, *CSEL* 82, 70 et 68; *Ep.* 39, *MPL* 16, 1101 et 1099 (respectivement *p* et *ea*). – Cf. n. 72. – Adv.: Gropper: *Enchiridion*, f. 111r (même écrit).

[81] Ces deux mots, ajoutés au-dessus de la ligne.

'prosequi defunctam praecibus et oblationibus' tanquam apud Christum regnantem. [532]–Locum de probante igni, 1 Cor. 3 [vv. 13–15], divus Bernardus de igni poenitentiae interpretatur, Sermone de ligno, faeno, et stipula[82]. – ᵃPurgatorium esse definit Concilium Florentinum, sessione ultima, tomo 2., foliis 807, 808[83].

---

[82] *Sermo* 30: *De diversis,* para. 2, *MPL* 183, 623 B.

[83] Mansi: *Collectio,* 31, 1009/10–1011/12 et 1025/6ss en part. 1031/32. – Ap.: Crabbe, *Concilia,1538,* (ʳi). Il s'agit des documents mentionnés à la n. 66: la dernière consultation des Grecs avant la mort du patriarche et la Bulle *Laetentur caeli.*

CHAPITRE XXV

LITURGIE ET DOCTRINE

[533s bl.; 535] *ᵇDe missa et loco missae¹:*

⟨Locus primae missae⟩: Altare unum; et in suggestu.

Timotheus episcopus Ad ecclesiam catholicam, folio² 182, pagella 1.³: «Et ideo cunctos, qui sancti altaris suggestu eminent, tantum excellere oportet merito, quantum gradu.» – Oratoria etiam, quae non parochiae templa sunt, non sine presbytero esse debent, qui missas faciat populo ibi conveniente, aut⁴ fundatore poscente: Epistola Gregorii Romani 12, libri decimi⁵. – «Tredecim altaria» in uno templo: Epistola Gregorii 50, libri 7mi⁶.

[536 bl.; 537] *Imagines:*

Adorari imagines non permittendum: divus Gregorius ad Serenum adducitur distinctione 3, capite 26⁷, «Perlatum». Ibidem⁸ ex synodo 6: adorari eas et venerari laudatur. Et divus Gregorius prosternit se ante [?] imaginem Christi. 'Sed adorat, qui per eam repraesentatur': Epistola 53, libri 7, ad Secundinum servum Dei inclusum⁹. – Sepulchrorum et

---

¹ Corrigé de *locus misse.*

² Précédé de *pagella,* barré.

³ C.-à-d. l'ouvrage pseudonyme de Salvien de Marseille: *Ad ecclesiam adversus avaritiam,* liv. 2, ch. 9, para. 37, *CSEL* 8, 257; *MPL* 53, 197 C. – Ap.: Sichard: *Antidotum* (où ne sont publiés que les deux premiers livres), *loc. cit. (re).* – Ap. et adv.: Witzel: *Typus,1540,* p. XXVIII, auquel répond Eck: *Enchiridion,* ch. 38, *CC* 35, 394, 400. Cf. n. 5s. La mention de la chaire répond à l'usage strasbourgeois, selon lequel la seconde partie de la liturgie (après la – ou les – oraisons: leçon(s), sermon, credo et intercessions) se déroulait en chaire: Van de Poll: *Liturgical Ideas,* p. 37.

⁴ Précédé de *et,* barré.

⁵ Liv. 9, *Ep.* 71, *MGHEp* 2, 90; *MPL* 77, 1226. – Ap.: *Opera,1518, (rp).* Cf. n. 3, 6.

⁶ Liv. 6, *Ep.* 48, *MGHEp* 1, 423; *MPL* 77, 834. – Ap.: *Opera,1518, (re).* Cf. n. 3, 5. – Ap.: Witzel: *Typus,1540,* p. 72; *1541,* f. 58r, *(ri,* là moins précis).

⁷ ⬚ ᵃ*De consecratione, distinctione 3, «Perlatum».* – En fait can. 27, *Decreti,*3a pars. *loc. cit., Friedberg,* 1, 1360. – La numérotation (inexacte) a dû être faite par Bucer lui-même. – Ap. et adv.: Gropper: *Enchiridion,* sur le premier commandement, f. 271r, (là *r* et accent positif sur utilité des images). – Cf. aussi n. 8s.

⁸ Plutôt «ex VII sinodo», c.-à-d. le concile de Nicée II, *loc. cit.,* can. 28. – Ap.: Gropper: *loc. cit.,* f. 271v, *(r* là correct et *i).* – Cf. aussi n. 7 et 9.

⁹ Liv. 9, *Ep.* 147, texte de la var.*, *MGHEp* 2, 149; Liv. 9, *Ep.* 52, *MPL* 77, 991 B. – Ap.: *Opera,1518, (ipr).* – Ap.: Gropper: *loc. cit.,* f. 271r/v. *(r* et *tp).* – Cf. aussi n. 7 et 8: ces trois éléments déjà réunis ap.: *Das einigerlei Bild,1530, BDS* 4, 178s.

imaginum adoratores damnatos: Augustinus De moribus ecclesiae 34[10].
– Imagines damnantur ab Epiphanio, libro 2, tomi 3, folio 510[11].

[a]«Nolite» (o Manichei)[12] «consectari turbas imperitorum, qui vel in ipsa vera religione superstisiosi [!] sunt, vel ita libidinibus dediti, ut obliti sint quid promiserint Deo. Novi multos esse sepulchrorum et picturarum adoratores» etc.

[538–540 bl.; 541] [f]*De sollennibus precibus in ecclesia pro omnibus statibus:*

«Obsecrationum[13] quoque sacerdotalium sacramenta respitiamus, quae ab apostolis tradita in toto mundo atque in omni catholica ecclesia uniformiter celebrantur; ut legem credendi lex statuat supplicandi. ⟨ [b]Missa prior⟩. [f]Cum enim sanctarum plebium praesules mandata sibimet legatione fungantur apud divinam clementiam, humani generis agunt causam, et tota secum ecclesia congemiscente postulant et precantur, ut infidelibus donetur fides, ut idolatrae ab impietatis suae liberentur erroribus, ut Iudeis[14] *ablato cordis velamine* [cf. 2 Cor. 3,15s] lux veritatis appareat, ut haeretici catholicae fidei perceptione resipiscant, ut schismatici Spiritum redivivae charitatis accipiant, ut lapsis poenitentiae remedia conferantur, ut denique cathechumenis ad regenerationis sacramenta perductis caelestis misericordiae aula reseretur.»

[542 bl.; 543] [b]*Peccatum veniale, in se mortale:*

Bernardus in Sermone in Caena Domini[15]: «Nemo contemnat aut parvipendat. Impossibile enim est cum eis salvari.»

[544s bl.; 546] *Vox sacramenti. Quot sacramenta:*

Crucis signum sacramentum vocatur a divo Augustino, in Psalm. 141, in versu [4b][16]: *In via hac qua ingrediebar, absconderunt mihi muscipulam.* – Inter baptizandum[17] faciunt salem sacramentum. – Lotio pedum pro

---

[10] C.-à-d. le liv. 1 du *De moribus ecclesiae et de moribus manichaeorum,* ch. 34, para. 75, *MPL* 32, 1342. – Peut-être, adv.: Gropper: *loc. cit.* (là, liste des pères latins et grecs – comprenant Augustin mais pas Epiphane – en faveur de la vénération des images).

[11] Contre les Collyridiens, hérésie 79, ch. 4, paras. 4–6, *GCS* 37, 479; *MPG* 42, 745 C. – Ap.: *Opera, lat., 1543,* (r; le même r se trouve dans le registre de cette éd., où il correspond à la [] de la p. – plutôt que du f. – indiquée). – Adv.: Gropper: *loc. cit.*? Cf. n. préc.

[12] Citation tirée du texte auquel renvoie la n. 10.

[13] [] *Augustinus, De ecclesiasticis dogmatibus,* 30. – C.-à-d. Gennadius de Marseille: *op. cit.,* cap. cit., *MPL* 58, 987s.

[14] Précédé du même mot, mal écrit (ou *index*), barré.

[15] *Op. cit.,* para. 5, *MPL* 183, 274 A.

[16] *Enarrationes in Psalmos, loc. cit.,* para. 9, *CCL* 40, 2052 (l. 35–45); *MPL* 37, 1838s.

[17] Il pourrait s'agir d'une allusion au can. alors attribué au 3e concile de Carthage (can. 5, Mansi: *Collectio,* 3, 880s; cf. *CCL* 149, 33. – Ap.: Crabbe: *Concilia,* 1, 250r). Autrement il faut voir dans cette notice une mention de la *datio salis,* pratiquée aussi bien selon certains

sacramento necessario et efficaci adstruitur[18] a divo Bernardo, in Sermone de Caena Domini[19]. – Panis sanctificatus, qui dabatur catechumenis vocatur ab Augustino sacramentum: libro 2, De meritis et remissione peccatorum, capite 26[20]. – Sal catechumeni[21] sacramentum, in exorcismo salis in actione baptismatis[22]. – Vide praeclarum locum de nomine et numero sacramentorum: 1, quaestione 1[23], canone 84, «Multi saecularium», sententiam Gregorii[24]: [a]«Sunt autem sacramenta baptisma, chrisma, corpus et sanguis». – [547] [b]Inocentius[!] papa iudicat impositionem manuum non esse sacramentum propterea quod possit reiterari. 1, quaestione [1], capite «Arrianos»: est caput 73[25].

[a]Ambrosius, De sacramentis[26], meminit tantum duorum sacramentorum. – Adrianus, Romanus pontifex, non videtur nugare[!] in 4to[27], submonens ecclesiam, ut «noverit se non esse dominam sacramentorum sed ministram, nec posse magis formam sacramentalem instituere quam legem aliquam divinam abrogare»; quod de sacramentis, quibus gratiam[!] gratum faciens confertur, intelligitur. Hec ille. – Augustinus, De baptismo

---

formulaires de la Réforme que dans l'antiquité et au moyen-âge (cf. *Leiturgia*, 5, 73 [antiquité], 356, 368 [Luther]). Bucer critique cette pratique très tôt: *Grund und Ursach*, *BDS* 1, 254; aussi est-elle omise non seulement des ordonnances strasbourgeoises et hessoises (renvois in *BDS* 7, 286), mais même de la *Pia deliberatio*, où l'exorcisme lui-même est pourtant maintenu (f. LXXIII v): ce que critique Gropper: *Antididagma*, f. XXXV v et suiv. – Alors que les formulaires liturgiques parlent dans ce contexte précis seulement du «sal sapientiae», le terme de «sacramentum» se trouve p. ex. chez Durand: *Rationale*, liv. 1, ch. 6, para. 10: «. . . nullus baptizatur, prius quam sale cibetur . . . ut, quod actu habere non possint, habeant saltem significatione sacramenti». – Sur l'emploi du terme lors de la bénédiction du sel, v. *infra*, n. 22.

[18] Précédé de *defenditur*, barré.

[19] *Loc. cit.*, *supra*, à la n. 15, paras. 2 et 4, cols. 271 CD et 273 B. – Peut-être: Adv.: Gropper: *Enchiridion*, f. 76v (là, même écrit dans contexte des *sept* sacrements).

[20] *De peccatorum meritis et remissione*, *loc. cit.*, *CSEL* 60, 113; *MP* 44, 176.

[21] Ajouté (peut-être par une autre main) au-dessus de la ligne.

[22] *Rituale romanum*, dans la *Benedictio salis* des *Ordines baptismi*. Dans celui destiné au baptême des adultes, elle porte la rubrique «Benedictio salis dandi catechumeno». Cf. aussi *supra* n. 17.

[23] *Sacramentorum* est suivi de *dist[inctione]* barré, tout comme *quaestione* d'un chiffre barré.

[24] *Decreti,*2a pars. *loc. cit.* (para. 3), *Friedberg*, 1, 388. – Ce can. attribué à Grégoire est en fait un centon tiré de plusieurs auteurs: v. la *Notatio correctorum*, *loc. cit.*, col. 387 et la n. 1094 *ibid.*

[25] Plutôt le dictum Gratiani qui introduit le canon suiv.: *Friedberg*, 1, 384. – Ap.: *Decretum Gratiani*, éd. Beatus Rhenanus, où ce passage forme le 3e paragraphe du can. indiqué, (*rp*).

[26] En effet, la discussion des autres actes y est incorporée au traitement de l'un ou l'autre de ces deux sacrements; ainsi: celle de l'onction à celui du baptême: liv. 3, ch. 2, para. 8, *CSEL* 73, 42; *MPL* 16, 434.

[27] Adrien VI: *Quaestiones de sacramentis*, qu. 1, *De sacr. baptismi*, sur la forme du baptême, f. X v, col. 2 (*e*) et *ibid. supra* (*i!*).

contra Donatistas, libro 1, capite 1[28], loquitur 'de sacramento baptismi et de sacramento dandi baptismi'.

De consecratione, distinctione 4, Augustinus canone «Quomodo exaudit»[29] «Deus homicidam deprecantem, vel super aquam baptismi, vel super oleum, vel super eucharistiam, vel super capita eorum quibus manus imponitur?» etc. Libro 5, contra Donatistas, capite 20[30]; et libro 5, capite 19[31]: «Quomodo aquam mundat et sanctificat homicida? Quomodo benedicunt oleum tenebre? Si autem Deus adest sacramentis et verbis suis, per qualeslibet administrentur, et sacramenta Dei ubique recta sunt», etc. Ibidem, de sanctificatione olei[32]: «Si ergo [. . .] *Deus peccatorem non audit* [Io. 9, 31] ut per peccatorem sacramenta non celebrentur; quomodo exaudit homicidam deprecantem vel super aquam baptismi, vel super oleum, vel super eucharistiam, vel super capita eorum, quibus manus imponitur?»

[548] [p]Thome opinio est in 4°[33], «quod Christus non instituerit per se omnia sacramenta sed quedam magis precipua ut baptisma et eucharistiam»: Antoninus in Chronicis parte prima, titulo 5, capite 1, paragrapho 14[34], ubi dicit expresse, quod Christus «sacramenta principaliora et magis necessaria instituit magis expresse», «alia implicite et figurative non per se sed per apostolos explicanda et promulganda». Ibi statuit 'confessionem faciendam vocalem' ex illo Jacobi [5, 16]: «*Confitemini alterutrum,* id est sacerdotibus».

[549] [b]*Veterum institutorum mutatio:*

[a]«Magna authoritas ista est habenda in ecclesia, ut[35] [b]si non nulli ex praedecessoribus et maioribus nostris fecerunt aliqua, quae illo tempore potuerant esse sine culpa, et postea vertuntur in errorem et superstitionem,

---

[28] Para. 2, *CSEL* 51, 146, l. 8–10; *MPL* 43, 109.

[29] Corrigé de *exauditur.* – *Decreti*,3a pars, *loc. cit.,* can. 41, *Friedberg,* 1, 1377.

[30] Source du can. cité à la n. préc.: para. 27, *CSEL* 5l, 286; *MPL* 43, 190.

[31] En fait le même texte; il forme la fin du ch. 19, p. ex. dans l'éd. Amerbach des *Opera.*

[32] *Loc. cit.,* para. 28, pp. 285s; col. 190 (*ea*).

[33] Thomas y tend plutôt à attribuer au Christ l'institution de tous les sacrements: v. *In quatuor libros Sententiarum,* liv. 4, dist. 7, art. 1 *Sed contra;* et dist. 26, art. 2 *Sed contra, Piana* 17:2, 117r,a et 132r,b. Le premier de ces passages en part. cite l'opinion de ceux qui attribuent ce sacrement (de la confirmation) au Christ «sicut omnia alia [sc. sacramenta] dicuntur a Christo fuisse instituta». – C'est aussi ce que dit Antonin de Florence au passage cité ici et indiqué à la n. suiv., expliquant que s. Thomas rapporte une *duplex opinio* dont l'une est partiellement reproduite ici, mais qui précise aussi que le Christ aurait institué les autres sacrements par le truchement des apôtres, après la venue du Saint-Esprit. En plus «alia opinio est, et melior, quod Christus per se instituit omnia sacramenta ecclesie».

[34] Ce qui suit explicite la seconde opinion (v. n. préc.). – Ap.: *Historiarum, pars prima,* f. 72v,a (*teps!*).

[35] La citation faite par Bucer a été partiellement complétée par Parker à l'aide d'une ligne intercalée entre le titre et l'ancien début du texte.

sine tarditate aliqua et cum magna authoritate a posteris destruantur»: Distinctione 63, capite [a]28[36], paragrapho [b]«Verum» in fine[37]. Vide glossam ibidem[38]. – [a]Distinctione 14. «Sicut quedam sunt»[39]: vide concilium Bracarense 2m, tomo 2, folio 113[40]. – Huius generis sunt vigilie mortuorum a Hieronymo laudate et defense[41], sanctificatio ferri vel aque ferventis ad probationem vulgariter[42].

In canonibus de comburendis martyrologiis[43] reperitur, scilicet quia ad superstitionem vergebant mutate[!] sunt, quamvis primo bene instituta. Concilii Antisiodorensis canon 5[44]: Vigilie in honore Domini indicte vetite. Anthimus papa vigilias instituit nocturnas: ex Collectaneis Theo-

---

[36] Corrigé au-dessus de la ligne de [b]18§. – Dans les éds. du Décret parues du vivant de Bucer, les canons n'étaient pas encore numérotés. V. aussi la n. suiv.

[37] C'est en fait le dictum Gratiani introduisant la 4a pars, et de ce fait le can. 29. Friedberg, 1, 244. – Ap.: Decretum, éd. Beatus Rhenanus, où ce passage est présenté comme un des § du can. préc., (e).

[38] Op. cit., loc. cit., glose g au mot destruantur, dont le titre [] dit: «Successores praedecessorum statuta mutare possunt» et qui souligne le devoir de le faire même dans le cas des «bona, si viderint ea esse perniciosa exemplo». – Il se pourrait aussi que ce renvoi vise le commentaire (glose f) du passage précédent où il est question, tout comme dans le texte, du serpent d'airain (4 Rg. 18, 4), voire même le casus qui précède cette glose et qui explique ainsi les trois raisons pour lesquelles les souverains ne devraient plus participer aux élections épiscopales et papales (immixtion dans les affaires ecclésiastiques; hérésie; renoncement par les souverains).

[39] Decreti,1a pars, dist. 14, can. 2, Friedberg, 1, 33.

[40] 3e concile, A.D. 572, discours d'ouverture de Martin de Braga, Mansi: Collectio, 9, 837 E. – Ap.: Crabbe: Concilia, 1538, loc. cit., f. 113r,A, (r!).

[41] P. ex.: Ep. 109, para. 3, CSEL 55, 354s; MPL 22, 908s.

[42] V. les formules chez Franz: Benediktionen, 2, 365–368 et 373–376; pour l'attitude des réformateurs et de leurs contemporains envers les bénédictions en général, ibid., 623–645. – Parker pense peut-être plus particulièrement aux formules contenues dans des pontificaux mss. de sa bibliothèque: v. James: Catalogue, 1, 90 et 334. Elles sont publiées in Liebermann: Gesetze, 1, 406s et 401s. Le terme «purgatio vulgaris» est le plus courant dans la canonistique: v. p. ex.: Decretales, liv. 5, tit. 35, Friedberg, 2, 877.

[43] Nous n'avons pu identifier de tels «canons». Parker pense-t-il à des statuts de son propre temps, tel cet Acte for the abolyshinge and puttinge awaye of diverse Bookes and Images des 3e et 4e années d'Edouard VI (1549–50), Statutes of the Realm, t. 4: 1, 110s? Il y est question de supprimer toute sorte de livres liturgiques et para-liturgiques en usage auparavant, dont «scrayles» (c.-à-d. scrolls: rouleaux contenant le calendrier des saints), «legends» ainsi que les images des saints. Les uns comme les autres doivent être «openlye brent or otherwayes defaced». Cette loi ne donne cependant pas l'explication que paraît citer Parker, mais au contraire traite les documents en question de «corrupte, untrue, vayne et superstitious». Nous remercions le P.F. Halkin des Bollandistes de nous avoir suggéré cette piste de recherche.

[44] A.D. 578, Mansi: Collectio, 9, 912. Cf. aussi Hefele-Leclercq: Histoire, 3:1, 216. Il s'agissait en réalité de vigiles en honneur de s. Martin («domini Martini»), mais le texte ap.: Crabbe: Concilia,1538, 2, f. 95v dit: «quas in honore domini observant». Parker doit avoir compris qu'il s'agissait du Christ.

dori Lectoris, scriptoris ecclesiastici, libro primo, pagina 719, ut ex Musculo in Historia ecclesiastica[45].

[550 bl.; 551] [b]Disputare cum haereticis:

Etiam 'sub cognitore imperatoris' disputavit Augustinus cum Donatistis, et 'multi alii episcopi': vide initium Breviculorum collationum cum Donatistis, tomo 7, folio 114[46].

[552 bl.; 553] Rituum ecclesiasticorum libera varietas:

Ante Caroli magni tempus Gallia alium quam Romanum cantum habebat; is enim primum Romanum cantum in Galliam deduxit: Sigebertus Gemblacensis[47].

[554 bl.; 555] Dedicatio templi:

Rationem dedicandi cum aqua benedicta et reliquiis et sanctis epulis ut festum dedicationis celebrandum vide epistola divi Gregorii 71, libri 10[48]. Vera ratione[!] dedicandi templa nono libro Eusebii, capite ultimo[49].

[556 bl.; 557] Comunicatio[!][50] cum episcopis negata a subditis:

Multi monachi et fratres non communicabant cum Iohanne episcopo Hierosolymitano, qui in eius parochia erant, eo quod suspectus tantum esset de erroribus Originis[!], nondum convictus. Vide in libro divi Hieronymi[51] contra errores huius Iohannis ad Pamachium[!][52].

---

[45] Para. 19, MPG 86:1, 173–175. – Ap.: Ecclesiasticae Historiae autores, sans doute l'éd. de Bâle (Episcopius), 1549, qui fut celle de Parker (v. Adams, Catalogue, s.n.): ici, comme dans d'autres éds. du même ensemble qui pourraient entrer en ligne de compte (p. ex.: Bâle, 1554, 1557), ce passage est à la p. 718; la p. 719 se trouve en face, au même état d'ouverture, ce qui explique sans doute l'erreur.

[46] Préface à la collatio du premier jour, CSEL 53, 39; MPL 43, 613. – Ap.: Opera, Paris, 1531, (rp).

[47] Chronica, pour l'an 774, MPL 160, 147. – Le passage est (très légèrement et irrégulièrement) souligné dans notre ms.

[48] Liv. 11, Ep. 56, MGHEp 2, 331; Liv. 11, Ep. 76, MPL 77, 1215s. – Ap.: Opera,1518, où ce texte (liv. 9, Ep. 71) se trouve sur la même p. que le début du liv. 10, ce dont le titre courant tient compte, (r!).

[49] Plutôt liv. 8, ch. 17, paras. 1 et 9s, GCS 9:2, 790 et 794; MPG 20, 789 C et suiv., et 793 B. – Ap.: Ecclesiasticae historiae autores, 1549, où ce texte (trad. de Musculus) est suivi directement par les Capita libri noni. Cette pratique de mettre la table d'un ch. à la fin du ch. préc. est suivie dans tout ce volume, (r!).

[50] Suivi de subtracta, barré.

[51] Ces deux mots, rajoutés au-dessus de la ligne.

[52] Ch. 4, MPL 23, 374 A. Cf. aussi les chs. 3 et 5, cols. 373–375.

[558 bl.; 559] *Oleum infirmorum:*

Sermone Augustini 215, tomo 1[53]: ungitur infirmus post communionem. – Vide responsum de hoc Inocentii [!] primi, capite VII suae epistolae 1, in 1 tomo Conciliorum, folio 267[54]. Idem Bedam in 5 caput Epistolae Iacobi[55].

---

[53] Ainsi dans les éds. anciennes, v. *MPL* 39, 2435. – Appendice, *Sermo* 265, para. 3, *ibid.*, cols. 2238s. Que l'onction se pratique après la communion n'y est pas dit ouvertement, mais peut être déduit du fait qu'elle est mentionnée après l'offrande. – Ap.: Witzel: *Typus,1540*, p. 49; *1541*, f. 39r (là seulement mention d'Augustin)? ou adv.: Gropper: *Enchiridion*, f. 216v (autre *e* d'Augustin).

[54] Désormais *Ep.* 25, plutôt ch. 8 (para. 11), *MPL* 20, 560. – Ap.: Crabbe: *Concilia,1538*, *loc. cit.*, (*r* erroné). – D'après Witzel: *Typus,1540*, p. 49; *1541*, f. 39v (là seulement *r* à l'ép.); où plutôt Gropper: *Enchiridion*, f. 216v (là *p* et *r* correct).

[55] Sur Iac. 5, 14, *MPL* 93, 39 CD. Bède y mentionne la lettre du pape Innocent I. – Adv.: Gropper: *Enchiridion*, *loc. cit.*, à la n. préc. (là Bède sur Mc. 6, 13!)?

CHAPITRE XXVI

QUESTIONS DISCIPLINAIRES

[560] *ᵇCathechismus:*

Per 40 dies tradebatur competentibus: Divus Hieronymus, Contra errores Johannis Hierosolymitani ad Pammachium, folio 76[1].

Sanctificatio catechumenorum, per[2] ⟨signum crucis, orationem, impositionem, panis sacrati communicationem⟩: Augustinus, libro 2, De peccatorum meritis et remissione, capite 26[3].

[561] *Ecclesiae collectae, actiones, lectiones recitandae:*

Sermone 215[4]: Augustinus, tomo 10[5].

[562] *ᵖVisitatio ecclesiarum:*

1 Cor. 16 [v. 7]: *Nolo enim vos nunc in transcursu videre sed spero tempus aliquantum me apud vos mansurum:* Petrus Martyr, 448[6]. – Et vide quomodo Ezechias miserit suos optimates ad visitandum: 2 Par. 29 [!][7]. 2 Paralip. 7 [!][8] de Josaphat rege qui misit visitatores[9] in omnem Iudeam, *cum cor eius sumpsisset audaciam propter vias Domini,* etc.

---

[1] Ch. 13, *MPL* 23, 382. – Ap.: *Opera,1516,* t. 3 (*r*).

[2] Une accolade réunit l'énumération dans une colonne en marge au titre et au *per.*

[3] Para. 42, *CSEL* 60, 113; *MPL* 44, 176 (*p!*).

[4] Précédé de *335,* barré. Dans l'édition utilisée (v. n. suiv.) le sermon est correctement numéroté «CCXV», mais il est précédé d'un renvoi aux «Sermones de verbis Domini XXXV» ce qui peut expliquer l'erreur initiale.

[5] La référence est répétée au-dessus par ᵃ: *Augustinus, tomo 10, Sermone 215.* – Ainsi dans les éditions anciennes: désormais Appendice, N° 265, para. 3, *MPL* 39, 2238. – Ap.: *Opera, Paris, 1531* (*r* et *p!:* «actiones» ici représente les prières dont il est question dans ce texte).

[6] La forme du texte (proche du *NTEr*) est celle de Pierre Martyr. – Ap.: *Commentarii, Zurich, 1551,* f. 448 r, où l'on trouve l'explication de ce texte avec [] «De visitatione ecclesiarum» (*r*).

[7] Plutôt 30, 1–12.

[8] Plutôt 17, 6–9. Cit. v. 6. La glose interlinéaire identifie cet envoi avec celui de prédicateurs de l'Evangile.

[9] Corrigé de *visitores.*

[563] *b*Simonia:

Aliquid accipere pro ordinatione vel praebenda. Vide epistolam Gregorii 55, libri 4[10]: Olim pro palliis aliquid accipiebatur[11] Romae; id per concilium reiectum est. Vide epistolam 76 Basilii[12]. – *p*Vide in constitutis provincialibus: Mempham[13]. «Nulli licet»[14]. Praesentatus cogendus ad iuramentum, si dederit aliquid pro praesentatione, etc.: Stephanus «Praesenti quoque»[15]. – 'Praeterea missarum venalitatem districte inhibentes, praecipimus ne pro annualibus vel tricennalibus missarum faciendis laici vel alii quicunque dare vel legare in testamento praesumant, et ne super hoc aliqua pactio vera vel sub aliqua specie palliata a sacerdotibus vel aliis mediatoribus fiat, prohibemus': ex Constitutionibus provincialibus Edmundi, Cantuariensis archiepiscopi[16]. – «Archidiaconatus, decanatus vel aliud officium quod in spiritualibus mere consistit nulli detur ad firmam»: ex Constitutionibus provincialibus Stephani Cantuariensis archiepiscopi[17]. – «Statuimus»[18]. [564] – *a*'Moses occidendo Egyptium [cf. Ex. 2, 12] ex zelo quidem fecit sed non secundum scientiam: astruit

---

[10] Liv. 5, *Ep.* 62, *MGHEp* 1, 337; Liv. 5, *Ep.* 57, *MPL* 77, 791. – Ap.: *Opera,1518* (*r*) Cf. aussi *Decreti,*1a pars, dist. 100, can. 3 et 2a pars, causa 1, qu. 1, can. 116, *Friedberg,* 1, 352s et 403.

[11] Ce mot et le précédent sont soulignés de deux traits.

[12] Corrigé de *Gregorii. – Ep.:* 53, 1, *MPG* 32, 397 A. – Ap.: *Opera,* eds. lat. anciennes, v. *ibid.* col. 1403 (*r*).

[13] Sic. Le mot paraît avoir été d'abord écrit *m̄pham,* puis complété sans autre modification par *Me,* ajouté devant. – Aucun des statuts attribués à Simon Mepham ne concerne directement ce sujet. Cependant la constitution «Item quia» (Lyndewood: *Provinciale, 1679,* suppl. p. 42) parle du serment exigé des avocats et procureurs consistoriaux (à propos d'un statut antérieur interdisant des appellations avant le jugement définitif, et qui est abrogé ici). Le statut est repris in *Provinciale,* liv. 2, tit. 7, cap. 2: «In concilio».

[14] Plutôt: «Nulli liceat», attribué à Richard Wethershed, Lyndewood: *Provinciale, 1679,* suppl. p. 11, repris in *Provinciale,* liv. 5, tit. 2, cap. 4 (leçon *liceat* aussi in *Provinciale, 1505,* f. 152r). Sur la véritable provenance de ce canon, v. Powicke: *Councils and Synods,* p. 100, n. 4.

[15] Etienne Langton au concile d'Oxford, 1222, Powicke: *Councils and Synods,* 1, 113, N° 23, *Provinciale, 1679,* suppl. p. 3. Dans Lyndewood: *Provinciale,* liv. 2, tit. 6, cap. 1 (éd. *1505,* f. 55v; *1679,* p. 108) le canon commence «Praesenti statuto». Sur les éds. en dehors du *Provinciale,* v. Powicke, *op. cit.,* p. 101.

[16] Plutôt les statuts de Sarum (ca. 1218), can. 18, Powicke: *Councils and Synods,* 1, 66. – Dans les vieilles éds. des *Constitutiones (Provinciale, 1679,* suppl. pp. 11ss) ces canons figurent parmi ceux attribués à s. Edmond Rich (q. v. aussi Powicke: *op. cit.,* p. 82, n. 3) *Provinciale, 1679,* suppl., p. 12, can. 8, (*ep*).

[17] Etienne Langton, concile provincial à Oxford, 1222, can. 28, Powicke: *Councils and Synods,* 1, 114. *Provinciale, 1679,* suppl., p. 4. Aussi in Lyndewood: *Provinciale,* liv. 5, tit. 3, cap. 1 (éd. *1505,* f. 152v; *1679,* p. 282). (*e*).

[18] Ce mot isolé est de toute évidence l'incipit d'un canon qui n'a pas été recopié. – Les textes de Lyndewood et les statuts archiépiscopaux anglais qui commencent par ces mots ne paraissent pas mieux pouvoir s'insérer dans ce contexte que ceux des *Décrétales* et de leurs suppléments. En revanche on pourrait songer à *Decreti,*2a pars, causa 1, qu. 1, can. 106 et 107; causa 12, qu. 2, can. 32 et causa 16, qu. 1, can. 55, *Friedberg,* 1, 400, 698 et 778s.

Augustinus[19]'; unde et pecasse, sicut Saul persequens ecclesiam [cf. Act. 9, 1s] et Petrus auriculam auferens servi pontificis [cf. Mt. 26, 51 et par.]. «Alii dicunt non pecasse, sed ex inspiratione Spiritus sancti egisse, tamquam iam dux populi a Deo constitutus ad hoc, Act. 6[!]»: Antoninus in Chronica parte prima, capite 4, titulo 2, folio 13[20].

[565s bl.; 567] *Cantus mulierum in ecclesia:*

*"«Nec sufficit tibi[21] dedisse agmini tuo scientiam Scripturarum, nisi earum voce et canticis delecteris. Iungis enim et ponis in titulo, «quod et faeminae Deo psallere debeant». Quis enim ignorat psallendum esse faeminis in cubiculis suis, et absque virorum frequentia et congregatione turbarum? Verum tu donas quod non licet; ut quod verecunde facere[22] debeant, et absque ullo arbitro magistri authoritate proclament».

[568 bl.; 569] *Gradus consanguinitatis ad conubium prohibiti:*

Vide epistolam Ambrosii 66[23], in qua nihil quam[24] Dei et caesarum legem de gradibus allegat. Epistola 66. Ibi et de lege Theodosii[25], qua prohibitum fuerit[?] concubitum consobrinorum.

[570 bl.; 571] Divus Hieronymus 3, Dialogorum contra Pelagianos[26]: ⟨Auctoritas Ignatii⟩. Citata sententia Ignacii cum[27] Evangelio Nazareorum scribit: «Quibus testimoniis si non uteris ad authoritatem, utere saltem ad antiquitatem, quid[28] omnes viri ecclesiastici senserint».

---

[19] *Quaestiones in Heptateuchum, Qu. in Exodum,* N° 2, *CCL* 33, 70s; *MPL* 34, 597. S. Augustin y renvoie à *Contra Faustum* (liv. 22, ch. 90, *CSEL* 25, 697; *MPL* 42, 461) et à Act. 7, 24s. Cf. la n. suiv.

[20] *Historiae, 1484, loc. cit.,* avant para. 1, f. 13r,a (*pa* et *e*). Cette édition renvoie à Act. 6, celle de *1517* (f. 12r,a) à Act. 7, selon la source augustinienne; cf. la n. préc.

[21] [] *Hieronymus, libro Dialogorum contra Pelagianos, 1.* – Ch: 25, *MPL* 23, 542 B, (*e*).

[22] Suivi de *fe,* barré.

[23] Selon les éds. anciennes, v. *MPL* 16, 874, *Ep.* 60, en part. paras. 4–9, *ibid.* cols. 1184–1186.

[24] Ou *contra?*

[25] Cette loi est perdue; elle est cependant mentionnée par de nombreux auteurs et par d'autres lois anciennes, dont *MPL* 16, 1185, note b donne la liste.

[26] Ch. 2, *MPL* 23, 598 B, (*ie*).

[27] Précédé de *sub,* barré.

[28] Suivi de *omnes,* barré.

CHAPITRE XXVII

LES ORNEMENTS LITURGIQUES

[572 bl.; 573] *ᵇDe usu singularium vestium in sacris:*

ʳEx scripto Coelestini pontificis Romani, cuius verba contra peculiares episcoporum vestes leguntur in vetusto decretorum libro manu descripto[1]: ⟨ᵃImpendendum[?] in causa 21, quaestionem 4⟩[2]. ʳ«Discernendi a plebe vel caeteris sumus doctrina non veste, conversatione non habitu, mentis puritate non cultu. Nam si studere incipimus novitati, traditum nobis a patribus ordinem calcabimus, ut locum supervacuis superstitionibus faciamus. Rudes ergo fidelium mentes ad talia non debemus inducere. Docendi etiam potius sunt quam illudendi. Non imponendum eorum est oculis, sed mentibus infundenda praecepta sunt». ᵃHec habentur Libro conciliorum, tomo primo, folio 311, pagina 2, capitulo primo[3]. Celestinus hec scripsit «universis episcopis per Vieniensem et Narbonensem provincias constitutis»[4]. – ⟨Superpellicium[5]:⟩ De candidis vestibus quibus incedebant clerici, vide Hieronymum, Contra Pelagianos libro 1°, circa finem[6]. Item Chrisostomum in Matthaei caput 26[7], Homilia 83[8]. Item de alba veste in baptismo, Ambrosius, De iis qui mysteriis sacris initiantur, capite[9] 7[10].

---

[1] S'agirait-il des *Antiqua decreta summorum pontificum* du 10ᵉ siècle, mentionnés par Haenel: *Catalogus,* col. 458?

[2] Les cinq can. de cette question en traitent: *Friedberg,* 1, 857–859.

[3] Ap.: Crabbe: *Concilia, 1538, loc. cit.* – Maintenant *Ep.* 4, ch. 1, para. 2, *MPL* 50, 431. – Les éds. modernes, tout comme Crabbe, lisent: «*Nec* imponendum...» (v. p. ex.: Hinschius: *Decretales,* p. 559).

[4] Selon l'incipit de cette même lettre, *MPL* 50, 430.

[5] Une accolade réunit ce mot, inscrit dans la marge gauche, aux deux renvois à Jérôme et Chrysostome (v. *infra* n. 6 et 8).

[6] [] *Tomo 2.* – Corrigé (par mégarde?) de *3.* – Ch. 29, *MPL* 23, 547 C. – Ap.: *Opera,1516* (où ce texte se trouve au t. 3; cf. la n. 8), (*r*). Une accolade dans la marge droite unit ce renvoi au suiv.

[7] Chiffre inscrit au-dessus de *24,* qui est partiellement barré.

[8] [] *Tomo 3*[!]. – V. *supra,* n. 6. – *MPG* 58, 745 (où il est cependant question du λευκὸν χιτωνίσκον des communiants, pas des clercs). – Ap.: *Opera, Bâle, 1539,* où ce texte se trouve au t. 2; cf. *supra* n. 6. – Les éds. anciennes indiquées aux n. 6 et 8 sont celles de Parker, la dernière portant même de nombreuses marques au crayon, typiques de l'archevêque.

[9] Corrigé de *Li*[bro] ?

[10] *De mysteriis, loc. cit.,* paras. 34–41, *CSEL* 73, 102–106; *MPL* 16, 399–402.

[574 bl.; 575] *bVasa et ornamenta ecclesiae:*

Haec confringere, conflare et vendere licet pro alendis pauperibus, pro redimendis captivis, pro sepulturis mortuorum: Ambrosius libro De officiis[11], capite 28[12]; vide totum caput.

---

[11] Suivi d'un signe ou début de mot barré.
[12] Du liv. 2, *MPL* 16, 139–142.

CHAPITRE XXVIII

LE PÉCHÉ

[576 bl.; 577[1]] *De aeternitate gehennae:*

Vide divum Hieronymum Pelagianos oppugnantem, qui iniquos et peccatores aeternis suppliciis coniunxerunt cum impiis; quos definit eos, «qui notitiam Dei aut non habent aut transgressione mutarunt»: tomo 3, folio 84, C².

[578 bl.; 579] *Originale peccatum:*
Probabile a proximis parentibus parvulos peccata traher[e]: in Enchiridio Augustini capite 66³. – Vide epistolam Leonis 84⁴: Insignia hic!

[580] *Reliquiae peccati originalis:*
Bernardus sermone in caena Domini⁵: «Sed quis poterit tam efferos motus frangere, quis pruritum ulceris huius ferre queat? Confidite quia et in hoc gratia subvenit et ut securi sitis, sacramenti Dominici corporis et sanguinis praetiosi investituram habetis». Ibidem⁶: 'non possumus hic esse sine peccato'. – Gropperus hoc accipiens⁷, fructum eucharistiae dicit esse exactionem fomitis, et infert: ergo non remissio peccatorum, non incrementum fidei; quasi non haec omnia simul efficiat communicatio

---

¹ *577* est corrigé de *578*, comme plus loin *578* est corrigé de *579*.
² *Dialogus contra Pelagianos*, liv. 1, ch. 28, *MPL* 23, 544 A–C (*ea!*). – Ap.: *Opera,1516*? (*r*). Ici le passage indiqué se trouve au t. 3, fol. 124 [!] C: les autres éds. que nous avons pu consulter correspondent encore moins au renvoi de Bucer (p. ex.: *Opera, Paris, 1534*, t. 2, f. 97 K).
³ *CCL* 46, 84; *MPL* 40, 263, où s. Augustin cite Eccl. 40, 1.
⁴ Maintenant *Ep.* 1, *MPL* 54, 593–597. – Ap.: Crabbe: *Concilia, 1538*, (*r*).
⁵ Para. 3, *MPL* 183, 272 D. – Ap.: *Opera,1508*, (*e*, leçon *confidite*).
⁶ Para. 4, col. 273 A (*ap*).
⁷ Deux écrits de Gropper sont contrastés ici. Dans l'*Enchiridion*, ch. «De sacramentis», f. 82v, une référence à un tel passage de s. Bernard sert à interpréter Rm. 7, 23 dans le sens cité ici par Bucer (alors même que *op. cit.*, f. 115v, une référence toute proche soutient déjà l'argument sur l'eucharistie et le *fomes*, combattu ici!). L'autre passage se trouve dans la *Wahrhafftige Antwort*, f. 28v où Gropper cite et critique Bucer dans *Wie leicht und füglich:* cit. de Bucer: «Das die rechte wirckung und das haeuptstuck disz sacraments sey, das Christus uns daselbst gebe alles, das er ... am creutz ... erworben hat ...». Réponse de Gropper: «Da doch zu erlangung diser gaben nit eigentlich disz, sonder die sacrament der heiligen tauff und penitentz verordnet seyn; und er ... vor dem colloquio selb bekandt hat ... das wyr dadurch [c.-à-d. l'eucharistie] krafft bekommen zu dempffung des fomitis».

Christi: augmentum vitae Dei in nobis, quod cum Christi et per Christi corpus et sanguinem praebetur[8].

---

[8] Cette formule (q. v. n. préc.) donne en outre un écho de certains textes plus anciens, p. ex.: *BEv, 1553,* f. 186r (à Mt. 26, 28): «quam cum scilicet potiamur, quum ipse vivit in nobis»; f. 262v (à Io. 6, 51): «Ista . . . ita nobis impertit, ita se nobis immittit, ita vivit agitque in nobis . . .». Plus près de la controverse avec Gropper, v. *Pia deliberatio, De coena Domini,* f. 84v: le Christ nous donne son corps et son sang «et simul omnia quae . . . promeritus est, remissionem scilicet peccatorum . . . beatam illam Dei adoptionem» et f. 85r: Le Christ donne au fidèle son corps et son sang «ut in ipso semper amplius vivant et ipse in eis . . .». Mais cf. aussi le *Livre de Ratisbonne,* art. 14, *ARC* 6, 69 qui énumère les bienfaits de l'eucharistie ainsi: incorporation au Christ, acceptation par Lui, remission des péchés mais aussi «virtutem restinguendi concupiscentiam» qui est le «dulcissimum pignus» des autres dons.

CHAPITRE XXIX

LES FÊTES

[581] *ᵇFeriae sacrae:*

Divus Hieronymus commemorat inter ferias[1] sacras tantum solemnitatem Pascae[!] et Pentecostes, cum die dominico: in illud Gal. 4 [v. 10]: *Observatis dies et menses*[2]. Augustinus, Epistola 118 ad Ianuarium[3] enumerat Passionem Domini, Pasca, Adscensionem et Pentecostem. Codice, De feriis, Legibus 2, 7 et X[4], festa numerantur: Natalis, Calendae Ianuariae, Epiphaniarum, Paschae, Petri et Pauli ⟨14 dies Pascae et Pentecostes⟩[5] et dies dominicas prohibentur omnes his diebus 'voluptates et spectacula, sub poena amissionis militiae et proscriptionis patrimonii'.

[582] *Religio dierum festorum:*

Lex Atheniensis de sacris feriis rite colendis: Demosthenes contra Timocratem[6]: «καὶ νόμου[7] κειμένου, μήτε ἰδίᾳ μήτε κοινῇ μηδὲν ἀλλήλους ἀδικεῖν ἐν[8] τῷ χρόνῳ, μήτε χριματίζειν [!] ὅτι [!] ἂν μὴ περὶ τῆς ἑορτῆς ἦ».

[583] *Observantia dominicae diei*[9]

ᵈ⟨Haec ex vetusto libro, quod Capitulare episcopale nomen habet cuius usum Beatus Rhenanus Hedioni dederat mense Decembri, anno 1544⟩:

---

[1] Précédé de *festa,* barré.

[2] Liv. 2, ch. 3, *MPL* 26, 404 B-405 A, où il est cependant aussi question d'autres jours de fêtes, y compris les commémorations des saints.

[3] *Ep.* 54, ch. 1, para. 1, *CSEL* 34:2, 159s; *MPL* 33, 200 (pour l'ancienne numérotation, v. *ibid.* col. 199). Aussi in *Decreti,*1a pars, dist. 12, can. 11, *Friedberg* 1, 29.

[4] Liv. 3, tit. 12, *CIC* 2, 127s, où la loi 2 (q.v. Haenel: *Lex Visigothorum,* p. 44) est omise: elle mentionne Noël, l'Epiphanie, Pâques, le Dimanche et les semaines avant et après les fêtes; les lois 7 (maintenant 6) et 10 (maintenant 9) parlent des mêmes fêtes et d'autres. – Ap.: *Code de Justinien* du type *Codex de tortis, 1506* (r! *ip* et *e*).

[5] L'addition marginale écrite en une petite colonne de la ligne de *Paschae* à celle de *sub poena* est difficile à insérer. Nous l'avons placée ici, étant donné que les trois mots suiv. sont aussi un rajout, inséré au-dessus de la ligne.

[6] Ch. 29, *Loeb, Demosthenes,* 3, 390.

[7] Ms. νόμον, alors que la terminaison du mot suivant est corrigée de ομ ou ον.

[8] Le texte ajoute τούτῳ, aussi dans les éditions anciennes, où l'on trouve effectivement la graphie «ὅτι»: p. ex.: *Paris, 1530,* f. β iii r.

[9] Cf. supra, ch. 6, n. 24; ch. 7, n. 13 et 15 et ch. 24, n. 58. – Theodulphe d'Orléans: *Capitulare,* ch. 24, *MPL* 105, 198s (leçons!).

«Die vere dominico – quia in eo Dominus lucem condidit [cf. Gn. 1, 3], in eo 'manna in heremo pluit [cf. Ex. 16, 4s][10], in eo redemptor humani generis, sponte pro salute nostra mortuus, resurrexit, in eo sanctum Spiritum super discipulos infudit[11] – tanta esse debet observantia, ut praeter orationes et missarum solemnia et ea, quae ad vescendum pertinent, nihil aliud fiat. [b]N [d]am[12], si necessitas fuerit navigandi sive itinerandi, licentia datur: ita duntaxat, ut hac occasione missae et orationes non praetermittantur. Conveniendum est Sabbato die cum luminaribus cuilibet Christiano ad ecclesiam, conveniendum est ad vigilias, [b]nocte[13] [d]ad matutinum officium. Concurrendum est etiam cum oblationibus ad missarum solemnia; et dum ad ecclesiam convenitur, nulla causa dici debet vel audire, nulla iurgia sunt habenda, sed tantummodo Domino vacandum est, in celebratione videlicet sacrorum officiorum et exhibitione eleemosinarum, et deinde laudibus cum amicis proximis et peregrinis spiritaliter epulandum».

---

[10] Selon Origène: *Homilia 7 in Ex.*, para. 5, *GCS* 29, 211; *MPG* 12, 345 D.
[11] Cf. Act. 2, 1 avec Lv. 23, 15s.
[12] Le *N* écrit par-dessus une autre lettre rendue illisible.
[13] Précédé de [d]*sive,* barré, N.B. la leçon «sive» in *MPL*.

SECOND REGISTRE

[584 bl.; 585] ^{q}A

Abdicatio coniugii, 173.

Abusus ecclesiae vetusti, 509.

⟨ ^{b}Ad accusationem fidelium nemo admittendus eorum qui in iis malis tenetur propter quae excommunicari oportet: infra, 109[1].⟩

^{q}Acoluthi, 256.

Antichristi, 197.

Apostolicae ecclesiae, 1.

⟨ ^{b}Aquam miscendam vino in calice instituit Alexander papa: autor Abbas Tuitensis, libro 2, De divinis officiis, capite 21[2]: ergo non est iuris divini.⟩

^{q}Aula imperatoris proprios habebat sacerdotes, 270.

^{q}Autoritas[3] ^{b}Scripturae: praelata omnibus patribus et conciliis, 515.

^{q}Autoritas canonum, 366.

⟨ ^{b}Authoritas canonum Niceni concilii, 367.⟩

^{q}Autoritas legum imperialium, 371.

Autoritas patrum, 374.

Autoritas humanarum constitutionum, 381.

Autoritas consuetudinis, 385.

Autoritas conciliorum, 505.

Autoritas Ignatii, 571.

Autoritas ^{b}Episcoporum omnium par, sive Romae, sive alibi sint, 287.

[(586) bl.; 587] ^{q}B

Baptismatis ritus et ratio, 43.

Baptismi necessitas[4].

Benignitas principum in ecclesias, 30.

Bona ecclesiae, 35.

---

[1] Le terme *infra* paraît viser la fin du deuxième renvoi, c.-à-d. de l'*Ep.* 2, 18 au can. 3: cf. ch. 7, n. 24.

[2] Robert de Tuy, *loc. cit., CCM* 7, 52; *MPL* 170, 48 A. – Peut-être: adv.: Witzel: *Typus,1541*, ff. 28v et suiv.?

[3] Ce mot est inscrit au milieu de la liste et relié par une accolade à l'ensemble des termes relatifs à *Autoritas*. Nous le répétons ici.

[4] L'indication de la page manque. La rubrique est reprise du premier registre, sans que notre ouvrage comporte une section qui y corresponde.

Bona opera, 183.

*b*Biblia sacra laicis legenda, 143.

In infantibus praecedit baptisma, 'signaculum fidei', fidem, sicut praecessit in populo veteri circumcisio. Vide praeclarum locum Augustini, capite 24, libri 4 De Baptismate contra Donatistas[5].

[(588)] *q*C

*b*Canon divinarum scripturarum, 513.

*q*Canonicae horae, 499.

Canonicae horae, unde et quorum sit eas cantare, 135.

Quomodo cantandum, 139.

Cantati hymni ecclesiastici a populo, *b*138.

*q*Cantum et doctrinam laicis licet administrare, 134, 135.

*b*Cantus ecclesiae, 138.

*q*Cantus mulierum in ecclesia, 567.

Castitatis votorum remissio, 161.

⟨ *a*Casus episcopales in concilio Spalensi 2°, capite 7, tomo 2, folio 98[6].⟩

b⟨Cathechismus, 560: per 40 dies Quadragesimae.⟩

⟨Ceremoniarum varietas, 501.⟩

⟨Certitudo fidei, 7.⟩

*q*Christianorum priscorum vita et disciplina, 16.

b⟨Claves ecclesiae, 107.⟩

⟨Chrisma, 45.⟩

*q*Clericorum vita, 248.

Cleri potestas, 261.

Clericorum provisio, 239.

Clericorum immunitas, 264.

Clerici non alligentur negotiis secularibus, 245.

Clerici negotiis secularibus abstineant, 245.

Clericos, episcopos, presbyteros eligere[7] et constituere, quorum intersit, 227.

*a*Collecte in memoriis sanctorum, 485.

[589] *q*Sine Cleri et plebis consensu episcopi nihil possunt statuere, 280.

Coelibatus, 167.

Contra caelibatum[8], 167.

Coepiscoporum [!] potestas, 303.

---

[5] Para. 31, *CSEL* 51, 259; *MPL* 43, 174s.

[6] Mansi: *Collectio*, 10, 559. – Ap.: Crabbe: *Concilia,1538*, (*rp*). – Nous insérons cette notice à sa place dans l'ordre alphabétique, alors même qu'elle se trouve inscrite plus haut en marge de *Quomodo cantandum*.

[7] Suivi de *quorum*, barré.

[8] Précédé de *epi*, barré.

---

⁹ Rajouté sous la ligne.
¹⁰ Rajout au-dessus de la ligne.

[(592) bl.; 593] *q*D

Damasi papae epistola notha, 325.

⟨ *b*De damnatione Gehenae[!], an aeterna, 577.⟩

*q*Decretum de terminatione episcoporum, 297.

⟨ *b*Dedicatio templi, 555.⟩

*q*Decretales mendosae, 369.

Defensor, 355.

Pro defunctis oratio, 92.

Pro defunctis supplicationes, 493.

Delectus ciborum, 519.

Diaconi, 258.

⟨ *b*Digamia, 171; nec octogamos damnat Hieronymus.⟩

*q*Disciplina ecclesiae, 12.

Disciplina plebis, 20.

Divisio metropolium ecclesiarum, 308.

Divortium, 173.

Docendi munus in ecclesia, 131.

*b*Disputationum ecclesiasticorum ratio[11], 457.

Disputatio[12], quid sit et qualis esse debeat et quomodo competat ecclesiasticis, 459.

[(594) bl.; 595] *q*E

Ecclesiae apostolicae, 1.

Ecclesiae unitas, 4.

Ecclesiae disciplina, 12.

⟨ *b*Ecclesiae coactae actiones, 561.⟩

*q*Cum ecclesia communicandi necessitas, 8.

Ecclesiastici tituli, 251.

Ecclesiae bona, 35.

Ecclesiastica potestas, per quos exercenda, 223.

Ecclesia Romana communem regulam turbabat et dominium invadebat, 24.

Ecclesiae Romanae in omnes benignitas causa fuit tantae potestatis, 25.

b⟨Eleemosynae ratio apud veteres, 123.⟩

⟨Electio episcopi quorum, [297, 301, 357].⟩

*q*Episcopatuum commoda, 243.

Ad episcopum verum quae requirantur, 277.

De necessitate boni episcopi et pernicie mali, 275.

*b*Episcoporum omnium communis et par potestas et authoritas, 287.

---

[11] Suivi de *vide,* barré.
[12] Corrigé de *disputatione.*

---

[13] Corrigé de *episcopos cogunt imperatores*.

[14] Des lignes se trouvent tirées au-dessus et en dessous de cette phrase, tout comme en haut de la page, au-dessus de *iudicandi* et sous *primates*.

*q*Exempla, 379.
Exemplar epistolae formatae, 389.
Exorcismus, 127.
*b*Ecclesiasticae actiones[15].

[599] *q*F

Forum competens ecclesiasticum, 333.
*b*Feriae sacrae, 581[16].
⟨Religio ferias sacras colendi, 582.⟩
Observantia dominicae diei, 583.
Formatae epistolae exemplum, 389.
Fides quid; certitudo fidei, 7.

[(600)] *q*G

Generalia concilia, 429.
*b*Gradus consanguinitatis ad coniugium qui prohibiti, 569.

[6[0]1] *q*H

Haeresis, 201.
Haeretici quomodo iudicandi sint, 211.
b⟨Cum damnatis hereticis disputandum sub cognitore imperiali, ibidem.⟩
⟨Quomodo cum haereticis conferendum, ibidem.⟩
*q*Imperatorum leges et poenae in haereses, 207.
Imperatores connixerunt ad haereses, 207.
Horae canonicae, 135, 140[17], 141, 150, 499, *b*523.
*q*Humanae constitutiones, 381.
Hymni ecclesiastici a populo decantati, 138.

[(602) bl.; 603] I

Ieiunium, 155.
Ignatii authoritas, 571.
⟨*b*Imagines, 537.⟩
*q*Immunitas clericorum, 264.
Imperatores iudicant de episcopis et papa, 341.
Imperatorum est indicere concilia, 429, 463, 465.
Imperatores cogant episcopos ad concilia, 341, 463.
Imperatores praesident in conciliis, 461, 463.

---

[15] Cette mention sans indication de page pourrait se référer à la même p. 561 que celle de l'adjonction marginale de la p. 595 du ms.

[16] Ce chiffre inscrit au-dessus de la ligne remplace *et dies dominicas*[!], barré.

[17] Ce chiffre et les deux suiv. rajoutés au-dessus de la ligne.

[605 bl.; (606)] *q*L

[607] *q*M

---

[18] *Provinciale,* liv. 3, tit. 23, cap. [4], glose *s,* éd. *1505,* f. 127r,a–v,a. Vers le début de cette glose, très longue, on lit: ⬚ «Nota late de materia indulgentiarum».

[19] Ce chiffre est précédé par un autre (*577?*), barré.

[20] Suivi de *laicis,* barré.

[609] *q*N

[(610)] O

---

[21] Les trois ajouts de Bucer sont reliés par des lignes aux renvois de *Monachi abolendi*.
[22] Cf. pp. 275, 298 du ms.?

[(612)] ^{q}P

⟨ ^{a}Papa universalis, 312.⟩
^{q}Papatus quam late pateat, 329.
Papae et episcoporum iudicium, 363.
Papam et episcopos plebis iudicio subiici, 361, 363.
⟨ ^{b}Papam iudicari dum etiam a principibus, ibidem.⟩
^{q}Papae Damasi epistola notha, 325.
Pascere gregem Domini[23].
⟨ ^{b}Sanctorum patrum dogmata quae nec adversarii recipiunt, 507.⟩
^{q}Patriarcharum potestas, 310.
^{b}Patriarchatuum distributio non eadem[24].
⟨Peccatum originale a proximis parentibus, 579.⟩
^{q}Plebis disciplina, 20.
Plebis et cleri iudicio recipiendi excommunicati, 109.
Plebis et cleri consensu episcopi magna statuant, 280.
Plebis ius in deligendis et reiiciendis episcopis suis, 357.
Poenitentiae agendae necessitas,105.
⟨ ^{b}Poenitentiae verae descriptio, 101 et 106.⟩
^{q}Poenitentium reconciliatio, 115.
Poenitentiae tempus moderandum, 119.
Poenitentes clementer recipiendi, 117.
⟨ ^{b}Poenitentiae actio triplex, 102.⟩
^{q}Pontifex Romanus, 315.
^{b}Contra id ne quis universalis, 314[25].
Peccatum veniale in se mortale, 545[!][26].
[613] Potestas ligandi et solvendi, 107.
^{q}Potestas ecclesiastica per quos exercenda, 223.
Potestas et iudicia episcoporum, 286.
Potestas cleri, 261.
Potestas Romani pontificis in concilia et episcopos, 324.
Potestas imperatoris iure contempta, 351.
Praesbyterorum munus, 269.
Praesidentes conciliis, 461, 463.
Praecationes solennes in ecclesia pro omnibus statibus, 541.
Praecatio pro defunctis, 92.
Principum benignitas in ecclesias, 30.

---

[23] Cf. premier registre, début de la section «P».
[24] Cf. p. 308 du ms.?
[25] Le chiffre mal écrit par Bucer est répété au-dessus de la ligne, d'une autre main.
[26] Plutôt 543.

---

[27] Les trois dernières lettres barrées et rajoutées à nouveau par Bucer au-dessus de la ligne.

Sacramenti vox et quae sacramenta dicantur; [b]item contra numerum confictum septenarium, [q]546.

[b]Sacramenti reliquiae, 93.

⟨Scholae procurandae ab episcopis, 213.⟩

[q]Sacrificia, 97.

Sacrificium missae, 66.

[b]Oblationes missae, 68.

[q]Sanctorum cultus, 145.

⟨ [b]Collectae in memoriis sanctorum, 485.⟩

[q]Sancti parent principibus etiam cum inique proscribunt, 348.

Satisfactio peccatorum et confessio, 101, [b]item, 119.

[q]Schisma, 197.

⟨ [b]Sepulchra divorum, vide Reliquiae.⟩

[q]Sportulae, 239.

Synodales epistolae quibus episcopi quatuor primarum sedium electi reliquis fidem suam profitebantur, 313.

[b]Supplicatio, 103.

[(620)] Scholae, 522, post paginas de ornatu templi.

Schola: studiosos ad sacrum ministerium instituere, ⟨219⟩.

⟨Schola:⟩ presbyteri 'in parochis constituti minores lectores domi suae alere et instituere debent' ad successionem sacri ministrii: consilii[!] Vasensis, caput 1[28].

Simonia, 563.

⟨ [a]Sacerdotes debent praedicare: concilio Toletano 4, capite 24 et distinctione 38, «Ignorantia»⟩[29].

[b]Scripturarum autoritas et ad docendum omne verum religionis et confutandum omne falsum, 516.

Scripturae legendae laicis, 143[30].

⟨ [a]Sacerdotum corone: Toletano quarto, canone 40; et 'est ritus hereticorum' dicit concilium: Conciliorum tomo 2, folio 104b⟩[31].

[b]Sabbathorum festorumque dierum religio; quomodo colendae sanctae feriae, 582.

[621] [q]T

Tempus poenitentiae moderandum, 119.

Tituli ecclesiastici, 251.

[b]Transsubstantiatio, 526.

---

[28] Mansi: *Collectio*, 8, 726, (*pa*).

[29] *Decreti*,1a pars, *loc. cit.*, can. 1, *Friedberg*, 1, 141 et Mansi: *Collectio*, 10, 626s (ici can. 25). – Ap.: Crabbe: *Concilia,1538* (*r*: le renvoi au *Décret* s'y trouve en marge).

[30] Suit un autre chiffre (*149*?) barré.

[31] Mansi: *Collectio*, 10, 630 (ici can. 41). – Ap.: Crabbe: *Concilia,1538, loc. cit.*, (*rpe*).

Templorum ornatus, 521.
Tempus coenae vel missae, 71, 83, 191.
Traditiones apostolicae, 477.
Templorum dedicatio, 520.

[(622)] *q*V

⟨ *b*Varietas rituum et ceremoniarum, pagina 501.⟩
Vasa et ornamenta ecclesiae in quem usum, 521.
⟨Veterum institutorum bonorum bona mutatio, 549.⟩
⟨Vigiliae in memoriis martyrum, 150.⟩
*q*Vita et disciplina Christianorum veterum, 16.
Vita clericorum, 248.
Vitia confessorum tempore Cypriani, 125.
Unitas ecclesiae, 4.
Vocandi qui ad concilia, 481.
Votorum castitatis remissio, 161.
Usus missae et eucharistiae, 81.
*b*Unctio sacerdotum, 39.
⟨Universalis papa:⟩ ne quis se universalem episcopum³², 314.
Unctio extrema, 74.
Votorum remissio, 162.
Non vovendum Deo de nobis quicumque ut certum, quod etiam per se
    bonum ac praeceptum est, ibidem.
Vestium usus in sacris, 573.
*a*Visitatio ecclesiarum, 562.

[(623) bl.; (624)] *q*Z

Zizania inter triticum ferenda, 123.
*a*Zelus non secundum scientiam, 564³³.

[Notice de Bucer après le 2ème Registre]:

[625, mend. «623»–627, mend. «625»: bl.; (628)] *b*Iudocus Hofman de
    Butzbach³⁴, parochus in inferiore Bachem³⁵ officians, cogitur 14

---

³² Suivi de *vel*, barré.
³³ Précédé de *583*, barré.
³⁴ Butzbach: près de Giessen.
³⁵ Nieder-Bachem, non loin du Rhin, à l'extrême sud du bailliage de Bonn, dans la
principauté de Cologne, et appartenant sur le plan ecclésiastique à l'archidiaconat du prévôt
de Bonn: v. Niessen: *Handatlas*, pp. 17 et 25, et Höroldt: *St. Cassius*, p. 341.

Marck persolvere sigillifero Bonnensi[36]. Is minatur excommunicationem non solventi.

---

[36] Cf. Höroldt: *St. Cassius,* p. 292: on ne connaît pas le (ou les) garde(s) des sceaux de 1528 à 1551. En revanche, le chantre Matthias Wiessmann est nommé en 1552 comme ancien garde des sceaux («alder Siegler»). Dans une note manuscrite qui m'a été transmise par M. Konrad Repgen, M. Höroldt ajoute que Wiessmann, originaire de Blankenberg, est curé d'Erzdorf en 1550, ensuite doyen rural à Siegburg et chantre jusqu'en 1567. Son prédécesseur dans cette dernière charge, Gottfried Beck, était également garde des sceaux (jusqu'en 1528), ce qui pourrait confirmer l'idée que la personne visée par la notice de Bucer serait bien Wiessmann. – La notice elle-même doit se rapporter à l'époque des conflits qui ont suivi le séjour de Bucer à Bonn, et où Bucer accuse à plusieurs reprises le haut clergé de l'archidiocèse du cumul et de la vente de bénéfices: v.p.ex.: *De concilio,* sign. q2,v et suiv.

[629, mend. «627»] ⟨ ªFORMULA VIVENDI[1] PRESCRIPTA
FAMILIAE SUE A MARTINO BUCERO
ET PROPRIA MANU REVISA.⟩

ᵏDominus noster Iesus Christus doceat formetque nos omnes, ut vivamus
multumque commodemus ipsi et eius ecclesiae. Amen.

Primum: nolim quenquam domi meae esse, qui non amat vere Dominum Iesum, puraeque eius doctrinae sit solide studiosus [cf. 1Cor. 16, 22;
2 Io. 10], precetur sedulo, legat scripturas diligenter, communicet sacramentis frequenter, offerat quae possit Domino pro eius minimis, sitque in
omni religionis exercitio assiduus.

⟨ ᵇ2⟩ ᵏSecundo: volo, ut quisque alterum ex corde amet, colat, reverea-
tur, honoret, ac precipue seniores, et quemque pro suo loco et munere;
ledat offendatve neminem. Nunquam, qui putet [(630)] se laesum, ipse se
conetur ulcisci vel verbo, sed quod existimarit non ferendum a proximo,
mihi indicet.

⟨ ᵇ3⟩ ᵏTertio: studeant omni sanctitati et puritati animae, corporis,
vestium, rerumque omnium; caveant omnem impuritatis ⟨ ᵇnon labem
tantum, verum etiam⟩ ᵏoccasionem.

⟨ ᵇ4⟩ ᵏQuarto: caveant mentiri[2], caveant absentibus obtrectare; infir-
mitates hominum et peccata sanent dum poterunt[3], non deferant[4] ad
quenquam[5], nisi medicandi fratri causa.

⟨ ᵇ5⟩ ᵏQuinto: oderint ocium et nugas; perdere tempus horreant. Semper aliquid sancti bonique operis aut faciant, aut meditentur, etiam dum
recreare se volent, animumque a gravioribus negotiis remittere.

[631, mend. «629»] ⟨ ᵇ6⟩ ᵏStudia literaria impendantur[6] praecipue
divinae scripturae, dialecticae, rhetoricae, philosophiae morali et naturali,
mathematis, maxime geographiae et astronomiae, cognitionique et usui
linguarum latinae, graecae, ebraicae.

---

[1] Ce texte a été publié une première fois par François Wendel dans *Un document inédit*,
pp. 231–233. Dans notre introduction (sect. 6) et dans les notes ici, nous avons repris les
éléments essentiels de cet article. – N. B. La première numérotation en marge, de la main de
Bucer, est faite à l'encre rouge. A l'intérieur de l'ancien alinéa 10, de nouveaux alinéas 11
et 12 sont indiqués à l'encre noire.

[2] Ecrit en majuscule, comme certains incipit.

[3] Corrigé par ᵇ de ᵏ*potest*.

[4] Corrigé par ᵇ de ᵏ*deferat*.

[5] *Non . . . quenquam*, souligné en rouge.

[6] Programme tout à fait conforme au habitudes de l'époque: cf. Wendel: *Un document*,
p. 228.

⟨ *b*7⟩ *k*Quicquid a quoquam officii negligatur aut peccetur, id emendare atque sarcire quisque studeat per se et alios domesticos, verbo et facto, si id valeat; sin, indicet matrifamilias vel mihi, prout postularit et fides in nos, curatores familiae, et charitas familiae[7].

⟨ *b*8⟩ *k*Audita quarta hora, mane uterque surgat[8]. Lumen Martinus adferat, Wilhelmus ignem, cum opus erit, incendat: primum in meo hypocausto, post peractas preces et in inferiore[9]. Ignem in meo hypocausto uterque, dum opus fuerit, [(632)] foveat, precipue tamen Wilhelmus. Ligna acapna pro meo hypocausto paret uterque.

⟨ *b*9⟩ *k*Semper alter adsit, vel in inferiori hypocausto, vel in meo cubiculo, ut ad manum unus sit vocatus.

⟨ *b*10⟩ *k*Lectiones utrique deputatas[10] nunquam negligant audire, nisi a me nominatim aliud fuerint iussi.

⟨ *b*11. Autores, quos eis proposuero, diligenter perdiscant, et stilum in utraque lingua exerceant[11], ac singulis septimanis scriptum aliquod uterque offerat, in quo quid proficiant declarent.⟩

⟨12⟩ *k*Quicquid etiam operae vel uxor vel alius in familia ab eis postulet, si quid *b*ego *k*faciendum commisi ⟨ *b*non negligant, si ego id permisero monitus, aut[12]⟩ *k*res[13] dilationem nullam ferat.

⟨ *b*11⟩ *k*Librorum meorum, ut quisque suo loco reponatur, curet uterque.

⟨ *b*12⟩ *k*Cum quid describendum dedero, quantum poterunt [633, mend. «631»] videant ne mendose scribant, singulasque paginas ut scripserint diligenter recognoscant, nec ullum, de quo dubitarint, locum praetermittant[14].

⟨ *b*13⟩ *k*Allatasque literas uterque signet, quo die sint allatae, et inscribat libello literarum acceptarum.

⟨ *b*14⟩ *k*Sic et datas literas in suum catalogum, dies et homines, quibus tradentur, conscribat.

---

[7] Suivi de *postulat*, barré.

[8] *Audita . . . surgat* (qui forme la première ligne): souligné.

[9] La mention des deux poêles (cf. *De regno Christi*, Préface, *BOL* 15, 2 et Wendel: *Un document*, pp. 226s) permet de dater notre *Formula* du second séjour de Wibrandis Rosenblatt à Cambridge, dès l'automne 1550. – Pour les prières, cf. *infra* n. 16.

[10] Ce début d'alinéa est souligné.

[11] Cf. *supra*, près la n. 6: il n'est plus question ici que du latin et du grec.

[12] Remplace la phrase barrée dans le texte: *k*nihil quod iussi fuerint, priusquam a me mandata, negligant, indicent, nisi sit.

[13] Suivi de *quae*, barré.

[14] On peut penser au *De regno Christi*, dont un manuscrit est peut-être de la main de Wilhelmus, alors que la table des matières est écrite par Brem lui-même: Wendel in *BOL* 15, LIV; cf. aussi Wendel: *Un document*, pp. 226 et 228s.

⟨ [b]15⟩ [k]Puellas meas doceant[15] per vices hebdomadales, et legant ad mensam.

⟨ [b]16⟩ [k]Vestes meas purget Wilhelmus et calceos, hypocaustum. Comitetur me, aliquo proficiscentem. Idem faciat Martinus, si absit Wilhelmus.

⟨ [b]17⟩ [k]Mensam uterque paret et instructa mensa, convocet familiam ad preces, quas item per vices recitent[16].

[(634)] ⟨ [b]18⟩ [k]Cum pransi vel caenati ipsi fuerint, ad mensam stent, dum illi assedero[17], nisi aliud iussero.

⟨ [b]19⟩ [k]Dum adfuerint hospites, videant, ut semper alter mensae adstet et attente ministret.

⟨ [b]20⟩ [k]Decentes mores discant et confirment sibi. Magistris, doctoribus, honestisque viris quibuslibet ea exhibeant signa reverentiae, quae sunt hic consueta. Mihi satis est nostratia signa exhibere[18].

⟨ [b]21⟩ [k]Libros, literas, vestes, resque omnes mei usus, ubicunque reperiant, in suum statim locum referant.

⟨ [b]22⟩ [k]In adiuvanda familia, si quando aliquid operis ab eis petitum fuerit, vel si mittantur aliquo, id officii prompto praestent animo. Si vero putent [635, mend. «633»] sua impediri studia, me eius admoneant.

⟨ [b]23⟩ [k]Reprehensi ne responsent, sique opus sit excusatione, eam faciant demissis et lenibus verbis.

⟨ [b]24⟩ [k]Si quid iussi existiment secus faciendum esse, moneant moderatis verbis, et si nos iussa nostra urgeamus, ea faciant, nisi (quod avertat Deus) aliquid in illis esset improbi.

⟨ [b]25⟩ [k]Horas uterque diligenter semper observet, atque clepsamum vertat, moneantque et se ipsos et me fideliter, quid quoque tempore agendum.

---

[15] Ces trois premiers mots soulignés en rouge. – Il doit s'agir d'Irène Capiton, cadette des deux filles de Wibrandis Rosenblatt de son mariage précédent, et d'Elisabeth Bucer, peut-être aussi de leur cousine Marguerite Rosenblatt: Wendel: *Un document*, p. 226.

[16] Cf. aussi *supra*, près la n. 9. De telles prières figurent fréquemment dans les catéchismes du XVIe s., y compris celui de Bucer, 1534, dans Reu: *Quellen*, 1, 88s.

[17] De *stent* à *assedero*, souligné en rouge.

[18] Les *nostratia signa* devaient être à peu près ceux dont parle p.ex.: «Jean Pellifex», bachelier, dans les *Epistolae obscurorum virorum:* «putavi quod sunt duo magistri: et feci ipsis reverentiam, deponendo birretum...» (éd. Boecking, t. 1, p. 5). Quant aux salutations spéciales en usage en Angleterre ou plus particulièrement à Cambridge, Mlle E.S. Leedham-Green, archiviste adjoint de l'université, m'informe (dans une lettre du 27 nov. 1980, dont je tiens à la remercier ici), qu'on n'en a pas connaissance. Etaient-ce les révérences avec le chapeau traîné jusqu'à terre ou même la coutume de fléchir le genou pour tenir la jambe à la française (Franklin: *Civilité*, t. 1, pp. 139s)?

Vergilio: *De inventoribus*, livre 4, ch. 13 (notre éd. p. 292) note qu'en Angleterre plus que partout ailleurs on s'embrasse pour se saluer. Aux personnages liés à la famille royale on baise la main.

Studiose observent, quid Paulus de servorum officio scribit ac docet[19] [cf. Eph. 6, 5–8; Col. 3, 22–24], *b*et cuncta sua ministeria Christo Domino studeant approbare, qui benig[n]e illa eis compensabit.

[Notice finale de Parker]:

[(636)] *a*Utilitas operibus preponi tempore debeat.

---

[19] Corrigé de *scribat ac doceat.*

ANNOTATIONS DE BUCER A DES TEXTES PATRISTIQUES

1. *Eusèbe-Rufin et la Tripartita:*

Nous mentionnons ces textes ici seulement pour mémoire, puisque le corps du livre dont il s'agit, à savoir l'édition princeps des *Autores historiae ecclesiasticae,* a disparu, et seule nous est parvenue la page de titre[1]. Voici la note de la main de Bucer, inscrite en bas de l'adresse typographique[2]:

b«Ex dono domini Frobenii, anno Christi 1524, Martino Bucaero».

Une note de Jean Garnier, inscrite immédiatement en dessous, nous apprend que Bucer s'en est dessaisi en 1547[3]. On peut rapprocher cette date avec ceux des renvois et extraits du *Florilège* qui font état de la traduction d'Eusèbe et d'autres historiens grecs de l'Eglise ancienne faite par Musculus en 1549 et des textes grecs publiés par Estienne à Paris en 1544.

Le corps du livre, existe-t-il encore sans sa page de titre? Contient-il des annotations de Bucer? Seule une enquête exhaustive sur les exemplaires de cette édition princeps des *Autores* permettrait de répondre à cette question.

2. *Œuvres de Jean Damascène:*

Nous sommes un peu – très peu – mieux lotis quant à ce volume imprimé par Henric Petri à Bâle en 1539 et conservé à la bibliothèque de Saint John's College, Cambridge[4]. Si Bucer n'en a pas annoté le texte, on trouve en revanche à l'encre rouge sur la page de titre, sous l'adresse

---

[1] Jadis partie de la collection d'autographes de M. Darmstaedter, cette page de titre est actuellement conservée à la bibliothèque de la «Stiftung Preussischer Kulturbesitz» de Berlin.

[2] Le volume est décrit par Horawitz: *Thätigkeit,* 1, 678–682. Une brève liste des rééditions est donnée par Hanslik in *CSEL* 71, p. XIX.

[3] De la main de Jean Garnier: «Dominus Martinus Bucerus dono dedit Joanni Garnerio, 1547 Octobris 28». – Sur Jean Garnier, alors pasteur de la paroisse francophone de Strasbourg, v. Ficker-Winckelmann: *Handschriftenproben,* 2, 73 (biographie) et 73 quinquies (écriture). – Les autres notes sur cette page sont des 17e, 19e et 20e siècles.

[4] Description chez Legrand: *Bibl. hell.,* 3, 376; notre exemplaire chez Adams: *Catalogue,* 1, 588, N° 264. Quelques passages de la *Historia duorum Christi militum* sont soulignés, mais avec tant de soin que ce ne peut être le fait de Bucer.

typographique: [b]«Martinus Bucerus emi et compingi sibi librum hunc curavit, anno 1544, mense Iulio, batziis 13 arg[?]»[5].

3. *Les Actes de Nicée II.*

Nous avançons encore d'un pas grâce à un autre ouvrage patristique ayant appartenu à Bucer et conservé également à la bibliothèque de Saint John's College[6]: il s'agit des Actes du deuxième concile de Nicée, publiés en version latine en 1540. Absents de la première édition des *Conciles* de Crabbe, ils sont insérés dans la seconde[7]. Il s'agit d'une traduction nouvelle indépendante aussi bien de la toute première – contemporaine et mauvaise – qui a été utilisée dans les *Livres Carolins,* que de celle d'Anastase le Bibliothécaire[8]. Elle est l'œuvre du médecin personnel du prince-archevêque de Cologne, Gisbert Longueil, ancien recteur de l'école de Deventer et auteur de nombreux écrits humanistes[9].

N'ayant nulle part trouvé de description bibliographique de cette édition, nous la faisons suivre ici:

CONCILIVM NICENVM./ [Feuille] SYNODI NI/ CENAE QVAM GRAE=/ CI SEPTIMAM VOCANT, IN SPLENDI/da Nicensiu(m) metropoli, Anno a Christo nato DCC.LXXXI. Impe=/ra(n)tibus Constantino & Irene eius matre, & episcopo existente veteris/ Romae Adriano papa secundo habitae, Actiones o(mn)es co(n)tra ico/ noclastas & iconomachos, hoc est eos qui imagines/ in ecclesijs damna(n)t & eijciunt, in quibus ima=/ginu(m) vsus vt pius, & sanctor(um) suffra/gia, vt necessaria asseruntur. [*infra:*] Opus nunc recens inuentu(m) & e Graeco versum per G. Long./ [*infra:*] Coloniae, anno d(omi)ni, M.D.XL. mense Februario,/ Petrus Quentel, excudebat./ Cum gratia & priuilegio tam Caesario q(uam) Regio per / Imperium atq(ue) Brabantiam ac vltra Mosam.

6 ff. n. ch. XCV ch. [dès II] et 1 n. ch. = 102 ff. petit in-folio. – Cahiers a, A–Q[6]. – Typogr.: rom. quelques initiales ornées; titres courants; réclames; dans les marges intérieures division des ff. en parties ABC/DEF. – Verso du titre: bl.; aij,r/v: ép. dédicatoire du traducteur à l'abbé de

---

[5] Peut-on lire *argenteis* ou encore *Argentinensibus,* ou s'agit-il d'un simple ornement graphique?

[6] Adams: *Catalogue,* 1, 319, N° 2781, qui connaît aussi un autre exemplaire à Cambridge. La British Library en conserve deux. Notre description est établie sur l'exemplaire de l'Institut d'histoire de la Réformation à Genève. – Cet ouvrage et le Damascène sont conservés à St. John's College, réunis sous une seule reliure moderne, mais qui pourrait bien remplacer une reliure commune précédente.

[7] Crabbe: *Concilia,1551,* 2, 458–609.

[8] Hefele-Leclerc: *Histoire des conciles,* 3:2, 798.

[9] Voir *Biographie universelle* (Michaud), 25, 78 et *Nouvelle biographie générale,* 31, 578s (bibliogr.).

Cornelimunster[10] concernant son manuscrit et sa traduction, suivie d'un avertissement *Ad lectorem* concernant la proskynèse; aiij,r – aiiij,v: table des matières; aiiij,v – [av],r: vers de Michel Psellus sur les sept conciles œcuméniques[11]; [av],v–XCV r: les Actes, précédés et suivis d'épîtres synodales; XCV v: extraits de Giovanni Battista Egnazio et de Platina sur les temps de l'impératrice Irène et d'Adrien I[12]; *ibid. infra* le colophon: «[obelus] Coloniae, ex aedibus Quentelianis, Anno M.D.XL./ mense Februario»; dernier f. bl.

Voici maintenant les notes de Bucer dans ce volume:

1. *Actio* 2, lettre du pape Adrien aux Empereurs, f. XII v, EF; Mansi: *Collectio,* 12, 1059 B. 1060 C: dans l'histoire de l'entretien entre le pape Sylvestre et l'empereur Constantin, le passage sur le baptême et la guérison de Constantin, on lit, dans la version de Longueil: «Constructo autem lavachro, cum sacro rore tinctus esset, confestim est sanitati pristinae restitutus»[13]. Ce passage est souligné et annoté: [] *b*«Quae figmenta! Baptizatus est Constantinus in fine vitae, Bythiniae»[14].

Plus loin dans le même document, f. XIII v, F; *Collectio,* cols. 1065 E, 1066 C: Bucer a souligné la phrase qui chez Longueil se lit: «Quinetiam in epistola divi Basilii qua in Iulianum desertorem invehitur[15]: 'Quemadmodum a Deo christianam et inculpabilem nostram fidem veluti haereditario iure accepimus, sic confiteor et in eo maneo'»; ainsi que la conclusion un peu plus loin (cols. 1066 D, 1068 A): «'Quam ob causam et historias imaginum illorum honoro et palam adoro'». Le traducteur a muni le début du passage d'un résumé: [] «Basilius adversus Iulianum sanctorum invocationem et imaginum venerationem confitetur», ce qui est annoté: *b*«Locus calumniae[16]».

Encore plus loin dans le même document, f. XIIII r,AB; *Collectio,* cols. 1068 DE; 1067 BC, se trouvent partiellement soulignés des morceaux de phrases dans les citations tirées de s. Cyrille[17] et de s. Athanase[18];

---

[10] Abbaye bénédictine près d'Aix-la-Chapelle; v. *DHGE* 13, 895–897.

[11] Il s'agit de la seconde partie des *Versus de dogmate, MPG* 122, 816 B–817 C.

[12] Egnazio: *De caesaribus* [éd. princ. 1516]: «Redditus tandem his principibus ... Sed et Carolus a Leone Romano imperii corona donatur, virtutis et pietatis ergo». – Platina, ch. 97, pp. 134–135, l. 11 et 137, l. 7–22.

[13] Le texte commenté repose sur les *Gesta Sylvestri* apocryphes. Cf. Hinschius: *Decretales,* 250s; Hefele-Leclercq: *Histoire,* 3:2, 749; Wallach: *Diplomatic Studies,* 29s.

[14] Cf. p.ex.: *Hist. Trip.,* liv. 3, ch. 12, paras. 4–6, *CSEL* 71, 154; *MPL* 69, 956 et Eusèbe: *De vita Constantini,* liv. 4, ch. 62, *GCS* 6, 143; *MPG* 20, 1216s.

[15] Ps.-Basile: *Ep.* 360 à Julien, *MPG* 32, 1100 B; cf. Wallach: *Dipl. Stud.,* 32.

[16] Bucer savait-il que l'épître est apocryphe? Elle ne figure en tous cas pas dans le corpus de 180 épîtres de Basile et Grégoire disponibles à son époque: cf. Amand de Mandieta: *Essai* (1ère suite), pp. 132s.

[17] Tirées d'un commentaire perdu sur Mt.: Wallach: *Dipl. stud.,* 34 et 106.

[18] *De incarnatione,* ch. 14, *MPG* 25, 120; cf. Wallach: *Dipl. Stud.,* 34 et 102ss.

d'une part: «Imaginum usum nobis supplent parabolae . . .»; et d'autre part: «Ex multis commode pauca sumentes scripsimus. Quandoquidem ea quae in tabulis picta sunt, cum figura per sordes et situm deleta fuerit, necessarium est, ut denuo pingatur et reficiatur . . .». On y trouve: []
[b]«Imaginum usum parabolae praebent. Similitudo a tabula picta».

2. Dans la suite de la même *Actio,* dans les débats après la lecture des deux lettres papales, f. XVI v,F; *Collectio,* cols. 1089–90 D, le diacre Epiphane parle de la seconde de ces lettres «ad beatissimum universalem patriarcham Tarasium missa». Cette phrase est soulignée et le commentaire dit: [] [b]«Universalem papam nominat Constantinopolitanum».

3. Dans l'*Actio* 3, on lit la *Synodica* de Tarasius aux patriarches d'Antioche et d'Alexandrie. Ici la fin du préambule, f. XXI r,A; *Collectio,* cols. 1121–1122 B, parle de l'usage ancien et même apostolique selon lequel les hauts dignitaires ecclésiastiques récemment promus exposent leur foi. On trouve: [] [b]«Traditio de synodicis epistolis, quibus recens creati episcopi se subiiciunt aliorum iudicio». Et plus loin (*ib.* B; *Collectio, ib.* E) le texte du *Credo* est noté: [] [b]«Confessio Tarasii Constantinopolitani episcopi».

Un troisième passage du même document, f. XXI v,D; *Collectio,* cols. 1123 E, 1125 A, parle d'images de Jean-Baptiste montrant l'Agneau. Cette phrase est soulignée et paraphrasée: [] [b]«Pictura[m] Agni digito Iohannes monstrat.» – Est aussi souligné: «umbras figurarum tanquam symbola et notas» (amplectimur) (*loc. cit.:* τύπους καὶ τὰς σκιὰς ὡς τῆς ἀληθείας σύμβολα καὶ προχαράγματα). Il en va de même de la phrase suivante (cols. 1125 et 1126 A, l. 2, commençant par ὡς πλήρωμα) que Longueil ponctue autrement que les modernes et traduit par: «. . . legis enim satisfactio haec sunt picturas autem non in alium usum admittimus nisi ut perfectius omnium conspectui oculisque exhibeantur, quemadmodum Agnus qui peccata. . .». Ici nous trouvons: [] [b]«In quem praecise usum».

4. La suite de la même *Actio* contient la missive des patriarches orientaux à Tarasius, dont l'adresse (f. XXII r,A; *Collectio,* cols. 1227 et 1228 C) comporte le terme: «universali patriarchae». Ici encore, ce titre est souligné et annoté: [] [b]«Universalis papa Constantinopolitanus».

A propos du lien étroit qui doit exister entre le sacerdoce et l'empire, cette lettre cite le dicton (f. XXII r,BC; *Collectio,* 1129 et 1130 AB) que Longueil traduit: «Maxima dona quae a Deo hominibus data sunt sacerdotii dignitatem et imperium existimavi». La seconde partie de la phrase: «sacerdotii» et suiv. est soulignée et le tout paraphrasé: [] [b]«Maxima dona Dei: dignitas sacerdotalis et imperium».

5. La lettre des patriarches orientaux reproduit en annexe une *Synodica* de Théodore de Jérusalem qui, après un aperçu d'histoire conciliaire, parle

des traditions apostoliques, parmi lesquelles elle range la vénération des saints (f. XXIIII r,B; *Collectio,* cols. 1143 et 1144 C) attribuant à s. Athanase[19] une phrase dont la traduction, soulignée par Bucer, dit: «. . . martyrum ossa morbos fugant, infirmis medicantur: caecis visum impartiunt, lepras emundant, tentationes et moerores solvunt. Atque id per Christum, qui in ipsis habitat». ⬚ *b*(paraphrase): «Ossa per Christum inhabitantem pellunt omnia mala corporis et animae».

Plus loin (*ib.* C; cols. 1146 A et 1144 E–1145 A) il est question des images de la Vierge Marie: «Veneramur etiam et adoramus imaginem deiparae et dominae nostrae»; phrase soulignée et ⬚ *b*«Imaginum cultus».

La suite (*ib.;* cols. 1145–1146 AB) comprend la célèbre citation de s. Basile qui passera dans le *Horos*[20]: «quod imagini honor exhibitus, ad ipsum prototypum referatur». La phrase est soulignée ainsi que la conclusion qui en découle (*ib.,* dernière ligne; cols. 1145 B, 1146 BC): qu'il est licite d'adorer les images διὰ τὰ πρωτότυπα: «adorare eas licitum est, sed prototypi causa». Cet élément est repris ⬚ en bas: *b*«Adorandas imagines». Le lien entre ces deux éléments est constitué par l'argument que l'arche de l'alliance et ses ornements montrent que l'Ecriture elle-même distingue les images licites des idoles. Ici on trouve: ⬚ *b*«Vide quam aperte contra Scripturam».

6. L'*Actio* 4 comporte la lecture de témoignages bibliques et patristiques dont (f. XXIX r,C; *Collectio,* 13, 11 et 12 BC) un texte de Cyrille d'Alexandrie[21] qui compare la relation des deux Testaments à celle d'une peinture de fleurs ébauchée, puis colorée. La conclusion: «tunc sane pulchritudo picturae apparebit» est soulignée et ⬚ *b*«Similitudo a picturis».

Plus loin (f. XXX r,C; *Collectio,* cols. 15 et 16 E) Bucer a souligné un passage d'Astérius d'Amasée[22] décrivant la peinture du tombeau de la martyre Euphémie: «Adstat autem virgo pulla veste et pallio, ut pictor putavit philosophiam» et ⬚ *b*«Aliter tamen pinguntur imagines».

4. *Les liturgies grecques et leurs annexes:*

La bibliothèque du Corpus Christi College à Cambridge conserve un recueil factice[23] contenant les six pièces suivantes: 1) Liturgies de Chry-

---

[19] Nous n'avons pu retrouver l'origine de ce texte. Mais cf. Jean de Damas: *De fide orthodoxa,* liv. 4, ch. 15, *MPG* 94, 1165 B et des formules de Jean Chrysostome e.g. *Hom. in Martyras, MPG* 49–50, 664s.

[20] *De Spiritu sancto,* ch. 18, para. 45, *MPG* 32, 149 C.

[21] *Ep.* 41, *MPG* 77, 217 C.

[22] Hom. 11, *MPG* 40, 336 C: «Ἕστηκε δὲ ἡ παρθένος ἐν φαίῳ χιτῶνι καὶ (ἱματίῳ [om. Mansi]) φιλοσοφίαν σημαίνουσα». – La note de Bucer se fonde sans doute sur le fait que de son temps les images des saints les représentaient comme tels, pas en tant que symboles.

[23] SP 118. Reliure du type «Parker» en veau estampillé avec cordons-fermoirs. Dos réparé. Les restes d'une ancienne reliure en parchemin d'un ms. médiéval sont conservés à l'intérieur

sostome et de Basile avec commentaire de Germanos I, le tout en grec, 1526. – 2) Prière du diacre pour les catéchumènes (en manuscrit). – 3) Liturgie de Chrysostome, édition gréco-latine, 1528. – 4) Liturgie de Chrysostome en latin, traduction et commentaire d'Ambrosius Pelargus, Worms 1541. – 5) La même, traductions de Léon Toscan et d'Erasme, préfacée par Beatus Rhenanus, Colmar, 1540. – 6) Isidor Clarius: *Adhortatio ad concordiam,* 1540[24]. Au verso de la page de garde on lit: [a]«Liturgia Chrisostomi et Basilii cum Germani explicatione mystica. – Liturgia Chrisostomi cum versione latina grecis e regione posita. – Liturgia Chrisostomi versa a Pelargo. – Missa Chrisostomi versa a Leone Thusco et Erasmo, Hofmesteri. – Adhortatio latina Isidori Clarii ad Lutheranos».

Sont faits à l'encre rouge: les notes à la liturgie grecque de Chrysostome (1ère pièce) aux pp. 1 et 4; à la p. 5: les deux premières notes marginales et le soulignement; p. 7: note; p. 18: note et soulignement; p. 25: note; p. 26: première note et soulignement; p. 29: soulignement. – Liturgie de Basile, p. 9: troisième note et le soulignement correspondant; p. 13: note; p. 14: troisième et quatrième notes et soulignement de καὶ τα προκείμενα. – Prière diaconale ms: la note.

Dans la première pièce, les différents textes qui s'y trouvent réunis sont paginés à la main et ils portent aux rectos des feuillets des titres courants de la main de Hubert: [i]τοῦ Χρυσοστόμου. Τοῦ Βασιλείου. τῶν προηγιασμένων. Εἰς κοιμηθέντας. Μακαρισμοί. Ἱστορία τοῦ Γερμανοῦ.

1. *La liturgie de s. Jean Chrysostome.*

Nous donnons ici les notes de Bucer dans l'ordre de la liturgie elle-même, en indiquant chaque fois dans laquelle des versions elle sont inscrites[25].

Introduction: BR 354/30; *MPG* 902/5; *1526* Aii,r: ἀναίμακτον ἱερουργίαν souligné et [] Ἱερουργια ἀναίμακτος.

Prothesis: BR 356/27; *MPG* 904/15s; *1526* [Aiij],v: [] 1. προσφορά.

---

des plats actuels. La tranche de devant porte en gothique «Liturg», celle du bas, en romain: «Missa Chrysostomi».

[24] Pour 1), 2) et 3) cf. Legrand: *Bibliogr. hell.,* t. 1, N° 76, pp. 191–195 et N° 80, p. 202. Pour 4): Paulus: *Dominikaner,* 209s. Pour 5): Jacob: *L'édition «érasmienne»,* en part. pp. 292s et Vander Haeghen, 2ème partie, p. 36. Pour 6): v. Lauchert: *Gegner,* pp. 445–451, en part. 446. – Pour les liturgies v. aussi Adams: *Catalogue,* 1, 642, N°s 837, 838, 840, 841; pour Clarius: *ibid.,* p. 239, N° 2060.

[25] Nous donnons d'abord la référence à Brightman: *Liturgies (BR),* en donnant page et ligne séparées par une barre. De même la colonne et la ligne de *MPG* 63. Les éditions annotées par Bucer sont indiquées par leurs dates, suivies par la signature. Dans celles éditées en 1540 par Beatus Rhenanus, nous spécifions E[rasmus] et T[uscus]. – Nous suppléons entre crochets des éléments des notes marginales qui ont été rognées à la reliure. En transcrivant certains textes soulignés nous mettons entre parenthèses les membres de phrases non soulignés mais indispensables à la compréhension du texte.

Ibid., cf. *BR* 357/27s; *MPG* 904/13 d'en bas; *1526* [Aiv]r: ⬚ 2. προσφορὰ.

Ibid., *BR* 357/29; *MPG* 904/9 d'en bas; *1526* [Aiv],r: τὴν θυσίαν ταύτην souligné et ⬚ Θυσίαν.

Ibid., *BR* 358/2ss; *MPG* 904/5 d'en bas; *1526* [Aiv],r: ⬚ Sanctorum memoria.

Ibid., *BR* 360/31; *MPG* 906/9s; *1526* B,r: ⬚ Εὐχὴ 2.

Ibid., *1541* B,r: renvoi à *1526*.

Ibid., *BR* 360/34; *MPG* 906/16; *1526* B,r: πρόθεσιν ταύτην souligné et ⬚ Πρόθεσις.

Ibid., *BR* 360/34s; *MPG* 906/16; *1540 E* Hij,r: texte souligné et répété ⬚ Bene[dic] obla[tionem] et acc[ipe in] super[caeleste] t[uum sacrarium].

Ibid., *BR* 360/35; *MPG* 906/17; *1541* B,r: ⬚ Suscipere in sub[limo] altare [e]x[pen]de quid.

Ibid., *BR* 360/36; *MPG* 906/18s; *1526* B,r: προσενεγκάντων souligné.

Enarxis: *BR* 362/23ss; *MPG* 907/11ss; *1541* B,v: renvoi à *1526*.

Ibid., *BR* 363/21ss; *MPG* 907/4 d'en bas; *1541* B,v: renvoi à *1526*.

Ibid., *BR* 363/23; *MPG* 908/1s; *1541* B,v: «nosmetipsos et invicem omnemque vitam nostram Christo Deo commendemus» souligné et ⬚ offerimus nos.

Ibid., *1540 E* Hiij,r le même passage souligné et ⬚ [. . . . .]o nostri.

Ibid., *BR* 364/23ss; *MPG* 907/18 d'en bas et ss.; *1541* B,v: renvoi à *1526*.

Ibid., *BR* 365/5s; *MPG* 908/26s; *1540 E* Hiiij,r «invicem . . . Deo nostro commendemus» souligné et ⬚ Oblat[io] s[ui?].

Ibid., *BR* 366/20s; *MPG* 908/21ss; *1526* [Biij],r: ⬚ Memoria sanctorum.

Ibid., Répétition des mêmes prières après la prière «ὁ τὰς κοι-νὰς . . .»(*BR* 367/18ss): *1526* [Biij],v: ⬚ Memoria sanctorum.

Ibid., *BR* 367/15ss; *MPG* 908/38ss; *1541* B2,r: renvoi à *1526*.

Messe des catéchumènes: *BR* 369b/23ss; *MPG* 909/20 d'en bas; *1541* B3,r: renvoi à *1526*.

Ibid., *BR* 369b/38–370b/1; *MPG* 909/8–4 d'en bas; *1540 E* I,r: (debitam tibi) adorationem et glorificationem offerant: ipse domine suscipe (ex ore nostro . . .), souligné et ⬚ Off[erimus] nos ipsos.

Le même passage, jusqu'à *BR* 370/3; *MPG* 909/4 d'en bas; *1541* B3,r: «debitam tibi adorationem et glorificationem offerre, ipse Dominator suscipe ex ore nostro, tametsi peccatorum, ter sanctum hymnum» souligné et ⬚ Offerre, [domina]tionem glorificare.

Prières après les leçons: *BR* 373a/11ss; *MPG* 911/3ss; *1541* [B4],r: une ⬚ coupée [Nota?] et un renvoi à *1526*.

Ibid., *BR* 373b/5ss; *MPG* 911/7ss; *1541* [B4],r: continuam (= ἐκτενῆ) souligné et renvoi à *1526*.

Prières diaconales pour les catéchumènes: BR 374; *MPG* 911; manuscrit inséré après l'édition de *1526* (deuxième pièce du recueil factice), au début: ⬚ Χρυσοστόμος ἐν λόγῳ b[!] in 2 Corinthiorum – C'est-à-dire *Hom.* 2, 8 sur 2 Cor. 1, 6, *MPG* 61, 404. Le renvoi est peut-être fait d'après celui de Hoffmeister *1540* f. Mij,v qui le donne pour une version latine de cette prière. – Ap.: Εἰς Παύλου ἐπιστολὰς (r).

Renvoi des catéchumènes: BR 374b/10ss; *MPG* 911/26s; *1541* [B4],v: renvoi à *1526*.

Messe des fidèles: les prières: BR 375b/15ss; *MPG* 911/dernière l. et ss.; *1541* C,r: renvoi à *1526*.

Ibid., BR 375b/22–25; *MPG* 912/5ss; *1541* C,r: (suscipe) deprecationem nostram, fac nos, dignos offerre tibi preces et supplicationes (et sacrificia incruenta) souligné et ⬚ offert deprecatio[nem], preces, sup[plicationes], incruen[ta] sacrif[icia].

Ibid., BR 375/24–27; *MPG* 912/6–8; *1526* Γii,v: de προσφέρειν à λαοῦ σου souligné et ⬚ Προσφέρειν δεήσεις etc.

Le même passage *1540* E Iiij,r souligné et ⬚ Offerre nos.

Ibid., BR 376b/14ss; *MPG* 912/38ss; *1541* C,v: renvoi à. *1526*.

Ibid., BR 376b/29ss; *MPG* 912/47ss; *1541* C,v: «innoxie et indemniter participare sanctis mysteriis tuis et dignos fieri supercaelesti (regno tuo)», souligné et ⬚ [. . .] et communicantes.

Le même passage: 1526 [Γiij],r répète ⬚ Συνευχομένοις et plus loin ⬚ Μετέχειν ἁγίων σου μυστηρίων.

La grande entrée: BR 377/8ss; *MPG* 912/7 d'en bas et ss.; *1541* C,v: ⬚ Offeruntur dona.

Ibid., BR 377b/19–22; *MPG* 913/3–5; *1541,* C2,r: «ministerii huius et incruentae hostiae celebrationem tradidisti ut omnium Dominus» souligné et ⬚ Incr[uentae] hosti[ae] cele[bratio]:

Ibid., BR 377b/35s; *MPG* 913/16–18; *1541* C2,r: «(ut assistam) huic tuae mensae et consecrem sanctum corpus» souligné et ⬚ consecra[re? – tio?] corp[us? – oris?] Domini.

Ibid., BR 377b/36–38; *MPG* 913/17s; *1540* E Iiiij,r: «conferrem sanctum et immaculatum corpus et pretiosum sanguinem» souligné et ⬚ cor[pus] precio[sum].

Ibid., BR 378b/3–8; *MPG* 913/21–25; *1526* [Γiij],v: προσενεχθῆναι σοι . . . καὶ διαδιδόμενος souligné et ⬚ Δῶρα ταῦτα.

Le même passage *1540* E Iiiij,r: Tu enim es, qui offers et offeris» souligné et ⬚ Offeris [et] offer[s].

Le même passage *1541* C2,r: «indigno servo tuo» et plus loin «(offers) et offeris, accipiens et (dans)» soulignés.

Ibid., *BR* 380b/25 selon ancienne forme p. 319b/1s; *MPG* 914/25s; *1540 T* F,r: «(Oratio post) sacramentorum oblationem depositionemque (in sancto altari)» souligné et ⬜ N[ota].

Ibid., *BR* 380b/31s; *MPG* 914/28; *1541* C2,v: «accipis sacrificium laudis» souligné et renvoi à *1526* où [Γiv],v est répété ⬜ Θυσία αἰνέσεως.

Ibid., *BR* 380a/33; *MPG* 914/17; *1540 E* Iiiij,v: ⬜ [pro?] appositis [d]onis!

Ibid., *BR* 380b/33–381b/3; *MPG* 914/29–34; *1541* C3,r: «(suscipe) a nobis peccatoribus (hanc) deprecationem» et plus loin «(sacrificia) spiritalia» soulignés et ⬜ Sus[cipe] dep[recationem] in al[tare].

Le même passage, *1526* [Γiv],v: προσενεγκεῖν σοι . . . τῶν ἡμετέρων ἁμαρτημάτων souligné et ⬜ προσενεγκεῖν σοι δῶρα καὶ θυσίας πνευματικὰς.

Le même passage *1540 E* K,r: «idoneos nos reddas ad inferenda tibi dona et sacrificia spiritualia pro nostris peccatis et populi ignorantiis» souligné et ⬜ Infer[re] don[a] spiritual[ia pro] pecca[tis].

Ibid., *BR* 381b/9s; *MPG* 914/37s; *1526* [Γiv],v: προκείμενα δῶρα . . . λαόν σου souligné et ⬜ Προκείμενα δῶρα.

L'anaphore: *BR* 383/28ss; *MPG* 915/10ss; *1540 E* K,v: «sacram oblationem in pace offerre» souligné et ⬜ [sacram?] oblationem [in?] pace offerre.

L'action de grâce: *BR* 384/23; *MPG* 915/24; *1541* [C4],r: renvoi à *1526*.
Ibid., *BR* 385/17; *MPG* 915/13 d'en bas; *1541* [C4],v: renvoi à *1526*.

Paroles d'institution: *BR* 385/25–386/9 mais selon l'ancien texte pp. 327b/30–328b/19; *MPG* 915/2 d'en bas – 916/17; *1540 E* Kii,v: ⬜ [Ve]rba [domi]nica.
Le même texte, *1526* Δii,r: ⬜ Consecratio.

Ibid., *BR* 385/30; *MPG* 916/6; *1540 T* Fij,v où la rubrique dit: «Clerus et populus: Amen»: ⬜ [Cleru]s, popu[lus], Amen.
Ibid., *BR* 386/7; *MPG* 916/15; *1541* D,r: renvoi à *1526*.

L'invocation: *BR* 386/19; *MPG* 916/24s; *1541* D,r: ⬜ Offerimus.
Ibid., *BR* 386/24s; *MPG* 916/29; *1526* Δii,v: τὴν λογικὴν ταύτην καὶ ἀναίμακτον λατρείαν souligné et ⬜ Λογικὴ λατρεία.
Ibid., *BR* 387/1–13; *MPG* 916/25–11 d'en bas; *1526* Δii,v: Εὐλόγησον δέσποτα . . . ὁ διάκονος: Ἀμήν souligné et ⬜ Praecatur, ut symbola corpus et sanguis fiant.
Le même texte selon la forme ancienne *BR* 330b/1–10; *1540 E* Kiij,r: ⬜ Orat, ut fia[t] Domini [corpus et sanguis?].
Le même texte (forme ancienne) *1541* D,v: «Et fac hunc quidem panem preciosum corpus Christi, transmutans Spiritu sancto tuo; calicem vero hunc preciosum sanguinem Christi tui, transmutans Spiritu sancto tuo» souligné et ⬜ [Or]at [ut] faciat [cor]pus suum.

Les intercessions: BR 387/30; *MPG* 916/ dernière ligne et suiv.; *1540 E* Kiij,r: «rationalem hunc cultum» souligné et ⌐ ration[alem] cu[ltum].

Le même texte, *1541* D,v: même leçon, pareillement souligné et ⌐ même note.

Ibid., BR 387/31; *MPG* 917/1s; *1526* [Δiii],r: ἀναπαυομένων (BR: ἀναπαυσαμένων) souligné et ⌐ Memoria sanctorum; pro omnibus sanctis offerunt.

Ibid., BR 387/31–388/5; *MPG* 917/2–8; *1541* D,v: ⌐ Pro diva Virgine et sanctis.

Ibid., BR 388b/15ss; *MPG* 917/17ss; *1541* D2,r: ⌐ Orat pro defu[nctis].

Ibid., BR 389b/3s; *MPG* 917/33s; *1541* D2,r: «offerrimus tibi rationalem hanc latriam» souligné et ⌐ Offert rationalem [latriam].

Ibid., BR 389/19; *MPG* 917/22 d'en bas; *1541* D2,r: ⌐ Pro solo ar[chiepiscopo].

Le Pater: BR 390a/23s; *MPG* 918/12s; *1526* [Δiv],r: ⌐ Pro oblatis donis.

Le même passage, *1541* D2,v «(pro . . .) preciosis donis», souligné et ⌐ Orat pro adductis donis: an igitur pro Christo?

Le même passage, *1540 E* Kiiij,r: «(super) sanctificatis pretiosis donis (rogemus)» souligné et ⌐ Super d[onis] roge[mus].

Ibid., BR 390a/26–31; *MPG* 918/13–18; *1526* [Δiv],r: προσδεξάμενος αὐτά . . . πνευματικῆς souligné et ⌐ Ut Deus gratia accipi[at] et remittat nobis.

Le même passage, *1540 E* Kiiij,r: «suscepit haec in sanctum (. . . sacrarium)», souligné et ⌐ Deus sus[cepit] in a[ltare] suum.

Le même passage, *1541* D3,r: «qui suscipit ea in sanctum et supercaeleste et intellectuale altare» souligné et ⌐ Deus sus[cipit] don[a in] altar[e] supercel[este].

Ibid., BR 390b/19; *MPG* 918/26; *1526* [Δiv],r: ⌐ Pro salutari sumptione.

Même passage, BR 390b/21–27; *MPG* 918/28–32; *1526* [Δiv],r: μεταλαβεῖν . . . πλημμελημάτων souligné et ⌐ Fructus communionis.

L'inclinaison: BR 392/20s; *MPG* 919/9s; *1541* D3,v et suiv.: «proposita haec dona inter nos omnes (in bonum dispensa)» souligné et ⌐ Dona haec inter nos dispensa.

L'élévation: BR 393/2–4; *MPG* 919/23–25; *1540 E* L,v: «ut participes simus (. . .) pretiosi tui sanguinis» soulignés et ⌐ [per??] [partici]pationem et [eva]ngelicam orationem [si]mus orat.

Le même passage, *1541* [D4],r: «dignare potenti manu tuae dare nobis im(maculatum corpus)» souligné et ⌐ Iter[um] orat Ch[ristum] ut de[t] corpu[s] sua ma[nu].

Ibid., BR 393/8ss; *MPG* 919/30ss; *1526:* E,r: ▯ Elevatio panis c[um?] fit, omnes se prosternunt. Sancta sanctis.

La communion: BR 393s; *MPG* 919s, selon l'ancienne forme *BR* 341/20 et 342/1–6; *1541* [D4],v: ▯ Communio populi.

Ibid., BR 393/12ss; *MPG* 919/28ss; *1540 T* Gij,r: «(sacerdos . . . suscipit portionem . . . in) sancta patena et modicum sustollens dicit» souligné et ▯ Modicum sustollit patenam.

Ibid., BR 394/1–10, cf. aussi *BR* 341/20; *MPG* 919/20 d'en bas; *1540 T* Gij,r à «(similiter fit et) penes alium calicem si fuerit. (Quo peracto accipiunt) diaconi sacros calices praestolantes (cum fervente aqua)» souligné et ▯ Duos calic[es cum] aqua f[ervente].

Ibid., cf. *BR* 394/12–395; *MPG* 919/12 d'en bas et 920, mais selon rite plus simple de la communion des clercs; *1540 T* Gii,v: «Deinde sumit corpus Dominicum, si plures [non] fuerint. Cum vero plures fuerint sacerdotes, primus inter eos, accepta communione porrigit reliquis, deosculantibus manus eius et genua; et ipse similiter ab aliquo eorum suscipit eucharistiam. Et hoc modo, pariter inclinantes sancto altari, susceptam Domini carnem manducant; similiter et calicem mutuo inter se porrigunt, ut sanguinem Domini bibant». Tout ce passage marqué d'un trait en marge et ▯ [Sace]rdotes [omn]es et [a]lii ab [u]no [bi]bit [!] [ut[?] popul]us [suivi d'une terminaison illisible]. «Uno» sc. calice?

Ibid., infra: «Et accedentes suscipiunt [sc. diaconi] ut fecerunt sacerdotes» souligné et ▯ Di[aconi] [in? ou: ritu?] [co]mmuni [suscipi]unt.

Ibid., BR 395/38–41; *MPG* 921/6–11; *1540 E* Lij,r: ▯ Popul[us] ad communi[onem] advoca[tur].

Ibid., BR 395/41; *MPG* 921/11; *1540 T* Giij,r lit seulement: «Accedite» souligné et ▯ Commun[io] populi.

Ibid., cf. *BR* 396b/4–11 et *MPG* 921/1–15; mais selon autre rituel: *1540 T* Giij,r: le clergé sort, portant les espèces «et sic ad locum feruntur sancta mysteria, ubi populus debet communicare»: ▯ Locus communion[is] popularis alius.

Les répons: cf. *BR* 397/1–4 et *MPG* 921/25–30 mais textes différents, *1540 T* Giij,r: «(Nunc et semper) et in saeculorum, (Amen), souligné et dans le répons: «Repleatur os nostrum laude» etc. est souligné: «In tua sanctitudine serva nos».

Le renvoi: BR 397/20; *MPG* 921/17–16 d'en bas; *1540 E* Lij,v: «In pace abscedite» souligné.

Ibid., BR 398/7–9; *MPG* 921/2 d'en bas – 922/2; *1540 E* Lij,v: «gloriam et gratiarum actionem offerimus, Patri . . .» souligné et ▯ Offerrimus [grat]iarum actionem, adorationem.

La bénédiction: BR 399b/1ss; MPG 922/17ss; *1526* [Eiii],v: ⬚ Antidorum [!].

Le *Kontakion* de s. Jean Chrysostome (pas dans BR), MPG 922/17 d'en bas et ss; *1526* [Eiv],r: ⬚ Invocatur Chrysostomus.

2. *Liturgie de s. Basile*[26].

BR 309a/8ss; *1526* Z,r: ⬚ Eadem supra habetur in Liturgia Chrysostomi pagina 7 [= BR 360/31 v. supra!].

On retrouve des renvois à la liturgie de Chrysostome (1526) sous la forme de ⬚ Supra Χρυσοστόμος, plus loin simplement ⬚ Χρυσοστόμος à Zii,r = BR 311a/21s; Zii,v = BR 312a/15; *ib. infra* = BR 313a/4; [Ziii],r = BR 314/30; [Ziii],v = BR 315a/12.

Messe des fidèles: Ib. infra = BR 316a/22: θυσίαν αἰνέσεως souligné et ⬚ Θυσία αἰνέσεως.

[Ziv],r = BR 317a/23s, répété ⬚ Ἐπὶ τῶν μελλόντ[ων] προτίθεσθαι δώρων.

Ib. infra = BR 317/30s, répète ⬚ Ἀναπέμπειν δόξαν.

La grande entrée: Ib. infra = BR 318a/5 renvoi à Chrysostome.

Ib. infra = BR 318a/14: ταυτῆς καὶ ἀναιμάκτου θυσίας (...) (ὡς) δεςπότης τῶν ἁπάντων, souligné et ⬚ Ἀναίμακτος θυσία.

[Ziv],v = BR 318/26s; ἱερουργῆσαι τὸ ἅγιον καὶ ἀχραντὸν (σου σῶμα ...), souligné et ⬚ Ἱερουργῆσαι corpus et sanguinem.

Ib. infra = BR 318/31ss: προσενεχθῆναί σοι et plus loin: δούλου σου τὰ δῶρα ταῦτα soulignés et ⬚ Offerre dona haec.

Ib. infra = BR 319a/16s: σου μυστηρίων, souligné et ⬚ Λειτουργοὶ τῶν ἁγίων σου μυστηρίων.

H,r = BR 319/21–23 προσφέρειν ... θυσίαν souligné et répété ⬚ Προσφέρειν τῇ[ν] λογικὴν (suivi de λατρείαν, barré) ταυτήν [!] καὶ ἀναίμα-[κτον] θυσίαν.

Ib. infra = BR 319a/30–320a/1: ἐπίβλεψον ... Ἀβελ, souligné et ⬚ Λατρείαν, ut dona Abel, Noe, Abraham.

Ib. infra = BR 320a/7 et 10 soulignés et ⬚ Λατρεία, δῶρα.

Les actions de grâce: H,v = BR 322a/7–11: προσφέρειν ... ὅτι σὺ souligné et ⬚ Προσφέρειν λογικὴν λατρείαν.

Ibid., Hii,r = BR 324a/5 renvoi barré à Chrysostome.

Ib. infra = BR 324a/11ss: ⬚ Κεφάλαιον ὁλῆς οἰκονομ[ίας] τῆς σωθηρίας [!].

La consécration: [Hiii],r = BR 328a/1–5: ⬚ Consecratio.

---

[26] Les versions que donnent MPG 31, 1629ss et 106, 1292ss diffèrent beaucoup de notre édition de 1526. Nous renonçons donc à y renvoyer le lecteur.

L'invocation: [Hiii],v = *BR* 329/7: τὰ σὰ . . . προσφέροντες souligné et
⬚ τὰ σὰ ἐκ τῶν σοὶ προσφέροντες.

Ib. infra = *BR* 329a/22–33: προεγγίζομεν souligné et προσθέντες . . .
ἀναδεῖξαι souligné et ⬚ Τὰ ἀντίτυπα τοῦ ἁγίου σώματος et plus loin: ⬚
Proposita dona.

[Hiv],r: interviennent des éléments qui manquent dans *BR* 330 aussi bien
que dans *BR* 406, mais = *BR* 386s.

Ib. infra = *BR* 387/5–12: τὸν μὲν ἄρτον . . . καὶ Θεοῦ ainsi que Εὐλόγησον . . . ποτήριον et plus loin: αἵματοῦ κυρίου καὶ Θεοῦ καὶ σωτήρος,
soulignés et ⬚ Precatur, ut pa[nis] corpus et vinu[m] sanguis Christi fiat.

Ib. infra = *BR* 330a/13–17: ⬚ Omnes participa[ntes] ex uno pane et uno
poculo.

Le Pater: Θii,v = *BR* 338a/25ss: ταῖς καρδίαις . . . πνεύματος souligné
et ⬚ Ut uniamur corpori et sanguini Domini.

L'élévation: [Θiii],v: Cf. *BR* 341/7ss mais aussi selon la forme *BR*
392/32ss: renvoi à Chrysostome.

Ib. infra, BR 393/3s (cf. *BR* 341/10s): αἵματος . . . λαῷ souligné et ⬚ Et
per nos omni populo.

Ib. infra = *BR* 393/12s et *BR* 341/14s: ⬚ Elevatio.

Ib. Infra = *BR* 342/24–26: τὴν κοινωνίαν . . . Χριστοῦ σου souligné et
⬚ Fructus communionis.

La postcommunion: BR 397/7s (placée ici après la prière *BR* 343a/5 et
cf. 342/14): ἀθανάτων souligné et ⬚ Invitatio [!] ad communionem, quam
videntur stantes accepisse.

3. *La liturgie des pré-sanctifiés.*
Préparation du célébrant: 1526 I,r: dans les rubriques de l'introduction
il est question de la préparation des éléments par le prêtre et le diacre: dans
le calice on verse οἶνον καὶ ὕδωρ, souligné et ⬚ Vinum et aqua.

Ib. infra, en entrant dans le sanctuaire ποιῶν, μετανοίας (τρεῖς λέγων
τὸ Ὁ Θεὸς) ἱλάσθητι μοι souligné et ⬚ Facit tres poenitentias. Nota quid.

L'encensement et la petite entrée: Iii,v (cf. *BR* 346/1–8): la rubrique
spécifie que le clergé entre (μετὰ τοῦ θυμιάματος) καὶ λαμπάδων: souligné
et ⬚ Cum lampadibus, quia vesperi.

Les leçons: [Iiii],r (cf. *BR* 346/13s): le texte se termine par (θυσίαν
ἑσπερίνην) εἰσάκουσόν μου, κύριε, souligné et ⬚ Vespertina oblatio.

Les prières: Ib. infra, se trouve celle de Chrysostome, *BR* 373b/5ss à
laquelle il y a un renvoi.

Le renvoi: [Iiii],v; *BR* 346/22s: ▯ Oratio super catechumenos²⁷.

Le Pater: K,v; *BR* 349/3s: εἰς τὸ προσφέρειν . . . ἁμαρτημάτων souligné et ▯ Προσφέρειν δῶρα.

Ib. infra, BR 349/9s: δὶα τῶν . . . μυστηρίων souligné et répété ▯ Διὰ τῶν προκειμένων φρικτῶν ἐπαναπαύεται μυστηρίων.

4. *Les commentaires de Hoffmeister.*

Tirés des écrits de s. Jean Chrysostome, ils se présentent comme une anthologie d'explications liturgiques. Présentés plus ou moins dans l'ordre de la liturgie elle-même, ils commencent par des remarques sur les bâtiments et les vases sacrés.

1540 Liiii,r citant *Hom.* 18 «Mt.» sur l'entrée. En réalité *Hom.* 18 sur 2Cor. (*MPG* 61, 527): «(Quin et in precibus) viderit quis populum multum offerre, etc.», souligné et ▯ Quid.

Liiii,v citant *Hom.* 24 in Mt, sur la fermeture des portes (*MPG* 57, 311): «(qui nondum initiati sunt) prohibemus», souligné de même que ▯ imprimée: «Missa clausis ianuis facta» au-dessus de laquelle ▯ ᵇfores.

Ib. infra, citant *Hom.* 77 in Io. sur la salutation mutuelle exprimant la solidarité des chrétiens, et sur leurs prières pour les malades etc. (*MPG* 59, 426): ▯ marque d'un grand X et également ▯ [Mu]tua [salu]tatio.

M,r citant *Hom.* 69 au peuple d'Antioche et *Hom.* 3 sur les Philippiens (*MPG* 62, 204) sur les prières pour les défunts et d'autres intercessions: «(Cum) enim totus constiterit (populus . . . sacerdotalis plenitudo) . . .» souligné et ▯ Totus populus consistit.

M,r/v cite comme «*Hom.* 16» sur 2Cor. la même *Hom.* 18 qu'à Liiii,r, mais en ajoutant la suite: *MPG* 61, 527: (καὶ γὰρ ὑπὲρ . . . ὕμνους ἀναπέμπει). Au début sont soulignés: «(Quin et in precibus) viderit quis populum multum (simul offerre tum) pro energumenis, tum pro poenitentibus. (Communes enim preces a sacerdote et ab illis fiunt . . .)» et «Iterum ubi excluserimus a sacerdotalibus ambitibus eorum, qui non sunt participes sanctae mensae, alia facienda (est oratio . . .)». Au premier passage: ▯ Populus multus simul offert. Séparément: ▯ Hic q[uia] omissu[m] corpus por[rectum?] Do[mini] proponi[tur] quod in his non s[it] differentia sacerdotis [et] l[aici]. Au second passage: ▯ Autoritas sacerdotalis.

Mii,r cite un morceau de l'*Hom.* 3 sur les Eph. (Eph. 1, 15–20), para. 5, *MPG* 62, 29. La phrase Ὅταν ἀκούσῃς . . . est en partie soulignée: «(Quando audis: Precemur pariter omnes), dum vides sublata vela, tum cogita coelum (ipsum rursum reserari)» et ▯ Sublata vela.

Miii,r où figure un extrait de l'*Hom.* 16 sur Mt. 5, 17, para. 9, *MPG* 57, 251: Ἀκουέτωσαν οἱ μέμνημένοι . . . θυσία αἰνέσεως δοξάσαι με [Ps. 49,

---

²⁷ Le dernier mot est écrit par-dessus une partie d'un autre, dont on peut encore lire φω.

23]. Ici est souligné l'argument: «Offerunt namque et ipsi munus et hostiam: orationem dico et eleemosinam. Quiam enim et haec sacrificii instar obtineant, audi prophetam loquentem: *Sacrificium laudis honorificabit me,* etc.» Cette même partie du texte comporte une marginale imprimée qui dit ⟨⟩ : «Aliud ergo sacrificium sacerdotum, aliud sacrificium laicorum». Cette manchette est barrée et en dessous on lit ⟨⟩ *b*Non in r[e] ips[a]! – Reliée par un trait à la manchette imprimée qui la précède, cette marginale l'est par un autre au texte à côté duquel elle est inscrite et qui parle du Christ comme célébrant véritable de tout sacrement: *Hom.* 50(51), para. 3 sur Mt. 11, 23, *MPG* 58, 507.

En dernier lieu, dans Miii,v, où l'on trouve une partie de l'*Hom.* 82(83) sur Mt. 26, 26, para. 6, *MPG* 58, 547s: Σῶμά ἐστι Χριστοῦ καὶ τουτὶ τὸ πλῆθος... ἢ μεταδῶσω αἴματος... παρὰ τὸ προσῆκον. Ici Bucer a souligné la phrase «(animam prius) tradam meam, quam dominicum corpus alicubi [!] indigne sanguinemque meum effundi potius patiar (quam, etc.) et ⟨⟩ Nota.

5. *Le commentaire liturgique attribué au patriarche Germain I*[28].

Ici Bucer a annoté [Niii],r la phrase: τὸ δὲ ὕδωρ πέφηνε... (= col. 397 B): ⟨⟩ Aqua vino miscenda.

Ibid., [Niii],v (= col. 397 C) est soulignée la fin de la citation des Paroles de l'Institution, suivie de: δεικνὺς ὅτι κοινωνοὺς... τῆς δόξης αὐτοῦ et ⟨⟩ Quid panis et vinum in coena sacra δηλοῖ.

Ibid., infra (= col. 397 D) est souligné: Ὅυτω καὶ τὸ κυριακὸν σῶμα... διατέμνεται σιδήρῳ τίνι et ⟨⟩ Eucharistiae [!] pane restante symbolum corpus Domini.

[Niv],v (= col. 400 D) est souligné καὶ τὴν ἀναίμακτον... Χριστοῦ καταγγέλλομεν et ⟨⟩ Ἀναίμακτον θυσίαν ἱερουργεῖν.

P,v (= col. 433 BC) sont notés de traits en marge et partiellement soulignés la citation des Paroles de l'Institution et le texte qui la suit immédiatement: Ἀυτὸς καὶ τοῖς ἀποστόλοις... ἐκκλησίᾳ τοῦτο ποιεῖν et ⟨⟩ Hoc est corpus meum, hoc facite.

Piii,v (= col. 440 B) est souligné: Γίνετα δὲ καὶ μνήμη... νεκρῶν καὶ ζῶντων et ⟨⟩ Mortuorum memoria fit, et omnium, ut omnium Dominus praedicetur Christus.

Σii,v (= col. 448 B), commentaire à: Ἡ δὲ ὕφωσις... καὶ αὐτὴν τὴν ἀνάστασιν: ⟨⟩ Elevatio solius panis.

---

[28] Cf. *supra* n. 23 et 24. On trouve le texte du commentaire in *MPG* 98, 384–453. L'attribution de cette œuvre au patriarche Germanos I de Constantinople, mort en 733, est discutée depuis toujours (v. *MPG* 98, 15s) et le reste encore aujourd'hui (v. Beck: *Kirche u. theol. Literatur,* 475s; Bornert: *Commentaires,* ch. 3.

[Σiii],r (= col. 449 B), commentaire à: τότε δὲ κομίζεται ὕδωρ θερμότα-
τον ... ⟦ Calida aqua in calicem.

ADDENDUM 1

(cf. ch. 12, n. 75)

Dans une thèse encore inédite, soumise à l'Université de Cambridge: *The Debate over Henry VIII's First divorce: An analysis of the contemporary treatises,* Mlle Virginia Murphy a mieux situé notre lettre dans une autre phase du débat, illustrée par un traité ms. intitulé «Eruditi cujusdam responsio pro defensione regis et in vocabulo ipsius ad libellum Roffensis»[29] dont le maître d'œuvre est Robert Wakefield[30]. On y retrouve en effet l'argument de notre lettre, bien que sous une forme plus atténuée quant au prétendu texte hébreu de Lev. 20: «Ubi (ut ab doctis audivi) in hebraeo habetur banim filii, non banoth filiae, quod silentio praetereund[um non est?] imo ob eventu maxime notandum»[31]. De notre lettre et de l'introduction au traité, qui s'adresse à Fisher, le Dr. Murphy écrit (*The Debate,* dactylogr. p. 24): «This letter is really a skeleton for the opening address in 'Eruditi cujusdam'». Nous remercions vivement le Dr. Murphy de nous avoir communiqué cette partie de son ouvrage. Ajoutons que l'on retrouve un écho de cet argument biblique, mais sans les arguties pseudo-hébraïques, dans Wakefield: *Kotser* f. [Miv],r.

ADDENDUM 2

(cf. notre ch. 21, n. 4)

Bucer s'explique sur sa manière de distinguer canons authentiques et contrefaits dans: *Von Kirchenguetern,* · 1er entretien, *Ein digression,* f. [C4],r. et ss.: les vrais canons sont «honnêtes, équitables, conformes à la nature et aux us aussi bien qu'aux besoins des lieux et temps présents» (f. D,r.); les faux sont des innovations contraires aux «anciennes règles universelles, tirées des divines écritures par les premiers saints pères» – innovations qu'interdisent tant les canons des premiers conciles que les lois des empereurs chrétiens. (f. [D4],v.–E,r.).

---

[29] Londres, BL, Cotton MS OTHO X.
[30] Voir: *Dictionary of National Biography,* 58, 446s.
[31] Ms. cit. f. 185r. lignes 5 et ss. Nous proposons une conjecture pour des mots disparus du ms. dont les bords sont très endommagés. Sur l'ensemble, cf. Murphy *op. cit.,* pp. 16–25 du dactylogr.

BIBLIOGRAPHIE

I) Sigles bibliographiques

ADB = Allgemeine deutsche Biographie.
ARC = Acta reformationis Catholicae.
BDS = Martin Bucers deutsche Schriften.
BHR = Bibliothèque d'humanisme et Renaissance.
BEv = Bucer: Enarrationes . . . in . . . Evangelia.
BiPag = Biblia Pagnini
BOL = Martini Buceri Opera latina.
BRom = Bucer: . . . In Epistolam . . . ad Romanos.
BSLK = Die Bekenntnisschriften der evangelisch-lutherischen Kirche.
CC = Corpus Catholicorum.
CCL, CCM = Corpus christianorum: Series latina . . .; Continuatio mediaevalis . . .
CIC = Corpus iuris civilis.
CR = Corpus reformatorum.
CSEL = Corpus scriptorum Ecclesiasticorum latinorum.
CT = Concilium Tridentinum, éd. Soc. Goerresiana.
DHGE = Dictionnaire d'histoire et de géographie ecclésiastiques.
GCS = Die griechischen christlichen Schriftsteller der ersten drei Jahrhunderte.
LB = Erasmi Opera, Lugduni Batavorum.
Leonina = Thomas d'Aquin: Opera, Rome 1882–.
Loeb = The Loeb Classical Library.
MGHEp, MGHLeg = Monumenta Germaniae historica: Epistolae; Leges.
MPG, MPL = Patrologiae cursus completus: Series graeca . . .; Series latina . . .
NTer = Erasme, Nouveau Testament
Piana = Thomas d'Aquin: Opera, Rome 1570–71.
RHPR = Revue d'histoire et de philosophie religieuses.
RST = Reformationsgeschichtliche Studien und Texte.
SVRG = Schriften des Vereins für Reformationsgeschichte.
WA = Luthers Werke.

II) Œuvres de Bucer et de Parker

Bucer, Martin: *Enarrationes perpetuae in sacra quatuor Evangelia,* (Strasbourg 1530), [= Stupperich, *Bibl.,* p. 49, no. 28].
– *In sacra quatuor Evangelia enarrationes perpetuae secundum et postremum recognitae,* [éd. princ. Bâle 1536], (Genève) 1553, [= *Bibl.,* p. 49, no. 28b].
– *Metaphrasis et enarratio in Epistolam . . . ad Romanos,* [éd. princ. Strasbourg 1536], Bâle 1562, [= *Bibl.,* p. 53, no. 55a].
– *De vera ecclesiarum in doctrina, ceremoniis, et disciplina reconciliatione et compositione . . .,* [Strasbourg 1542], [= *Bibl.,* p. 57, no. 73].
– *Scripta duo adversaria D. Bartholomaei Latomi, LL. doctoris et M'i b'i theologi . . .,* Strasbourg 1544, [= *Bibl.,* p. 58, no. 78].
– *De concilio et legitime iudicandis controversis religionis . . . per M'm B'm,* (Strasbourg) 1545, [= *Bibl.,* p. 59, no. 85].
– *Scripta Anglicana fere omnia,* Bâle 1577, [= *Bibl.,* p. 64, no. 115].
– *Martini Buceri opera omnia,* series I: *Martin Bucers deutsche Schriften,* Paris et Gütersloh, 1960 –. Series II: *Martini Buceri opera latina,* Paris, Gütersloh et Leiden, 1955 –.

[Bucer et Melanchthon au nom de l'archevêque Hermann von Wied:] *Nostra Hermanni . . . pia deliberatio . . .*, [1543], Bonn 1545, [= *Bibl.*, p. 57, no. 74c].

Parker, Matthew: *Correspondence of M' P' D.D. Archbishop of Canterbury . . .*, edited for the Parker Society by John Bruce Esq. and the Rev. T.T. Perowne . . ., Cambridge 1853.

III) Manuscrits

Cambridge: Corpus Christi College, SR 118 pièce [2]. Derrière la liturgie de Jean Chrysostome dans l'éd. de Demetrios Doukas, un f. ms [écriture grecque de Konrad Hubert, cf. CCC Ms. 118, f. 189r] r/v annoté (en rouge) en un endroit par Bucer. Intitulé: Ὁ διάκονος ὑπὲρ τῶν κατηχουμένων ἐκτενῶς δεηθῶμεν. *Incipit:* ῞Ινα ὁ πανελεήμων . . . *Explicit* [avant un Répons et l'Amen]: καὶ τῷ Χριστῷ αὐτοῦ παραθέσθαι. N B: Ce feuillet est le premier d'un cahier de 4. Les autres folios sont blancs.

Londres: Public Record Office, State Papers 1/54.

IV) Sources (Antiquité, Moyen-Age, Renaissance)

Acta Reformationis Catholicae, ecclesiam Germaniae concernentia saeculi XVI . . ., éd. Georg Pfeilschifter, 6 tt., Regensburg 1959–74.

Adrien VI (Florit): *Quaestiones de Sacramentis in quartum Sententiarum librum . . .*, (Rome 1522).

Alexandre de Hales: *Doctoris irrefragabilis A'i de H' . . . Summa theologica . . . edita . . . studio et cura PP. Collegii S. Bonaventurae*, 5 tt., Quaracchi 1924–48.

Altenstaig, Johannes: *Lexicon theologicum, complectens vocabulorum descriptiones, diffinitiones, et interpretationes . . .*, Anvers 1576, [éd. princ. *Vocabularius theologie*, 1517].

Ambroise de Milan: *Divi Ambrosii episcopi Mediolanensis omnia opera accuratissime revisa atque in tres partes nitidissime excusa . . .*, 3 tt., (Bâle) 1516.

– *Div. Ambrosii episcopi Mediolanensis omnia opera per eruditos viros ex accurata diversorum codicum collatione emendata . . .*, 4 tt., Bâle 1527.

– *Omnia quotquot extant divi Ambrosii episcopi Mediolanensis opera, cum per Desiderium Erasmum Roterodamum, tum per alios eruditos viros denuo emendata . . .*, 5 tt., Bâle 1538.

– *Omnia quotquot extant, divi Ambrosii opera . . .*, [éd. revue par Sigismond Gelen et Jean Coster], 5 tt., Bâle 1555.

Ange de Clavase: *Summa angelica de casibus conscientiae cum quibusdam novis et oportunis additionibus*, (Strasbourg 1502).

Antonin de Florence: [*Summa*]: *Prima [-Quarta] pars summe reverendissimi . . . domini Antonini archiepiscopi Florentini*, [cum Molitoris repertorio], 4 tt. et tables en 3 vols. (Bâle 1511). [V. la liste des éds de 1477 à 1741 in *DHGE* 3, 859. Celle dont disposait Parker était vraisemblablement Lyon (Cleyn) 1506 que possède CCC].

– [pas de titre; selon Colophon]: *Opus excellentissimum trium partium historialium seu Cronice . . .*, 3 tt., Nuremberg 1484.

– *Historiarum domini Antonini archipresulis Florentini tribus tomis discretarum . . . pars prima [-tertia]*, 3 tt., Lyon 1517.

Augustin [Iohannes Amerbach éd.]: *Prima [-Undecima] pars librorum divi Aurelii Augustini . . .*, s.l.n.d. [Bâle 1506].

– *Liber Epistolarum beati Augustini episcopi Hipponensis ecclesiae*, (Paris 1517).

– *Divi Aurelii A'i Hiponensis episcopi omnium operum primus [-decimus] tomus . . . Cui accesserunt libri . . .* [etc.] *. . . et fragmenta aliquot hactenus nunquam impressa . . .*, Paris 1531–32.

– [*Opera*, éd. Erasme] *Omnium operum Divi Aurelii Augustini . . . primus tomus [-Decimus tomus operum . . .] Sub fine annexi sunt indices duo*, Bâle 1543 (tt. 1 et 10), 1541 (tt. 2–4) et 1542 (tt. 5–9).

Barbosa, Augustinus: *Thesaurus locorum communium iurisprudentiae*, 2 tt., Cologne 1637.

Barnes, Robert: *Vitae Romanorum Pontificum quos Papas vocamus . . .*, Wittenberg 1536.

Basile de Césarée: [*Opera* (trad. Cornarus)] *Omnia Divi Basilii Magni . . . quae extant opera . . . in tomos partita quatuor, Iano Cornario interprete . . .*, Bâle 1540.

– [*Opera* (trad. Musculus)] *Opera D. Basilii Magni . . . omnia, sive recens versa, sive ad Graecos archetypos . . . collata, per Wolfgangum Musculum . . .*, 2 tt., Bâle 1540.

– *Opera D. Basilii Magni Caesariae Cappadociae episcopi omnia. Iam recens per Wolfgangum Musculum . . . castigata . . .*, 3 tt., [rééd.], Bâle 1565.

– voir aussi: Chrysostome: Αἱ ϑεῖαι λειτουργεῖαι, 1526.

De Baysio, Guido: [*Rosarium super Decreto*] [sur la p. de titre]: *Archidiaconus* ([Colophon]: . . . auspitiis . . . Andree de Torresanis de Asula . . ., [Venise] 1495).

Beatus Rhenanus (éd.): *Autores historiae ecclesiasticae. Eusebii . . . Ruffini . . . item . . . libri XII . . . Tripartitae historiae . . .*, (Bâle 1523).

– [Autre éd.]: Bâle 1528.

– v. aussi Tertullien et *Decretum Gratiani*.

Die Bekenntnisschriften der evangelisch-lutherischen Kirche, (6ᵉ éd.), Gœttingue 1967.

Bernard de Clairvaux: [*Opera* (éd. Josse Clichtove)] *Melliflui devotique doctoris sancti Bernardi abbatis Clarevallensis . . . opus preclarum suos complectens sermones de tempore, de sanctis et super Cantica canticorum, aliosque . . . sermones et sententias . . . insuper epistolas. Domini quoque Gilleberti . . . de Hoilandia . . . super Cantica sermones*, (Paris 1508) [= Janauschek, no. 350].

– [*Opera* (éd. Antonius Marcellinus)]: *Divi Bernardi religiosissimi ecclesiae doctoris, ac primi Clarevallensis coenobii abbatis, opera, quae quidem colligi . . . potuere omnia*, Bâle 1552 [= Janauschek, no. 532].

[*Bible polyglotte d'Alcala*]: *Vetus testamentum multiplici lingua nunc primum impressum . . . Novum testamentum graece et latine. Vocabularium hebraicum atque chaldaicum*, 6 tt., Alcalà 1514–1517.

Biblia sacra ex Santis Pagnini tralatione, sed ad Hebraicae linguae amussim novissime ita recognita et scholiis illustrata, ut plane nova editio videri possit, [éd. par Michel Servet], Lyon 1542.

Biel, Gabriel: [*Collectorium super libros Sententiarum*], (Lyon 1514).

– *Canonis missae expositio*, éd. Heiko A. Oberman et William Courtenay, 4 tt., Wiesbaden 1963–67.

Boecking, Eduard (éd.): *Ulrichi Hutteni equitis operum supplementum*, 2 tt., Leipzig 1864 [contient les *Epistolae obscurorum virorum*].

Bonaventure: *Sancti Bonaventurae opera omnia . . .*, 11 tt., Quaracchi 1882–1902.

Bouquet, Martin: v. sous *Recueil*.

[*Breviarium Ratisbonense*], Augsbourg 1496.

Breviarium secundum morem sancte ecclesie Coloniensis, (Cologne 1498).

Breviarium argentinense. Pars estivalis, [Strasbourg] (Johannes Bryse, 1511).

Breviarium praedicatorum, lectionibus per ferias et octavas refertum, ac etiam cum quotationibus Psalmorum . . . [etc.] impressum est, (Venise, Giunta, 1516).

Brewer, J.S. (éd.): *Letters and Papers, Foreign and Domestic of the Reign of Henry VIII*, t. 4: *Introduction* et t. 4 part. 3, Londres 1875, 1876.

Brightman, F.E. (éd.): *Liturgies Eastern and Western*, t. 1 [seul paru]: *Eastern Liturgies*, Oxford 1896 [réimpr. anast. 1967].

Camerarius, Joaquin: v. *Ecclesiasticae historiae autores*.

Caspari, C.P. (éd.): *Kirchenhistorische Anecdota, nebst neuen Ausgaben patristischer und kirchlich-mittelalterlicher Schriften*, t. 1 [seul paru]: *Lateinische Schriften*, Christiania [Oslo] 1883.

Castro, Alphonse de: *Fratris Alfonsi de C' Zamorensis, ordinis Minorum, adversus omnes haereses libri 14*, [Paris] 1534.

Chrysostome, Jean: *Αἱ ϑεῖαι λειτουργεῖαι. Τοῦ ἁγίος Ἰωάννου τοῦ Χρυσοστόμου. Βασιλείου τοῦ μεγάλου. Καὶ ἡ τῶν προηγιασμένων. Γερμανοῦ ἀρχιεπισκόπου Κωνσταντινουπόλεως ἱστορία Ἐκκλησιαστικὴ καὶ μυστικὴ ϑεωρία*, (Rome 1526) [= Legrand, *Bibliographie*, 1, 192–195].

– Ἡ ϑεία λειτουργία τοῦ ἁγίου Ἰωάννου τοῦ Χρυσοστόμου – *Divina Missa sancti Ioannis Chrysostomi*, (Venise 1528) [= Legrand, *Bibliographie*, 1, 202, no. 80].

– Τοῦ ἁγίου Ἰωάννου τοῦ Χ'ου εἰς πάσας τὰς Παύλου τοῦ ἀποστόλου ἐπιστολάς . . . ἑρμενεία, 3 tt., Verone 1529 [= Baur, p. 92, no. 13].

- [éd. Erasme] *Divi Ioannis Ch'mi Archiepiscopi Constantinopolitani opera, quae hactenus versa sunt, omnia . . .*, 5 tt., Bâle 1530 [= Baur, p. 155, no. 99].
- [Réimpression revue et corrigée]: sous le même titre se terminant: . . . *opera, quatenus in hunc diem Latio donata noscuntur omnia . . .* on y a joint la Liturgie dite de s. Jean Chrysostome, Paris 1536 [cf. Baur, p. 157, no. 108].
- *Opera divi J' C' arch(iepiscopi) Const(antinopolitani) quotquot per graecorum exemplarium facultatem in Latinam linguam hactenus traduci potuerunt . . .*, 5 tt., Bâle (Herwagen) 1539 [v. Baur, p. 159, no. 122, Adams, 1, 271, no. 1516].
- *Missa d. Ioannis Chrysostomi secundum veterem usum ecclesiae Constantinopolitanae, a Leone Tusco . . . conversa, . . . eadem recentius ab Erasmo Roterodamo tralata, hic autem adiecta quod diversum uterque exemplar Graecum sit secutus . . .*, Colmar 1540.
- *Divina ac sacra liturgia sancti Ioannis Chrysostomi. Interprete Ambrosio Pelargo Niddano, ordinis Praedicatorum. Adiectae sunt annotationes . . . eodem autore*, Worms 1541 [Dedicatoria de Pelargus à Ioh. Lud. von Hagen, Archev. de Mayence, 1540].
- [éd. Erasme]: *Opera divi Ioannis Chrysostomi . . . quotquot per Graecorum exemplarium facultatem in Latinam linguam hactenus traduci potuerunt . . .*, 5 tt. et un vol. d'index, Bâle 1547 [= Baur, p. 163, no. 154].

Cochlaeus, Jean: *Aequitatis discussio super Consilio delectorum cardinalium*, (1538), éd. Hilarius Walter in *CC* 17, Munster 1931.

Codex de Tortis [= Code de Justinien], (Venise, A. de Tortis, 1506).

Conciliorum oecumenicorum decreta. Edidit Centro di Documentazione. Istituto per le Scienze Religiose–Bologna, 2e éd., Fribourg etc. 1962.

Concilium Coloniense, v. Gropper.

Concilium Nicenum. Synodi Nicenae, quam Graeci septimam vocant, in splendida Nicensium metropoli . . . habitae, Actiones . . . Opus nunc recens inventum et e Graeco versum per G.[isbertum] L.[ongolium], Cologne 1540.

Concilium Tridentinum: Diariorum, Actorum, Epistularum, Tractatuum . . ., edidit Societas Goerresiana, Fribourg-en-Brisgau, Herder, 1901 – .

Consilium delectorum cardinalium et aliorum praelatorum De emendanda ecclesia. Bulla Pauli papae III, pro reductione multorum populorum Germaniae nationis . . ., [s.l.n.d. H.M. Adams, 1,309, no. 2532 date l'édition d'avant juin 1549, mais la date de 1549 est mentionnée dans la Bulle de Paul III. L'ex. de CCC a appartenu à Parker = SP 429].

Corpus catholicorum. Werke katholischer Schriftsteller im Zeitalter der Glaubensspaltung, Munster en Westphalie 1919 – .

Corpus Christianorum, Turnholt: *Series Latina*, 1953 –; *Continuatio mediaevalis*, 1966 –.

Corpus Iuris Canonici, éd. Aemilius Friedberg, 2 tt., Leipzig 1879, (réimpr. anast. Graz 1959).

Corpus Iuris Civilis, éd Paul Krueger, Théodore Mommsen, Rodolphe Schoell, Guillaume Kroll, 3 tt., Berlin 1954.

Corpus Reformatorum, Halle a.d. Saale 1834 – , Braunschweig 1853 – ; Berlin 1897 – ; Leipzig 1908 – ; Zurich 1961 – .

Corpus scriptorum ecclesiasticorum Latinorum, Vienne 1866 – .

Crabbe, Petrus (éd.): *Concilia omnia, tam generalia quam particularia . . .*, 2 tt., Cologne 1538. [Le colophon du t. 2 est daté de février 1540].

- *Conciliorum omnium tam generalium quam particularium . . . in tres nunc tomos ob recentem multorum additionum divisa*, Cologne 1551.

Cronica cronicarum abbrege et mis par figures descentes et Rondeaulx, contenant deux parties principalles . . ., Paris [1532].

Cyprien (éd. Erasme): *Opera divi Caecilii Cypriani, episcopi Carthaginensis . . . una cum annotatiunculis . . . praestitit Erasmus Roterodamus*, Bâle (1520).

- *Divi Caecilii C'i, episcopi Carthaginensis . . . opera, iam quartum repurgata per Desiderium E'm Roterodamum*, Bâle 1530 et réédition 1535.
- *Divi Caecilii Cypriani episcopi Carthaginensis et martyris opera*, 2 tt., Lyon (Gryphe) 1537 [titre du t. 2: *Alter tomus operum . . .*].

Cyrille d'Alexandrie: *Divi Cyrilli, Patriarchae Alexandrini, In Evangelium Ioannis Commentaria in quibus multa habentur adiecta . . . per Iudocum Clichtoveum . . . Opus insigne, quod Thesaurus inscribitur . . . Gregorio Trapezuntio interprete. In super In Leviticum libri*

XVI..., (Bâle 1524).

– *Divi Cyrilli Archiepiscopi Alexandrini Opera, in tres partita tomos, in quibus habes non pauca antehac Latinis non exhibita*, Bâle 1528 [avec préface d'Œcolampade].

Decretales domini pape Gregorii noni, accurate diligentia emendate summoque studio elaborate cum multiplicibus tabulis et repertoriis..., (Paris, Tielemann Kerver 1507 et 1512). Même titre mais: *tertio emendate* et même disposition typographique (Lyon, Nicolas de Benedictis 1510).

Decretales epistole supremi ortodoxe ecclesie principis Gregorii noni, multis mendis a F. Ioanne Thierry... expurgate..., (Paris) Jean Petit (1529).

Decretales Pseudo-Isidorianae, v. Hinschius.

Decretum Gratiani cum glossis domini Johannis Theotonici... et annotationibus Bartholomaei Brixiensis... divisionibus Archidiaconi, casibus... (éd. par Beatus Rhenanus) (Bâle, 1512).

Démosthène: *Δημοσθένους ὁ κατὰ Τιμοκράτους λόγος*, (Paris) Josse Bade, 1530.

– *Opera*, in *Loeb*, 7 tt. (no. 155, 238, 299, 318, 346, 351, 374).

Dietrich de Nieheim: *De schismate libri tres* [éd. princ. 1532] in: *Tractatus utilissimi de schismate in Ecclesia Romana... historiae auctorum nobilissimum Theodorici de Niem, Francisci Zabarellis, Ioannis Mani...*, Strasbourg 1629.

Dionysiaca. Recueil donnant l'ensemble des traductions latines des ouvrages attribués au Denys de l'Aréopage [Contient aussi le texte grec, une traduction française et des tables], 2 tt., (Bruges 1937).

Duns Scot: *Ioannis D' S'i opera omnia... illustrata a PP. Hibernis...*, 12 tt., Lyon 1639.

Durand de S. Pourçain: *Domini D'i a Sancto Portiano in Sententias Theologicas Petri Lombardi Commentariorum libri quatuor*, Anvers 1566.

Durand, Guillaume: *Rationale divinorum officiorum*, Lyon 1568.

Eadmer: *Historia Novorum... et... Vita Sancti Anselmi*, éd. Martin Rule in: *Rerum Britannicarum Medii Aevi Scriptores*, Londres 1884.

Ἐκκλησιαστικῆς Ἱστορίας Εὐσεβίου [κτλ]. Ecclesiasticae historiae Eusebii... Socratis... Theodoriti... Collectaneorum ex historia Theodoriti lectoris... Sozomeni... Evagrii, Paris 1544.

Ecclesiasticae historiae autores: Eusebii... historiae libri X, Vuolphgango Musculo interprete. Ruffini... libri II. Eusebii... De vita Constantini, itidem a Musculo latini facti libri V. Socratis... Theodoriti... Sozomeni... Theodori lectoris collectaneorum... libri II... Evagrii Scholastici, eodem interprete..., Bâle 1549 [= Adams 1, 415, no. 1095].

Ecclesiasticae historiae autores: Eusebii... historiae... libri X Vuolfgango Musculo interprete. Rufini... libri II. Eusebii... De vita Constantini, Musculo interprete... Socratis... eodem interprete... Theodori episcopi Cyri Ioachimo Camerario interprete... Sozomeni... Musculo interprete... Theodori lectoris collectaneorum... eodem interprete... Evagrii scholastici... eodem interprete... Index..., Bâle 1554. Réimpression 1557.

Eck, Jean: *De primatu Petri adversus Ludderum I'is E'ii libri tres*, (Paris 1521).

– *Ad invictissimum Poloniae regem Sigismundum, De sacrificio missae contra Lutheranos, libri tres*, (Cologne) 1526.

– *Enchiridion locorum communium adversus Lutherum et alios hostes ecclesiae* (= *CC* 34), Munster en W. 1980.

Egnazio, Jean-Baptiste: *In hoc volumine haec continentur: Ioannis-B'ae E'ii veneti De Caesaribus libri 3 a dictatore Caesare ad... Maximilianum Caesarem...*, Florence 1519.

Epiphane de Salamine: *Divi Epiphanii... Panarium... Item... Ancoratus... Anacephaleosis... De mensuris ac ponderibus... Omnia per Ianum Cornarium... nunc primum latine conscripta*, Bâle (1543).

– *Τοῦ ἁγίου Ἐπιφανίου... Πανάριον... [κτλ]... Opus eximium Panarium...*, Bâle (1544).

– *D(ivi) Epiphanii episcopi Constantiae Cypri, Contra octoaginta haereses opus Pannarium [!], sive arcula aut capsula Medica appellatum... Iano Cornario Medico Physico interprete* [ainsi que d'autres œuvres de s. E'], Paris, Guillar [!], 1544.

Epistolae obscurorum virorum: v. Boecking.

Erasme: *Desiderii E'i Roterodami Ecclesiastae sive de ratione concionandi libri quatuor ...*, Anvers, Hille, 1535 [= Nijhoff et Kronenberg, 2, no. 2921].
- *D'i E'i Opera omnia emendatiora et auctiora ... studio et opera I. Clerici* [= Jean Leclerc]..., 10 tt., Leiden 1703–1706.
Fisher, Jean: *De causa matrimonii serenissimi Regis Angliae liber, Ioanne Roffensi episcopo autore*, (Alcalà [Complutum] 1530).
- *R.D.D. Ioannis Fischerii [!] Roffensis in Anglia episcopi Opera*, Würzburg 1597.
Friedberg, A.: cf. *Corpus Iuris Canonici*.
Gebhardt, Oscar de, Harnack, Adolphe et Zahn, Théodore, (éds.): *Patrum Apostolicorum Opera*, 3ᵉ éd., 2 tt., Leipzig 1876.
Gee, Henry et Hardy, William John (éds.): *Documents Illustrative of English Church History*, Londres 1896.
Gerson, Jean: *Œuvres complètes*, éd. par Mgr Glorieux, Paris etc. 1960 –.
- *Joannis G'is, Doctoris Theologi et Cancellarii Parisiensis Opera omnia ...*, (éd. Louis Ellies du Pin) 5 tt., Anvers 1706.
Gibson, Edmund (éd.): *Codex iuris ecclesiastici anglicani*, 2 tt., Londres 1713.
Goodspeed, Edgar J. (éd.): *Die ältesten Apologeten*, Göttingen 1914.
Grégoire le Grand: *Sancti Gregorii magni, ecclesie doctoris precipui Opera ... beneficio Magistri Bertholdi Rembolt ... in unum volumen redacta ...*, (Paris 1518) [= Adams, 1, 506, no. 1165].
- *Divi Gregorii Papae, huius nominis primi, cognomento magni, omnia quae extant opera, nunc recens ad fidem veterum exemplariorum ... a mendis repurgata ... Cum indice ...*, Paris 1533.
- *Opera divi Gregorii papae, huius nominis primi, cognomenti Magni ...*, 2 tt., Bâle 1551 [Le t. 2 porte la date de 1550 sur la p. de titre, mais celle de 1551 au colophon].
- *Registrum Epistolarum*, éd. P. Ewald et L.M. Hartmann, 2 tt., Berlin 1881–99 (= *Monumenta Germaniae historica*, Epistolarum tt. 1 et 2).
(Die) griechischen christlichen Schriftsteller der ersten drei Jahrhunderte, Leipzig 1897 – ; Berlin et Leipzig 1953; Berlin 1954 –.
Gropper, Jean: *Enchiridion Christianae institutionis*, dans *Canones Concilii provincialis Coloniensis*, Cologne 1538.
- (au nom du clergé de Cologne): *Antididagma, seu Christianae et catholicae religionis ... propugnatio ...*, Cologne 1544 [Stupperich, *Bibl.*, p. 79].
- *An die Römsche Keyserliche Maiestat unsern allergnedigsten Herren: Warhafftige Antwort und gegenberichtung ... Uff Martini Buceri freuenliche Clage ...*, (Cologne) 1545 [= Stupperich, *Bibl.*, ib. inf.].
- [Braunisch, Reinhard, éd.] *Johannes Gropper. Briefwechsel I 1529–1547* (= *CC* 32), Munster en W. 1977.
Guillaume d'Auvergne (ou: de Paris): *Guilielmi Alverni Episcopi Parisiensis ... Opera omnia*, 2 tt., Paris 1674.
Guillaume d'Auxerre: *Summa aurea in quatuor libros Sententiarum, a subtilissimo doctore, magistro Guillermo Altissidorensi edita ...*, (Paris 1500).
Haenel, Gustave (éd.): *Lex Romanorum Visigothorum*, Leipzig 1848.
Hesychius: *Isychii presbyteri Hierosolymitani in Leviticum libri septem*, (Bâle 1527) [Ed. de Jean Sichard].
Hinschius, Paul (éd.): *Decretales Pseudo-Isidorianae et Capitula Angilrammi*, Leipzig 1863.
Hosius, Stanislas: *Verae catholicaeque doctrinae solida propugnatio una cum illustri confutatione prolegomenorum, quae primum Ioannes Brentius adversus Petrum a Soto theologum scripsit, deinde vero Petrus Paulus Vergerius apud Polonos temere defendenda suscepit*, Cologne 1558. [Réimp. Anvers, Steels, 1559 in CCC Library, SP 48 = exemplaire de Parker].
- *D. St'ai H'ii Cardinalis ... Opera, quae hactenus extiterunt omnia ...*, Anvers 1566. Id. ibid. 1571.
Hostiensis (Henri de Suze, dit): *In Primum ... [-Sextum] Decretalium librum Commentaria ...*, Venise 1581 [Réimpr. anast. en 2 vols. Turin 1965].
Hugues de S. Cher: [titre général:] *Hugonis Cardinalis Opera omnia in universum Vetus et*

Novum Testamentum. Tomi octo, Venise 1703 [N.B. les tomes portent le titre: *Hugonis de Sancto Charo . . . tomus primus* [etc. – *octavus*]. Le t. 8 contient les tables].

Ignace d'Antioche: Τοῦ ἐν ἁγίοις ἱερομάρτυρος Ἰγνατίου . . . ἐπιστολαί. *Sancti martyris Ignatii . . . epistolae*, Paris 1558.

– Τοῦ ἐν ἁγίοις ἱερομάρτυρος Ἰγνατίου . . . ἐπιστολαί. *Sancti martyris Ignatii . . . epistolae* [La seconde partie, qui comprend le texte latin, a une page de titre distincte: *Divi Ignatii Archiepiscopi* [!] . . . *epistolae . . . Hieronymi Vairlenio Sylvio interprete*.], Anvers 1566.

Innocent III, Pape: *Opera D. Innocentii Pontificis Maximi, eius nominis III., viri eruditissimi simul atque gravissimi . . .*, Cologne (Novesianus) 1552 [Adams 1, 573, no. 121: Cambridge CCC, F 7–10 ex. annoté par Parker].

Jérôme: [éd. Erasme] *Omnium operum divi Eusebii Hieronymi Stridonensis tomus primus* [-*nonus*] *. . . una cum argumentis et scholiis Desiderii E'i Roterodami . . .*, Bâle (1516).

– *Divi Eusebii Hieronymi Stridonensis Opera omnia quae extant, una cum pseudepigraphis et alienis in novem tomos digesta . . .* [d'après l'éd. d'Erasme et avec ses annotations], Paris (Chevallon) 1534.

– [éd. Erasme] *Divi Eusebii Hieronymi . . . opera omnia quae extant, una cum pseudepigraphis et alienis . . .*, 9 tt., Bâle 1537.

– [éd. Erasme] *Divi Hieronymi Operum primus tomus [. . . Nonus tomus]*, Bâle 1553.

Justin Martyr: *Divi Iustini philosophi et martyris Christi operum quae extant omnium per Ioannem Langum Silesum . . . versorum et . . . illustratorum tomi III*, Bâle (1565).

Legg, Leopold G. Wickham (éd.): *English Coronation Records*, Westminster 1901.

(The) Loeb classical Library, Londres et New York etc., 1912 –.

Ludolphe de Saxe: *Vita Jesu Christi domini ac salvatoris nostri . . . per L'um de S'nia . . .*, Lyon (1516).

– *Vita Jesu Christi, ex Evangelio et approbatis ab Ecclesia Catholica doctoribus sedule collecta*. Editio novissima, curante L.M. Rigollot, 4 tt., Paris et Bruxelles 1878.

Luther, Martin: *Werke. Kritische Gesamtausgabe* («Weimarer Ausgabe»), Weimar 1883 –.

Lyndewood, William: *Provinciale, seu Constitutiones Anglie, cum summariis atque iustis annotationibus . . .*, Paris et Londres 1505–6.

– *Provinciale, . . . Huic editioni nunc primum accesserunt Constitutiones Provinciales . . .*, Oxford 1679.

Marulić [Marullus] Marcus: *Evangelistarium Maruli Spalatensis . . . in septem libros partitum. Accessit . . . Meginhardi . . . ad dominum Guntherum De fide . . . libellus nunc recens excusus*, (Cologne) 1529.

Meginhard de Fulda: *De fide, varietate Symboli, ipso Symbolo, et pestibus haeresium:* voir sous Marulić (appendice) et Caspari: *Anecdota* (texte 8).

Melanchthons Briefwechsel, éd. Heinz Scheible, Stuttgart – Bad Cannstadt 1977 –.

Melanchthon: v. aussi sous Bucer.

Merlin, Jacques: *Tomus primus [-secundus] quatuor conciliorum generalium. Quadraginta septem conciliorum provincialium . . . Decretorum . . . Pontificum . . .*, 2 tt., Paris 1524.

Missale ad consuetudinem fratrum predicatorum ordinis sancti Dominici. In quo nonnulla aliis hactenus impressis nequaquam inserta ad plenum conscribuntur, Paris 1529.

Missale speciale Argentinense, Strasbourg 1508.

Missale diocesis Coloniensis iam ultimo recognitum adauctum quoque et in meliorem redactum ordinem . . ., Cologne 1525.

(Missale ad usum Gebennensem . . ., Lyon 1521) [p. de t. manque; titre ici d'après le colophon].

Missale ad usum percelebris ecclesiae Herfordensis, éd. par W.G. Henderson, (Leeds) 1874.

Missale secundum ritum sanctissime Romane ecclesie, peroptime ordinatum . . ., Lyon, (Jean Moylin pour) Jean Huguetan, (1519).

Missale secundum usum ecclesiae Sarum Anglicane, (Venise, Joannes Hertzog de Landoia, 1494).

Monumenta Germaniae historica . . .: voir *Repertorium fontium . . .*, pp. 466ss. Nous employons en particulier les *Leges*, sectio I (*Op. cit.* p. 474) et les *Epistolae* (p. 477).

Monumenta Patrum: v. *Orthodoxographa.*

More, Thomas: *The Correspondence of Sir T' M'*, Edited by Elizabeth Frances Rogers, Princeton 1947.

Muenster, Sebastien: ... ספר השרשים. *Dictionarium hebraicum, iam tertio ab autore* ... *locupletatum*, Bâle 1535.

Muller, James Arthur (éd.): *The Letters of Stephen Gardiner*, Cambridge 1933.

Musculus, Wolfgang: v. *Ecclesiasticae historiae autores* et Basile.

Origène: [*Opera* éd. Jacques Merlin] *Operum Origenis Adamantii tomi duo priores* ... *[Tertius et quartus tomus Op' Or' Ad'* ...*]*, (Paris 1512).

– *Origenis Adamantii* ... *Opera quae ʾquidem extant omnia, per Desiderium Erasmum Roterodamum partim versa, partim vigilanter recognita* ..., 2 tt., Bâle 1545 [éd. princ. 1536].

Orthodoxographa, hoc est theologiae sacrosanctae ac syncerioris fidei doctores, Bâle 1555, 2ᵉ éd., 3 tt., Bâle 1569 sous le titre: *Monumenta Patrum. Orthodoxographa* ... [etc.].

Panormitanus [Nicolas de Tudeschis, dit]: *Prima [-ultima (c.-à-d. la 7ᵉ)] pars Abbatis Panormitani super primo [-quarto et quinto] decretalium, cum suppletionibus* ..., (Lyon) 1522.

Patrologiae cursus completus [éd. J.P. Migne], *Series Latina*, 221 tt., Paris 1844–1864 et *Suppl.* 1958 – , *Series Graeca*, 162 tt., Paris 1857–1866.

Pigghe, Albert: *Hierarchiae ecclesiasticae assertio*, Cologne 1544 [éd. princ. 1538].

Platina, Bartholomé: *Platynae historici Liber de vita Christi ac omnium pontificum* (= *Rerum Italicarum Scriptores* ..., t. 3), Città di Castello 1913 – Bologne 1932.

Pocock, Nicholas (éd.): *Records of the Reformation: The Divorce 1527–1533*, 2 tt., Oxford 1870.

Politische Correspondenz der Stadt Strassburg im Zeitalter der Reformation, 5 tt., Strasbourg 1882–1928.

Pontificale secundum ritum sacrosancte Romane ecclesie, cum multis additionibus ..., Lyon 1542.

Powicke, F.M. et al. (éds.): *Councils and Synods with Other Documents Relating to the English Church. II. A.D. 1205–1313*, 2tt., Oxford 1964.

Prosper d'Aquitaine: *Divi P'i Aquitanici episcopi Regiensis opera accurata vetustorum exemplariorum collatione per viros eruditos recognita*, Lyon (Gryphe) 1539.

Prudence: *Aurelii P'ntii Clementis* ... *Psychomachia, Cathemerinon* [etc.] ... *In calce adiecta sunt aliquot scholia per Ioannem Sichardum Item commentarius Erasmi Roterodami in duos hymnos*, Bâle 1540 [éd. princ. par Sichard 1527].

Recueil des historiens des Gaules et de la France, (éds. Dom Martin Bouquet etc., etc.), 24 tt., Paris 1738–1904.

Reu, Johann Michael (éd.): *Quellen zur Geschichte des kirchlichen Unterrichts in der evangelischen Kirche Deutschlands zwischen 1530 und 1600*, 9 tt., Gütersloh 1904–1906, réimpr. anast. Hildesheim 1976.

Reuchlin, Johannes: (*De rudimentis hebraicis*), Pforzheim 1506.

Richter, Aemilius Ludwig (éd.): *Die evangelischen Kirchenordnungen des sechzehnten Jahrhunderts*, 2 tt., Weimar 1846, réimpr. Nieuwkoop 1967.

Rituale Romanum, Pauli V. Pontificis Maximi jussu editum ..., Ratisbonne, New York, etc. 1898.

Sichardus, Joannes (éd.): *Antidotum contra diversas fere seculorum haereses*, Bâle 1528.

Sigebert de Gembloux: *Sigeberti Gemblacensis coenobitae Chronicon ab anno 381 ad 1113 cum insertionibus ex historia Galfridi et additionibus Roberti abbatis Montis, centum et tres sequentes annos complectentibus* ..., (Paris 1513).

The Statutes of the Realm, published by the Command of ... *King George III* ..., 9 tt., [Londres] 1810–1828.

Tertullien: *Opera Q. Septimii Florentis T'ani inter Latinos ecclesiae scriptores primi* ... *per Beatum Rhenanum* ... *e tenebris eruta* ..., (Bâle 1521).

– *Opera:* ... *per Beatum Rhenanum* ... *nuper collatione Gorziensis exemplaris* ... *emendatiora facta, verum etiam* ... *novis* ... *annotationibus exposita* ..., Bâle 1539 [3ᵉ édition].

– *Opera Q. Septimii Florentis T'ani Carthaginensis* ... *per Beatum Rhenanum* ... *primum e tenebris eruta* ... *nunc vero denuo ad fidem veterum exemplarium* ... *collata et restituta*, (Paris) 1545.

Théodoret: v. sous *Ecclesiasticae historiae* et Ἐκκλησιαστικῆς Ἱστορίας.

Thomas d'Aquin: *Tomus primus [-decimus septimus] divi Th'ae A'tis, doctoris angelici* ... [et: *Tabula aurea* ... *Petri de Bergamo*], Rome 1570–71.

– *Sancti Th'ae A'natis, doctoris angelici, opera omnia, iussu impensaque Leonis XIII. P.M. edita*, Rome 1882 –.

Torquemada, Jean de: *Joannis de Turre Cremata Super toto Decreto*, 4 tt., Lyon 1519.

– *Summa de ecclesia D. Io' de T' . . . una cum eiusdem apparatu . . .*, (Venise 1561) [éd. princ.? de la *Summa* 1489].

Vermigli, Pierre Martyr: *In selectissimam S(ancti) Pauli priorem ad Corinth(ios) epistolam domini Petri Martyris Florentini . . . Commentarii doctissimi . . .*, Zurich 1551.

Vergilio, Polydoro: *De rerum inventoribus libri octo*, Lyon 1546.

Von Wied, Hermann: v. sous Bucer.

Witzel, Georges: *Typus ecclesiae prioris. Anzeigung, wie die heilige Kyrche . . . siben und mehr hundert jaren . . . gestalt gewesen sey*, [Mayence] 1540.

– [id.] *Reichlich gemehret . . .*, (Mayence) 1541 [cf. Richter: *Schriften*, no. 52, 1 et 2].

V) Ouvrages de référence, séries et périodiques

Adam, Jean: *Inventaire des archives du chapitre de St Thomas de Strasbourg*, s.l.n.d. [Strasbourg env. 1932].

– *Versuch einer Bibliographie Kaspar Hedios*, in: *Zeitschrift für die Geschichte des Oberrheins*, N.F. 31, 1916, 424–429.

Adams, H.M.: *Catalogue of Books Printed on the Continent of Europe 1501–1600 in Cambridge Libraries*, 2 tt., Cambridge 1967.

Allgemeine deutsche Biographie, 55 tt., Leipzig 1875–1910.

Amand de Mendieta, David: *Essai d'une histoire critique des éditions générales grecques et gréco-latines de S. Basile de Césarée*, in: *Revue bénédictine* 52 (1940), pp. 141–161; 53 (1941), pp. 119–151; 54 (1942), pp. 124–144; 56 (1945–46), pp. 126–173.

Baur, Chrysostome: *S. Jean Chrysostome et ses œuvres dans l'histoire littéraire* (= *Université de Louvain*, Recueil de travaux publiés par les membres des conférences d'histoire de philologie . . . 18ᵉ fascicule), Louvain et Paris 1907.

Beck, Hans-Georg: *Kirche und theologische Literatur im Byzantinischen Reich* (= *Byzantinisches Handbuch* 2:1 = *Handbuch der Altertumswissenschaft*, 12ᵉ section, 2ᵉ partie, t. 1), Munich 1959.

Bibliothèque d'Humanisme et Renaissance, Paris 1941 – ; Genève 1947 –.

Biographie universelle (Michaud), 45 tt., Paris 1854.

Briquet C.M.: *Les filigranes. Dictionnaire historique des marques du papier . . .*, 4 tt., Genève (etc.) 1907.

Catalogue général des livres imprimés de la Bibliothèque nationale, Paris 1897 –.

Catalogue général des manuscrits des bibliothèques publiques des départements, Série in-4°, t. 3, Paris 1861.

Catalogus translationum et commentariorum. Mediaeval and Renaissance Latin Translations and Commentaries, Washington, D.C., 1960 –.

Dictionnaire d'histoire et de géographie ecclésiastiques, Paris 1909 –.

Du Cange, Carolus du Fresne: *Glossarium ad scriptores mediae et infimae latinitatis . . .*, 3 tt., Francfort s./M., 1710.

Ficker, Johannes et Winckelmann, Otto: *Handschriftenproben des sechzehnten Jahrhunderts nach Strassburger Originalen*, 2 tt., Strasbourg 1902–1905.

Ganoczy, Alexandre (éd.): *La Bibliothèque de l'Académie de Calvin* (= *Etudes de philosophie et d'histoire*, t. 12), Genève 1969.

Haenel, Gustave: *Catalogus librorum manuscriptorum qui in bibliothecis Galliae, Helvetiae, Belgii, Britanniae M., Hispaniae, Lusitaniae, asservantur*, Leipzig 1830.

Heitz, Paul: *Les filigranes des papiers contenus dans les archives de la Ville de Strasbourg*, Strasbourg 1902.

Istituto Storico Italiano per il medio evo: *Repertorium fontium historiae medii aevi*, t. 1, Rome 1962.

James, Montague Rhodes: *A Descriptive Catalogue of the Manuscripts in the Library of Corpus Christi College, Cambridge*, 6 parties en 2 tt., Cambridge 1909–1912.

Janauschek, Leopold: *Bibliographia Bernardina*, Vienne 1891. Réimpr. Hildesheim 1959.

Jayne, Sears et Johnson, Francis R. (éds.): *The Lumley Library. The Catalogue of 1609*, Londres 1956.

Klaiber, Wilbirgis: *Katholische Kontroverstheologen und Reformer des 16. Jahrhunderts* (= *RST*, t. 116), Munster-en-W. 1978.

Lauchert, Friedrich: *Die italienischen literarischen Gegner Luthers* (= *Erläuterungen* u. *Ergänzungen zu Janssens Geschichte d. deutschen Volkes*, éd. L. Pastor, t. 8), Fribourg-en-Br. 1912.

Legrand, Emile: *Bibliographie hellénique, ou description raisonnée des ouvrages publiés en grec par des Grecs aux 15ᵉ et 16ᵉ siècles*, 4 tt., Paris 1885–1906.

Niessen, Josef: *Geschichtlicher Handatlas der deutschen Länder am Rhein: Mittel- und Niederrhein*, Cologne 1950.

Nijhoff, W. et Kronenberg, M.E.: *Nederlandsche Bibliographie van 1500 tot 1540*, 3 tt., La Haye 1919–61.

Nouvelle biographie générale publiée . . . sous la direction de M. le docteur Hoefer, 46 tt., Paris 1857–66.

Potthast, August: *Bibliotheca historica Medii Aevi*, 2 tt., Berlin 1896.

Reformationsgeschichtliche Studien und Texte, Munster en Westph. 1906 –.

Repertorium fontium historiae medii aevi . . .: v. Istituto Storico Italiano . . .

Revue d'histoire et de philosophie religieuses, Strasbourg 1920 –.

Richter, Gregor: *Die Schriften Georg Witzels bibliographisch bearbeitet*, [Fulda 1913] Nieuwkoop 1963.

Romane-Musculus, Paul: *Catalogue des œuvres imprimées du théologien Wolfgang Musculus* in: *RHPR* 43 (1963), 260–278.

Rott, Jean: *Bibliographie des œuvres imprimées du recteur strasbourgeois Jean Sturm (1507–1589)* in: *Actes du 95ᵉ Congrès national des sociétés savantes* (Reims 1970), Section de philologie et d'histoire jusqu'en 1610, t. 1, Paris 1975, 319–404.

Sabatier, Pierre (éd.): *Bibliorum sacrorum Latinae versiones antiquae seu Vetus Italica, et caeterae . . .*, 3 tt., Reims 1743.

Schriften des Vereins für Reformationsgeschichte, Halle etc. 1883 –.

Stupperich, Robert: *Bibliographia Bucerana* (= *SVRG*, fasc. 169, 2ᵉ partie), Gütersloh 1952.

Vander Haeghen, Ferdinand: *Bibliotheca Erasmiana. Répertoire des œuvres d'Erasme*, Gand 1893, réimpr. Nieuwkoop 1972.

VI) Littérature secondaire

Augustijn, Cornelis: *De godsdienstgesprekken tussen rooms-katholieken en protestanten van 1538 tot 1541*, Haarlem 1967.

Bakhuizen van den Brink, J.N.: *Mereo(r) and meritum in some Latin Fathers* in: *Studia Patristica t. 3* (= *Texte u. Untersuchungen zur Geschichte der altchristlichen Literatur* t. 78), Berlin 1961, pp. 333–340.

Becker, Wilhelm: *Immanuel Tremellius. Ein Proselytenleben im Zeitalter der Reformation*, (= *Schriften des Institutum Iudaicum in Berlin*, no. 8) 2ᵉ éd., Berlin 1890.

Berger, Samuel: *Histoire de la Vulgate pendant les premiers siècles du Moyen Age*, Paris 1893.

Bömer, Aloys: *Anstand und Etikette nach den Theorien der Humanisten* in: *Neue Jahrbücher für das klassische Altertum, Geschichte und deutsche Literatur und für Pädagogik*, t. 14 (= *Neue Jahrbücher für Pädagogik*, 7ᵉ année) 1904, pp. 223–242; 249–285; 330–355; 361–390.

Bornert, René: *Les commentaires byzantins de la divine liturgie du VIIᵉ au XVᵉ siècle* (= *Archives de l'Orient chrétien* t. 9) Paris 1966.

Brooks, Peter N: *Thomas Cranmer's Doctrine of the Eucharist. An Essay in Historical Development*, Londres 1965.

Burnet, Gilbert: *The History of the Reformation of the Church of England*, [1679] 4ᵉ éd. 3 tt., Londres 1715.

Fraenkel, Pierre: *Testimonia Patrum. The Function of the Patristic Argument in the Theology of Philip Melanchthon* (= *Travaux d'Humanisme et Renaissance*, t. 46), Genève 1961.

– *Les protestants et le problème de la transsubstantiation au Colloque de Ratisbonne. Docu-*

ments et arguments du 5 au 10 mai 1541 in: *Oecumenica, Jahrbuch für ökumenische Forschung,* Minneapolis, Neuchâtel, Gütersloh 1968, pp. 70–116.

- *Beatus Rhenanus, Oecolampade, Théodore de Bèze et quelques-unes de leurs sources anciennes* in: *BHR* 41 (1979), 63–81.

- *Die Augustana und das Gespräch mit Rom 1540–1541* in: *Bekenntnis und Einheit der Kirche,* éd. M. Brecht et R. Schwarz, Stuttgart 1980, pp. 89–103.

- *Zwischen Altkatholizismus und Caesaropapismus. Zu Martin Bucers Materialsammlung über die Rolle des Papsttums in der Alten Kirche* in: *Reformatio Ecclesiae. Beiträge zu kirchlichen Reformbemühungen von der Alten Kirche bis zur Neuzeit. Festgabe für Erwin Iserloh,* Ed. Remigius Bäumer, Paderborn, etc. 1981, pp. 597–613.

Franklin, A.: *La civilité, l'étiquette, la mode, le bon ton, du XIIIe au XIXe siècle,* 2 tt., Paris 1908.

Franz, Adolph: *Die kirchlichen Benediktionen im Mittelalter,* 2 tt., Fribourg-en-Br. 1900–1909, réimpr. anast. Graz 1960.

Friedensburg, Walter: *Das Consilium de emendanda ecclesia, Kardinal Sadolet und Johannes Sturm von Strassburg* in: *ARG* 33 (1936), 1–69.

Greenslade, S.L.: *The Reformers and the Fathers of the Church. An Inaugural Lecture delivered before the University of Oxford on 10 May 1960,* Oxford 1960.

Guy, J.A.: *The Public Career of Sir Thomas More,* (Brighton 1980).

Hefele, Charles Joseph et Leclercq, Henri: *Histoire des conciles d'après les documents originaux,* 11 tt. [en 22 vols.], Paris 1907–1952.

Hoeroldt, Dietrich: *Das Stift St. Cassius zu Bonn von den Anfängen der Kirche bis zum Jahre 1580 (= Bonner Geschichtsblätter,* t. 11) Bonn 1957.

Homes Dudden, F.: *Gregory the Great. His Place in History and Thought,* 2 tt., Londres 1905.

Hook, William Farquhar: *Lives of the Archbishops of Canterbury,* t. 9: *Reformation Period,* London 1872.

Horawitz, Adalbert: *Des Beatus Rhenanus literarische Thätigkeit in den Jahren 1508–1531* et *D'B'R'l'T' in den Jahren 1530–1547* (in: *Sitzungsberichte der philosophisch-historischen Classe der kaiserlichen Akademie der Wissenschaften* t. 71, pp. 643–690 et t. 72, pp. 323–376), Vienne 1872 [Nous citons ainsi: *Thätigkeit* 1, 2].

Iserloh, Erwin: *Die Eucharistie in der Darstellung des Johannes Eck (= RST* fasc. 73–74), Munster-en-W. 1950.

Jacob, André: *L'édition «érasmienne» de la Liturgie de Saint Jean Chrysostome et ses sources* in: *Italia Medioevale e Umanistica* 19 (1976), 291–324.

Janelle, Pierre: *L'Angleterre catholique à la veille du schisme,* Paris 1935.

Kelly, Henry Ansgar: *The Matrimonial Trials of Henry VIII.,* Stanford, California, 1976.

Laemmer, Hugo: *Institutionen des katholischen Kirchenrechts,* Fribourg-en-Br., Vienne, etc. 1886.

Leiturgia. Handbuch des evangelischen Gottesdienstes, éd. F. Mueller (et al.)..., Kassel 1954 –.

Liebermann, F. (éd.): *Die Gesetze der Angelsachsen,* hgb. im Auftrage der Savigny-Stiftung, 3 tt., Halle a.d. Saale 1903–1916.

Oberman, Heiko Augustinus: *Werden und Wertung der Reformation,* Tubingue 1977.

Pastor, Ludwig von: *Geschichte der Päpste seit dem Ausgang des Mittelalters,* 16 tt., Fribourg-en-Br. 1886–1933.

Paulus, Nikolaus: *Die deutschen Dominikaner im Kampfe gegen Luther (= Erläuterungen u. Ergänzungen zu Janssens Gesch. d. deutschen Volkes,* éd. L. Pastor, t. 4, fasc. 1–2), Fribourg-en-Br. 1905.

Rott, Jean: *Le sort des papiers et de la bibliothèque de Bucer en Angleterre* in: *RHPR* 46 (1966), pp. 346–367.

Strype, John: *The Life and Acts of Matthew Parker...,* Londres 1711.

Stupperich, Robert: *M. Bucers Anschauungen von der Kirche* in: *Zeitschrift für systematische Theologie* 17 (1940), pp. 131–148.

- *Martin Bucers Gebrauch des Kanonischen Rechts* in: *Horizons européens de la Réforme en Alsace. Mélanges offerts à Jean Rott...,* éd. M. de Kroon et M. Lienhard (= Société

Savante d'Alsace et des Régions de l'Est. Coll. «Grandes publications» t. 17), Strasbourg 1980, pp. 241–252.

Van de Poll G.J.: *Martin Bucer's Liturgical Ideas. The Strasburg Reformer and his Connection with the Liturgies of the Sixteenth Century* (= *Van Gorcum's Theologische Bibliotheek*, no. 27), Assen 1954.

Van't Spijker, Willem: *De Ambten bij Martin Bucer*, Kampen 1970.

– *Goddelijk recht en kerkelijke orde bij Martin Bucer* (= *Apeldornse Studien*, no. 3), Kampen 1972.

Wallach, Luitpold: *Diplomatic Studies in Latin and Greek Documents from the Carolingian Age*, Ithaca, Illinois, et Londres (1977).

Wendel, François: *Un document inédit sur le séjour de Bucer en Angleterre* in: *RHPR* 34 (1954), pp. 223–233.

VII) Bibliographie des Addenda

Londres, British Library, Cotton MS OTHO X.

Murphy, Virginia M.: *The Debate over Henry VIII's First divorce: An analysis of the contemporary treatises*, Thèse de doctorat dactylographiée soumise à l'Université de Cambridge.

Wakefield, Robert: *Kotser codicis R. Wakfeldi, quo praeter ecclesiae sacrosanctae decretum, probatur coniugium cum fratria carnaliter cognita illicitum . . . interdictumque esse . . .* s.l.n.d. [Londres 1532].

Dictionary of National Biography, 63 tt., Londres, 1885–1900.

VIII) Supplément bibliographique

Eck, Jean: *De sacrificio missae libri tres (1526)* se trouve désormais édité par E. Iserloh et al. au t. 36 du *Corpus Catholicorum*, Münster 1982.

Le texte latin médiéval de la liturgie grecque est publié dans: Jacob, André: *La traduction de la Liturgie de saint Jean Chrysostome par Léon Toscan* (in: *Orientalia Christiana Periodica*, t. 32, 1966, pp. 111–162).

Nous citons la Glose ordinaire, marginale et interlinéaire ainsi que la Vg pré-sixto-clémentine d'après *Biblie iampridem renovate pars* [*prima-sexta*] (Bâle 1502).

INDEX

Dans l'index des citations bibliques, on ne trouve mentionnés que les passages explicites contenus dans les textes anciens cités, ainsi que ceux des remarques et renvois des compilateurs.
Notre index utilise les abréviations de la Vulgate dans l'édition de Dom Weber.

L'index des noms propres mentionne les auteurs (et les conciles) cités par Bucer, Parker et leurs aides d'après des compilations tels que l'*Hist. Trip.* et le *Décret*. Ces écrits figurent en revanche dans l'index des sources. Dans certains cas douteux, on s'est efforcé de fournir les deux références possibles.

Nous avons exclu de l'index des matières des termes omniprésents (p.ex. Dieu, Jésus-Christ, Eglise, unité, discipline).

INDEX DES CITATIONS BIBLIQUES

INDEX DES SOURCES DU FLORILÈGE

INDEX DES NOMS PROPRES

INDEX DES MATIÈRES